浙江旅游职业学院"双高计划"
建设成果（2019—2023）系列丛书

新时代旅游高等职业教育改革"浙旅思考"

杜兰晓 ◎ 主编

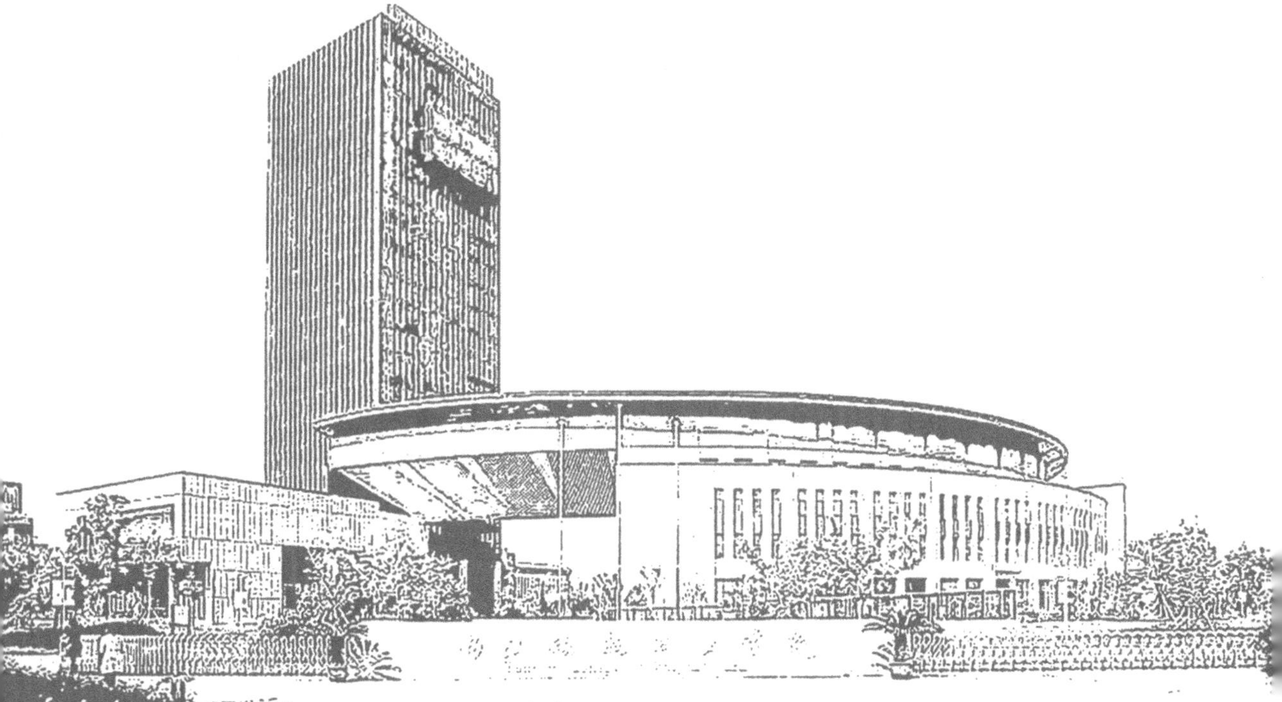

北京·旅游教育出版社

图书在版编目（CIP）数据

新时代旅游高等职业教育改革"浙旅思考" / 杜兰晓主编. -- 北京：旅游教育出版社，2023.10（2024.11重印）

（浙江旅游职业学院"双高计划"建设成果（2019—2023）系列丛书）

ISBN 978-7-5637-4594-4

Ⅰ．①新… Ⅱ．①杜… Ⅲ．①旅游教育－教学研究－高等职业教育 Ⅳ．①F590

中国国家版本馆CIP数据核字(2023)第177068号

浙江旅游职业学院"双高计划"建设成果（2019—2023）系列丛书
新时代旅游高等职业教育改革"浙旅思考"
杜兰晓　主编

策　　划	丁海秀　黄明秋
责任编辑	施云峰
出版单位	旅游教育出版社
地　　址	北京市朝阳区定福庄南里1号
邮　　编	100024
发行电话	（010）65778403　65728372　65767462（传真）
本社网址	www.tepcb.com
E - mail	tepfx@163.com
排版单位	北京旅教文化传播有限公司
印刷单位	唐山玺诚印务有限公司
经销单位	新华书店
开　　本	787毫米×1092毫米　1/16
印　　张	23.75
字　　数	351千字
版　　次	2023年10月第1版
印　　次	2024年11月第2次印刷
定　　价	68.00元

（图书如有装订差错请与发行部联系）

《浙江旅游职业学院"双高计划"建设成果（2019—2023）系列丛书》编委会

主　　任：韦国潭　杜兰晓

副 主 任：周国忠　王忠林　陆　文　王　方　韩永良
　　　　　姚哲峰　严一平

《新时代旅游高等职业教育改革"浙旅思考"》

主　　编：杜兰晓

副 主 编：朱倩倩　李成军

撰 稿 人：（按姓氏笔画排序）

马红梅　王　方　王昆欣　王忠林　韦小良
韦国潭　史　涛　史庆滨　朱倩倩　孙万欣
杜兰晓　巫程成　李　冬　李成军　李镇华
杨骁瑾　吴盈盈　汪　汇　张　润　张　嗣
张永波　张慧彦　陈添珍　陈　蔚　陈　璐
林化亮　金明磊　周永青　周李俐　周国忠
郎富平　胡　剑　袁子薇　钱兴成　徐　洁
黄　慧　黄延峰　蒋炯坪　褚　倍

在全面建设社会主义现代化强国的新征程上,党和国家把职业教育摆在经济社会发展和教育改革创新更加突出的位置。尤其是党的十八大以来,习近平总书记多次就发展职业教育作出重要指示,要求"必须高度重视、加快发展",强调"职业教育前途广阔、大有可为"。

2019年3月,教育部、财政部联合发布《关于实施中国特色高水平高职学校和专业建设计划的意见》(简称"双高计划"),提出"集中力量建设50所左右高水平高职学校和150个左右高水平专业群"的总体目标,打造一批中国特色高水平高职学校,形成一批有效支撑职业教育高质量发展的政策、制度、标准,引领新时代高等职业教育高质量发展。浙江旅游职业学院作为首批"双高计划"建设单位,坚持以习近平新时代中国特色社会主义思想为指导,紧密围绕国家战略、文化和旅游产业发展需求,依托省部共建机制,落实立德树人根本任务,深化产教融合,强化校地合作,推动治理变革,以"双高计划"十大改革发展任务为轴心,砥砺奋进、攻坚克难、创新发展,努力建成一所全国一流、国际知名、中国特色、世界水平的旅游高等职业院校。

经过近五年的实践探索,《浙江旅游职业学院"双高计划"建设成果(2019—2023)系列丛书》(以下简称《丛书》)正式出版面世。《丛书》旨在回顾总结学校"双高计划"五年建设的所思与所为、求新与求真、所感与所悟,分享新时代旅游高等职业教育高质量发展中的新模式、新样态和新路径,以期为中国乃至世界旅游高等职业教育高质量发展做些摸索、尝试和变革。《丛书》遵循"双高计划"建设要义,依照"学校—专业(群)—育人—反思"逻辑链,以"一个立德树人的育人使命、一系列教育教学关键改革、'校企合作、产教融合'二维办学模式,以及'党的领导、教育教学、学生成长、教师发展、产教融合、社会服务、国际化水平、治理现代化'八大实践场景"构成的"1128"体系为叙事线索，将学校在"双高计划"建设成果分类为《中国特色高水平高职学校建设"浙旅实践"》（简称《浙旅实践》）、《数字文旅时代导游人才培养"浙旅模式"》（简称《浙旅模式》）、《高等职业学校全员全过程全方位育人"浙旅探索"》（简称《浙旅探索》）及《新时代旅游高等职业教育改革"浙旅思考"》（简称《浙旅思考》）四大系列。

《丛书》编撰以"双高计划"建设总体目标为统领，各有侧重。《浙旅实践》主要反映学校在党的领导、教育教学、学生成长、教师发展、产教融合、社会服务、国际化水平、治理现代化方面的顶层设计，是学校践行"双高计划"十大改革发展任务的院校实践；《浙旅模式》主要以专业群建设为切入点，以"解剖麻雀"的视角深入阐释数字文旅时代背景下导游专业群人才培养定位、课程体系重构、实践教学模式改革、教学资源开发、教学方法改革、课程思政建设、师资队伍建设、国际化导游人才培养等方面的模式创新，也是学校"双高计划"建设的关键突破点；《浙旅探索》从"课程育人、科研育人、实践育人、文化育人、网络育人、心理育人、管理育人、服务育人、资助育人和组织育人"十大育人体系彰显学校全员全过程全方位为文化和旅游产业培养高素质技术技能人才、能工巧匠、大国工匠的改革探索；《浙旅思考》围绕人才培养、科学研究、社会服务、文化传承创新、国际交流合作五大办学职能，从院校治理、专业建设、课程建设、产教融合、师资队伍、职教国际化、"双创"教育七个主要维度进行旅游职业教育发展的深度思考，不仅是对学校未来高质量发展的现实反思，更是回应旅游职业教育战线的前沿关切。

四本书内容各有侧重但又融为一体，力图全方位展示浙江旅游职业学院"双高计划"建设以来的办学成效与发展历程，以此凝聚全校师生办好旅游高等职业教育的磅礴力量，激发广大师生与学校发展同频共振的不竭动力。《丛书》在编撰过程中得到了学校党政领导的悉心指导和各二级单位的大力支持，诸位撰稿人员亦尽全力撰写，力求全面、真实、系统地展现学校"双高计划"建设成效。然而，由于编撰者的水平有限，《丛书》难免存在不足之处，在此敬请大家不吝指正。

抚阅过往，我们心潮澎湃；展望未来，我们激情满怀。面对新时代高等职业教育大发展的大好形势，我们将以习近平新时代中国特色社会主义思想为指引，始终牢记为党育人、为国育才的使命担当，将学校全力打造成为旅游职业教育"中国品牌"和"中国服务"人才培养的摇篮，成为"一带一路"沿线国家旅游职业教育的领跑者，成为新时代立德树人的示范校、服务文旅深度融合发展的智囊团和中国旅游职业教育的引领者，在新征程上以奋进之笔书写浙江旅游职业学院更加绚丽的华章，为争创社会主义现代化先行省、高质量发展建设共同富裕示范区、实现中华民族伟大复兴的中国梦贡献力量！

韦国潭　杜兰晓
2023 年 8 月 8 日

前 言

近年来,我们国家实施中国特色高水平高职学校和专业建设计划(简称"双高计划"),致力于把职业教育的"龙头"舞起来,打造一批中国特色高水平高职学校,引领带动职业教育高质量发展。"双高计划"实施5年来,中国高职教育以习近平新时代中国特色社会主义思想为指导,牢固树立新发展理念,落实立德树人根本任务,坚定类型特征,持续迭代升级,在奋力推进教育强国建设服务中国式现代化进程中,着力构建"引领改革、支撑发展、中国特色、世界水平"的现代职业教育体系。

浙江旅游职业学院自2019年成为首批国家"双高计划"建设单位以来,紧紧围绕"1个加强、4个打造、5个提升"的"双高计划"建设任务和要求,砥砺奋进、攻坚克难、创新发展,不断夯实基础性工程,勇于打造标志性成果,连续多年获评全国高职院校"服务贡献50强""国际影响力50强""育人成效50强",入选高职院校服务贡献典型学校和教师发展指数优秀学校,获评全国黄炎培职业教育"优秀学校奖",全力打造旅游职业教育"中国品牌"和"中国服务"人才培养的摇篮、服务文旅深度融合发展的智囊团和中国旅游职业教育的引领者。

时代是思想之母,实践是理论之源。习近平总书记指出:"实践没有止境,理论创新也没有止境。世界每时每刻都在发生变化,中国也每时每刻都在发生变化,我们必须在理论上跟上时代,不断认识规律,不断推进理论创新、实践创新、制度创新、文化创新以及其他各方面创新。"学校在推进"双高计划"建设中,始终坚持产教融通、科教融汇、理实融合,现拥有浙江省文化和旅游发展研究院、浙江省文化和旅游智库、浙江省文化和旅游厅统计数据中心、中国旅游研究院旅游标准化研究基地、浙江省文化和旅游标准化技术委员会、浙江省乡村旅游应用技术协同创新中心、浙江旅游科学研究院、浙江省旅游发展研究中心、浙江省智慧旅游体验中心、浙江北大数字文化和旅游联合中心实验室等 10 个研究平台，成为浙江省旅游产业产教融合联盟的牵头单位，是浙江省首批 13 个联盟中唯一一家高职院校牵头单位，取得 7 项国家社科基金项目和众多省部级课题，并发表多篇高质量学术论文，在 2022 年《旅游学刊》发布的旅游院校和科研机构学术研究成果排名第 46 位，论文排名第 44 位，为全国排名前 50 的唯一高职院校。这些研究成果既彰显了"双高计划"建设的重要成效，也体现了中国旅游职业教育发展的理论前沿和现实关切。

为更好交流学校"双高计划"建设的理论成果，也为更好得到广大职教同行、行业同人和社会各界的指导帮助，学校围绕人才培养、科学研究、社会服务、文化传承创新、国际交流合作五大办学职能，分学校治理、专业建设、课程建设、产教融合、师资建设、国际合作、"双创"教育七个模块，拾撷本校教师的相关研究论文予以选编共享。

本论文选编由浙江旅游职业学院校长杜兰晓教授总体负责，科研处处长朱倩倩教授组织筹划，高职教育研究所所长李成军教授负责文本编辑。本书编辑过程中，得到了入选论文作者的大力支持，在此表示诚挚谢意！

杜兰晓

2023 年 6 月

目录

CONTENTS

院校治理 / 001

003/ 数字赋能高职院校治理机制转型的思考

013/ 高职院校数字化转型：内涵特征、体系建构与实现路径

027/ 治理体系和能力现代化对高职课程建设的启示与挑战

038/ 高职院校治理能力现代化：价值、意涵与实践路径

047/ 关于高职院校推进混合所有制办学的思考

054/ 高职院校混合所有制办学公私性质冲突与矛盾化解

066/ "双高"建设背景下高职院校内部质量保证体系诊断与改进路径

专业建设 / 079

081/ 高等职业教育跨界融合型人才培养：内涵特征与培养路径
　　——以旅游类专业为例

094/ 基于毕业生调查的旅游业人才素质研究：素质特征、影响因素、内在关联

109/ 基于职业教育育训结合理念构建专业教学资源库的探索与实践
　　——以智慧景区开发与管理专业为例

118/ 强化文旅融合　促进业态创新　服务产业升级
　　——旅游大类目录和简介解析

CONTENTS

课程建设 / 129

- 131/ "双高"建设背景下专业群课程资源建设研究
- 140/ 基于"4E"理论的课程思政"云教学"质量评价体系构建
- 149/ 高校俄语专业"俄语泛读"课程思政改革探索与实践
- 156/ 基于建构主义的移动学习活动设计研究
  ——以"新媒体营销"课程为例

产教融合 / 165

- 167/ 产教融合背景下职业院校教师服务企业研究
- 176/ 区块链技术赋能职业教育产教协同一体化体系的动因与构建研究
- 192/ 产教融合视阈下高职院校学生的非认知技能培养

师资队伍 / 203

- 205/ 高职院校专业群带头人关键能力：构成要素、发展困境与提升对策
- 218/ 高职院校教师专业发展的驱动因素研究
  ——浙江高职院校思政教师的实证
- 230/ 基于移动学习环境和知识管理的高校科研团队建设研究
- 237/ 我国高职院校教师教学创新团队研究热点与前景展望

职教国际化 / 247

- 249/ "以学生为中心"视域下的新加坡职业教育探析
- 257/ "一带一路"倡议下旅游类高职院校境外办学模式的实践探索
  ——以浙江旅游职业学院为例
- 267/ 跨文化适应视角下高职院校来华留学生教育的困境与突破

276/ 近十年（2009—2019）英文期刊旅游教育研究的热点回顾

"双创"教育 / 291

293/ "互联网+"背景下地方高校"双创"教育的实践路径

300/ 大学生连续创业团队绩效反馈研究：教育博弈与管理启示

312/ 高职理想信念教育与创新创业教育的融合研究

其他 / 319

321/ 中国旅游职业教育 70 年
——基于生命历程理论的观照

330/ 应用区块链推动我国高职教育改革发展的思考

341/ 智慧教育伦理观的建构机理研究

356/ 高职院校服务乡村振兴的时代意蕴、现实审视和实践路径

院校治理

YUANXIAO ZHILI

编者按

高职院校治理能力是提升办学水平和提高人才培养质量的关键。如何推动治理能力提升，是摆在高职学校面前的现实任务。本主题共收录7篇论文，围绕高职院校治理机制、治理能力现代化、混合所有制办学、内部质量保证体系诊断与改进等方面作了理论研究和实践探索，体现了学校领导干部和教师对于院校治理水平提升的一些思考，具体如下。

一是数字赋能高职院校治理机制转型研究。如《数字赋能高职院校治理机制转型的思考》从建立信息联通机制、虚实结合的组织体系、基于大数据的运行规则体系等方面对数字化治理机制的转型进行了分析；《高职院校数字化转型：内涵特征、体系建构与实现路径》从建立闭环管理的组织体系、系统性思维一体化推进建设、数据治理驱动转型变革等方面提出高职院校数字化转型的路径建议。

二是高职院校治理现代化研究。如《治理体系和能力现代化对高职课程建设的启示与挑战》对治理体系和能力现代化的理论逻辑、建设方向进行研究。又如《高职院校治理能力现代化：价值、意涵与实践路径》认为高职院校办学的"治本之策"在于治理理念现代化、治理主体多元化、治理制度体系化、治理方式民主化、治理手段数字化及治理环境协同化。

三是职业院校混合所有制研究。如《关于高职院校推进混合所有制办学的思考》提出了确立去政府干预高职院校法人地位、建立社会资本准入高职教育"负面清单"制度等建议。又如《高职院校混合所有制办学公私性质冲突与矛盾化解》一文，提出了高职院校混合所有制存在公益性的公共服务属性和营利性的企业私有制属性间的公私性质冲突，并在借鉴英国经验基础上，就混合所有制办学政策、内部治理机制等方面提出一些政策建议。

四是内部质量保证体系研究。如《"双高"建设背景下高职院校内部质量保证体系诊断与改进路径》在顶层设计、组织机构与队伍建设、运行机制建立、目标链与标准链制定等方面提出内部质量保证体系建设的思路以及诊改平台建设路径。

数字赋能高职院校治理机制转型的思考

◎ 韦国潭

> **摘　要：** 高职院校治理体系现代化是国家治理体系现代化在高职教育领域中的重要举措，对于提升高职院校办学质量具有重要的意义。院校治理机制是高职院校治理体系的核心内容之一。原有高职院校治理机制存在信息联通机制难以适应"将信息转化为有效数据"的需要、组织体系难以适应管理边界拓展的需要、院校运行机制难以适应科学治理的需要等问题。应对这些新问题，高职院校治理机制亟待转型，包括：以建立数据网络体系为特点的信息联通机制转型，以建立虚实结合的组织体系为特点的组织机制转型，以建立基于大数据的运行规则体系为特点的运行机制转型。
>
> **关键词：** 数字化；高职院校；治理

近年来，高职院校越来越重视数字化建设。随着《中国教育现代化2035》《加快推进教育现代化实施方案（2018—2022年）》《高等学校数字校园建设规范（试行）》等系列文件相继出台，高职院校开始投入大量资源进行数字化升级。这无疑为数字赋能院校治理奠定了良好基础，同时也提出了新的要求。如何适应新要求，通过治理机制转型，进一步提升治理效能，形成创新、持久、稳定运行秩序，成为高职院校需面对的迫切任务。

一、核心概念界定

（一）高职院校治理

高职院校治理现代化已成为深化教育改革的重要任务之一。《中国教育现代化2035》对院校治理能力现代化提出明确要求，即院校治理能力现代化应包括三方面：一是教育法治化，具体包括构建完备的教育法律法规体系、健全学校办学法律支持体系，主要是对院校运行规范化的要求；二是院校自主管理能力，具体包括完善学校治理结构等内容，主要是对院校运行自主性的要求；三是健全教育督导体制机制，推动社会参与教育治理常态化。[1]可见，院校治理所关注的焦点是院校自主运行的可靠性和规范性。

《职业教育提质培优行动计划（2020—2023年）》也对院校治理明确提出了"实施职业教育治理能力提升行动"的要求，其内容包括"健全职业教育标准体系""完善办学质量监管评价机制""打造高素质专业化管理队伍"等。[2]这三项内容中，第一项内容为教育标准体系建设，体现了对高职院校运行规范性的要求；第二项内容涉及办学质量评价，体现了对高职院校办学可靠性的要求；第三项内容涉及管理队伍，体现了对院校运行组织保障性的要求。

目前，学界有关高职院校治理概念的界定较少，代表性观点如：陈寿根提出，高职院校内部治理是新公共管理理论和教育管理规律观下，学校办学自主权配置、运行和制衡的方式，是决策、执行和监督的结构设计、制度安排和文化建构。[3]该界定将院校治理视为院校的结构化、制度化的自主运行，凸显了院校运行的自主性、结构性和规范性要求。笔者认为，除规范性、结构性、自主性、可靠性外，高职院校治理还需要关注院校运行的科学性。所谓科学性，则主要关注高职院校运行的成本与效益之间的关系，要求高职院校经济高效运行。虽然，高职院校并不以追求营利为目的，但并不意味着不需要考虑办学成本，尤其是容易为人所忽视的组织运行层面的间接成本。总而言之，高职院校治理是院校按照党和国家有关法律和教育规律，科学、自主、有效运行的组织体系及其过程。

（二）高职院校治理机制与机制转型

所谓机制，《现代汉语词典》的解释为"泛指一个工作系统的组织或部分之间相互作用的过程和方式"。"机制"一词多用于自然科学，指机械和机能的互相作用、过程、功能等。社会科学也常使用"机制"概念，可以理解为机构和制度。就社会现象而言，机制指的是事物持续、稳定运行的组织及其方式的总和，包括运行的组织及其规则等。一般而言，只有在事物持续、稳定运行的情况下，才有讨论机制存在的可能性。机制反映的是事物持续、稳定运行背后各相关因素之间的稳定关系。因而可以说，机制是事物持续、稳定运行的基本前提。具体而言，机制至少包括组织体系、运行规则体系等方面内容，实际上往往就是有关组织体系制度和有关运行规则的制度。由此，高职院校治理机制就是指高职院校按照党和国家有关法律和教育规律，科学、自主、持续、稳定、有效运行的组织体系及其规则体系，具体包括组织体系、运行规则等。所谓"转型"，一般是指事物的结构形态、运转模型和人们观念的重大转变过程。高职院校治理机制转型，指的是高职院校运行的组织体系和规则体系应根据新的社会需要进行重大转变。

二、高职院校治理机制转型中存在的问题

当前，高职院校的数字赋能不仅仅需要设施设备层面的数字化升级改造，还需要推动治理机制转型，从而提升院校治理的科学性，即提高效率和效益。如果原有高职院校治理体制机制等方面未能实现有效转型，往往会形成一系列新的问题。原因在于很多高职院校治理的数字化仅仅是将数字化管理系统嫁接于原有治理体系之上，而未能按照数字化治理要求进行治理体系重组，院校治理的科学性难以得到保障。

（一）信息联通机制难以适应"将信息转化为有效数据"的需要

信息流通的顺畅是一个系统顺利运行的基础条件。依据控制论，信息只有在系统运行过程中不断被存储、流通、反馈、利用才有价值。其中，信息存储和流通是基础，信息反馈和利用是目的。可以说，信息存储、流通、反馈和利用是高职院校科学治理的基础条件。在缺乏数字化管理系统的情况下，院校日常运行的大量信息无法及时保存，因而难以依据信息及时反馈和决策。数字赋能条件下，院校日常运行的大量信息被数字化，可以及时进行保存。但是，在很多高职院校，这些数据由于缺乏横向和纵向的相互联通机制，信息反馈、利用并不充分，即并没有被转化为有效数据。

1. 横向信息联通机制不完善

很多高职院校不同部门之间的运作信息往往由于格式不同，无法互相提取数据，形成"数据孤岛"现象，教师不得不反反复复提交各类表格等，各部门不得不各自填

报各种各样的报表，数据反复提交、重复提交现象普遍。其直接原因在于当前高职院校数据传递和使用的条块分割机制，各部门对于打通数据积极性不高。

2. 纵向信息联通机制不完善

由于没有实现治理体系转型，院校纵向各管理层级之间信息联通机制并不完善。院校基层部门虽然掌握实际运行信息，却囿于"数据孤岛"，无法有效利用信息。学校管理部门和校领导无法及时掌握基层运行的各种有效信息，更加无法及时根据有效数据作出科学决策。需要数据的时候，仍不得不依靠原始的数据统计。学校日常管理过程中进行信息收集，无疑要增加额外的时间成本、沟通成本、决策成本。

（二）组织体系难以适应管理边界拓展的需要

在现代管理中，组织是按照一定目的、任务和形式建立起来的社会群体。高职院校作为现代组织，是一个具有明确目标导向、精心设计结构、有意识协调活动以及与外部环境保持密切联系的综合系统。[4] 随着校园数字化的发展，对院校治理运行的数字化要求越来越高，尤其对快速、有效整合实际运行过程中出现的大数据，并及时作出有效管理决策的要求越来越高。这就需要院校组织结构体系给予有效支持。但是，目前院校组织结构体系，很大程度上并未及时进行创新，难以适应需要。

1. 难以适应校园数字化的现实需要

随着校园数字化的发展，院校管理对象和范围开始出现"非清晰化"现象。所谓"非清晰化"，并非管理边界不清晰，而是指在校园数字化情境下，管理边界开始突破物理和生物边界的限制，出现物理和数字两界融合，导致管理对象和范围日趋复杂化的现象。如传统校园限于物理校舍范围内，限于在校师生、员工，而教学设施限于物理上的教室、实训室等。随着数字技术的应用，合作企业的专家、毕业生和学校各类外部伙伴等都可以进入数字校园，并相互联结，相互合作，各自发挥知识、经验和设施等优势，形成协同育人局面。总体而言，校园数字化背景下高职院校治理过程中时空局限得以极大突破，时空组织方式须加以改变，线上数据和现实场景须实现耦合，院校治理须同时具备数字和现实双重边界，这就要求高职院校组织体系进行转型。

2. 难以适应管理运行灵活性日趋提高的需要

校园数字化背景下，院校日常运行过程中的数字化程度随之提升，运行速度也随之加快，日常管理灵活性要求日趋提高，这也就对院校组织体系的灵活应对能力提出了更高要求。而且由于管理信息的发散性特点，对部门之间、任课教师之间、班主任与任课教师之间、教师与部门之间的大量联动和协调也提出了更高要求。

总体而言，校园数字化条件下，很多高职院校治理仍然基本依靠原有线性条块分割的实体科层组织体系，难以适应新的需要。目前高职院校实体科层组织体系以"管"为基本功能，以科层化为基本特征，要求的管理对象和范围非常清晰。它按照固定工作内容模块，对人员和资源进行固定配置和设定。它将高一层组织的功能层层分解到低一层组织，并由低一层组织分解到内部员工，基于岗位职责确定人员的功能定位，最终形成线性条块分割的结构体系。在管理边界比较稳定、清晰的情况下，该组织体系的优势在于能高效运作。由于组织的线性及条块分割特点，要应对的数字化时代管理对象和范围日趋复杂，为满足相互交融现象日趋增加的新需求，现有组织体系就要不断新增部门或岗位。但随之造成部门之间职能重叠、管理效率降低和管理成本增加等问题。由此，对高职院校组织体系创新提出了新的要求。

（三）院校运行机制难以适应科学治理的需要

科学治理是高职院校治理转型的基本要求。数字赋能无疑为高职院校科学治理提供了良好的条件。按照科学治理的要求，高职院校治理应进一步提高效率和效益。数字赋能条件下，高职院校治理提高效率和效益的核心主要包括两方面：一是运行过程数字化，以减少线下运行的沟通及人力等方面的成本；二是治理主体的协同，以减少相互扯皮的沟通和时间成本等。从实际情况来看，这两方面的转型之路并不顺畅。

1. 治理运行的数字化不彻底

尽管高职院校管理系统进行了数字化升级，但其日常管理仍然在线下运行，如管理决策大多基于线上"指令"，即上级部门的命令，而不是基于大数据的科学决策；很多管理流程并未有效数字化，材料提交、审核、签字等流程仍然在线下进行；等等。很多高职院校的数字化管理系统仅仅被作为发布通知的平台，其管理决策和执行仍然通过文件和线下开会形式进行。线下运行，无论管理决策、实施、反馈等都以物理空间的流通、集中为特征，沟通成本、运作成本比较高。

2. 治理主体协同合作未能有效形成

目前治理运行机制大多以服从和执行上级指令为特点，部门之间的协同以上级领导之间的协调为前提。涉及跨部门、跨领域的事务，囿于自上到下的决策和行动方式，基层缺乏自主行动和决策积极性，难以及时根据治理运行的大量数据作出合理化决策和行动。对于普通教师而言，更不会形成对行动或决策的长期预期。上下级之间、管理部门和教师之间有效合作供给不足，各级管理人员的治理合力仍未形成。

这两方面问题形成的根本原因在于运行机制并没有适应数字赋能而进行转型，其运行依据仍然是上级指令，运行规则基于行政权力，运行过程主要在线下进行，运行方式主要依靠通知和会议。

三、高职院校治理机制转型的思考

应对数字赋能背景下院校治理的新要求，关键就是要推进高职院校治理机制的转型，即依据院校运行过程中形成的大量数据，科学迅速作出管理决策，降低管理成本，提高治理效率。

（一）信息联通机制转型：建立数据网络体系

促进数据共享，关键在于建立信息互相联通的机制，建立数据共享，形成数据网络体系，这是数字赋能高职院校治理的基本前提。

1. 建立标准化数据规则体系

高职院校信息不联通现象形成的直接原因之一就是底层信息标准化不够，其中突出表现为底层信息格式不统一。因此，促进数据互联互通的重要工作就是完善底层信息的标准化和规范化，尤其是统一信息格式及要求。所谓信息标准化和规范化，主要指的是为数据采集、数据上报、数据分析和业务活动等工作设定统一的信息标准。[5]具体而言，包括信息标准（指标类型）、编码标准（数据标识）、采集标准（统计周期）等；建立数据输入数据中心的规则、数据更新规则、数据使用规则和数据保密规则等。

信息的组织化程度也是制约信息互联互通的直接因素之一。信息组织化即信息的有序化与优质化，即利用一定的科学规则和方法，通过对信息外在特征和内在特征的表征和排序，实现无序信息向有序信息的转换，从而使信息集合达到科学组合，实现有效流通，提升信息的有效性。这就需要在进行管理系统功能顶层设计的时候考虑信息组织化的需要，设定信息组织化的流程和格式。

2. 建立规范化数据运行体系

一是加强数据管理的组织体系建设。建立包含相关部门负责人的学校数据管理工作委员会等专门协调结构，分别在数据管理规则制定、数据运行流程设计、数据规划、数据决策等方面进行顶层设计和运行协调。建立和完善数据采集人员队伍，完善数据采集人员管理制度。

二是促进业务管理模块之间的数据融通。目前很多高职院校由于历史原因，各部门业务管理系统往往各自独立进行，底层架构中信息互联互通的通道不够。因此，需要打通底层业务模块功能，加强对分散数据的收集和分析能力。

三是完善数据管理的流程闭环。主要是建立和完善中心数据平台的数据入库流程、数据使用流程和数据安全问题处理流程等。

（二）组织机制转型：建立虚实结合的组织体系

为适应高职院校治理转型需要，现有院校组织体系需要去掉科层组织带来的权力与信息流向的弊端，促进双向信息交流，保持组织边界的弹性与开放性，促进自身转型。

1. 建立虚实结合的组织体系

虚拟组织指的是具有共同目标和合作协议，通过运用信息技术达成一种松散、平等的组织形态。[6] 虚拟组织可以通过模糊组织边界，打破传统实体组织的时空界限，以任务或问题解决为依据建立，减少建立实体组织所造成的人员和使用成本增加的问题。如建立以授课任务和教学研究任务为工作内容、以校内外专家为成员的教学团队，建立包括各部门领导、任课教师和班主任等人员的"三全育人"团队，等等。

当然，科层组织作为院校治理的组织基础，无疑具有无法取代的作用。实际上，各个业务管理部门作为实体科层组织，在院校治理机制转型之后仍然无法被取代。所以，虚拟组织并非完全取代实体性科层组织，而是予以辅助，形成虚实结合的组织体系。

2. 完善线上线下结合的管理沟通方式

数字赋能背景下，虚实结合组织体系运作的关键在于，改变局限于物理集中的单向度信息传递方式，利用现有信息手段进行信息交流、数据分享和高效决策。高职院校各业务部门可尝试线上线下结合，改变物理集中的信息传递方式，建立以信息技术为工具的数字空间信息传递机制，即学校各类实体和虚拟组织积极依托数字化信息交流平台和微信、QQ等各类通信工具，实现信息随时沟通和数据内部共享，提高信息和数据在日常工作中的作用，并授权基层根据需要共享数据，随时进行"微决策"，实现快速反应，而无须层层汇报。

（三）运行机制转型：建立基于大数据的运行规则体系

以服从上级指令为特点的运行机制，以权力运行为基本规则，以上级指示为基本动力，在运行过程中，信息往往不对称，从而严重制约教育者、管理者参与决策的积极性和主动性。各方也很难基于充分信息进行管理决策。数字赋能运行机制的转型，需由服从上级指示转变为服从大数据的科学决策。

1. 建立和完善多元主体联动机制

所谓多元主体联动机制，就是通过强化院校治理相关各方的联系，建立快速科学搜集信息、决策应对问题和高效处理事务的运行机制。多元主体联动机制体现了高职院校多中心治理的思想。所谓多中心治理，从院校层面来讲，即打破权力来源单一局面，形成高职院校、政府和社会三者间联合行动的治理格局。[7]从校内来看，即打破决策权力集中于上层，尤其是校级层面的局面，依据权力、职责匹配的原则，授予承担相应责任的部门在一定范围内的决策权。在权力和职责匹配的情况下，联动机制形成的难点就在于，如何让各相关主体快速同步了解事情发展的动态，并及时根据自己的职责做出相应回应，而不是按部就班等待上级指示。可以说，联动机制的关键在于信息传达，多元联动机制的工作核心内容就是数据共享，以及基于共享数据的即时决策。

其一，建立多层次联动机制。多层次联动机制指包含校、二级学院、教研室、教师等各层面及跨层面的联动机制。在当前高职院校，一般联动机制主要为校级和二级学院层面，教师层面较少。在科层组织体系中，建立同层级的跨部门联动机制容易，而建立跨层级的联动机制较难。现在，数字技术的应用，为解决这些难题提供了技术保障。如依托相应管理系统，建立起学校、二级学院和班主任多层次联动机制，搭建同步信息传达和决策的平台，以大大减少信息沟通和决策中间环节，也减少班主任开会时间，极大地提高管理效率，降低成本。

其二，建立多主体联动机制。多主体联动机制指的是同一事件多方面相关方参与的联动机制，包括各部门相关人员、跨群体跨部门的虚拟组织、校政企合作相关方，从而形成治理合力。如借助于数据中心的数据集成功能，建立"三全育人"联动机制，即各相关部门将育人信息传送至数据中心，由数据中心进行数据整合，提供学生画像，各部门综合十大育人体系各类信息，判断各部门育人效果，提供配套措施，等等。

2. 建立基于大数据的运行机制

依据控制论理论，一个开放系统要维持稳定性，需要有施控系统，即随时监测运行状态和偏离目标轨道的反馈信息，不失时机地采取控制措施消除或缩小偏差，修正原定的目标轨道，以此来倒逼系统输入等。这样由系统输入、输出、反馈和控制措施共同组成一个闭环回路。[8]高职院校治理体系相当于一个开放性系统，治理秩序的稳定性取决于治理施控系统的有效性。而施控系统有效性取决于对系统运行过程及其调控措施等系统输入、输出有关信息的掌控与反馈。信息掌控和反馈发挥作用的前提则在于形成信息闭环。所谓信息闭环，就是系统运行过程中一切系统输入、输出的痕迹都有记录，并能对系统运行及时反馈，再根据反馈予以调整的循环回路。可以说，信息闭环的意义就在于提供决策数据，辅助系统对偏离预期状态进行校正。而基于大数据的管理系统为信息闭环的实现提供了技术支持。

因此，基于大数据的院校治理运行过程的实质就是由决策、执行、监督和反馈形成信息闭环，其基本规则是基于大数据进行科学决策和行动，而不是单向度地基于权力的服从。

一是确立基于反馈信息的决策机制。科学决策应该基于对事物运行及其发展情况的充分掌握。数字赋能背景下，可以充分利用现有的学生管理、课堂教学管理、宿舍管理、食堂管理和师资管理等各方面的学校管理大数据，建立和完善大数据收集、整理、分析、发布和共享制度，建立和完善基于大数据的决策流程。

二是建立信息闭环机制。院校治理的信息闭环机制指的是建立起一整套涵盖高职院校管理决策、执行和反馈等各个环节的运行过程性信息收集、信息反馈的机制。信息闭环机制，需要依托于相应管理系统，建立任务或政策实施的过程性信息库，并设置管理过程的信息反馈流程，确保一切管理决策均能基于全面过程性信息和有效性反馈，从而减少决策的信息沟通成本，提高管理决策的科学性和准确性。

四、小结

高职院校的数字化升级将院校治理的场域从完全依托物理空间转变为物理空间和数字空间相结合。原有院校治理机制依赖物理空间，难以适应数字化升级的需要，产生了如"数据孤岛"、以"管"为特色的院校组织结构体系灵活性不足、"指令"式院校运行机制协调性不足等一系列问题。适应院校数字化升级需要，高职院校治理应在信息联通机制、组织机制和运行机制三方面实现转型，其实质是院校治理时空组织方式和治理运作方式的转型。新的时空组织方式开始改变完全依赖实体组织的局面，虚拟组织开始出现，组织运行也开始突破依赖物理空间的局限，数字空间与物理空间开始交相融合。新的治理运行方式要求改变原有由上到下或由下到上的线性运作方式，转而要求教师、各层级教育教学管理者及相关方都能随时根据院校运行的实时信息反馈，做出即时反应。新的治理运行方式还要求，改变仅仅依赖权力的运作规则，转而开始重视依靠大数据进行决策和运行。

此外,数字赋能背景下,院校运行还需要面对一些其他变化:如数字空间中,人突破生理、物理存在的局限,转而以数字化存在作为普遍形态。那么,这种新的变化对于院校治理的观念、机制又可能会有什么影响?再如随着AI、区块链和物联网等新技术在院校治理中的运用,院校运行又有什么变化?这些都是需要进一步深入研究的问题。

参考文献

[1]中共中央、国务院.中国教育现代化2035[J].人民教育,2019(5):7-10.

[2]教育部等九部门关于印发《职业教育提质培优行动计划(2020—2023年)》的通知[J].中华人民共和国教育部公报,2020(11):35-48.

[3]陈寿根.高职院校内部治理现代化的路径选择[J].职业技术教育,2021(21):32-36.

[4]周海涛,刘永林.高校治理创新的实践路径探析[J].厦门大学学报(哲学社会科学版),2021(1):115-121.

[5]张捷.大数据背景下职业院校数据治理体系的构建与实践[J].信息系统工程,2022(5):16-19.

[6]钟惠英,龙龙.虚拟组织与学习型高校组织模式创新[J].中国行政管理,2011(4):50-52.

[7]孙云志.高职院校治理的理论基础[J].中国职业技术教育,2017(3):24-28.

[8]王清杨.现代化管理的闭环控制原则[J].文史哲,1986(3):87-92.

(文章发表于《中国职业技术教育》2022年第34期)

作者:

韦国潭(1967—　),男,浙江旅游职业学院党委书记,主要研究方向为高职教育管理。

◎院校治理

高职院校数字化转型：内涵特征、体系建构与实现路径

◎杜兰晓　张永波

> **摘　要**：全面推动教育数字化转型是当前我国教育现代化进程中一项紧迫而艰巨的任务。高职院校数字化转型是实现"智慧校园"的过程样态，具有变革性、全局性、迭代性的本质特征和不同的阶段任务。以转换和融合阶段为主、智能阶段为辅的目标导向，提出高职院校数字化转型"智慧化教学支撑、网络化办公办事、自助化公共服务、智能化校园管理、数据化治理决策"五个维度的普适性体系建构和"产教融合特色创新、技术引领应用创新"两个维度的创新方向，并从建立闭环管理的组织体系、系统性思维一体化推进建设、数据治理驱动转型变革等方面提出了高职院校实现数字化转型的路径建议。
>
> **关键词**：高职院校；数字化转型；内涵特征；体系建构；实现路径

数字化科技产业变革已成为世界各国竞先发展的重要战略。党中央、国务院高度重视数字化转型发展，《中华人民共和国国民经济和社会发展第十四个五年规划和2035年远景目标纲要》将"加快数字化发展，建设数字中国"单列成篇，提出要加快建设数字经济、数字社会、数字政府，以数字化转型整体驱动生产方式、生活方式和治理方式变革。[1]在以数字化转型加速推进经济发展和国家治理现代化的时代背景下，教育部2022年工作要点首次明确提出要实施教育数字化战略行动，加快推进教育数字转

型和智能升级。全面推动教育领域数字化转型是当前我国教育现代化进程中一项紧迫而艰巨的任务。

教育数字化转型是一项系统性创新、变革性重塑的复杂工程，相比此前阶段的教育信息化，其内涵定位、功能设计、目标价值等已然发生质变。随着教育部教育数字化战略行动的提出，目前一些学者已围绕其本质内涵、逻辑架构、发展方向等展开理论研究和探讨，认为数字化转型是以数字化思维运用数字化能力实现教育价值转型、能力培养、生态重构、系统性重塑等目标的过程[2]，同时从教育数字化转型的实践原则、理论框架、领导力发展、成熟度测评等方法论层面勾勒教育数字化转型的实用方略[3]。此外，亦有研究通过美国、俄罗斯等国家的教育数字化转型比较分析，在法律制度、多元协同、信息公开、效能增强、改革创新等方面提出了启示建议[4][5]。这些研究为教育数字化转型的深入开展提供了有效的支撑与借鉴。

但是，作为实施教育数字化战略行动的主阵地，包括高职院校在内的高校数字化转型到底"是什么""做什么""怎么做"等普遍关切的问题，既有理论研究未能做出解答，实践层面存在诸多困惑与迷茫。因此，本研究聚焦高职院校，将在厘清"是什么"的基础之上，着力提出高职院校数字化转型的体系架构和实现路径，以期能对职业教育数字化转型的研究和实践提供一些参考，促进我国教育数字化转型战略的深入开展。

一、高职院校数字化转型的内涵特征

高职院校数字化转型有着"支撑高素质技术技能型人才培养"的核心使命，高职教育作为一种教育类型，具有数字化转型的基本共性，而人才培养定位和培养对象的异质性、教学内容的生成性及工作环境的跨界性等办学特点[6]，又使得高职院校数字化转型具有"职业性"的特征。

（一）数字化转型的"数字化"共性内涵

数字化转型的目标愿景赋予了"数字化"更丰富的共性内涵。具体而言，"数字化"与之前的"信息化"存在转化、递进和依存的关联关系，同时又存在"使能"的内涵区别。"信息化"通过应用系统实现业务协同、数据信息归集和数据的可视可知，但最终业务协同的效率取决于人，数据信息的运用决定因素也是人，不同的人利用数据信息会产生不同的结果。而"数字化"的内涵是在综合事物过程要素、多元在线数据和多维知识集成的基础上，设计达成目标的最佳路径和算法模型，并由此建立监测分析、预警预测、融合供给、资源优化、管理服务等功能的"敏捷系统"，实现智能协同的战略目标达成。显然，"数字化"的事物结果决定因素发生了改变，不再是单体的"人"，而是集"众人"智慧和力量的在线数据的精准性、知识集成的全面性、路径设计的合理性和算法模型的科学性等"规则"的集合（图1-1）。

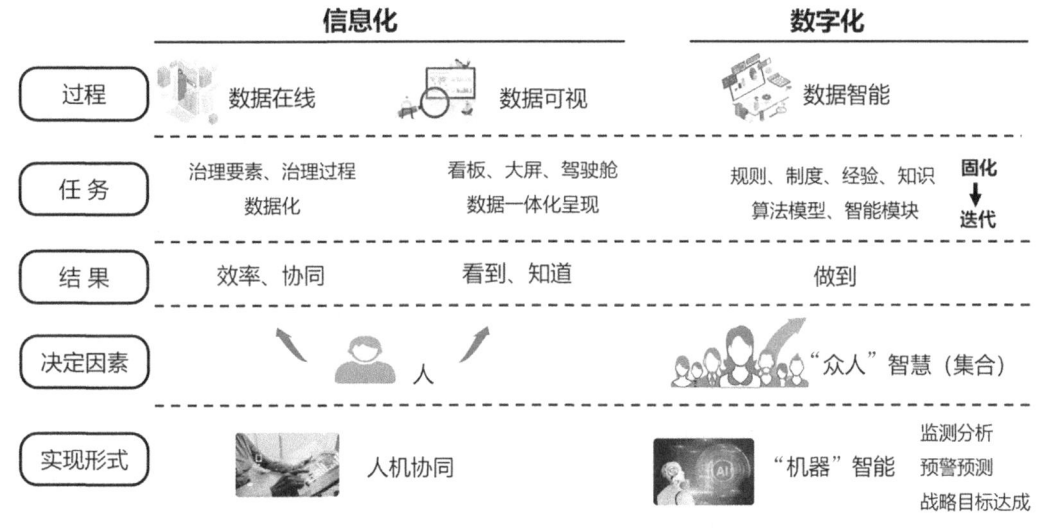

图1-1 "数字化"与"信息化"内涵逻辑关系

（二）高职院校数字化转型的概念界定

分析"数字化"和"信息化"的内涵逻辑关系，旨在厘清教育数字化转型与之前的数字校园、智慧校园、教育信息化之间的联系与区别，从而对高职院校的数字化转型概念进行界定，这必然是学校实践的首要问题。有学者统计表明，当前有关表述"校园信息化"的相关术语有6个之多，术语使用的不一致严重影响了事业的政策影响力和战略认同感[7]。据研究，1995年，"教育信息化"取代"电化教育"，成为对该事业的统称和特定用词，并沿用至今[8][9]。其在学校的发展经历了多阶段的演变：在教育信息化1.0阶段，"数字校园"以电子校务系统建设、数据整合与应用集成为重点[10]，作用是提高了学校业务工作的管理效率，为更高级阶段的发展奠定了应用和数据基础；教育信息化2.0阶段，"智慧校园"的内涵是运用物联网、大数据、人工智能等新兴技术，变革创新教学、科研、管理和服务全流程工作模式[11]，构建类脑"智慧集"系统，培养学生适应数字社会的能力，从而孕育教育的卓越，促进人的全面发展。而这正是教育数字化转型的题中要义。因此，本研究认为：高职院校数字转型是运用数字化技术、数字化思维和数字化方法来实现"智慧校园"的过程样态。

（三）高职院校数字化转型的"职业性"特征

高职院校数字化转型具有"职业性"视角下的变革性、全局性、迭代性三个基本特征。

变革性是转型的逻辑起点。"增强职业教育适应性"是国家建设高质量教育体系的政策导向和目标要求，在经济社会数字化转型的宏大背景下，一方面是产业发展需要大量懂业务且具有数字化素养和能力的中高端技术技能人才，另一方面是2020年以来高职院校毕业生面临巨大的就业压力，产业结构调整导致懂业务又懂技术的融合型人才供需矛盾非常突出，且随着全行业数字化的推进，人才供需矛盾呈持续放大趋势[12]，因此，与经济社会发展"最直接、最密切"和"以促进就业为导向"的职业技术教育无疑面临着前所未有的生存与发展变局[13]，迫切需要适应性转型变革。要增强职业教育数字产业变革适应性，就必须把数字化转型作为职业教育系统性变革的内生变量和内生动力，以数字化转型的新成效重塑职业教育的新生态，达成"支撑高质量发展"和"促进高质量就业"两大使命[14]。

全局性是转型的逻辑定位。增强职业教育适应性、重塑职业教育新生态的数字化转型目标定位，其覆盖面必然是全方位系统性的。一方面增强适应性的转型过程涉及办学全要素，内容既包括教学理念、专业建设、课程设置、实践实训等育人要素[15]，也包括体制机制、流程再造、生态重构、服务创新等治理要素，更包括产教研融合、校政企合作等融通要素。另一方面数字化转型重塑新生态的归旨是人才培养的"能力本位、就业导向"，举措是运用数字化的思维、手段和技术，通过"学校—政府—产业—社会"多元主体协同，构建高职院校包括专业、课程、实训、教师、环境、机制等供给要素与经济社会发展人才（能力）需求匹配适应的动态数据"敏捷系统"，并以此指导办学要素更加紧密对接产业升级和技术变革趋势，促进教育链、人才链与产业链、创新链有机衔接，系统性化解当前职业教育主体单一、产教脱节等问题，从而提升学生适应技术变化的能力和面向未来终身发展的职业变迁能力[16]，为产业发展提供更好的人才支撑与技术服务。

迭代性是转型的新逻辑起点。主要体现在两个方面：首先从适应性的角度来看，当前数字化科技革命和产业变革尚处于动态发展期，经济发展的新旧动能也处于结构性调整期，传统和新兴产业的交替发展将会是未来常态。因此，受产业迭代发展影响，职业教育人才培养的各要素也需要与之不断匹配进步，所以，数字化转型适应性问题本身就是一个动态迭代的问题。其次从"数字化"内涵的角度来看，转型的具体表现是人才培养过程和要素的数字化，过程和要素通过转型达成无限接近有利的"规则"集合，并以数字化形式固化然后迭代，形成"固化—迭代"的良性循环，不断优化人才培养治理体系和治理能力，由此促进高职教育治理和创新能力的螺旋式上升，并以"规则"的确定性摆脱因人而变、难以持续向好的教育困境。

（四）高职院校数字化转型的发展阶段

高职院校数字化转型是个系统工程，有着不同的发展阶段，且各阶段有着不同的典型任务。联合国教科文组织把信息技术应用于教育的过程分为"起步、应用、融合、创新"四个阶段[17]，高职院校数字化转型的重点显然在后两个阶段，但是，事物总是遵循"有没有"—"好不好"—"优不优"的发展递进规律，况且地域和学校发展不均衡也是客观现实，因此"起步、应用"过程尚不能缺少，本研究将教育数字化转型发展划分为三个阶段：转换阶段、融合阶段和智能阶段。各阶段主要任务描述详见表1-1。

表1-1 高职院校数字化转型阶段任务

发展阶段	阶段主要任务
转换阶段	开展数字化转型认知、思维素养提升，加强领导力、执行力和技术能力建设；教务、学工、科研、OA等主要业务管理系统完备，实现系统门户集成和认证互联互通；初步形成线上线下混合式教学、虚拟仿真实训、多媒体教学等数字生态学习系统
融合阶段	业务应用丰富，基本达成校务治理要素和治理过程数据化；一体化平台实现"网上办、掌上办、终端办"；以系统互通、数据互通推动数据协同、业务协同、部门协同的"一件事"联办，促进学校体制机制、组织架构、方式流程系统性重塑；数据赋能实现可视化"一项工作一看板"；线上教学资源丰富，虚拟仿真实训、智慧化教学得到融合应用
智能阶段	全面达成校务治理要素和治理过程数据化，推动学校、政府、企业、社会等多元业务和数据互通，综合集成算力、数据、算法、模型、智能模块等数字资源，形成以数据计算分析、知识集成运用、逻辑推理判断为核心的类脑（大脑）智能系统，具有要素表达、预测预警、融合供给、优化资源等支撑能力，提升学校整体智治、科学研判及战略目标管理能级水平

二、高职院校数字化转型的体系构建

根据高职院校的办学职能定位和教育信息化发展现状，本研究认为，高职院校的数字化转型当前应确立以转换和融合阶段为主、智能阶段为辅的目标导向，构建智慧化教学支撑、网络化办公办事、自助化公共服务、智能化校园管理、数据化治理决策五个维度的普适性体系，同时确立产教融合特色创新、技术引领应用创新两个维度的创新方向（图1-2）。当然，从高职院校数字化转型体系的完整性来讲，还应该包括提供转型支撑的政策制度体系、数字化人才支撑体系、标准规范体系、组织保障体系、网络安全体系、数字新基建体系等，限于篇幅拟另撰文论述。

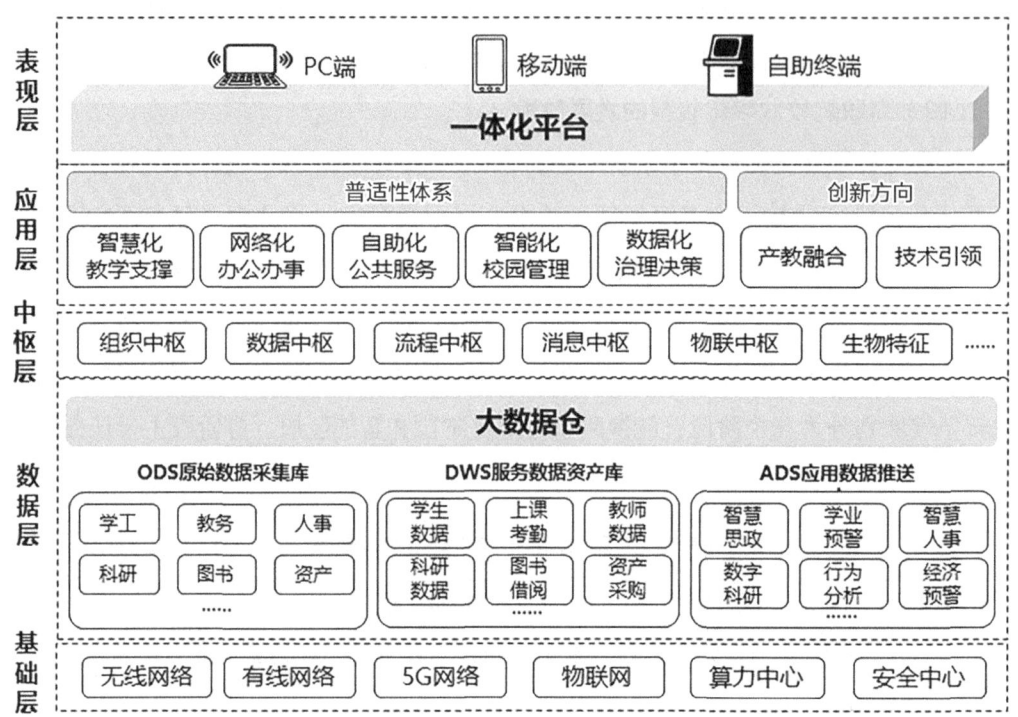

图1-2 高职院校数字化转型体系组成框架

（一）构建高职院校"五化"普适性体系

1. 智慧化教学支撑

国家高度重视数字化产业背景下职业教育人才培养的数字化转型，《国家职业教育改革实施方案》在人才培养方案、专业目录、教学方式、教学方法、教学设施等方面均作了数字化转型部署，2021年教育部印发新版《职业教育专业目录》，其核心的设计导向改变就是"数字化改造＋专业升级"，2022年3月国家教育数字化战略行动开篇力作——国家智慧教育公共服务平台正式上线。数字化转型职业教育政策层面的前瞻性布局，对学校教学教材教法、教师能力、课程资源、实践实训等智慧化教学支撑提出了全新要求。因此，教学转型要紧盯专业学科的产业转型技能型人才培养新需求、成果转化新课题、职业技能终身教育新使命等关键要素积极应变和主动求变，一方面应持续加强一体化在线教学平台、课程资源、新形态教材、教学方法、评价改革等线上线下教学过程适应性动态匹配转型；另一方面根据专业技能培养需要接轨产业，通过产教融合、校企共建、校企共商形式，加强"一系一品"的产业软件教学、虚实一体自主实训、虚拟仿真工场实训等技能实训环境建设。线上线下混合式教学改革、情景沉浸式实训两个维度的数字化转型，可以全面支撑高素质技能型人才培养，提升教学质量，缩短学生实习就业适应期，提高人才培养就业的岗位胜任度。

2. 网络化办公办事

当前高职院校的数字化服务与社会应用相比，在丰富性、便捷性、稳定性、灵活性和流程效率、理念方法等诸多方面均还存在较大的差距。校园网络化办公办事是人才培养环节服务育人的重要组成部分，以数字化转型推动一体化网上办事大厅建设是缩小社会差距、回应师生关切、加快治理体系改革、提升治理效能的内在需求和紧迫任务。高职院校在线办公办事的转型首先是要确立校务改革的职能部门主体定位和主体作用，加强干部简政放权、制度重塑、流程再造的数字化思维转变；其次是基于一体化、集约化、规范化的理念，以需求和问题导向设计校务办公、教务教学、学工管理、后勤服务等业务领域场景应用，以场景建设推动校务改革破题，打通跨部门和跨系统之间的业务壁垒，将过去的线下多头管理转变为线上"一网通管、一网通办"；再次是在"网上办"的基础上同步规划实施"掌上办"，实现办公办事"应用随身、服务随行、时刻在线"的服务能力，以此提高办公办事的便捷度和效率。

3. 自助化公共服务

校务服务从交互形式上可以分为两类，一类是非"物"交互事项，即服务过程没有实体"物"的交互，如请假申请、公文流转等，可以通过线上业务流程完成；而另一类是"物"交互事项，即存在线下"物"的交互，如收入证明、成绩证明、学生证注册等需要学校盖章，校园卡挂失补办需要领卡，等等。传统模式下"物"交互事项办理存在师生多趟跑腿、服务效率及管理效能低下等诸多问题，数字化转型应在"网上办、掌上办"的基础上打通服务"最后一公里"，建立公共服务"终端办"体系，集成校内办公、教务、学工、人事、后勤等部门基于线下交互的服务事项，通过自助化公共服务终端，实现证明材料办理、证件注册、自助打印等"终端办"功能，为师生提供"24小时不打烊"的自助服务窗口。

4. 智能化校园管理

随着物联网、人工智能、大数据等技术的进步与成熟，校园管理具备了更多的应用空间和技术能力，过去"人管人""人管物"以人作为管理主体的管理方式，通过万物互联的部署和"物"的类脑智能设计,将逐步向"物管人""物管物""人物共治"的现代化智能管理方式转变,智能化管理将使得校园管理更精准、更高效、更便捷。例如,人脸识别考勤代替以往校园卡刷卡考勤、签名考勤,可以很好地解决代刷、代签的考勤漏洞,使得考勤更精准;再如,物联网 RFID 技术① 在智慧图书馆的运用,解决了在馆图书盘点难、"一人放错,千人难寻"的图书找寻难问题,还可以通过关键词搜索快速定位图书,切实提高了管理效能和师生借阅效率;又如,物联网技术的食堂自助点餐、人脸识别门禁和消费,刷脸代替刷卡,免去了校园带卡出行的束缚,校园服务变得更自由便捷。物联网和人工智能技术在学校智能化管理方面已经具备了广泛应用的能力和产品,学校可以采用"点""面"结合的方式,逐步在平安校园、生态节能、能耗管控、人员管理、资产管理等业务领域,推进一体化设计生物特征和物联网数据中枢,避免数据重复采集,以高效的技术＋业务智能化管理提高效能,以师生可感知的智能化发挥环境育人、服务育人作用。

5. 数据化治理决策

高职院校内部治理是国家治理体系和治理能力现代化的组成部分,现有治理决策的多种模式普遍存在经验性、随意性、尝试性的弊端,决策参与人的个人意向和主观见解对决策有导向性的影响,缺乏使用有力的决策支撑依据[18],这显然不符合现代化治理的要求,也影响了高职院校高质量可持续发展。提升决策绩效和科学性最有效的策略是决策过程通过数据分析获取有效信息,进而替代传统决策者所依赖的自我认知的知识和经验。治理决策的数字化转型是一项涉及面广、复杂程度高的改革工程,按照统筹设计、分步实施的原则分三步走:第一步是纵深推进教学科研、办公办事、校务服务、校园管理的业务场景建设,实现治理要素和治理过程的数据在线;第二步是强化综合校情数据可视化,分类构建"一项工作一看板",实现"一张图"数据赋能;第三步是基于制度规则、动态阈值、成功经验、战略目标等构建算法模型"智慧集"、智能模块"执行集",形成以数据计算分析、知识集成运用、逻辑推理判断为核心的"校园大脑",实现预测预警、融合供给、资源优化等支撑能力,提升高职教育整体智治、科学研判及战略目标管理能级水平。

---

① RFID技术,即Radio Frequency Identification,射频识别技术。其原理为阅读器与标签之间进行非接触式的数据通信,达到识别目标的目的。

（二）确立产教融合与技术引领两个维度的创新方向

1. 产教融合特色创新

在产业数字化转型升级过程中，高职院校如何同步开展产业前瞻性研究和培养适应行业转型升级的新型人才，实现人才培养与产业同步升级，服务地方经济产业发展，是学校办学发展中的方向性问题。高职教育面对产业发展过程中出现的新技术、新趋势、新业态，普遍还存在两个问题：一是师生对产业+数字技术的认知抽象模糊，教学过程中还未形成系统的理论体系和完备的教学实践环境，不符合数字化产业转型发展背景下高素质技能型人才培养的现实需求；二是缺乏数字化产业相关的科学研究平台，束缚了教师为产业数字化发展提供智力支持的能力，影响学校教研、产研的创新发展。学校应围绕这两个问题，根据办学专业方向，发挥教师团队智力优势，成立数字化产业研究机构，加强政校企协同、社会多元参与的合作机制建设，建立教科产研一体化数字产业应用体验中心，为专业教学和产业数字化转型发展的成果研发提供实践支撑平台。

2. 技术引领应用创新

人工智能、物联网、数字孪生等技术日新月异，不断细分深化并走向成熟，为教育数字化战略转型提供了丰富的工具，技术的融合应用创新具有广阔的空间，也是高职院校数字化转型引领发展和特色发展的重要举措。技术创新在具体实践中要遵循两个基本原则：一是遵循适用性、实用性原则。技术的进步从来和技术的复杂性没有关系，而是为问题找到了合适的解决方法。例如，近年来，高职院校建设了一大批的智慧教室，如何来避免这些教学设备和空调无人状态下的用电浪费是学校管理的难题，运用毫米波雷达高精度、高灵敏度、可测距等技术特性判断"有人""无人"状态，结合智慧教室中控完成无人状态设备自动关闭，这样的创新就是遵循了合理运用技术解决问题的原则。二是遵循技术发明伦理原则。很多学校在不断推进大数据、人工智能等新技术应用的同时，几乎没有想过在当今复杂的社会环境下，谁应该负责去预见并提前阻止技术的负面影响，更缺少可以预见并阻止负面影响带来灾害的必要措施。因此，学校在技术创新应用的同时，还应高度重视惰化学生思维能力、过度挖掘或随意泄露师生信息等教育技术伦理问题。

三、高职院校数字化转型的实现路径

（一）建立闭环管理的组织体系

数字化转型涉及学校深层次、多维度的变革，是对学校治理体系、组织架构、体制机制、流程模式进行系统性重塑的过程，技术单兵突进显然不可行，数字技术是驱动力，组织领导是关键行动者，相关职能部门、师生、产业等多元主体是主要执行者、行动者[19]，只有领导力、执行力、技术能力三力合一协同推进，才能使转型取得预期效果。因此，转型要建立"一把手"挂帅，专班、转型办、督查办协同推进的组织体系和"目标项目化、项目清单化、清单责任化"的"目标—责任—考核"闭环管理机制（图1-3）。工作推进逻辑是形成"三张清单"，即围绕学校战略目标和师生需求形成需求清单；对应需求清单，设计场景化应用，形成场景清单；对应场景清单，设计数字化解决方案，形成转型清单，进而实现数字化转型价值[20]。

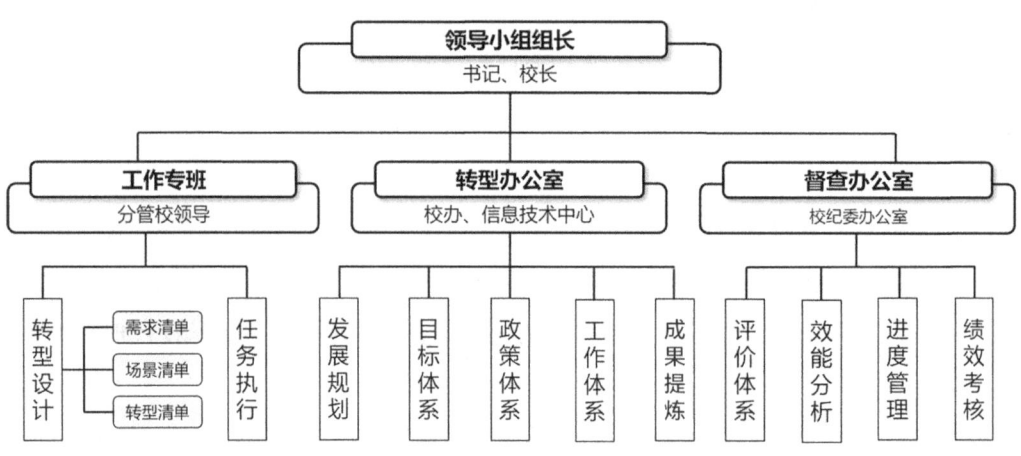

图1-3 高职院校数字化转型组织体系架构

实际工作中职能部门大多会有"我不会""我不懂"的畏难表现。解决这个问题，学校一方面要组织数字化理念、数字化认知和数字化技术的干部能力培训，消除本领恐慌；另一方面要采用务实的方法论加以解决，职能部门和技术部门在转型工作中既有分工又有合作，其中职能部门的主要工作是"三张清单"设计，"不会""不懂"的难点是"清单场景化"，"清单场景化"的本质是流程图，而流程图对职能部门来讲就不是难点问题了。当然，面对"我不会""我不懂"的问题，技术部门在数字化转型之初，要担起"扶上马、送一程"的帮扶责任。

（二）系统性思维一体化推进建设

数字化转型要以系统性思维科学谋划顶层规划，全校"一盘棋"制定一体化设计、集约化建设的有序规则，从经费立项、采购论证源头统筹归集项目，避免多头建设、重复建设和低水平建设，项目验收环节要将"数据通、业务通"作为必要条件，避免产生无休止的"接口"费用，以提高项目建设质量和资金绩效。此外，项目建设要把握好三个方面的关系：一是处理好"软"和"硬"的比重关系。很多学校存在重"硬"轻"软"的现象，但要引起重视的是校园网络、服务器、终端等基础硬件，其作用是为"软"应用提供服务支撑。因此，硬件建设按需适时分期投入才符合科学原则，起步阶段在数字化应用尚不丰富的情况下，要避免消耗大量的资金建设校园无线网络、服务器、存储等基础设施。二是处理好"建"与"用"的统筹关系。没有实际发展的投入增长将使技术陷入悬浮于组织的困境，数字化转型项目建设要有"给谁用""解决什么问题""产生什么绩效"的立项之问，切入方面要找准突破点和"兴奋点"，区分轻重缓急，遵循"师生减负、治理增效"理念，从高频服务、关键小事入手，基于总体规划分步实现场景应用覆盖，着力当前谋划未来，避免走回头路甚至推倒重来。三是处理好"内"与"外"的协同关系。高职院校的办学特点在于产教融合、校企合作，转型要在项目规划设计、资源共用、优势互补、利益共享等方面做足文章，创新学校、政府、企业、社会等多元主体参与的建设机制，提高转型效率和绩效。例如，校园无线网络的建设借力运营商校企合作、数字化实训体验场所的校政企共建等。

（三）数据治理驱动转型变革

高职院校数字化转型要实现整体最大效应，数据治理是基础工程、核心工程，也是难点工程。数据治理要围绕数据在线、数据交互和数据服务三个方面的核心需求，对应建立采集、治理、服务三层技术架构（图1-4）。其中，采集层为实现数据精准在线提供规范接入，治理层是数据汇聚整合、提纯加工、按需交互、授权使用的数据中枢，服务层面向用户实现数据服务可视化，是数据价值变现的窗口。技术运用上要改变以往依靠厂商技术能力的方法，降低对专业性的要求，构建无码交互式可视化工具平台，通过拖拽组件快捷实现数据的采集、交互和服务应用。可视化工具的运用不仅可以具备灵活多样的快速实现能力，也很好地解决了高职院校数据治理绩效和技术人才短缺的问题。

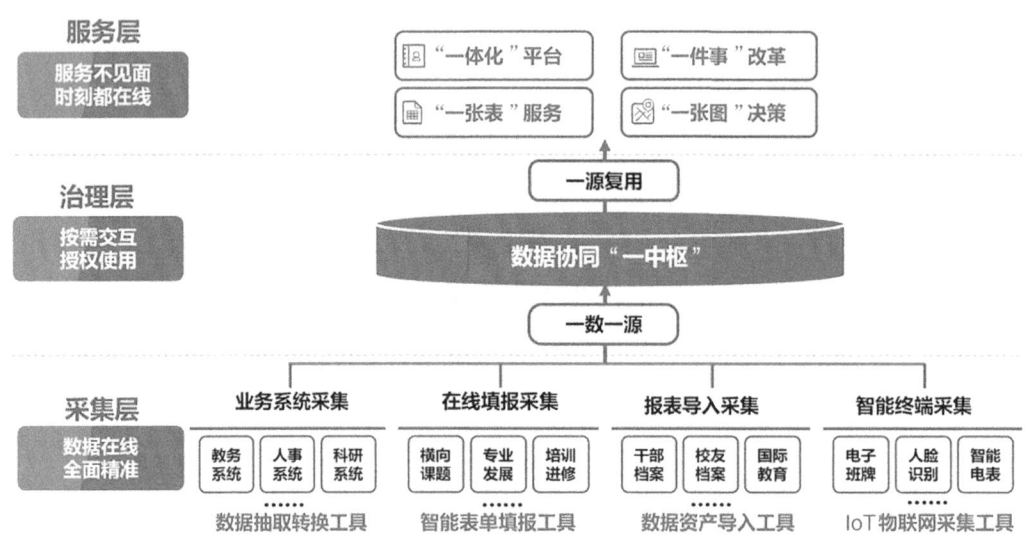

图 1-4 高职院校数据治理逻辑架构

数据治理要达成三个基本转型目标：一是通过业务梳理、机制建设和责任落实，解决数据底数不清楚、数据责任不明确、数据不在线、数据更新不及时等问题，实现数据精准在线；二是基于"一数一源、一源复用"管理规则，实现数字化转型跨部门、跨系统、跨业务等场景数据有效交互、应用协同；三是要让数据发挥作用，助力"一件事"（一站式、一键办）改革，推动平台"一体化"、决策"一张图"的实现，建立师生成长数字档案"一张表"，通过可视化自定义工具实现自动填表，实现"一次录入、共享互通、重复使用、自动填充"，破解日常师生"表格繁多、重复填报"的突出问题。

四、结语

教育数字化转型是国家战略和时代所向，也是学校发展所需和使命所在。在我国高职教育信息化整体建设尚不充分、客观上存在地域水平差异、同一地域的学校之间也会存在发展不平衡的背景下，学校数字化转型要因地制宜、因校施策，根据实际情况明阶段、建体系、破难题，科学谋划发展策略，以抓铁有痕、踏石留印的干劲，持之以恒、久久为功的韧劲，实现高职院校数字化转型育人有效、服务有为、治理有方、师生有感、校园有序的愿景。

参考文献

［1］中华人民共和国国民经济和社会发展第十四个五年规划和2035年远景目标纲要［EB/OL］.［2021-03-12］.http：//www.gov.cn/xinwen/2021-03/13/content_5592681.htm.

［2］黄荣怀，杨俊锋.教育数字化转型的内涵与实施路径［N］.中国教育报，2022-04-06（4）.

［3］祝智庭，胡姣.教育数字化转型的理论框架［J］.中国教育学刊，2022（4）：41-49.

［4］常桐善.推进高等教育数字化转型 强化治理效能——美国的实践经验及其对中国的启示［J］.中国教育信息化，2022，509（2）：13-26.

［5］唐晓彤.俄罗斯职业教育数字化转型：背景、措施与启示［J］.中国职业技术教育，2022（9）：64-71.

［6］庄西真.职业院校教师的专业发展：内涵特征、阶段划分与实现路径［J］.中国高教研究，2022（4）：97-102.

［7］王运武，李炎鑫，李丹，等."十四五"教育信息化战略规划态势分析与前瞻［J］.现代教育技术，2021，31（6）：5-13.

［8］任友群，冯仰存，郑旭东.融合创新，智能引领，迎接教育信息化新时代［J］.中国电化教育，2018，372（1）：7-14+34.

［9］陈琳，陈耀华，毛文秀，等.教育信息化何以引领教育现代化？——中国教育信息化25年回眸与展望［J］.远程教育杂志，2020，259（4）：56-63.

［10］蒋东兴，吴海燕，袁芳，等.高校智慧校园成熟度模型与评价指标体系研究［J］.郑州大学学报（工学版），2017，38（2）：1-4.

［11］张永波.智慧教育伦理观的建构机理研究［J］.中国电化教育，2020，398（3）：49-55，92.

［12］中国数字经济就业发展研究报告：新形态、新模式、新趋势（2021年）［R］.北京：中国信息通信研究院，2021.

［13］李洪渠，石俊华，陶济东.协调共生：增强职业技术教育适应性的认知维度与价值指向［J］.中国职业技术教育，2021（13）：26-33.

［14］陈子季.依托数字化重塑职业教育新生态［N］.中国教育报，2022-06-06（4）.

［15］安培.增强职业教育适应性：思想溯源、实践变迁与推进策略［J］.职业技术教育，2022（7）：6-13.

［16］潘海生，林晓雯.新发展格局下的职业教育的适应性发展［J］.职业技术教育，2021（15）：15-20.

［17］汪基德.从教育信息化到信息化教育——学习《国家中长期教育改革和发展规划纲要（2010—2020年）》之体会［J］.电化教育研究，2011，221（9）：5-10.

［18］郁建兴，樊靓.数字技术赋能社会治理及其限度——以杭州城市大脑为分析对象［J］.经济社会体制比较，2022，219（1）：117-126.

［19］兰建平.浙江数字化改革的实践逻辑、理论"矩阵"与路径设计［J］.浙江工业大学学报（社会科学版），2021，20（4）：389-396.

（文章发表于《职业技术教育》2023年第5期）

作者：

杜兰晓（1972— ），女，浙江旅游职业学院校长，教授，博士，主要研究方向为旅游职业教育。

张永波（1970— ），男，浙江旅游职业学院信息技术中心主任，教授级高级工程师，主要研究方向为教育信息化。

◎ 院校治理

治理体系和能力现代化对高职课程建设的启示与挑战

◎ 周国忠　金明磊

> **摘　要**：国家治理体系和治理能力现代化为高职课程建设带来了从静态建设转向动态治理、把握经济社会发展的现代化潮流、形成内部和外部双循环发展模式等启示。高职课程治理体系和能力现代化构建需要具备开放共享的共同体理念、用科技推进课程转型、体系和能力协同发展的现代化理论内涵。其还应重视落实立德树人根本任务，抓住职业教育核心命题，注重知识传播和接受规律等基本原则，最终达到职业教育体系与国家治理体系现代化相接轨，实现受教育者核心素养全面发展的课程现代化建设目标。在生态化、数字化和多元化的发展方向下，高职课程治理体系和能力现代化建设可为职业教育改革发展奠定坚实的课程基础。
>
> **关键词**：治理体系；现代化；高职教育；课程建设

党的十九届四中全会通过的《中共中央关于坚持和完善中国特色社会主义制度推进国家治理体系和治理能力现代化若干重大问题的决定》中，正式将国家治理体系和治理能力现代化作为中国特色社会主义制度的重要体现。高职院校治理体系和治理能力现代化是教育治理体系和治理能力现代化的重要组成部分，同时也是国家治理体系和治理能力现代化在职业教育发展中的重要体现。在高职教育治理体系和治理能力现代化进程中，课程作为学科和专业发展面向学生的最基础元素，课程治理现代化不但为教育现代化奠定基础,而且是高水平高职院校和高水平专业群建设的核心要素。

一、治理体系和治理能力现代化对高职课程发展的启示

现代化是马克思主义理论中对于社会发展进程的一种重要描述,在马克思和恩格斯的著作中,现代化不但被用来形容物质资料,同时,还用来形容社会关系和社会发展体系。现代化可定义为全社会范围,一系列现代要素及组合方式连续发生的由低级到高级的突破性的变化或变革的过程。[1]随着中国特色社会主义事业的发展,现代化作为一种必然社会进程,在党和国家的各项事业建设中越发重要。治理体系现代化,是一种包括政府、市场和社会公众等多元主体通过协商、对话和互动,达成管理日常事务、调控资源、履行权利的行动共识,以缓解冲突或整合利益、实现公共目标、满足人民生活需要的结构、过程、关系、程序和规则的体系性活动。[2]

课程是教育思想、教育目标和教育内容的主要载体,是教育教学活动的基本依据。[3]根据国家战略发展需求和经济社会发展现实,如何从国家治理体系和治理能力现代化的进程中汲取高职课程发展的智慧,是将高职院校发展更好地融入国家和民族现代化进行的必要举措。高职课程必须从现代化的进程中转变发展理念,把握好经济社会的现代化发展潮流,将课程由静态建设转变为动态治理,打造内部教师素养和外部制度双循环模式的治理体系。

(一)把握好经济社会发展的现代化潮流

高等职业教育作为职业教育中的重要一环,其与经济社会发展紧密相连,承担着为社会培养高素质技术技能人才的重任。随着社会变迁节奏加快,经济社会发展的现代化潮流也瞬息万变,课程作为实现教育目标的重要载体,应紧跟现代化发展潮流,将经济社会发展的现代化要素注入职业教育的课程体系,实现课程体系与现代化发展趋势同步。

把握现代化发展潮流就要求高职课程以经济社会发展为导向,形成具有前瞻性的课程治理体系和治理能力。这就要求高职院校关注国家发展大势,形成全局思维模式,将国际形势和国家大事相结合,将科技趋势和工程实践相结合,将产业动态和市场信息相结合,将人才培养和就业创业相结合,这样才能让高职课程体系建设真正贴合现代化发展潮流。同时,把握现代化发展潮流还要求高职课程成为高级应用型技术技能的引领者,让课堂教学打破技术培养者壁垒,成为技术进步推动者。随着四年制

职业本科教育推进和应用型本科院校发展，这类院校应走在技术进步的前沿与研究型大学形成良性互补，形成应用技术和科学研究的双循环高等教育发展体系。只有成为技术进步的引领者，才能真正实现高职院校的存在价值，为国家培养具有高素质的技术技能人才。

（二）从静态课程建设向动态课程治理转变

管理是一个静态过程，是将全体运行要素放置于静态沙盘中考量并给出最优解的过程；而治理则是一个动态过程，是根据事物不断运行变化的过程，形成的一个动态优化模式，可以根据不同时间节点的各项反馈内容给出具有提前量的运行规则。用治理的思维模式去审视当前高职院校的课程发展，是一种运用马克思主义运动观，从静态向动态转变的发展模式。当前，高职院校的课程发展模式以静态建设为主，即在专业人才培养方案的约束下，由授课教师在既定时间内完成规定的教育教学内容。课程细节内容会因为教师备课而产生细微差别，但是课程主体框架和课程目标却早已在学生入学之初就确定了。同时，当前的课程建设也仅停留在以信息化教学、双语教学等为主要内容的技术层面变革，少有涉及课程主题内容的动态标准化层面建设。

动态标准化需要课程具备动态发展过程和标准化要素，这是因为课程治理的参与主体是多方面的，不只有教师和学生，还有教育生态、行业要素、行政管理、技术发展等多维主体，这就要打破原本课程建设以授课教师为主导的静态模式，形成课程体系的多维博弈动态平衡模式。这不仅要求教师与专业要时刻关注授课内容和行业动态，而且还要根据行业最新进展和动态反馈，及时调整课程内容，让多方主体参与到课程治理体系建设中来，进而达到课程治理能力的有效提升。

在课程治理的动态平衡之下，依旧要形成标准化的课程模式。课程作为一种重要的教育手段，具有不可或缺的组成要素，如教育目标、教育内容、教学方法、考核考察手段等标准化要素，这样才能真正形成以专业人才培养为核心的课程治理体系，避免课程建设娱乐化和育人功能缺失。标准化的课程治理体系，既是对高等职业教育教学模式和育人规律的尊重，又是对治理体系多方参与主体的个体行为的有效约束，形成课程治理体系发展的长期性和稳定性。

（三）打造内部和外部双循环发展模式

治理体系和治理能力现代化是一个参与主体多元化的复杂系统工程，是一种由外部因素和内部因素共同促成的良性发展模式，课程治理需要形成类似的双循环发展模式，让课程走出教师教育的藩篱，成为教育教学和社会发展共同促进的一种教育行为模式。

课程治理在内部维度上属于授课教师个人职业技能范畴,受制于教师职业素养。课程作为一个基本的教学活动元素,以专业发展为主体的人才培养方案和院系发展规划,并不会对课程开展全过程中的各项教育教学环节与要素进行细致规定。课程建设的好与坏完全依靠教师个人职业素养,因此,强化教师教学技能素养是完善课程治理能力的重要举措,通过对教师教学技能素养的提升来完善课程治理体系,就属于课程治理体系的内部维度。这一维度的主体是教师,通过提升教师能力来提高课程品质,是一种课程治理内部自治的有效手段。

课程治理体系同样需要从外部维度注入动态信息,建立课程和课时开放共享的多向互赢体系。高职院校的课程多为一学期或多个学期持续连贯开设,在课程运行过程中,需要教师不断收集外部动态信息注入课程运行环节。这些外部动态信息不但来自学校内部发展动态和核心工作任务,而且来自行业最前沿的动态信息,需要不断地引入行业资讯及吸纳行业从业人员参与到课程运行过程中,并根据行业反馈来修正课程教学元素,让课程体系能够有效接收外部信息并形成正向反馈。课程体系在建立面向行业的共享模式同时,还应建立面向其他院校及专业的开放共享体系。这不是简单地开设在线视频课程,而是根据院校和专业特性,在协作构建课程基本知识体系的基础上,搭建具有院校及专业特色的分包模块,让课程由单一固定式的知识体系进化为模块搭建式的知识演进脉络。

二、高职课程治理体系和治理能力现代化构建的理论逻辑

随着教育治理体系和治理能力现代化的推进及高职院校"双高"建设的不断深化,课程秩序重构成为推动高等职业院校发展的有效路径。当前,高职院校面临的职业教育改革发展和"双高"建设背景,唯有重构专业原有课程组织和安排,打破原有课程生长机制,重建新的课程秩序,高水平高职院校和高水平专业群建设方可能实现根本性突破。[4]因此,梳理清楚高职课程治理现代化建设的内涵、基本原则与主要目标,能为高职课程治理的发展方向和实践路径奠定坚实理论基础。

(一)高职课程治理体系和治理能力现代化建设的内涵

高职课程治理体系和治理能力现代化建设就是在教育现代化和职业教育改革发展的背景下,深入挖掘课程的现代化发展模式,为课程赋予现代化的技术、理念及建设

和演进机制。

首先,高职课程建设应该掌握现代化的技术手段,用科技推进课程转型。在信息化的浪潮下,微课、慕课、翻转课堂、智慧教室、在线教育等授课模式已经成为教师课程建设所必须掌握的基本方法。同时,面对从信息化向数字化的新一轮科技革命,高职课程也应具备数字化思维,在完善的信息化硬件设施基础上,充分利用互联网、大数据、人工智能及区块链等数字化技术,去构建传统课堂教学过程中难以实现的场景和语境。例如,通过物联网、5G 技术、移动直播平台和 VR(Virtual Reality,虚拟现实)技术的相互结合,可以轻松实现虚拟场景的线上实训课程,让硬件设施较差的高职院校课堂实训教学过程也能模拟先进机械设备和工业场景。

其次,高职课程建设应具备开放共享、互利共赢的现代化共同体理念。课程应成为学校、政府、企业和社会多方充分参与开放共享的教育手段。在课程建设中不仅要满足于师生互动的课程开放理念,同时还要注重课程的社会价值和社会影响力,通过互联网等手段让社会共享高质量的职业技能教育课程。同时,课程还要充分吸收企业和用人单位对于专业课程建设的反馈意见,让课程贴近社会生产,减少课程建设的无效投入。

最后,应该具备体系和能力协同发展的现代化课程建设和演进机制。课程治理体系和课程治理能力是不同的概念,课程治理体系强调从宏观层面把控课程发展,用整体思维去审视课程建设,将课程建设视作衔接学生发展和院校发展的重要中间环节。它侧重于从院校专业特色、人才培养方案、教学大纲、课程建设规章制度等维度去构建课程发展的体系,让课程在外部体系约束下形成自我迭代的良性发展机制,将课程这一微观教学元素置于高职院校整体发展的宏观背景下去审视,让课程建设也融入高职院校治理现代化的体系之中。而治理能力侧重于教师素养和教育硬件设施的微观层面,意在通过由教师掌控的课堂教学过程去提升课程质量。治理能力是治理体系在教师客体行为上的体现,是完善和落实治理体系的终端环节,也是将治理体系带来的课程变革有效传达给学生的实施主体。

（二）高职课程治理体系和治理能力现代化建设的基本原则

高职课程治理体系和治理能力现代化建设要全面落实立德树人的根本任务。现代意义的课程,是和国家建设联系在一起的,是国家对公民进行治理的技术,属于国家事权而不是私人的成长履历。[5]高职课程建设作为高等职业教育中面向学生展开的核心教育环节,应该在课程管理、建设、内容和发展等课程治理体系的各个维度去全面落实立德树人的根本任务，让课程在最基本的全球通用知识技能和人类科学技术发展的全球知识范式中突出中华文化和中国特色社会主义的独特性，成为知识生产传播环节中的支配者和治理者。

高职课程治理体系和治理能力现代化建设应该抓住"职业教育"这一核心命题展开。高等职业教育不但与普通高等教育有所不同，而且与中等职业教育、终身职业教育等也不相同。因此，高等职业教育中的课程建设应该彰显高职院校的特性，充分体现高素质技术技能人才培养的院校定位。高职课程治理体系和治理能力现代化建设应该突出这一定位，在技能培养过程中注重高级技能，在人才培养中注重人才的创新性和发展性，使其培养的人才在具备一定高级技能的同时，能够适应终身学习的发展性特点，在工作岗位上可以推动技术革新和产业进步。

高职课程治理现代化建设应该注重知识的传播与接收规律。课程教学是一个知识传播的过程，它需要全面考虑信息传播的各个环节，既要建立全面系统的知识体系，又要让受教育者高效便捷地接收信息。现代化的课程体系是教师、学生、课程内容和技术四者间的互动，教师个人素养、技术手段选择、课程授课内容与学生群体特征都是课程体系中需要认真分析的变量，需要对每一个变量进行充分的设计，才能达到课程知识传播效能最大化。

（三）高职课程治理体系和治理能力现代化建设的主要目标

高职课程治理体系和治理能力现代化建设的主要目标是完成高职课程秩序的重构。随着职业教育的快速发展，国家对职业教育改革有新要求，课程作为高职教育中的一项微观要素和重要手段，其变革却滞后于职业教育改革的浪潮。目前，高职课程现代化建设多以引进新型技术手段为主要特征，将智慧教室开发运用及慕课、微课、在线课程等线上线下混合式课程教育手段作为课程现代化的主要方向，却忽视了课程内容的现代化。因此，在采用现代化技术手段的基础上，通过内容现代化建设，使高职课程与经济社会发展趋势相契合，形成由表及里的现代化建设体系，来完成高职课程秩序的重构，让高职课程充分满足学生发展的个性需求、经济社会建设的功能需求及国家民族进步的时代需求。

高职课程治理体系和治理能力现代化建设是增强课程供给适应性和促进职业教育与教育现代化体系相接轨的重要抓手。国家治理体系和治理能力现代化是在新的发展环境中，国家通过内部治理来提升发展质量、增强自身竞争力和软实力的有效途径。国家治理体系和治理能力现代化需要各行业各领域仔细研究层层推进，由宏观领域现代化来引领微观领域现代化的各项发展理念与目标，最终由微观现代化来组合而成宏观现代化。高职院校应通过课程治理来厘清职业教育中的微观体系与能力，进而提升院校自身治理体系和治理能力现代化水平，为院校发展夯实基础，促进高等职业教育现代化体系融入国家治理体系和治理能力现代化之中。

实现受教育者的核心素养全面发展也是高职课程治理体系和治理能力现代化建设的目标之一。核心素养是21世纪人人都需要具备的关键少数高级行为能力，是知识、技能、态度的统整与融合。[6]中国学生发展核心素养不但整合了知识技能和人文素养为根本的文化基础，还从自主发展和社会参与两个维度对学生终身发展所必备的素养作了详细描述。高职院校在教育过程中，应围绕学生发展所必备的核心素养建立全面系统的课程体系，让学生获取终身发展所必需的能力与品格，通过课程治理体系的不断完善将学生核心素养的培育具体化，最终培养出能够适应中国特色社会主义事业发展需求的全面发展的人。

三、高职课程治理体系和治理能力现代化建设的方向

课程作为教与学的直接手段和基本单元，承载着高职教育培养高素质技术技能人才的重要任务。[7]在课程治理过程中，应该探索有效的发展路径去实现课程的内涵发展与高质量发展，最终助推高等职业教育在职业教育改革的时代背景下为经济社会发展提供更优质的智力支持和人才保障，是高职课程治理体系和治理能力现代化建设的最终目的。因此，只有阐释清楚现代化下课程的建设方向，才能在课程建设过程中坚定目标，形成清晰明确的发展路径。

（一）完善课程治理的教育生态空间

职业院校和普通高校一样，是一个具有教育性、社会性的教育生态系统，不但内部各个部分和内容间存在复杂的关系网络，同时还和外部的行业企业、政府部门、院校属地及历届校友间存在庞杂的社会关系。课程治理不能仅仅专注于课程自身建设，必须将课程放置在高职院校整体教育生态空间中去考量，形成适合课程治理体系和治理能力现代化发展的教育生态环境。

首先，应该形成支持课程改革的氛围。课程改革是一个循序渐进的教学过程，课程改革的效果难以当即体现，往往是通过毕业生在社会上的竞争力来展现，无法短期内在高职院校内部形成可视化的教学成果。这也造成课程改革的动力不足，课程建设

氛围不够浓厚。院校应该在校级层面完善课程治理体系的改革机制，让教师在课程建设上的投入能够得到正向反馈和政策支持。良性的课程改革氛围能为课程治理、专业建设和院校发展带来稳定的教学创新队伍和课程建设改革群体，让教师主动成为课程建设的推动者和探索者，以主观能动性来代替行政管制措施，达到教师发展和课程建设的同向同行。

其次，应该形成高职院校治理体系和治理能力现代化建设的发展环境。课程治理是院校治理中的微观环节，如果仅依靠课程建设去形成治理体系现代化无异于蚍蜉撼大树，它一定是院校治理中的一个环节，但不是院校治理的全部内容。高职院校治理体系和能力现代化是一个更加庞大的系统性工程，需要深入研究、提前规划，课程治理应成为微观层面推动院校治理现代化的重要环节，而院校治理现代化则应成为课程治理的提纲挈领与制度保障。

最后，课程建设应和"双高计划"同频共振。在《教育部与财政部关于实施中国特色高水平高职学校和专业建设计划的意见》中，明确提出要提升学校治理水平，健全内部治理体系，推进治理能力现代化，因此，课程体系现代化是"双高"建设的题中之义。课程治理现代化不但能够为高水平专业群带来规范的课程标准、专业的课程体系、开放的课程教学资源、高素质的教师队伍、完善的制度规范等一系列专业发展必备要素，同时它还能为高水平高职学校建设提供发展的核心竞争力，扩大社会知名度和社会影响力。

（二）注重数字化技术运用

数字化是一种促进课程治理体系和治理能力现代化的发展理念。数字化理念不仅是进行网络课程、教学资源库与网络教学平台的开发利用，不仅是传统意义上的网络课程或平台，还是工作过程导向的综合性学习辅助系统，它不但为学生提供多种学习机会，也为教师和企业提供教学设计和知识管理工具。[8]数字化的课程建设手段不仅关注学习者的学习体验，而且还能有效运用数字化的技术手段去激发学习动机，其在教育教学中的运用遵循行动导向原则，强调各类学习语境和课堂教学情境中的知识建构，以及教育教学资源的开放性、共享性、交互性的传播和接受。

数字化课程治理体系建设应该形成数字化移动学习理念，方便全体学习者在各类学习情境中快速便捷地搜索知识要点并学习知识技能，确保学习者能够在不同类型场景中圆满完成课程所必须完成的学习任务，让学习者获得深度参与感和成就感。应发挥数字化多媒体和移动互联网的优势，超脱教室的物理空间限制，确立学习者在学习过程中的主体地位，让数字化课程治理体系成为课程学习者的有效辅助工具和服务学习的主体工具。同时，数字化的课程治理体系还应将互联网模块化思维和快速迭代思维运用到课程建设中，形成多主体参与的学习资源和课程内容建设模式，在主体核心资源库架构下，完善多分支选项的智能化学习发展模式。

（三）形成课程治理主体多元化的发展局面

治理体系现代化是一个需要多元参与主体协商治理的多维互动发展体系，在教育现代化进程与高等职业教育改革发展中，高职课程治理体系同样需要院校、专业、社会、企业、教师及学生的多主体协商互动共同完成。在高职课程治理体系和治理能力现代化建设中，需要充分考量多元主体对课程发展的多向反馈与影响互动机制，充分发挥高职课程治理体系多元主体的优势，让高职课程不但成为促进学生成长的基本教育手段，而且还成为高职院校联系社会与企业的有效方法。

课程治理多元化主体的中心是学生。课程作为一种教育手段，其目的是向学生传授知识和技术技能，让学生通过课程学习，成长为合格的社会主义现代化建设人才。在多元化主体共同参与的课程建设局面中，应该把学生放在中心地位，多元化是为了提高课程质量，让学生接收到的课程更加接近社会发展和企业需求。以学生为中心还可以避免多元主体利益诉求的差异性，将多元主体的多边效能凝聚在学生成长中，最终通过学生走向社会后产生的劳动服务来回馈社会与企业需求。

治理主体多元化需要形成长效的协商议事机制和有效的沟通反馈渠道，这既是对课程治理能力提出的新要求，同时也是保障课程治理体系稳步发展的必要机制。课程作为一个单向封闭的环路系统，它在运行过程中主要以教师和学生的双向推演为前进路径，院校、社会、企业等宏观参与主体难以对课程运行全过程随时提出意见建议和目标需求。构建长效的协商议事机制，可在课程建设中定期搜集多边反馈意见，综合课堂运行情况，对课程建设路径和内容做出动态调整。充分吸收社会各方意见，为人才培养、专业发展和课程建设厘定方向，能让高职院校的人才培养充分吸收借鉴行业企业的反馈意见，和社会发展形成同向同行的发展共同体，为国家培养高素质职业技能型人才。

四、结语

随着国家职业教育改革进程的深化,高职院校课程治理体系和治理能力现代化建设既是用宏观发展视野去观照微观教育元素运行模式的一种现代化发展理念,同时也契合国家治理体系和治理能力现代化改革对教育现代化所提出的必然要求,是"双高计划"建设中从课程治理层面去推动高水平专业群发展的一条有效路径。通过对高职课程治理体系和治理能力现代化构建的理论逻辑和建设方向的深入探讨,可为高等职业教育的育人模式改革、课程专业发展及管理体制创新提供有益参考,为高职课程建设实践提供理论借鉴。另外,课程治理体系和治理能力现代化仅是高等职业教育现代化中的一个环节,应将其纳入高职院校整体改革发展视野去审视,只有不断完善和改进职业教育治理体系和治理能力,才能够保证我国高等职业教育高质量快速发展,为党和国家现代化事业发展提供有力的人才保障。

参考文献

[1] 胡鞍钢.中国现代化之路(1949—2014)[J].新疆师范大学学报(哲学社会科学版),2015,36(2):1-17.

[2] 陈进华.治理体系现代化的国家逻辑[J].中国社会科学,2019(5):23-39+205.

[3] 胡定荣.论学校课程治理变革的意义、性质与任务[J].教育学报,2019,15(2):33-40.

[4] 林克松,许丽丽.课程秩序重构:高职高水平专业群建设的逻辑、架构与机制[J].高等工程教育研究,2019,179(6):125-131.

[5] Papanastasiou N. Comparison as Curriculum Governance: Dynamics of the European-Wide Governance Technology of Comparison within England's National Curriculum Reforms[J]. European Educational Research Journal,2012,11(3):413-427.

[6] 褚宏启.核心素养的国际视野与中国立场——21世纪中国的国民素质提升与教育目标转型[J].教育研究,2016,37(11):8-18.

[7]王文涛."以学生为中心"的高职教育课程建设新范式[J].中国高教研究，2014（12）：93-96.

[8]赵志群，黄方慧.德国职业教育数字化教学资源的特点及其启示[J].中国电化教育，2020（10）：73-79.

（文章发表于《中国职业技术教育》2021年第17期）

作者：

周国忠（1964— ），男，浙江旅游职业学院党委副书记，教授，主要研究方向为旅游管理、职业教育。

金明磊（1987— ），男，浙江旅游职业学院，博士在读，讲师，主要研究方向为职业教育。

高职院校治理能力现代化：价值、意涵与实践路径

◎ 钱兴成

摘　要：作为高等教育的重要类型和现代职业教育的重要引领，高等职业教育在推进教育治理体系和治理能力现代化中举足轻重。高职院校肩负着实现高等职业教育高质量发展、实现高等教育现代化的重要使命，其办学的"治本之策"是通过治理理念现代化、治理主体多元化、治理制度体系化、治理方式民主化、治理手段数字化及治理环境协同化，更好地完善治理体系，改革治理方式，提升治理效能，培养更多高素质技术技能人才、能工巧匠、大国工匠。

关键词：高职院校；治理能力现代化；价值；意涵；高质量发展

　　党的十八大以来，以习近平同志为核心的党中央高度重视国家治理体系和治理能力建设；党的十九届四中全会强调，"坚持和完善中国特色社会主义制度、推进国家治理体系和治理能力现代化，是全党的一项重大战略任务"。教育是国之大计、党之大计，在全国教育大会上习近平总书记提出了教育现代化的战略意义和前进方向，为新时代教育发展提供了根本遵循和思想引领。2021年4月召开的全国职业教育大会深入贯彻习近平总书记的重要指示批示精神，对加快构建现代职业教育体系作了系统设计和全面部署，中共中央办公厅、国务院办公厅印发的《关于推动现代职业教育高质量发展的意见》为推进职业教育现代化明确了实践路径。高职院校肩负着实现高等职

业教育高质量发展、实现高等教育现代化的重要使命，推进治理能力现代化是实现教育现代化的题中之义。

一、高职院校治理能力现代化的重要价值

高职院校治理能力的现代化事关技术技能人才培养的质量、社会技术变革的水平、大众就业创业的能力。

（一）治理能力现代化是高职教育治理现代化的重要内容

进入中国特色社会主义新时代，党中央、国务院对教育治理现代化作出了系列战略部署，《中国教育现代化2035》的出台是贯彻落实党的十九大精神和全国教育大会精神、加快教育领域治理现代化的重要举措，直接关系到在中国特色社会主义现代化事业发展中"办什么样的大学、怎样办大学、为谁办大学"的根本性问题。《职业教育提质培优行动计划（2020—2023年）》把"大幅提升新时代职业教育现代化水平和服务能力，为促进经济社会持续发展和提高国家竞争力提供多层次高质量的技术技能人才支撑"作为指导思想的重要内容。作为高等教育的重要实施主体，高职院校推进治理能力现代化，既是落实中央和教育部关于职业教育改革的客观需要，也是解决自身深层次矛盾的现实要求，没有治理能力的现代化就不可能实现高等职业教育的现代化。

（二）治理能力现代化是高职院校办学水平的重要衡量指标

评价一所高职院校办学水平的高低，治理能力是其中一个较有代表性的隐性指标，虽然是隐性指标，但是对高职院校发展具有极为重要的意义。[1]这个指标既体现为政治、行政、学术、民主四项权利形成同心同向发展的最大公约数，也包括学校在人才培养、科学研究、社会服务、文化传承创新、国际交流合作等主要办学职能方面的效益。《关于实施中国特色高水平高职学校和专业建设计划的意见》中对推进学校治理能力现代化作出了具体要求，主要包括提升学校总体治理水平，健全内部治理体系，完善以章程为核心的现代职业学校制度体系，形成学校自主管理、自我约束的体制机制，等等。教育部把"治理水平"作为本科层次职业学校设置的十条标准之一。

（三）体制机制改革是高职院校治理能力现代化的重要体现

体制机制改革是实现现代化建设的"牛鼻子"，是破解发展"难点""痛点""堵点""断点"的"治本之策"。《关于深化高等教育领域简政放权放管结合优化服务改革的若干意见》指出，破除束缚高等教育改革发展的体制机制障碍是完善中国特色现

代大学制度的前提。体制机制性的障碍只能用体制机制变革的办法来清除。[2]就高职院校内部而言，体制机制改革的关键是要形成明确的治理方向，汇聚治理力量，形成治理体系，其中校院两级的规划发展权、教科研管理权、人事自主评聘权、资源配置权、财务自主权、学生管理权等能否得到科学设置、实现合理调配，是改革的重点，也是能否实现治理能力现代化的关键。

二、高职院校治理能力现代化的基本意涵

学校治理能力是指学校全方位统筹相关治理主体、处理各种利益相关主体的关系，实现高等教育事业高质量发展的能力。[3]高职院校在实现治理能力现代化中，通过机制、模式、技术等变革重塑，进而推进治理理念现代化、治理主体多元化、治理制度体系化、治理方式民主化、治理手段数字化、治理环境协同化，实现治理结构和治理体系的现代化，确保提质增效、行稳致远。

（一）治理理念现代化

思想是行动的先导，理念是实践的指南。习近平总书记指出，要努力通过大力培育和弘扬社会主义核心价值体系和核心价值观的方式，加快构建能够充分体现中国特色、民族特性、时代特征的价值体系，为推进国家治理体系和治理能力现代化提供坚实的保障。[4]《中国教育现代化2035》提出了推进教育现代化，要更加注重以德为先、全面发展、面向人人、终身学习、因材施教、知行合一、融合发展、共建共享八个方面的基本理念。高职院校在推进教育现代化进程中，要坚持党的领导，坚定社会主义办学方向，牢固树立新发展理念，遵循职业教育规律和高职人才培养规律，培养更多高素质技术技能人才、能工巧匠、大国工匠。

（二）治理主体多元化

提升新时代高校治理效能，要以强化服务社会意识、发展社会服务力为基础。[5]校企合作是高职院校的基本办学模式，也是高职院校推进产学研、实施工学结合人才培养的必要条件和重要路径。《中国教育现代化2035》把形成全社会共同参与的教育治理新格局作为实现总体目标重要内容。这就要求高职院校要坚持开放办学、开门办学，积极吸纳并充分尊重行业企业成为办学治校的重要办学主体、投资主体、培养主体、治理主体和评价主体，打造校企全方位、全天候、全过程的发展共同体、命运共同体，形成以党的领导为核心，以学校为主、政府指导、社会支持、内外

联动、各方协同的多元化治理格局。

（三）治理制度体系化

制度是治理的核心要素，也是治理有效性、长效性的根本保障。高职院校的双重属性决定了其治理内涵和要求的独特性，包括校院两级纵向关系，职能部门之间的横向关系，教学、行政、后勤等之间的交叉关系，以及各种岗位人员之间的多重关系，等等，这些元素的有效整合、各种关系的有序构建并形成合力就需要依法制定体现职业教育特色和学校特点的章程和制度，形成从制度谋划设计到制度执行落实再到制度评估反馈一整套"立治有体、施治有序、评治有规"的制度体系。

（四）治理方式民主化

落实立德树人根本任务，履行教书育人基本职责，办人民满意的高等教育是高校的立身之本和使命所系，这一使命既指明了高校办学的根本方向，也确立了高校治理的民主化要求。"共商、共建、共管、共担"是治理的本质特征，也是治理民主化的集中体现。高校内部治理的民主化建设是深化教育改革的重点内容，建设现代大学的必然要求，实现教育现代化的重要保障。[6]基于此，国家教育主管层面对高等院校的行政权、学术权、监督权的运作和相互关系都作出了许多制度性的规范和要求，这样既保证了民主化管理不流于形式、不形同虚设，也确保了高等教育能始终保持社会主义办学方向，能始终立足于高质量服务人民群众和社会发展对高等教育的热情期盼。

（五）治理手段数字化

数字化改革的意义不仅仅体现在具体的场景应用上，更体现在管理、教学、服务的理念和方式等深层次发生的基础性、全局性和根本性的改变，是一个质变而不是量变的过程，是治理能力现代化的重要手段。《加快推进教育现代化实施方案（2018—2022年）》（以下简称《实施方案》）提出，积极推进基于信息技术的新的教育教学模式、教育服务供给方式及教育治理新模式的改革，数字化将成为教育现代化的重要手段。与数字化相呼应的是标准化，标准是一种可量化、可监督、可比较的参考规范，是更好地配置资源、更快地提高效率、更充分地推进治理体系现代化的工具。[7]而标准化是实现数字集成化的前提和基础，通过学校治理数字的综合集成，实现各部门各领域已有的各类智能基础设施、物联感知、视联网与数字化应用相融通，提高学校治理决策科学化和治理方式精细化水平。

（六）治理环境协同化

美国教育家兰德尔·柯林斯的研究指出，不同利益相关者、身份团体间的冲突是学校教育发展的原动力。[8]高校的利益相关者众多，来自内外部的影响因素也较多，唯有实现多个领域力量和利益的相对均衡、相互适应、相互协调，才能实现高职院校治理能力现代化的状态和目标。治理能力现代化要求高职院校必须具备或拥有一种政策引导和社会协同的能力，特别是在推进校企合作、工学结合、产学研协同、混合所有制创新等过程中，既需要制度创新，实现合作的规范化和对环境的适应性，也需要利益共享、责任共担，促进教育链、人才链与产业链、创新链的有机衔接、协同发展。高职院校在治理环境打造上，既要突出治理的顶层设计与谋篇布局的整体性和系统性，也要突出治理的手段选择与方式运用的综合性与协同性。

三、高职院校治理能力现代化的建设要义

治理能力现代化是高职院校实现办学现代化的根本保障。实现高职院校治理能力现代化要坚定办学根本，找准治理关键，把握治理硬核，强化治理保障，激发治理动力，调动一切有利因素，加以全面、系统、整体建设。

（一）坚持把立德树人作为实现治理能力现代化的根本

立德树人是办好社会主义大学的根本任务和治理能力现代化建设的根本导向。落实立德树人的关键是要形成全员、全过程、全方位育人的治理体系和治理能力，既要内化为学校发展规划、队伍建设、人才培养的顶层设计，也要外化为学校教育教学的具体抓手、实施载体、实践路径，成为广大教职员工治理能力建设的逻辑起点和思想准绳。高职院校把育人成效作为治理能力现代化建设的重要体现和评价依据，以深化"三全育人"为抓手，着力提高育人意识、创新育人方式、增强育人合力，着力培养学生的志气、骨气、底气，高质量肩负起"四个服务"的重大任务。

（二）坚持把变革重塑作为实现治理能力现代化的关键

高职院校一方面要按照现代治理要求进行制度重塑，全力全面推进治理能力建设，以系统观念、系统方法重塑制度体系，避免头痛医头、脚痛医脚；另一方面要推进制度执行的民主化，通过完善基于学校章程的各项规章制度的制定和实施机制，科学规范校院两级的政治权、行政权、学术权和民主监督权，优化"以群建院"的治理模式，从根源上杜绝形成管理中的堵点、漏点、断点、盲点和痛点，确保内外部政策、措施、愿景的一致性、协同性、互利性。

（三）坚持把依靠师生作为实现治理能力现代化的核心

人是治理建设的关键要素和核心主体，这个要素包括对人的激励性要素和制约性要素。高职院校在推进治理现代化建设中，要以能否最大程度调动广大师生的积极性、创造性为衡量标准，以深化两级管理为抓手，在确保学校基本框架下，岗位职数、评聘、考核、分配、奖惩等方面都赋予二级学院更大的自主权。对二级学院的创收工作，也要给予较大鼓励性的倾斜，以最大限度地激发二级学院的创新、创业、创收积极性。

（四）坚持把闭环管理作为实现治理能力现代化的保障

制度文化是大学文化建设的重要保障，而科学的评价机制是制度文化的核心要素。缺乏评价机制的管理体系很难形成治理"闭环"。高职院校要把优化评价体系改革作为治理能力建设的重要保障，力求从制度设计、制度执行、执行成效到评价运用一体化形成治理"闭环"，并通过教代会、学代会、团代会的形式，把事关学校治理、教师治理、学生治理的做法、制度加以法治化，成为固化成果，形成有力治理、有效治理、长效治理。

（五）坚持把数字化改革作为实现治理能力现代化的引擎

数字化改革是一场量质齐优的系统性变革，是深入推进高职院校治理能力现代化建设的核心动力。高职院校要坚持问题导向、服务导向、成效导向，聚焦数据治理，强化数字服务，创新场景应用，通过大力实施数据治理攻坚工程、校务服务提升工程、校园环境智治工程、教学改革深化工程、数智基建保障工程等专项工程，全面构建点、条、块三维贯通，教、学、管三方联通的数字化治理新体系，实现数据精准化、服务智能化、管理信息化、治理智慧化。

四、高职院校治理能力现代化的推进策略

治理能力现代化是高职院校办学治校的"内功"，是实现内涵式发展的"内核"。高职院校通过推进治理能力现代化，进一步释放办学活力，激发办学动力，提升办学实力。

（一）完善以章程为核心的现代学校制度体系

大学章程在高校治理中具有"龙头"作用，是大学依法自主办学的根本准则和总纲领。一要体现大学章程的统领地位，制定出符合法律法规要求、遵循高等职业教育

规律、体现本校特色的章程，通过章程确立学校的办学理念、发展定位和战略，明晰学校、学院及师生的责任、权利与义务等。二要完善内部治理结构和运行机制，落实党委领导下的校长负责制，党委重在谋划和决策，统一领导学校全面工作，校长重在实施和管理，全面负责教学、科研和其他行政管理工作。三要围绕章程完善细化相关的配套制度，健全教学管理、人才培养、专业建设、学生管理等方面的制度，通过系列性建章立制，形成相互衔接、互为促进的制度体系。

（二）健全多元主体共同参与的学校理事会

理事会是学校建设与发展的咨询、协商、审议与监督机构，是学校实现科学决策、民主监督、社会参与的重要组织形式和制度平台。《普通高等学校理事会规程（试行）》第一条就强调：推进中国特色现代大学制度建设，健全高等学校内部治理结构，促进和规范高等学校理事会建设，增强高等学校与社会的联系合作。一要完善学校理事会的组织结构，建立配置合理、运作规范、作用务实的组织体系。二要健全学校理事会的工作机制，形成"共商、共建、共赢、共享"的良性发展机制。三要发挥好学校理事会在学校改革发展重大问题、办学特色与质量评估、资金筹措及监督使用、构建校企命运共同体等方面的积极作用，使学校理事会成为推动学校发展的"智囊团"、深化全方位交流合作的"助推器"。

（三）优化统筹行使学术事务的学校学术委员会

学术性是高校高等性的重要特征和依据，而学术委员会则是行使学术权的主要载体，是落实"教授治校"的重要实现路径。《高等学校学术委员会规程》明确说明，学术委员会是校内最高学术机构，学术事务的决策、审议、评定和咨询等职权的最高机构为学术委员会。"双高计划"在"提升学校治理水平"项目中明确指出"设立学术委员会，统筹行使学术事务的决策、审议、评定和咨询等职权"。设立学术委员会的过程中，一要结合本校实际制定学术委员会章程，明确其总体目标、职责权限、运行机制等；二要处理好学术权力与行政权力的关系，充分发挥学术委员会在学科建设、学术评价、学术发展和学风建设等事项中的作用；三要充分发挥教授在教学科研、学术研究和学校治理中的作用，并建立一整套的落实机制。

（四）设立校级专业建设委员会和教材选用委员会

《实施方案》提出，把教材体系、教学体系有效转化为学生的知识体系、价值体系。"双高计划"特别强调"设立校级专业建设委员会和教材选用委员会，指导和促进专业建设和教学改革"。一要高度重视专业建设和教材选用在落实"为谁培养人，培养什么人，怎样培养人"中的特殊意义和作用。二要从学校治理层面，重新审定专业的设立、结构优化和布局调整，进一步将重点、特色、优势专业和教材放到更加重要的位置。三要充分借助学校发展理事会、校友理事会、职教集团及各种合作联盟等平台，广泛听取各种意见和建议，实现专业建设和教材选用高度适应社会发展、行业需求和利于学生的可持续发展。

（五）发挥工会、教代会和学代会在审议学校决策中的作用

高校的民主化程度是治理能力现代化水平的重要体现。一要充分发挥工会、教代会、学代会在学校民主管理和监督中的作用，调动广大师生参与学校改革发展的积极性，推进学校决策的科学化和民主化，营造团结和谐、奋发向上的良好氛围，综合提升治理效能。二要健全组织体系，严格按照上级相关组织设置要求，构建科学规范、切实可行的机构设置和操作规范，完善工会、教代会、学代会相关制度，明确履行教代会的民主管理、民主监督职责，确保教职工依法知悉校情、参与校政、议论校事、监督校务的权利。三要保障学生发展权、民主权、知情权、困难帮助权、批评建议权等实体性权利，以及申辩申诉权和权利救济等程序性权利，全面释放广大师生学校主人翁的积极性和主动性。

（六）建立健全校院两级管理体制和运行机制

实施校院两级管理，扩大二级学院在人、财、物方面的管理自主权，实现管理重心下移和责权利统一是高职教育实施内涵式发展、走向现代化的必然趋势。一要强化党管办学方向、党管人才、党管干部、党管意识形态的根本保证，坚定立德树人根本任务，全面推进"三全育人"综合改革。二要制度化明确二级单位的责权利，坚持"量质并进、以质为先"，推进二级单位领导班子科学履职尽责、广大教职工齐心协力。三要着力破解二级学院党组织"中梗阻"问题，进一步研究二级学院党组织运行管理、作用发挥的体制机制，健全党政联席会议制度、党组织会议制度、行政会议制度和配备、配足适量的管理服务人员，可以设立学院办、教科办、学工办，切实发挥好二级党组织的政治引领把关定向作用，具备条件的可以推行党总支领导下的院长负责制。

参考文献

[1] 周建松. "双高"建设背景下高职院校治理能力提升研究 [J]. 教育与职业，

2020（14）：13-18.

［2］高培勇．加快完善推动高质量发展的体制机制［N］．经济日报，2019-12-03（12）．

［3］雷世平，姜群英．高职院校治理能力现代化的内涵及其衡量标准［J］．职教论坛，2015（31）：41-45.

［4］习近平．加快构建反映中国特色民族特性时代特征的价值体系［N］．人民日报，2014-02-17（1）．

［5］杨孝富．提升新时代高校治理效能的路径思考［J］．内蒙古财经大学学报，2021（19）：11-15.

［6］何健．高校治理体系现代化构建：原则、目标与路径［J］．国家教育行政学院学报，2017（3）：35-40.

［7］教育部关于完善教育标准化工作的指导意见［EB/OL］．（2018-11-08）［2021-11-15］.http：//www.moe.gov.cn/srcsite/A02/s7049/201811/t20181126_361499.html.

［8］兰德尔·柯林斯．教育成层的功能理论与冲突理论［A］//张人杰．国外教育社会学基本文选［C］．上海：华东师范大学出版社，2009：35.

（文章发表于《中国职业技术教育》2022年第10期）

作者：

钱兴成（1977—　），男，浙江旅游职业学院发展规划处处长，副教授，主要研究方向为高职教育。

◎ 院校治理

关于高职院校推进混合所有制办学的思考

◎ 朱倩倩

摘 要：文章首先阐述了混合所有制高职院校的建设背景，然后指出了混合所有制引入高职教育的必要性，接着分析了高职院校发展混合所有制面临的主要问题。对此，建议扎实推进混合所有制高职院校改革试点工作，确立去政府干预高职院校法人地位，建立社会资本准入高职教育"负面清单"制度，建立并不断完善混合所有制高职院校产权保护及流动机制，赋予民办高职院校合法地位。

关键词：混合所有制；高职教育；高职院校

2013年召开的党的十八届三中全会将混合所有制改革提升到了一个新高度，习近平总书记提出加快完善市场化治理机制和运行机制，发展"国有、集体、非公有"三类资本交叉持股、相互融合的混合所有制经济，加快国有经济布局优化、结构调整、战略性重组，并强调积极发展混合所有制经济是新形势下坚持公有制主体地位，增强国有经济活力、控制力、影响力的一个有效途径和必然选择。随着我国经济体制的转变，教育体制与学校管理各方面都需要进行改革。《国务院关于加快发展现代职业教育的决定》将经济领域中的"混合所有制"这一新兴概念首次引入高等职业院校的发展。

一、混合所有制高职院校的建设背景

21世纪是知识经济时代,各国无不为了提升国际竞争力致力于发展高等教育。作为高等教育的重要组成部分,高职教育旨在培育各级各类实用的专业技术人才。因此,各高职院校不仅要具备完善的软硬件设施,同时也需招聘具有实务操作经验的教师,如此,大量资本注入不可缺少,这对目前建立的公共教育体系提出了挑战。

著名经济学家、诺贝尔奖获得者米尔顿·弗里德曼(Milton Friedman)提出,19世纪后半叶以来所建立的公共教育制度是一种政府的垄断。由于缺乏市场竞争机制,无论从经济、社会层面看,还是从教育本身看都是失败的,公共教育制度导致学校经营效率低下,形成资源浪费。要想改变这种状况,唯一的出路是让市场机制进入教育制度中进行运作。马克思历史唯物主义中经济基础与上层建筑之间的矛盾,被视为社会发展的基本动力。教育被归类为上层建筑,一旦经济基础发生变化,作为上层建筑的教育也将随之变化,混合所有制应运而生。

二、混合所有制引入高职教育的必要性

(一)混合所有制有利于高职教育办学主体多元化

周俊在《发展混合所有制职业院校的思考》中认为,社会主义基本经济制度在教育领域深化的体现就是发展混合所有制高职院校,这是高职院校快速适应资本社会大趋势的关键选择。随着我国经济改革的发展,教育领域民间投资保持快速增长。同时,国家鼓励和引导民间资金参与发展教育和社会培训事业,推动建立以政府管辖的公办高职院校为主体,以民办高校、民办公助与境外合作办学等多种形式为补充的办学体制,这代表着我国高职教育办学主体已呈现多元化趋势。

(二)混合所有制有利于高职院校内部管理体制改革

目前,公办高职院校唯一的投资主体是政府,学校顺理成章地成为政府的下属单位,成为附属性质的体制内组织。学校办学由上级主管部门规划安排,校长由上级主管部门调整任命,员工绩效由上级领导同意裁定,人事升迁皆由上级组织部门决定。在教学管理、科研管理、人事管理等方面,上对下的管理方式与作风仍然盛行,因此容易产生相互推诿、责任不明的情况。

混合所有制引入高职院校意味着高职院校成为一个独立组织，开始逐渐拥有独立性与自主性，同时反映在高职院校内部，管理体制也随之产生了变化，如高职院校采取自主招生等新措施。

（三）混合所有制有利于扩大高职教育经费来源

经过多年的扩招，当前高职院校学生人数倍增，带来的最直接的冲击是教育经费不足。由于国家财政无法支持所有高等教育的各项办学经费，所以有学者提出动员一切社会力量办学，鼓励民间资本进入教育领域，坚持走教育产业化道路，使教育经费来源更加多元化。将混合所有制引入教育领域，不仅能够改善高职教育的经费筹措机制，扩大高职院校的经费来源，弥补国家教育经费的不足，还能增强高职院校安排经费的主动性、自主性及落实经费的责任感。因此，学者们认为现阶段带有一定市场色彩的混合所有制高职院校，的确可以成为振兴经济成长的新产业。

（四）混合所有制有利于高职教育产学结合

目前，大学作为全民大学的特性日益彰显。在这种大学发展的新趋势下，大学与产业界的关系必然日趋紧密。联合国教科文组织早在1995年就提出了《关于高等教育的变革与发展的政策性文件》，对当前世界的高等教育改革与发展状况进行了分析，阐明了高等教育必须变革与发展的基本理由，强调了注重大学自主与学术自由，也强调了面对社会期望高校更需提高其相应的能力，同时也提出了应借由各种评鉴措施，在研究质量和教学质量、服务推广等各项工作中取得更大成效。

高职教育与我国社会经济发展的联系最直接、最紧密，在提供经济发展所需人力、促进就业等方面有着举足轻重的作用。我国早期在计划经济发展下，仅需要基层职业技术人才。随着经济体制改革与对外开放政策的实施，经济和社会快速发展，初中等职业技术学校培养的人才已无法满足市场需求。由于对高等职业技术人才的大量需求，我国高职教育从1980年开始逐步发展。虽然国家非常重视高职教育的发展，但是经费投入不足、产学合作不够深入、市场管理理念滞后等问题制约了高职教育经济功能的最大限度发挥。对于高职教育而言，政府提供的财政支持有限，而混合所有制办学能够有效吸引社会资本办学，因此，高职教育与产业的关系日益密切。

三、高职院校发展混合所有制面临的主要问题

高职教育的生命力在于融入企业、融入市场、融入社会，但是目前浙江省混合所

有制办学存在以下问题：

（一）未引入市场机制及缺乏企业家精神

21世纪高等教育被视为一种服务产业。教育作为一项产业，发展它的时候有必要引进市场机制，用企业家精神来办学。这是世界的潮流，可以为高等教育注入新的活力，促进高等教育的发展，满足社会的需要。企业家精神是企业发展的精神动力和精神支柱。目前，在我国混合所有制高职院校经营过程中，正是由于未引入市场机制及缺乏企业家精神，导致公办高职院校领导对社会民营资本带有一定的偏见，偏执地认为改革有风险，同时担忧国有资产流失，因此对于混合办学的积极性较低；民办高职院校由民间力量投资办学，投资者担心"混合"后失去话语权，合法利益无法得到保障，因此也不愿轻易选择混合所有制办学。

（二）行政体系干扰混合所有制办学

虽然我国法律明文规定高职院校是独立法人，可以自主办学，但是高职院校带有浓厚的行政色彩，隶属于当地政府。政府未将高职院校视为独立的教学科研机构，而是将高职院校作为行政机构的延伸部门来管理，严格控制。校长、党委书记等领导都是由上级部门任命，具有一定的行政级别，受教育部门及组织部门的双重管辖，能够与党政干部交流任职，其动力机制是行政性晋升。在行政化管理的干扰下，高职院校无法自主开展相关工作，即使在混合所有制办学形式下，学校的自主意识仍薄弱，对政府的依附性较大，缺乏独立办学的风气。

（三）高职院校产权无法流通导致混合所有制办学难以操作

美国著名的经济学家哈罗德·德姆塞茨（Harold Demsetz）认为，自己本身或者他人受益或受损的权利即是产权。多元融合的混合所有制高职院校的发展，必然涉及高职院校的产权流通问题，这正是勒紧我国所有高职院校改革的一根绳索。我国的产权交易市场呈现出专业中介机构紧缺、资产评估程序的标准化规范缺失、制度建设难如人意等现象。教育市场缺乏竞争机制，最终导致教育产权要素无法流动、无序流动、配置低效。以上因素制约了不同产权主体自由进入或者退出高职院校。

（四）相关法律制度缺失导致无据"混合"

作为一种新型办学模式，混合所有制高职院校缺少与其相适应的政策法律。第一，在法人登记上，混合所有制改革后，高职院校法人的身份需要得到确认。第二，教育本身的公益性与市场导向的资本逐利性相互矛盾，民营资本"混合"到公办高职院校进行办学，投资者需要有营利回报，因而，如何在法律制度层面上解决这一现实矛盾成为亟待解决的问题。第三，法律对于高职院校的兼并、转让、合并、举办者变更以及托管等问题缺少具体可操作的参考标准，对于资产缺少明晰的制度和政策性依据。第四，我国对民间资本进入高职教育领域一直设有较高的法律门槛，客观上导致各类资金难以进入，"混合"难上加难。

四、高职院校推进混合所有制办学的对策建议

（一）扎实推进混合所有制高职院校改革试点工作

高职院校引入混合所有制办学是一项改革创新，具有划时代的意义。研究发现，我省高职院校的办学形式及产权构成较为复杂，不同地区之间、不同公办高职院校的发展差异显著；同时，在高职院校改革策略和方法上欠缺理论基础与成功案例的指引。因此，混合所有制高职院校改革必须适时进行风险评估，"摸着石头过河"，谨慎推广。在顶层设计和统筹规划方面，鼓励各地（市）勇于进行探索，积累宝贵经验，将试点中出现的问题进行梳理总结，完善配套制度；在案例方面，可以借鉴天津现代职业技术学院与天津成邦集团联合打造现代创业学院、海南职业技术学院于2000年率先尝试高职教育混合所有制办学等实践。

（二）确立去政府干预高职院校法人地位

建立高职院校法人治理结构的目的是，高校作为独立的法人，在开办者（出资人）、决策者、管理者和教职工、学生等利益相关者之间建立起有关学校运营与权利配置的一种机制。一旦高职院校法人地位确定后，可以提高学校的办学自主性与经营弹性，有利于适时调整学校的经营模式与方向。虽然目前我国公办高职院校仍隶属于中央或地方政府，但为了更好更快地发展，有较多的高职院校已经建立校董事会，尝试引入市场机制及企业家精神，积极筹措学校教育发展基金及推广学术研究成果。可以说，混合所有制高职院校法人常有争议的主要原因在于高职院校没有明确的法人地位，学校的营利行为往往被视为一般私营企业的营利行为，因此，应先厘清混合所有制高职院校与私营企业的差异，并依据相关法律规定来确立去政府干预高职院校法人地位。

（三）建立社会资本准入高职教育"负面清单"制度

目前，有一种独特的、相对于"正面清单"的市场准入管理方式，即"负面清单"，"负面清单"严格遵循"法无禁止皆可为"的基本原则。探索混合所有制高职

院校可以参考实行"非禁即入"的"负面清单"制度,分门别类地规定社会资本可以进入哪些职业教育领域;同时,规定国有独资形式下的高职院校类别、国有资本控股高职院校类别,以及允许民营资本参股的高职院校类别等。只有建立"负面清单"制度,才能以市场为导向激发民间资本投资高职教育的活力。

(四)建立并不断完善混合所有制高职院校产权保护及流动机制

不同产权主体之间完成产权融合及产权流动,是高职院校发展混合所有制的最难突破点。第一,明确混合所有制高职院校的产权结构,清晰界定学校的产权归属者。这样既能避免高职院校国有资产的自然流失,又能提高民营资本投资的积极性,同时进一步明确了教职员工的人力资本价值。第二,公办高职院校应逐步实行教育剩余价值的索取权和控制权,允许一部分管理者通过合法经营,自主选择从事教育投资等活动,实现其资产的保值增值。第三,根据市场需求的变化,积极探索并建立教育产权的交易市场。产权的可转让性能够使教育资源在整个社会自由流动而不局限于公有制或民办所有制的形式范畴,优化配置有限的教育资源,从而通过市场化方式真正实现资本的高效率流转。

(五)赋予民办高职院校合法地位

民办高职教育主体与公办高职教育主体应享有平等的地位。我国民办高职院校近年来发展迅速,成为高等教育的重要组成部分,这是高等教育办学体制的进步。财政部门、税务部门要联合有关部门,加快制定相关配套政策,保障民办院校教师及学生的合法权益。对于部分不要求获取办学收益的投资者,必须依法与公办院校享有同等的税收优惠政策;对于投资人要求取得合理回报的民办院校,财政部门、税务部门应会同有关部门,尽快制定合理的税务政策。

参考文献

[1] 安蓉泉.探索混合所有制职业院校的几点理性思考[J].中国高教研究,2015(4):95-98.

[2] 焦文渊.我国高职教育发展的现状与未来走向探析[J].中国成人教育,2016,22(6):111-112.

[3] 阙明坤,潘奇,朱俊.探索发展混合所有制职业院校的困境及对策[J].中国职业技术教育,2017(18):28-32.

[4]周俊.发展混合所有制职业院校的思考[J].中国职业技术教育,2014(21):127-132.

[5]Milton Friedman.Public Schools:Make Them Private[J].Education Economics,1997,5(3):341-344.

(文章发表于《教育与职业》2019年第10期)

作者:

朱倩倩(1969—),女,浙江旅游职业学院科研处处长,教授,主要研究方向为旅游职业教育。

高职院校混合所有制办学公私性质冲突与矛盾化解

◎朱倩倩

> **摘　要：** 高职院校混合所有制办学作为混合所有制经济和职业教育改革发展的重要模式之一，存在公益性的公共服务属性和营利性的企业私有制属性间的公私性质冲突，使得它在营利需求、管理权限和发展目标上充满冲突与矛盾。通过英国高等教育发展中商业性营利和非商业性营利的明确区分、遵守大学章程的合理治理模式、出资者与所有权间分离的相关启示，可通过国家层面制定混合所有制办学相关政策、规范混合所有制办学的内部治理机制、稳步推进混合所有制二级学院改革试点等举措，构建化解冲突与矛盾的发展路径。
>
> **关键词：** 高职院校；混合所有制；公私服务；私有制；矛盾冲突

一、问题的提出

混合所有制经济作为完善社会主义市场经济体制的重要模式之一，是转变经济发展理念、建设现代化经济运行体系的重要补充。在党的十九大报告中，习近平总书记明确指出要"发展混合所有制经济"[1]。混合所有制改革是高职院校增强办学活力、深化产教融合、提升办学质量的重要探索。职业教育混合所有制改革政策发轫于2014

年颁布的《国务院关于加快发展现代职业教育的决定》，其中明确提出"探索发展股份制、混合所有制职业院校，允许以资本、知识、技术、管理等要素参与办学并享有相应权利"。2019年，国务院印发《国家职业教育改革实施方案》，其中，有关混合所有制办学的描述将"探索"升级为"鼓励"，从"要素参与"升级到"方式参与"，从"股份制、混合所有制职业院校"升级到"企业重要主体""校企命运共同体""双元育人机制""类型教育"等一系列指导性意见，形成了职业教育混合所有制改革与构建完善现代职业教育体系环环相扣、融为一体的集成创新。高职院校作为我国高等教育和职业教育的重要组成部分，承担着为国家培养高素质技术技能型人才的重任，是中国特色社会主义教育事业的重要组成部分。

从发展混合所有制经济到职业教育混合所有制办学是历史的必然[2]。混合所有制高职院校办学因其公共服务属性和企业营利之间的矛盾、公有制和私有制管理权限的冲突、办学政策的缺失等，造成办学过程中存在诸多问题。国内学者们针对混合所有制办学中的现实问题，引入德国学者刘易斯·科塞（Lewis Coser）的社会冲突理论，分析公办高职院校混合所有制改革中不同权利主体价值取向间的冲突现象，认为不同权利主体间的冲突矛盾中，最大的冲突矛盾来源于公有制和私有制的冲突[3]。其实，学者们早在民办高校发展过程中就已经注意到了民间资本进入高等教育领域，虽然缓解了民众对高等教育日益旺盛的需求与公立教育资源严重不足之间的矛盾，但随之也产生了资本逐利性与教育公益性的冲突[4]。因此，系统梳理混合所有制高职院校办学模式，以及教育公益性和资本逐利性之间的冲突，找出矛盾化解之道，形成符合教育规律和社会主义市场经济运行规律的高职院校混合所有制办学模式，成为当前有效推进高职教育改革发展的一项重要任务。

二、高职院校混合所有制的定位与公私性质冲突

高职教育的混合所有制改革，并不是简单地将国有资本、社会资本和其他的民间资本混合到一起。处于全面深化改革背景下的混合所有制高职院校，既不同于传统的公办高职院校，也不同于民办高校，是处于二者之间公私皆有参与的一种办学模式。与作为改革参照物的国有企业混合所有制改革不同，国有企业在改革前后均是一个纯粹的经济实体，作为企业的营利性质不会改变。混合所有制高职院校虽然在产权结构上借鉴了国有企业的改革模式，但作为教育事业机构，不同于经济实体的国有企业，

这就造成了高职院校混合所有制既有混合所有制经济模式下的企业属性,又有高职院校的教育属性。因此,在分析混合所有制高职院校办学过程中所形成的矛盾冲突时,一定要厘清其性质和定位。

(一)作为公共服务的教育事业是高职院校的办学根基

首先,高职教育是教育事业的重要组成部分,必须遵循教育事业的本质规律和外在要求。作为教育事业,高职教育需要促进学生全面发展、掌握技术技能,让学生通过课程学习、实践活动和校园生活实现成长成才,获得长期社会生活所必备的技术能力和核心素养。需要关注不同阶段、不同特点学生群体的不同发展需求,通过个性化、针对性的教育培养,让每一个学生都能得到全面发展,成为社会主义事业的建设者和接班人。

其次,公办高职院校是一个具有公共服务属性的事业单位。作为一个事业单位,它享受国家财政拨款,有稳定的办学经费来源,在落实党和国家各项大政方针的同时,接受上级机关及教育行政部门的业务指导和监督。公共服务属性使其不得以营利为目的,在办学过程中必须紧密围绕教学、科研和社会服务三大使命,服务社会和区域经济发展,培养高素质技术技能型人才。

再次,作为职业院校,它以培养高素质技术技能型人才为办学的价值追求,在课程设计、专业建设、师资引进和学校发展等方面均围绕高素质技术技能型人才的培养而展开。它注重运用校企合作和顶岗实习等各类实践型教学手段培养学生的动手能力和技术技能。其专业设置紧贴社会发展需求,以岗位就业为导向,重点培养经济社会发展急需的高素质技术技能型人才。

(二)营利性是混合所有制运行模式的必然要求

混合所有制作为一种新生的企业经济运行结构和产权改革模式,它首先被运用在国企改革上,并取得了一定成效。当国企改革成功经验移植到教育领域就会发现,国有企业和公办高职院校虽然都具有国有性质,但是二者间根本属性的差别使得其混合所有制所面临的矛盾冲突大相径庭。

混合所有制高职院校引入民间资本后,资本的逐利性和管理体制变化,迫使混合所有制高职院校必须考虑如何对新引进的办学资本产生正向回馈。原来的公办高职院校只需要立足于立德树人的根本要求,就能完成教育教学基本任务;而引入其他办学资本后,不仅需要考虑最基本的教育教学问题,还需要兼顾其他办学主体利益,即要考虑企业的利益回报,产生盈利并做好分红。如何盈利与如何分配利润对高职院校的办学性质产生了一定的影响。

混合所有制所带来的各项成效，一方面能够促使院校激发办学活力，更好地创新发展，但同时其所带来的企业化运营模式也对学校办学产生影响。在企业营利性视角下，教师和学生在某种程度上成为劳动力和产品，办学投入成为一种生产资料。如何在做好产品的同时，让投入产出比最大化是企业营利性视角所考虑的核心问题，而企业如何在追求利润最大化的同时履行社会责任也是一个崭新的话题。混合所有制的本质是不同产权主体进行投资、相互渗透、贯通融合而成的经济形式，其实质是以股份制为基础、由计划经济向市场经济过渡的所有制形式。

（三）高职院校混合所有制公私性质冲突的必然存在

高职院校混合所有制除了要面对改革过程中出现的管理冲突、经济问题和法律保障等问题外，还必须妥善解决好教育的公共服务属性和混合所有制所带来的企业属性间公私对立的矛盾冲突。

1. 公共服务和营利需求的冲突

作为公办高职院校，其办学经费主要由上级财政拨款和学生学费收入组成。作为国家教育事业的重要组成部分，它所传播的知识和教授的技能具有公共服务属性。然而随着混合所有制改革的推进，知识和技能逐渐成为混合所有制高职院校办学的一种产品，原本具有公益性质的知识技能传授转变为等价交换的商品。知识与技能的公共服务属性是高等教育公益性和公共服务形象的身份基础，也是社会对高等教育和高校教师的基本形象认知和内在要求[5]。

高职教育的公共服务属性可以在道德上要求教师构建崇高的人格特征，用道德标准去提升教育教学行动力。公共服务身份视野下的教师个体除基本的教育教学和科学研究外，还需要关注学生成长，成为学生成长的引路人，通过不计成本的劳动付出，让学生获得更好的成长。但在以获取利润为目标导向的混合所有制高职院校办学过程中，难以将营利和道德约束平衡好，营利性一定程度上冲击着教师的道德身份建构。教师不仅承担着大量的教书育人任务，在管理过程中的营利导向和商业化资本化绩效考核模式下，崇高的道德身份会被混合所有制中的逐利模式逐步瓦解。当教师的道德身份消弭，逐渐成为生产过程中的一个劳动力时，混合所有制高职院校育人功能的发挥就会受到干扰，有可能逐步沦为功能单一的技能培训场所。

2. 公有制和私有制管理权限的冲突

混合所有制高职院校在办学过程中引入多方资本，除原国有资产外，会通过引入实物、资金或技术等形式引入其他资本，和学校国有资产并存，发挥多方资产效能，形成混合所有制办学模式。与国企混合所有制改革不同的是，现有公办高职院校都是以事业单位法人的形式进行注册，并非企业法人，难以像国有企业一样通过增资扩股的模式完成改革转型。这也造成了混合所有制高职院校无法简单通过董事会管理的模式来达到公有制和私有制间管理权限的平衡。

公办高职院校实行党委领导下的校长负责制的管理体制，办学经费以财政拨款为主。在这种公有制占绝对主导地位的运行机制下，除了接受上级教育行政部门和主管主办部门办学指导外，党委是学校的最高决策机构。这种管理体制在实际运行中虽然在一定程度上存在议事程序冗杂等缺陷，但其稳定的经费来源能够保证学校办学平稳运行，能够将党和国家的各项方针政策执行到位，确保师生的根本利益不受侵犯。

在混合所有制高职院校的办学中，管理权限既涉及国有资产和私有资本的保值、盈利和增值等经济问题，也涉及学校现有管理体制的管理者权力变更、教师合法权益保护、学生受教育权等办学各主体的现实利益。因此，在无法明确高职院校混合所有制办学的发展前景和各方利益保障情况下，公有制和私有制管理权限冲突会被放大和聚焦。

3. 院校和资本发展目标的冲突

公有制和私有制间的根本冲突还在于二者发展目标的不吻合。国有企业混合所有制改革虽然会引入各类参股方，但各方在现行法律和体制框架内都以企业营利分红为共同的发展目标。在高职院校混合所有制办学的实践中，不同利益主体存在着目标冲突[6]。公有资本关注教育事业发展，关注学生成长和院校发展，对院校运营运行是否盈利并不十分关心；资本具有天然逐利性，混合所有制办学模式将社会资本注入职教领域后，必然会引发投资者对学校产权、投资回报甚至盈利的关注与诉求，让投资获得更大收益。资本逐利属性致使其普遍追求教育市场化运作模式，这和长期处于教育公益性发展体系下的公办高职院校的根本发展目标存在冲突。特别是，社会资本对投资回报、利润分红、营利扩大化、企业品牌效应等经济目标的持续关注，与现有公办高职院校公益性、公共服务属性是相违的。因此，基于现有权益的不同目标认知，双方很难通过管理体制机制改革来化解矛盾冲突。

三、英国高等教育发展模式的相关借鉴

在混合所有制高职院校办学过程中,当多方参与者在利益诉求、管理权限和发展目标间存在基于公私性质差别的必然冲突时,如何化解冲突矛盾,实现国家鼓励混合所有制高职院校发展模式的政策初衷,形成多赢发展局面,是一个必须解决的难题。

在拥有学位授予权的英国高校中,公立和私立的界限极其模糊,即使是同一所高校,从不同角度去讨论也会得出不同的结论[7]。但模糊的公私性质并不影响高校接受英格兰高等教育拨款委员会的公共财政拨款和向政府主导的各个科研委员会申请科研资助项目,同时也不影响高校依据学校章程进行内部治理。通过借鉴英国高等教育发展中高校多方资金来源情况下的管理和发展体制,构建高职院校混合所有制发展中多方共赢的命运共同体,是值得研究和思考的。

(一)商业性营利和非商业性营利的明确区分

在拥有学位授予权的英国高校中,BPP大学①是英国知名的将学历教育与国际执业资质认证相结合进行教学的新型大学,隶属于BPP教育集团(BPP Professional Education)。BPP大学于2007年获得英国授予的学位颁布权,2013年发展成为综合性大学,其在伦敦、伯明翰、曼彻斯特等设有现代化大型校区。BPP大学作为中英两国政府学位互认框架协议所包含的高校,其本科及硕士学位均可被中国教育部认证。在英国BPP大学官网的介绍中,该校被全英前百强跨国集团、2/3英国会计师事务所、英国国家证券与投资协会及英国皇家特许会计师协会(ACA)指定为全行业员工培训基地;同时作为特许公认会计师公会(ACCA,The Association of Chartered Certified Accountants)在英国授予的"唯一一家铂金级"教育机构,负责ACCA、CIMA(The Chartered Institute of Management Accountans,英国特许管理会计师公会)教材课本的编写及全球发行。

除BPP大学外,英国其他高校也以营利为目的,但其营利是为更好地改善教学科研条件,满足学生需求,提高学校竞争力,通过不断地创新与商业合作来支持本地和国家经济增长[8]。营利性质上的明确区分,使得英国高校并没有因为资金来源多元化而造成办学目标纷争,不同的资金来源都是为学校发展服务,即使像白金汉大

---

① BPP大学,也称英博夏尔大学,由阿伦·布赖尔利(Alan Brierley)、理查德·普赖斯(Richard Price)和查尔斯·普廖尔(Charles Prior)于1976年共同创建。

学（The University of Buckingham）这样没有任何财政性收入的学校，其办学定位也是一所具有慈善性质和公共服务性质的高校，而不是纯营利性的商业机构。英国高校中这种商业性营利和非商业性营利的区分，有助于我们重新审视我国混合所有制高职院校的公私性质冲突，对混合所有制高职院校中私有资本参与办学的性质定位有一定启示。如：私有资本参股可以用技术入股、品牌合作、实物交换、组建院系等多种模式参与，同时可用产业技术人员培训培养、专利技术所有权、税收优惠、品牌形象提升、课程建设开发等方面作为私有资本营利和分红标的物。

（二）遵守大学章程的合理治理模式

在英国高等教育治理制度中，大学章程起着核心作用。大学章程规定了政府如何介入、在何种范围和程度上介入大学治理，也规定了社会有责任参与、在何种范围和程度上参与大学治理，大学如何在适应社会发展要求和保持大学自治、学术自由中取得平衡。英国的大学章程是由大学理事会依据特许状①制定，经过枢密院②批准的有关学校治理结构、机构设置、职责划分、相互关系、重要治理条例等基本问题的规范性文件。大学章程对一所学校来说居于大学宪法的地位。概括来讲，英国大学章程规定的治理结构主要包括社会参与的发展决策机制、校长负责的行政执行机制、教授治学的学术自治机制、监管分离的财务安全机制和程序公平的人事管理机制等[9]。英国高校无论"公立"还是"私立"，都遵守各自大学章程进行自治，除基本的校务委员会或理事会外，还会设立专门的学术委员会管理科研和教学事务，理事会根据特许状和章程的规定，拥有处理大学内部事务的行政权力、人事权力和财务权力等最高权力。如英国著名的牛津大学和剑桥大学都是属于理事会和全体教职工共同治理的管理模式，在实际运行中的一般性事务会委托给理事会进行管理，重大事务则需要全体教职工投票。

（三）出资者和所有权间的分离

在英国无论是公立还是私立大学，在法律上都是独立机构，在学术管理上皆享有自治权，拥有学位授予权。英国的大学不属于任何私人所有，不管出资方来源于哪里，都不是严格意义上的私有财产。这种治理模式并非按照出资多少而占有话语权限比例的模式设计，而是遵循自身建立之初宪制法律约束下的章程进行治理。即使是有

---

① 由一国最高统治者颁发给个人、团体、城市或其他地方组织的一种文件，内容是赐予某种特权或职务。

② 正式全称为"女王陛下最尊贵的枢密院"（Her Majesty's Most Honourable Privy Council），是英国君主的咨询机构。它在以往具有巨大的权力，但今日只具有礼节性质。

大部分财政资金作为办学经费的院校，也仅是接受政府在财政资金拨款时的附加性约束条件[10]。虽然不是政府所有的状态，但是其在意义属性上更加被认为是一种"公共所有"的性质定位。英国政府对大学内部治理的参与主要是通过有关组织机构对大学进行评鉴并据此拨款。如剑桥大学的年度财政总收入中有约20%的经费来源于英格兰高等教育拨款委员会的拨款，但其依旧是一所高度自治的高等学府[11]。出资者和所有权间的分离有助于构建科学合理的内部管理治理机制。

四、高职院校公私性质冲突的化解对策

（一）国家层面制定混合所有制办学相关政策

办学政策是教育制度的重要组成部分，也是合法办学的重要依据[12]。已有"公办""民办"学校的办学政策是基于"公有""私有"的单一所有制经济基础形成的，而高职院校混合所有制办学是公有资本和非公有资本互相融合的办学形式，这对以往的办学政策提出了新的命题和挑战。党的十八大以来，国家虽然也修订了相关的民办教育方面的法律法规，为民办教育的发展拓展了空间，但是在混合所有制改革方面依然存在法律上的空白[13]。没有切实可行的政策参考和依据是目前横亘在高职院校混合所有制办学面前一个重要的现实问题。

制定国家层面的法律和政策规范，是解决当前混合所有制办学势在必行的举措。尽管目前各省的混合所有制高职院校纷纷出台管理政策，但依然不能有效解决办学过程中的主要矛盾和问题。要化解高职院校的公私性质冲突，需要在国有资产保护、公私资本运作、管理权限、产权保护、利益分配等方面制定国家层面的法律法规，从办学源头规范高职院校混合所有制办学，有效化解高职院校公私性质的冲突与矛盾。

在制定相关法律法规时，需要彰显高职院校混合所有制办学的社会责任。诚然，企业作为营利性组织，其目标必然是追求利润最大化；而企业作为社会组织，其经营行为必须符合社会整体利益，应在实现利润最大化目标和履行社会责任的两个维度之间寻求平衡。

（二）规范混合所有制办学的内部治理机制

在混合所有制改革过程中，根本的着力点是高职院校内部管理机制及治理体系的完善，通过产权结构变化及治理结构优化激发与释放办学活力，提升办学质量[14]。梳理混合所有制办学的内部治理机制，推进治理体系和治理能力现代化建设，是解决

高职院校公私性质冲突的重要抓手之一。高职院校混合所有制办学的重点不在于"混合",而在于混合后的治理[15]。因此,必须基于公私性质、利益分配、管理权限及发展目标间的差异性,在有效借鉴英国和其他国家高等教育办学模式的基础上,构建适合中国国情的混合所有制办学的内部治理机制。

一方面,要构建以大学章程为核心的内部治理体系。内部治理体系现代化不仅是政府机构改革的重要内容之一,也是混合所有制高职院校应解决的重要问题。混合所有制高职院校自身所蕴含的矛盾冲突很大一部分来源于治理体系和改革发展之间的脱节。根据教育部《高等学校章程制定暂行办法》,大学章程是高等学校依法自主办学、实施管理和履行公共职能的基本准则[12]。高职院校混合所有制中的办学主体和投资者应在现行法律框架内,共同制定符合职业教育发展规律、利于实现各方基本诉求与目标、符合现代化管理与治理体系要求的大学章程。章程中应体现混合所有制办学始终要以"公益性"为主要目标,办好人民满意的教育,使广大学生受益;以"营利性"作为办学的补充,激发社会资本的办学积极性,为办学提供资本、技术、场地等多种要素,进而提高办学质量和水平。

另一方面,要进一步完善内部治理机制建设。混合所有制高职院校和普通民办本科院校、民办高职院校相比,其引入多方资本参与办学模式改革的根本目的是激活办学活力、积聚多方力量,合作共赢,促进多方协同发展。混合所有制高职院校可以像BPP大学一样成为纯粹的营利性高级技能培训教育机构,也可以成为带动地方经济发展、提升企业品牌形象、输出企业技术技能、培养高素质技术技能型人才的混合所有制产学研基地或生产性实训基地,更应鼓励其继续保持高职院校的公益性公共服务机构性质。因此,在凝聚共同的目标愿景、构建以大学章程为核心的内部治理体系的基础上,需要在法人治理、资产管理、产权制度、利益分配、财政支持、人事管理和育训并举等方面厘清责任权利,制定相关管理办法,走出一条交叉融合的特色化高职教育办学之路。

(三)推进混合所有制二级学院改革试点

通过制定国家层面的法律法规、梳理混合所有制办学的内部治理机制,已在宏观和中观层面界定了高职院校混合所有制办学的内涵,极大化解了高职院校公私性质的冲突,最大限度地保证高职院校混合所有制办学的办学秩序。如要达到较好的办学效果,则需稳步推进,边试点边总结。目前,可设立二级学院层面的混合所有制办学改革试点。由于每个学校开展混合所有制办学的诉求各异,当地政府对其支持力度有别，需要化解的矛盾和困难不同，甚至解决同一个问题的做法也有较大差异。这种试点也可以拓展到独立学院转设和二级学院的兴办。

目前，国内部分高职院校已从二级学院层面开展混合所有制办学改革试点工作。如浙江旅游职业学院和千岛湖旅游集团积极响应国家混合所有制办学政策，在杭州市淳安县建成浙江旅游职业学院千岛湖校区，作为一所拥有独立校园的校区，千岛湖旅游集团投入上亿元的建设经费，浙江旅游职业学院投入数千万元的办学运行经费，省级相关部门也投入250万元作为建校补助经费，这种由国有企业与事业单位联合办学的形式，形成了"浙旅模式"。南京旅游职业学院与民营企业共同组建了混合所有制的二级学院——乘务学院，将国有资本与民营资本混合，企业方投入资本、技术知识及管理等多种形式参与办学，构建了适应现代职业教育体系的多元投入机制。也有少数高职院校从学校层面尝试混合所有制产学研基地和混合所有制生产性实训基地，如山东海事职业学院形成办学资产产权化、治理结构现代化、办学效益共享化的混合所有制"山海模式"；海南职业技术学院以"产权股份化、运作企业化"形成公办股份制高职院校的"海职模式"；等等[15]。混合所有制二级学院允许社会资本从办学中取得"合理回报"，这是混合所有制办学对"公益性"和"营利性"兼容理念的具体体现。在混合所有制办学中要充分发挥社会资本的能动性，与高职院校通过"利益捆绑"的方式提供人民所需的培训等社会服务，又使其通过恰当和高效的办学行为获得收益。在实际办学中，针对混合所有制二级学院注册学生的培养不能营利也不该营利，但是另一部分面向社会的培训项目可以适当获取收益，以此来平衡企业和社会投入资本的保值增值。

高职院校混合所有制办学模式的探索为职业教育改革发展和人才培养提供了跨界融合的思维模式。在混合所有制这种借助外力来推进自身发展的内外交互型改革中，必然存在诸多矛盾冲突，这是改革所面临的阵痛，必须以改革的思维在改革进程中去探索。

参考文献

[1] 习近平.决胜全面建成小康社会　夺取新时代中国特色社会主义伟大胜利——在中国共产党第十九次全国代表大会上的报告[M].北京：人民出版社，2017：33.

［2］雷世平，乐乐，郭素森，等.职业教育混合所有制办学政策的现状、问题与对策［J］.职业技术教育，2021（19）：34-39.

［3］任雪园，闫广芬.高职院校混合所有制改革的制度化——基于组织社会学新制度主义视角［J］.教育与职业，2021（18）：19-26.

［4］朱紫薇，王伟宜.公办高职院校混合所有制改革的三对冲突［J］.高等职业教育探索，2020（4）：48-52.

［5］蒋凯.知识商品化及其对高等教育公共性的侵蚀［J］.北京大学教育评论，2014（1）：53-67+189.

［6］劳赐铭.发展混合所有制职业院校的利益、冲突和问题［J］.中国高教研究，2016（8）：101-105.

［7］喻恺.模糊的英国大学性质：公立还是私立［J］.教育发展研究，2008（13/14）：88-95.

［8］Universities UK. University funding explained［EB/OL］.（2016）［2021-07-08］.https：//www.universitiesuk.ac.uk/policy-and-analysis/reports/Documents/2016/university-funding-explained.pdf.

［9］范文曜，张家勇.大学章程的治理意义——英国大学章程案例研究［J］.理工高教研究，2008（6）：1-8.

［10］刘广明.英国大学治理模式的边界特征研究——以牛津大学治理模式为例［C］//中国高等教育学会.教学·课程·方法：高等教育现代化——2015年高等教育国际论坛论文集.广州：广东高等教育出版社，2016：382.

［11］褚蔚然.英国大学内部治理结构发展状况研究——以布里斯托大学为例［J］.赤峰学院学报（自然科学版），2017（10）：206-207.

［12］中华人民共和国教育部.高等学校章程制定暂行办法［EB/OL］.（2012-01-09）［2021-08-06］.http：//www.gov.cn/flfg/2012-01/09/content_2040230.htm.

［13］冯朝军.高职院校混合所有制办学的治理结构探析［J］.职教发展研究，2021（1）：48-55.

［14］王俊杰.高等职业教育混合所有制改革的基本定位及其实践路径［J］.中国高教研究，2017（6）：104-110.

［15］雷世平.我国职业教育混合所有制办学体制改革研究［J］.职教论坛，2020（10）：28-34.

（文章发表于《中国高教研究》2021年第11期）

作者：

朱倩倩（1969— ），女，浙江旅游职业学院科研处处长，教授，主要研究方向为旅游职业教育。

"双高"建设背景下高职院校内部质量保证体系诊断与改进路径

◎ 徐洁

摘 要： 为进一步激发高职院校质量改进与提升的内生动力，教育部启动了"双高"建设计划，使得以诊改为特征的内部质量保证体系建设显得尤为重要。针对26所教育部试点诊改高职院校的内部质量保证体系诊断与改进的实施现状，首先分析了诊改工作的思路、目标链与标准链建设特点，总结了存在的共性问题；在此基础上，在顶层设计、组织机构与队伍建设、运行机制建立、目标链与标准链制定等方面提出内部质量保证体系建设的思路，并提出诊改平台建设路径。为了顺利实施内部诊改，高职院校应以数据治理为基础、核心指标为要素、诊改决策为目的，建立大数据中心，打通各业务系统；统一数据标准，进行数据治理；搭建诊改平台，实现实时采集与分析，为内部诊改提供数据支撑和决策依据。

关键词： "双高"建设；高职教育；内部质量保证体系；诊断改进；实施路径

为激发高职院校质量改进与提升的内生动力，高职院校内部质量保证体系诊断与改进（内部诊改）工作于2015年启动，2017年全面推进。与传统评估相比，内部诊改最主要的特点是：以"需求导向、自我保证，多元诊断、重在改进"为工作方针，以诊断与改进为手段，促使高职院校基于人才培养状态数据，搭建信息化诊改平台，在学校、专业、课程、教师、学生不同层面建立起完整且相对独立的自我质量保证机制，形成全要素网络化的内部质量保证体系。强调院校是质量保证第一责任主体，树立质量文化，完善质量标准体系。内部诊改工作由院校自主开展，教育行政部门根据需要抽样复核。[1]

2019年，教育部、财政部颁布了《关于实施中国特色高水平高职学校和专业建设计划的意见》（教职成〔2019〕5号），文件提出实施"有效支撑职业教育高质量发展的政策、制度、标准"，把"提升学校治理水平"作为高职院校改革发展任务之一。随后印发的《中国特色高水平高职学校和专业建设计划项目遴选管理办法（试行）》（教职成〔2019〕8号），把"内部质量保证体系健全"作为院校治理水平高的基本要素，以及学校申报"双高"建设项目的基本条件。从文件中可看出，高职院校内部诊改和"双高"建设计划的聚焦点均为"质量"，内部质量保证体系建设不仅是任务之一，更是保证其他任务顺利完成、学校高质量发展的重要途径。在此背景下，建立与完善以内部诊改为实施手段的具有校本特色的内部质量保证体系显得尤为重要。自教育部开展内部诊改工作以来，国内不少专家学者对此进行了研究。全国诊改委专家杨应崧[2]指出，目标是诊改的起点和源头，标准是衡量目标的标尺，也是目标的具象体现。由此可见，诊改的关键在于目标链及与之相契合的标准链。全国诊改委专家汪建云[3]提出了"8字形"质量改进螺旋策略，通过动螺旋（实时预警、调控与改进）和静螺旋（完整的工作流程）的叠加，实现质量的螺旋上升。张挺等[4]提出，诊改的起点在摸清家底，打造目标链与标准链，重点在学校、专业、课程、教师、学生5个层面的质量系统构建，支点在诊改平台信息生成。王秋夜[5]认为在内部质量保证体系的建构过程中，诊改是主要手段，全面覆盖、实时共享的校本化数据平台则是诊改的支撑。郑琼鸽[6]认为诊改工作基于数据，需要把现有零散的孤立的信息系统整合。李萍[7]提出立足校本应是诊改的出发点，根据学校特色制定切实可行的机制才能取得效果。吴兆明等[8]认为，在当前高职内部诊改工作，教师参与意识不足，校园质量文化的提升还有待加强。姜敏凤等[9]认为目前用于质量诊改的数据多为阶段性静态数据，缺乏实时、动态的数据采集与分析。李联卫[10]认为，内部诊改工作应避免几个误区：被动开展、以通过复核为目标、弄错逻辑起点、缺乏特色意识、忽视机制改革等。从现有文献及笔者所在学校看，高职院校内部诊改存在本校特色不明显、质量文化尚未真正形成、标准过于繁多复杂、数据标准尚未真正建成等问题。

本文研究了26所教育部试点诊改高职院校的内部诊改实施方案及开展现状，从目标链与标准链建设等方面分析了内部质量保证体系建设与诊改实施特点及存在的共性问题。在此基础上，根据教育部诊改复核目标，结合笔者所在浙江旅游职业学院的特色做法，在运行机制、目标链与标准链、诊改平台等方面提出内部诊改实施路径。

一、试点院校及其诊改实施现状

（一）试点院校

2015年，教育部办公厅发布了《关于建立职业院校教学工作诊断与改进制度的通知》，提出了"建立职业院校教学工作诊断与改进制度……不断完善内部质量保证制度体系和运行机制，是持续提高技术技能人才培养质量的重要举措和制度安排"。随后教育部颁布了《高等职业院校内部质量保证体系诊断与改进指导方案（试行）》（教职成司函〔2015〕168号），成立了全国诊改专委会，在全国范围内启动了高职院校教学工作诊断与改进工作。2017年，教育部进一步发布了《关于全面推进职业院校教学工作诊断与改进制度建设的通知》（教职成司函〔2017〕56号）。至此，高等职业教育质量保障工作从评估全面转向了内部诊改。[11]

根据内部诊改工作要求，各省出台了诊改实施方案。教育部于2017—2019年确定了9个省共27所院校为第一批高职诊改工作试点院校，并分批公布各校实施方案。其中，2017年公布14个，2018年公布6个，2019年公布6个。诊改试点院校中，有10所院校入选教育部"双高"建设计划中国特色高水平建设院校，11所院校入选中国特色高水平专业群建设院校，[12]78%的试点院校入选"双高"建设计划。2019—2020年，教育部分两批对试点院校进行诊改复核，共有29所院校通过复核。

由于其中1所学校未发布实施方案，因此本文主要研究了其中26所院校的情况（表1-2）。

表1-2　试点院校

序号	省份	院校名称	复核情况	"双高"建设
1	山西	山西省财政税务专科学校		高水平院校C档
2	山西	山西交通职业技术学院		
3		山西经贸职业学院		
4	内蒙古自治区	内蒙古建筑职业技术学院		高水平专业群C档
5		包头职业技术学院	通过复核	
6		内蒙古化工职业学院		高水平专业群B档

续表

序号	省份	院校名称	复核情况	"双高"建设
7	黑龙江	黑龙江职业学院	通过复核	高水平专业群B档
8		黑龙江农业工程职业学院	通过复核	高水平专业群B档
9		哈尔滨职业技术学院	通过复核	高水平院校C档
10	江苏	南京工业职业技术学院	通过复核	
11		无锡职业技术学院	通过复核	高水平院校A档
12		常州工程职业技术学院	通过复核	高水平专业群B档
13	山东	淄博职业学院	通过复核	高水平院校B档
14		滨州职业学院	通过复核	高水平院校C档
15		泰山职业技术学院	通过复核	
16	河南	黄河水利职业技术学院	通过复核	高水平院校A档
17		河南工业职业技术学院	通过复核	高水平专业群B档
18		许昌职业技术学院	通过复核	高水平专业群B档
19	重庆	重庆电子工程职业学院	通过复核	高水平院校B档
20		重庆城市管理职业学院	通过复核	高水平专业群A档
21		重庆航天职业技术学院	通过复核	高水平专业群C档
22	贵州	贵州交通职业技术学院	通过复核	高水平院校C档
23		铜仁职业技术学院	通过复核	高水平专业群B档
24		贵州轻工职业技术学院		高水平专业群C档
25	陕西	陕西工业职业技术学院	通过复核	高水平院校A档
26		陕西铁路工程职业技术学院	通过复核	高水平院校C档
27		陕西交通职业技术学院	通过复核	

（二）内部诊改工作思路

上述26所院校均建立了在党委领导、院长指挥下分层分级、职能明确的质量保证组织机构，即学校、二级教学单位、专业（课程）三级组织机构，或学校、二级教学单位、专业、课程四级组织机构。同时，设立学院质量管理机构，负责质量监控与诊改运行。其中，有17所院校设置的质量管理机构为独立的职能部门，其余9所院校则是从相关职能部门抽调人员成立专门的质量管理办公室或诊改工作办公室。尤其值得注意的是，重庆城市管理职业学院、贵州轻工职业技术学院在成立质量保证委员会的基础上，还另设了质量保证专家委员会，承担政策咨询、业务指导、理论研究、人员培训、可持续改进等工作。河南工业职业技术学院专门建设一支数据管理队伍，进行各类数据的分析与挖掘。哈尔滨职业技术学院成立一支由校级、二级部门人员组成的质量管理员队伍,推动诊改运行;此外,其质量保证委员会成员中,除了学校各部门负责人之外,还纳入教师代表、学生代表、企业代表、家长代表,真正形成内外结合、多元诊断的质量保证组织架构。

26所试点院校通过搭建五纵五横一平台基本框架,采用SWOT分析法①打造目标链与标准链,明确各层面优势特色、短板弱项,以及外部发展机遇与核心竞争力情况;根据SMART原则②,设计科学合理、行之有效的考核办法,保证目标任务的高质量完成;在此基础上,建立"8字形"质量改进螺旋工作流程,即目标—标准—计划—组织—实施(监测、预警、改进),实现质量螺旋上升。"8字形"质量改进螺旋由动螺旋和静螺旋叠加而成,并相交于"计划—组织—实施"环节(图1-5),其中,静螺旋指整个完整的工作流程,动螺旋指在质量生成过程中的数据分析、预警及改进的过程。[13]重庆航天职业技术学院、陕西交通职业技术学院则把两个螺旋看作大、小两个循环:大循环为一个诊改循环,小循环为实时监控循环。

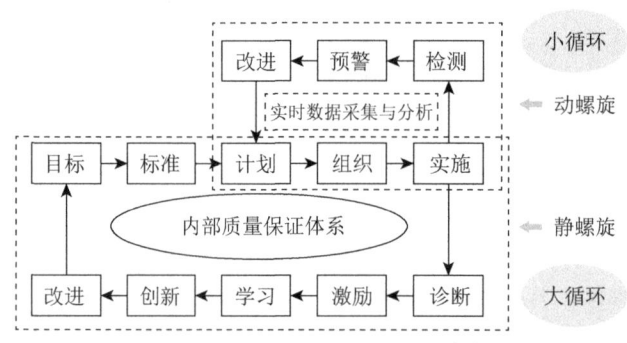

图1-5 "8字形"质量改进螺旋

(三)目标链与标准链建设特点

各试点院校的目标链、标准链建设各有特色,在学校、专业、课程、教师、学生5个层面具有不同做法与特点。

1. 学校层面

一是根据学校事业发展规划,制订年度目标任务,层层分解,并建立各项任务的考核标准。二是建立内控体系,厘清各部门管控事项,修订制度,梳理组织、人事、

---

① SWOT分析法,由阿尔伯特·汉弗莱(Albert Humphrey)提出,即优势(Strengths)、弱势(Weaknesses)、机会(Opportunities)、威胁(Threats),指基于内外部竞争环境和竞争条件下的态势分析。

② SMART原则,由彼得·德鲁克(Peter Drucker)提出,为目标设定原则,即具体性(Specific)、可衡量性(Measurable)、可实现性(Attainable)、相关性(Relevant)、时限性(Time-bound),旨在提高工作效率,明确考核目标和标准。

财务、教学、学生、科研、后勤保障、产学合作、国际交流、信息管理等事项，设计与管理制度匹配的工作流程。三是建立质量文化，营造全员、全过程、全方位质量保证环境。从实施方案来看，各校都建立了目标任务考核制，将诊改工作融入部门绩效目标考核，层层落实质量主体责任。其中，有12所学校明确建立或完善了内控机制，9所学校明确了实施奖惩及问责机制，14所学校将质量文化作为建设要点，并提出具体举措。

2. 专业层面

一是制订专业建设类标准，包括专业设置标准、专业建设标准、专业预警标准、专业动态调整标准、专业教学标准、专业考核标准等。二是制订专业发展类标准，按照校级、省级、国家级分级，包括合格专业、特色专业、品牌专业、示范专业等标准。三是制订专业运行类标准，包括人才培养方案制定标准、专业资源配置标准、顶岗实习标准、毕业设计（论文）规范、教学资源建设规范、课堂教学规范、考试管理规范等。

3. 课程层面

一是制订课程性质类标准，包括理论课、实践课、理实一体化课程、精品在线开放课的课程标准。二是制订课程培育类标准，分类建设合格课程、院级优质课程、省级课程、国家级课程的课程标准。三是制订课程实施类标准，分类建设课程开发标准、课程设计标准、课程教学标准、课程考核标准等。

4. 教师层面

一是制订师资规划类标准，包括学院师资队伍建设、系部教学团队建设和教师个人发展3类标准。二是制订教师任职资格类标准，包括教师入职标准、教师资格认定标准、职称认定标准。三是制订教师发展类标准，包括双师素质标准、人才引进标准、兼职教师标准、骨干教师标准、专业带头人标准、教学名师标准、优秀教帅标准、领军人才标准等。

5. 学生层面

一是制订学生全面发展类标准，包括学业发展标准、职业发展标准、素质发展标准、社会能力发展标准等。二是制订学习阶段类标准，包括职业道德培养标准（一年级）、职业素质培养标准（二年级）、职业技能培养标准（三年级）。三是制订学生个人发展类标准，包括基本标准、毕业标准、优秀毕业生标准、学生干部任职标准、三好学生标准、日常行为规范、国家奖学金标准、升本标准、社团标准等。

二、试点院校存在的共性问题

教育部第一批试点工作的开展使质量意识、内部诊改意识深入高职院校和师生之心。"双高"建设更是进一步推动高职院校建设内部质量保证体系,提升发展质量。然而,在内部诊改的特色发展、质量文化建设、标准体系建设、数据标准建设等方面存在共性问题。

(一)本校特色和发展侧重点偏弱

各校实施方案均体现了教育部文件精神及要求,包含了指导思想、目标思路、基本原则、体系建设、诊改运行等方面的基本要素与主要举措。但各块内容大同小异,顶层设计中缺少体现本校特色与学校发展侧重点的元素,看不出学校发展的特色、优势与短板,以及如何通过内部诊改补短扬长。

(二)质量文化尚未真正形成

由于原有质量保障体系侧重教学质量的外部评价与监控,长期以来各层面均习惯自上而下的被动改革、接受评估,缺乏自主诊断、自我改进的意识,没有树立诊改的主体意识、全员质量意识,内生动力不足。各校在实施方案中均提出建设质量文化,正说明其在现状中的缺失或不完善。此外,部分院校的质量监控部门并未独设编制,其组成人员来自相关职能部门,兼职开展诊改工作,很难集中精力推动诊改落实。

(三)标准过于繁多复杂

从实施方案来看,大部分学校设置标准追求细、多、全。以专业标准为例,有的学校同时设置了专业建设标准、专业运行标准、专业教学标准、专业发展标准、专业设置标准等。名目繁多的标准只会让教师无所适从、疲于应付。学校应根据自身特色,设置合理并能推动学校发展的标准体系,以及与之对应的质量控制点,追求精而非多。

(四)数据标准尚未真正建成

学校业务系统繁多,但各系统间缺乏数据融合与共享,"信息孤岛"现象普遍存在,更别提数据的挖掘与分析。从实施方案来看,无论在标准体系建设中还是在平台建设中,大部分学校并未提如何建设数据标准、进行数据治理,因而很难实现真正的数据共享。此外,比技术支持更重要的是建立大数据意识,真正实现数据的实时采集、有效采集仍需时日。

三、内部质量保证体系的建设思路

内部质量保证体系是实施内部诊改的前提和基础，结合试点院校存在的几个共性问题，笔者提出下阶段内部质量保证体系建设的思路。

（一）重视顶层设计

将内部质量保证体系作为建设重点纳入下阶段的"十四五"发展规划，与"双高"建设计划的任务举措，如专业群建设、高水平实训基地建设、"1+X"证书等有机融合，从顶层设计上保证诊改有的放矢、有效运行。即，一方面把内部诊改及质量文化建设作为"十四五"规划中必须完成的任务；另一方面将学校的发展目标作为诊改的目标，学校的任务举措作为诊改的要素，使诊改贯穿学校重点工作、意识贯穿全体师生，最终达到学校诊改及教育部"双高"建设的目标，推动学校发展质量螺旋上升。

（二）加强组织机构和队伍建设

组织机构上，成立内部诊改委员会，对内部量保证体系建设进行顶层设计与指导。设立质量监控办公室，作为独立的行政机构专职开展诊改工作。建立学校、系院、专业、课程4级内部质量诊改工作组，上下贯通、合力推进诊改工作。队伍建设上，建立教学督导、部门质量内控员、学生课堂质量信息员3支由教师、学生组成的质保队伍。其中，教学督导分为学校、院系两级，对专业建设、课程建设及课堂教学质量进行督促与反馈；部门质量内控员负责跟进本部门（系院）的诊改工作；学生课堂质量信息员重点关注课堂教学质量，提出意见与建议。

（三）建立常态化的诊改运行机制

从内部诊改的特点可以看出，诊改不是一项阶段性的工作，更不是以通过教育部复核为目的一个任务，而是一项需要持续开展，并以此为途径促进学校自身不断发展、不断提升人才培养质量的常态化工作。因此，在诊改实施中需要做到5个融入：一是将校本特色融入实施方案，二是将短板弱项融入发展目标，三是将发展目标融入标准建设，四是将诊改运行融入日常工作，五是将数据分析融入决策决断。

（四）制定清晰化的目标链、标准链

根据学校发展目标，抓住"双高"建设的重点，从学校、专业、课程、教师、学生不同层面建立起相对独立且上下呼应、相互支撑的目标链，建立与之相契合的层次清晰、分类精简、重点突出的标准链，同时找准质量控制点。五层面目标、标准及

质量控制点情况见表1-3。在不同层面上，根据国家级、省级、院级3个级别制定相应发展标准。在分类标准及质量控制点上，学校层面为部门职责（含岗位标准）7个质量控制点；专业层面分为专业发展标准、专业人才培养方案2类15个质量控制点；课程层面分为课程标准、在线开放课程标准2类12个质量控制点；教师层面分为教师发展标准、教师专业技术职务评聘标准2类，包括5个维度、4种类型、15个质量控制点；学生层面为学生发展标准，包括5个维度、15个质量控制点。学校应结合自身办学特色及发展目标，制订各质量控制点的核心指标，并纳入相关业务系统。

表1-3 五层面目标、标准及质量控制点情况

层面	目标	分类标准	质量控制点	业务系统
学校层面	学校中长期规划及子规划、年度党政工作要点	部门职责（含岗位标准）	工作清单、工作计划制订与执行情况、公共指标、业务指标、执行力、成效与贡献、满意度等	诊改平台
专业层面	专业建设规划、专业建设年度实施计划	专业发展标准（国家级、省级、院级）	招生就业、师资条件、校企合作、实训条件、教改课改、科研与社会服务、国际交流与合作、学生发展等	教务系统、就业系统、人事系统、科研系统、学工系统
		专业人才培养方案	培养目标及规格、人才培养模式、课程体系、教学进程安排、毕业资格与要求、实施保障、课程设置及要求等	教务系统
课程层面	课程建设规划	课程标准（国家级、省级、院级）	课程概况、课程性质、课程目标、课程内容和要求、考核评价、课程资源及使用要求、课程实施等	教务系统
		在线开放课程标准（国家级、省级、院级）	网络教学平台课程数据、混合式教改课程数据、学习状态分析、学习达标率、课程教学测评结果等	网络课程学习平台
教师层面	师资队伍建设规划、师资建设年度实施方案、教师个人发展规划	教师发展标准、教师专业技术职务评聘标准	师德师风、教育教学、教研科研、社会服务、个人发展5个维度，以及教学型、教学科研并重型、科学研究型、社会服务与推广型4个类型（包括学历学位、专业技术职务、所授课程、实践教学、专业建设、课程建设、获奖、专利、课题、论文、人才项目、培训进修、挂职锻炼、社会职务、培训服务等）	人事系统
学生层面	学生发展规划、学生个人发展规划	学生发展标准	思想道德、学业水平、职业能力、综合素养、身心健康5个维度（包括政治表现、思想水平、道德品质、集体观念、劳动观念、学习成绩、拓展能力、创新能力、实践能力、荣誉奖项、身体素质、心理健康、组织协作能力、社会适应、社会活动能力等）	学工系统、教务系统

四、诊改平台建设路径分析

内部诊改是建设和完善内部质量保证体系的实施手段,主要基于对学校人才培养工作状态数据的分析,进行诊断与改进。因此,为了顺利实施内部诊改,搭建以实时数据采集和分析为特征的诊改平台至关重要。本文针对数据共享及数据标准问题,根据以数据治理为基础、核心指标为要素、诊改决策为目的的思路,提出了诊改平台的建设路径,内部质量保证体系诊改平台建设路径框架如图1-6所示。首先,建立大数据中心,打通原先各自独立的业务系统,实现数据汇总;同时,进行数据治理,统一各业务领域的数据标准,保证数据的有效采集。在此基础上,搭建由5个子系统组成的诊改平台,采集与分析各层面相关数据,为内部诊改提供数据支撑和决策依据。

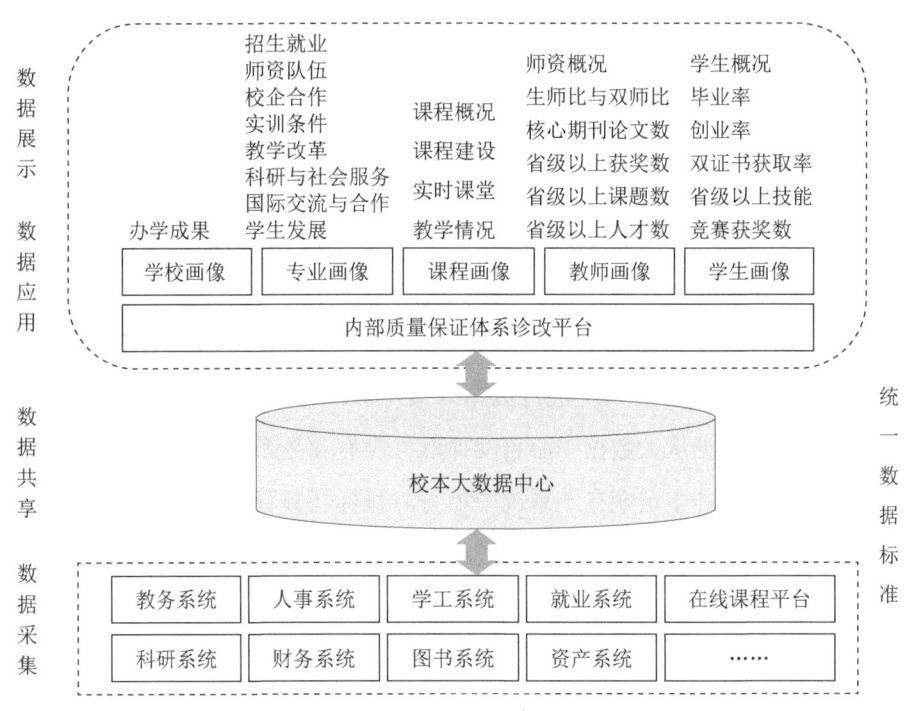

图1-6 内部质量保证体系诊改平台建设路径框架

(一)建立大数据中心,打通各业务系统

随着信息化的发展,多数高职院校在教务管理、学生管理、人事管理等不同业务领域均建成功能较为完善的管理系统。然而各业务系统的信息却不共享,"信息孤岛"是普遍现象。因此,建立校本大数据中心,将各业务系统的数据汇聚在同一个数据

池，并实现双向互通，即业务系统的数据进入数据池，同时又能从数据池抓取所需数据，是实现数据共享，也是诊改平台建设的基础。

（二）统一数据标准，进行数据治理

各校均以诊改平台建设为契机，打通原先各个独立的系统，实现数据共享。事实上，实现数据共享的关键在于建立统一的数据标准。建立大数据中心的同时，需统一不同业务领域的数据标准进行数据治理。结合学校校本化特色，学校信息中心、各业务部门及各业务系统开发公司三联合对原有业务系统内的数据进行梳理，制定标准。如此，才能保证数据采集的有效性，真正实现数据资源的共享，同时也不会受日后业务系统更换的影响。当然，制定数据标准需要各方人员达成共识、通力合作，需要投入大量时间和精力才能完成。

（三）搭建诊改平台，实现实时采集与分析

搭建由目标任务管理、专业发展、课程管理、教师发展、学生发展5个子系统及诊改展示组成的内部质量保证体系诊改平台，结合目标链与标准链建设情况，纳入各层面发展目标及标准的质量控制点与核心指标。根据"8字形"质量改进螺旋工作流程，通过数据采集、整理、分析、挖掘，对各层面发展情况进行画像并展示，使学校能够全面、实时掌握人才培养过程信息，对发现的问题及时预警，为诊改工作的顺利进行提供数据支撑和决策依据。

其中，专业发展、课程管理、教师发展、学生发展4个系统根据相应标准及其质量控制点与核心指标的设置情况进行数据采集与诊改分析。其数据来源分为两部分：有业务系统支撑的数据从大数据中心自动抓取，没有业务系统支撑的数据，则组织相关职能部门、院系及师生定期在子系统中填写。目标任务管理系统通过学校考核办统一下达年度目标任务、各部门按月填写进度并生成月度任务完成报表、考核办年底进行考核打分的流程运行。诊改展示从办学成果、专业层面数据（招生就业、师资队伍、校企合作、实训条件、教学改革、科研与社会服务、国际交流与合作、学生发展等）、课程层面数据（课程概况、课程建设、实时课堂教学情况）、教师层面数据（师资队伍概况、生师比、双师比、核心期刊论文发表数、省级及以上获奖数、省级及以上课题数、省级及以上人才项目数等），以及学生层面数据（学生概况、毕业率、创业率、双证书获取率、省级及以上技能竞赛获奖数等）进行展示。

五、结语

内部诊改是高职院校完善治理结构、提升治理能力的重要途径，同时也是一项需持续、常态开展的工作。教育部复核不是对一个项目的终期验收，而是对试点院校是否建立常态化内部诊改机制并以此推动学校发展的考量。不少试点院校已通过内部诊改实践取得一定的成果。如，常州工程职业技术学院自主开发了集学校、专业、课程、教师、学生5个层面子系统于一体的校情分析诊改平台，实时采集各业务系统运行的过程数据，实现大数据分析与预警。他们的成功经验作为"常工模式"起到了示范引领作用，多所院校采用了其诊改平台的基本框架，以此为基础进行特色化改造。笔者所在浙江旅游职业学院，标准链建设中已纳入"双高"建设专业群元素，并设计与之相应的核心指标。此外，建成了旅游大类专业课程标准并公开出版，包括26个专业、超过500门核心课程，为国内旅游类院校（专业）提供了范本。

随着"双高"建设任务的进一步实施，根据专业群的组群逻辑，建立专业群目标链与标准链，保证专业群建设水平也许将是下一轮诊改工作的重点。此外，各试点院校的诊改工作在破解"信息孤岛"上均已走出第一步，建立了校本大数据中心，初步实现校内各平台数据的共享与分析。如能在此基础上，统一数据标准，并进一步开放高职教育人才培养状态数据平台，实现与各校诊改平台的对接，自动抓取、分析、反馈数据，才是真正建成了大数据云平台。如此，通过横向比对，各高职院校更明确本校的优势与短板，制定更为有效的诊改措施，从而推动高职教育质量整体呈螺旋上升态势。

参考文献

［1］教育部办公厅关于建立职业院校教学工作诊断与改进制度的通知：教职成厅函〔2015〕2号［A］.2015-06-23.

［2］杨应崧.打造"两链"，找准诊改的起点［N］.中国教育报，2017-09-26.

［3］［13］汪建云.培育"8字螺旋"夯实诊改基础［N］.中国教育报，2017-11-07.

［4］张挺，阙明坤.高职院校高质量发展的逻辑起点和诊改路径［J］.职业技术教育，2019，40（35）：57-61.

[5]王秋夜.内涵式发展视域下高职院校"诊改"运行机制探究[J].教育与职业,2020(14):40-44.

[6]郑琼鸽.赋权增能视角下高职院校诊改政策审思[J].职业技术教育,2020,41(1):13-18.

[7]李萍.高职院校内部质量保证体系诊断与改进工作机制研究[J].黑龙江教师发展学院学报,2020(5):76-78.

[8]吴兆明,姜敏凤.基于全员获得感视角推进高职院校教学质量诊断与改进的思考[J].职业技术教育,2017(29):61-64.

[9]姜敏凤,张路遥,王鑫芳.内涵建设背景下学校内部质量保证体系建设探索:以无锡职业技术学院为例[J].机械职业教育,2016(12):1-5+21.

[10]李联卫.高职院校诊改工作实施路径探析[J].教育与职业,2018(9):18-24.

[11]袁洪志.高等职业院校内部质量保证体系建立与运行实务[M].南京:南京大学出版社,2017:2-3.

[12]教育部、财政部关于公布中国特色高水平高职学校和专业建设计划建设单位名单的通知:教职成函〔2019〕14号[A].2019-12-08.

(文章发表于《中国职业技术教育》2021年第1期)

作者:

徐洁(1980—),女,浙江旅游职业学院工商管理学院党总支副书记,副研究员,主要研究方向为教学管理。

专业建设

ZHUANYE JIANSHE

编者按

浙江旅游职业学院长期以来一直注重旅游类专业建设的研究与探索,形成了一些可借鉴的经验。本主题共收录4篇论文,围绕人才培养、毕业生素质调查、教学资源库建设等方面作了思考,具体如下。

一是人才培养路径研究。如《高等职业教育跨界融合型人才培养:内涵特征与培养路径——以旅游类专业为例》结合旅游产业转型升级,提出旅游类专业要突出"融合文旅、融汇德技、融通校企、融入国际"跨界融合型人才培养的观点。

二是旅游类专业毕业生素质调查研究。如《基于毕业生调查的旅游业人才素质研究:素质特征、影响因素、内在关联》以旅游职业院校619名旅游类专业毕业生为研究对象,总结了旅游业人才素质特征,对旅游业人才素质养成的影响因素进行了层级分析等。

三是专业教学资源库建设。如《基于职业教育育训结合理念构建专业教学资源库的探索与实践——以智慧景区开发与管理专业为例》提出了职业教育育训结合、分类构建、细化构建、整合构建、专业教学资源库建设的思路,并从统筹制作工程、分类应用工程、推广工程等方面提出专业教学资源库建设的路径。

四是专业目录调整研究。如《强化文旅融合 促进业态创新 服务产业升级——旅游大类目录和简介解析》在对旧版高职高专专业目录进行分析基础上,对新版目录调整的原则、特征进行研究,并在此基础上就新版目录高质量落地实施提出针对性建议。

◎ 专业建设

高等职业教育跨界融合型人才培养：
内涵特征与培养路径

——以旅游类专业为例

◎ 王方　蒋炯坪　杨骁瑾

摘　要： 产业转型升级背景下，探索培养跨界融合型人才成为应然之举。跨界融合型人才应当具备多元综合的职业素养、多种跨界的专业技能、多维创造的创新思维、多层递进的生涯发展等基本能力特征。基于系统论视域，可以构建由培养目标、培养方式、培养主体和培养评价四个子系统组成的跨界融合型人才培养模式。通过校本研究，提出旅游类跨界融合型人才培养要突出"四融"，即：融合文旅、融汇德技、融通校企、融入国际。

关键词： 跨界融合型；系统论；人才培养模式；校本实践

2021年4月，全国职业教育大会提出建设"国家重视技能，社会崇尚技能，人人学习技能，人人拥有技能"的技能型社会[1]总体目标。10月，《关于推动现代职业教育高质量发展的意见》出台，提出"到2025年，技能型社会建设全面推进；到2035年，技能型社会基本建成"的主要目标。技能型社会构建进程中，解决劳动力市场人才结构性缺陷问题，提高技术技能人才与社会经济发展匹配度至关重要，其核心要义在于以社会经济发展需求重新定义人才培养目标，以职业教育体系重塑及高素质技术技能人才精准供给促进教育供给侧改革。鉴于技能型社会构建的美好愿景和现实必需，亟须重新审视高职院校人才培养定位，系统优化人才培养模式，探索实践跨界融合型人才培养新路径。

一、高职教育跨界融合型人才培养的现实意蕴

（一）产业升级创造高职人才培养的新需求

以智能化为标志的新工业革命来临，以大数据、人工智能、云计算、物联网为代表的一场系统性变革，不仅催生新的应用、新的商业模式，还促使不同社会领域之间的沟通与联系更加紧密，逐渐形成共生互促的整体，最终推动产业升级[2]。当前，产业升级呈现"融合"发展态势，这种"融合"表现有二：一是不同产业边界趋于模糊。由于新技术、新模式、新业态层出不穷，产业不再独立发展，不同产业各展所长、各取所需，产业结构在融合中优化升级。二是不同职业岗位的职能分工界限不再清晰，许多行业企业的内部职业结构趋向多元化，岗位设置趋向宽泛化，工作内容趋向综合化。

以旅游业为例，进入新发展阶段，旅游业在主客共享的时空中不断重构，以新业态、新模式的外在表现展示了跨界式、融合式创新。旅游与文化、科技、体育、娱乐、康养等领域的融合进一步满足了人民对美好生活的追求和期待。例如，农业与旅游业的高度融合形成了乡村旅游新业态；在互联网经济深刻影响下，旅游行业与电商行业高度融合，促使导游的岗位职责由简单的向导讲解与接待向旅游全过程一站式综合服务模式发展。同时，旅游需求的个性化、多样化及数字经济的发展打破了人们对旅游人才的传统认知边界，诞生了大量的新岗位，一大批适应新业态、新模式的新型旅游人才（如，专业导游、旅行定制师、民宿经营者、酒店万能工、旅游主播等）已经成为需求热点。旅游行业的人才需求不再是单一技能型人才，而是向着文化创意、设计开发、科技创新等综合型、实战型、创新型的跨界融合型人才转变。

（二）高职教育匹配产业人才需求的现实困境

职业教育作为一种跨界的教育类型，其逻辑起点是"跨越职业与教育的视域、跨越学校和企业的境域、跨越工作与学习的界域"的"跨界"教育[3]。在产业发展"融合"属性与职业教育"跨界"属性双重影响下，高职教育以"跨界+融合"理念培养技术技能人才成为必然趋势。然而，面对大数据、智能化、云计算、元宇宙等技术"现代性"与职业教育人才培养的"传统性"之间的冲突与博弈、产业转型升级与高职教育传统理念和固化思维的鸿沟、人的全面发展诉求与高职院校人才培养局限性之

间的矛盾，以及高职教育人才供给与社会发展需求的差距等问题，高职教育在传统人才培养理念影响下，还存在诸多不足，具体表现有三个方面：

1. 高职教育"重技轻人"传统教育理念依旧存在

行业企业组织的扁平化发展意味着管理层级减少、管理幅度拓宽，要求劳动者具备多元化的技术知识、跨岗位的技术技能和普适性的职业素养。然而，当前高职教育"唯技而教"的思想仍根深蒂固，被以高度专业化和分工化为特征的、以培养"一技之长"和专才的人才培养理念所制约，忽略"以人为本"的教育理念，重在培养学生的显性技能，轻于隐性技能和职业素养的培养。这既不能适应新时代工业转型升级发展的要求，也难以助推学生全面发展。

2. 高职人才单一技能培养的局限性尚未打破

不同产业工作范围扩大化、工作内容创新化，产业的融合发展态势越来越需要既精通本专业领域的理论知识和技术技能，同时还具备相关专业领域并且能够掌握各专业领域知识与技能应用的跨界融合型技术技能人才。目前，高职院校人才培养目标和规格限于传统单一技术技能，忽视复合型、融合型技术技能培养，难以满足产业转型升级对人才的要求。

3. 高职教育人才培养供需的匹配度亟待提升

固化于传统教育理念，高职教育在人才培养方面，没有和社会经济发展的职业人才需求紧密、实时对接，没有将社会经济发展的"跨界融合"理念较好地置于职业教育思维模式之中，导致高职教育人才供给质量与企业需求不匹配，造成人才供需结构失衡。新技术影响下，产业技术知识的广度与深度逐渐扩大，要求高职教育基于"跨界融合"思维，优化人才培养模式，促进高职教育人才培养供给侧与产业需求侧全方位契合。

（三）高职教育跨界融合型人才培养的内涵特征

跨界融合型人才因为高度匹配新时代职业教育与产业发展需求，成为技能型社会人才培养的进阶目标。本文认为，跨界融合型人才是在"跨界"和"融合"的思维引导下，跨越职业与教育、学校与企业、工作与学习的边界，融合产业链及行业相关各类职业岗位的知识、技能和素养，是兼备跨界思维方式和融合职业能力的复合型技术技能人才。这类人才在跨界的思维方式中实现融合共生，在人才培养的全境域、全过程、全方位中体现跨界融合思维，更强调培养跨界融合的思维意识、解决复杂问题的综合能力、不同领域的多元知识技能，主要涵盖以下四个基本特征：

1. 多元综合的职业素养

具备高站位的职业意识,能够从社会主义现代化建设的视角认识所在行业的职业价值和意义[4],具备清晰的自我角色认知,并能把个人的人生理想同职业发展紧密联系到一起,形成具有责任感、获得感和幸福感的从业心态与职业意识;具备良好的职业精神,能够尽职尽责、兢兢业业、专心致志地致力于岗位工作任务,严守职业道德,遵守劳动法律,具有甘于奉献、精益求精、勇于创新的劳动精神、劳模精神和工匠精神。

2. 多种跨界的专业技能

深刻理解从事专业领域岗位所涉及的基本知识和原理及其之间的联系,掌握本专业及相关领域的基本技能操作方法和规范,能够运用所学知识与技能完成综合性岗位工作任务,解决工作过程中的复杂性问题;顺应跨界融合趋势,形成与职业岗位相匹配的多专业的知识体系和技能结构,将所学的跨界能力与所在行业的职业需求相结合,形成较强的职业岗位迁移能力和工作岗位胜任能力。

3. 多维创造的创新思维

正确认识创新对于社会未来发展的重要推动作用,塑造具备主体性、批判性、决断性、合作性、反思性、逻辑性与实践性的创造性人格,形成以自信心、责任心、冒险意识、合作意识、市场意识、风险意识和抗挫折性为核心的创新创业素质,具备目标确定、行动谋划、果断抉择、沟通合作、把握机遇、防范风险和抗挫折性的创新创业关键能力,构成由内而外的"人格—素质—能力"结构[5]。

4. 多层递进的生涯发展

具备职业化的终身学习能力和自我发展能力,具有自觉获取知识、不断精进技能的意识,能够在较强的自我管理、自我约束和自主学习能力的基础上不断优化自身知识能力体系,把握所从事行业及相关领域的发展趋势和最新动态,以适应不断涌现的技术技能岗位精准化与高效化的趋势,在提高职业自适应能力的同时不断挑战自身潜能,通过自我更新、自我超越推动职业生涯发展。

二、基于系统论的跨界融合型人才培养模式构建

人才培养是一项极其复杂的工程,需要统筹兼顾各培养要素之间的整体性、关联性、结构性和动态平衡性。系统论是将研究对象视为一个系统,遵循整体性、层次

性、自组织性、开放性、复杂性和关联性等基本特性，从整体出发分析系统内部的组成要素、各要素之间的关系及系统整体功能与结构的科学。我们尝试用系统论来指导跨界融合型人才培养的全过程。

（一）系统论与跨界融合型人才培养模式

1. 系统论对人才培养模式构建的适用性分析

系统论是由奥地利生物学家贝塔朗菲于20世纪40年代创立的一门科学。系统是由若干相互关系、相互作用的子系统（要素）构成的、具有特定功能和运动规律的整体[6]。系统论的核心思想是整体观念，强调任何系统都是一个有机整体，其整体功能是内部各要素通过复杂整合或组织而具备各要素孤立状态下所没有的性质，以达到"整体大于部分之和"的最优化效果。

以系统论为理论基础构建人才培养模式，在高职教育研究中不乏先例。有学者为破解轨道交通新技术新知识迭代加快、铁路大系统工程跨学科交叉融合加剧给人才培养带来的难题，遵循系统论思维，形成服务交通强国需求的轨道交通拔尖创新人才培养模式[7]；有学者以高职机械制造与自动化专业为例运用系统论分析人才培养模式的内涵、构成要素及其各要素之间的关系[8]；有学者通过系统化设计培养方案、培养方法、培养途径、师资队伍和评价体系来改革人才培养模式[9]；有学者基于系统论建立人才培养过程狭义模型和广义模型[10]；等等。结合系统论所强调"任何系统都是一个有机整体"的观念，跨界融合型人才培养模式各部分（要素）之间的整体性、关联性、结构性和动态平衡性等特性十分突出，同样适用于系统论的原理。

系统论在跨界融合型人才培养中的应用，主要强调对这类人才培养所涉及的各个环节、各个层面进行系统的优化设计，充分发挥其功能，构成系统内部各要素之间相互依存、相互制约、相互作用的有机整体。具体来说，基于系统论构建的人才培养模式由培养目标、培养方式、培养主体、培养评价四个子系统组成，并通过内部各子系统的相互关联和结构优化，实现跨界融合型人才培养整体效能最大化。

2. 系统论视域下跨界融合型人才培养模式的构建

系统论视域下跨界融合型人才培养模式，包含了四个人才培养子系统，由这四个子系统合力解决跨界融合型人才培养的基本问题，如图2-1所示。

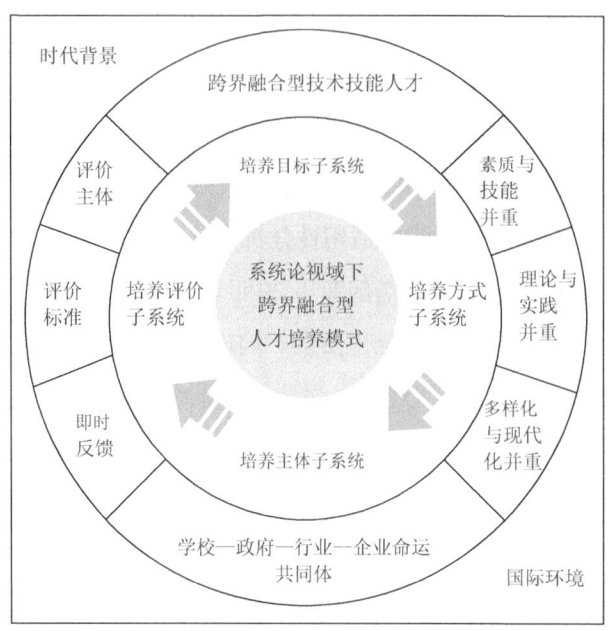

图 2-1　系统论视域下跨界融合型人才培养模式

一是培养目标子系统，解决"培养什么样的人"的问题。在人才培养模式系统中，培养目标子系统是对所要培养人才的质量和规格制定的总体要求。它由特定社会领域和特定社会层次所决定，受教育类型、社会需求等要素的影响。跨界融合型人才培养目标是在职业教育类型特色、产业发展变革及技能型社会建设背景等因素影响下，培养具备多元综合的职业素养、多种跨界的专业技能、多维创造的创新思维、多层递进的生涯发展等能力特征的跨界融合型人才。培养目标的核心是知识、能力和素质结构，即 KAQ 结构（Knowledge，知识；Ability，能力；Quality，素质；以上三者组成的结构）[11]。跨界融合型人才培养，从知识维度看须具备专业基础知识、跨专业知识、技术技能知识等专业相关的显性知识和默会知识①；从能力维度看须具备专业技能、获取信息能力、团队合作能力、表达交流能力等职业相关能力；从素质维度看须具备思想道德素质、文化内涵、专业素质、劳动精神、劳模精神、工匠精神等职业素质。

二是培养方式子系统，解决"怎样培养人"的问题。培养方式是为实现培养目标而采取的方法和形式。区别于传统人才培养方式，跨界融合型人才培养更趋向素质与

---

① 默会知识，又称"缄默的知识"或"内隐的知识"，主要是相对于显性知识而言的。它是一种只可意会不可言传的知识，是一种经常使用却不能通过语言文字符号予以清晰表达或直接传递的知识。

技能并重、理论与实践并重、多样化与现代化并重的培养方式。要构建课程思政长效育人机制，协同各类课程与思想政治理论课同向同行，落实立德树人根本任务；注重培养职业精神，增强学生的服务意识、协调能力、合作能力、劳模精神等；注重培养岗位所需职业技能，以"理论＋实践"课程为抓手对接岗位工作任务设置教学内容；关注信息技术在教学中的作用，借助项目化教学、模拟场景、慕课教育等模式，创造多样化的教学方式。

三是培养主体子系统，解决"谁来培养人"的问题。培养主体子系统是落实人才培养工作的前提，也是类型教育的关键。职业教育的职业性特征决定其培养主体为学校和企业，同时要争取政府、行业等多方参与，以此形成多方协同的校企双主体育人机制，进而为跨界融合型人才培养提供有效途径。建立校企双主体育人机制的首要任务是推进校企命运共同体建设。校企双方在共同利益和目标的驱动下以契约或协议形式建立相互关系、相互依赖、相互开放、共同治理、共同建设、共同发展的休戚与共的命运共同体。在共同体中，学校作为教育的主体承担着以理论知识为主要内容的基本育人任务，企业作为产业主体为人才培养提供以实际工作任务为主要内容的实践育人任务。

四是培养评价子系统，解决人才培养质量问题。培养评价是基于特定的标准对人才培养质量做出客观、科学的判断，贯穿整个人才培养全过程。通过对培养目标、方式和主体的监控，以及及时反馈与调节，最终实现培养目标达成。跨界融合型人才培养模式要建立一套符合行业特色的标准体系。在培养评价标准体系构建过程中，首先要选择多样化的评价主体，组建涵盖政府、行业、企业、学生、家长等利益相关者参与的评价组织；其次要对接国际行业标准构建专业教学和人才培养标准体系；最后要建立即时反馈机制，通过形成性评价和终结性评价及时反馈并调整各培养子系统。

（二）整体与部分之间的功能叠加与效能最大化

系统是由相互联系的要素或子系统组成的整体，具有层次性和关联性。跨界融合型人才培养模式系统各部分及各要素之间通过层次分明、前后呼应、首尾相连的内在逻辑关系，实现"整体大于部分之和"的功效。第一，"整体"具有自上而下的层次性。跨界融合型人才培养模式系统作为一个整体，下设四个子系统，每个子系统又包含若干要素，从要素到子系统再到系统形成具备上下位层次结构的隶属关系，例如培养主体子系统包含学校和企业两要素。第二，"部分"具有内部要素的关联性。系统的内部结构影响着整体功能，即子系统内部各要素之间的内在联系影响着子系统的功能，子系统之间的内在联系又影响着系统的整体功能，如，培养方式中的内部课程设置、教学内容和教学方式等要素间的相互关系、相互制约影响着实践有效性，而培养方式的实践成效也直接决定了人才培养模式系统的功能。

（三）部分与部分之间的支撑联系与目标约束

子系统的作用并非机械组合或简单相加，而是在共同目标的前提下，协调好子系统之间的关系，使其处于协调发展的状态，有序运行形成一个有机整体。跨界融合型人才培养模式系统中部分与部分之间的关系表征为四个子系统形成的有机整体，其各子系统之间呈现互相支撑、互相约束的闭环关系。其一，培养目标是系统中最重要、最核心的因素，是人才培养方式设置、培养主体选择及培养评价反馈的目标依据，也是整个系统的逻辑起点；其二，培养方式是影响培养目标能否实现的路径关键，其内部要素间的科学设置直接决定培养质量；其三，培养主体是实现培养目标和实施培养方式的执行者，培养主体的具体执行情况制约着培养评价的结果；其四，培养评价是对整个培养模式系统的诊断，是保证培养目标高质量实现的重要环节。由此，跨界融合型人才培养模式系统以培养目标为逻辑起点，通过各子系统相互关系、相互作用和相互制约，形成一个有机整体。

（四）整体与环境之间的全程开放与顺势应变

系统论认为一切系统都是开放系统，只有不断提高系统的组织化或有序化程度，系统内部的结构才能更稳定，功能才能更完善。跨界融合型人才培养模式亦沿袭开放系统的特征而发展变化，这种发展变化既包括系统内部要素的变革，也包括受外部环境刺激而产生的变化。当前，跨界融合型人才培养模式主要受到两方面外部环境的影响：一方面是在新工业革命、技能型社会等时代大背景影响下，产业结构调整和转型升级对人才需求呈现动态变化，跨界融合型人才培养模式要依据行业发展变化和区域业态需求，准确定位人才培养目标，促进人才供给侧和产业需求侧全方位融合；另一方面是在"一带一路"倡议不断推进、高职教育为世界职教体系提供"中国方案"的形势下，国际化为高职教育提供了巨大的发展机遇，跨界融合型人才培养模式需确立教育国际化策略，积极参与到教育国际化进程中。

三、跨界融合型人才培养的校本实践

系统论为跨界融合型人才培养模式构建提供了理论基础与创新思路，其可行性仍需经过实践予以验证。为创新与实践跨界融合型人才培养模式，浙江旅游职业学院在"双高计划"建设中，以文化和旅游产业需求为出发点，基于跨界融合型人才培养目标、培养方式、培养主体、培养评价四个子系统，探索构建契合文化和旅游产业人才需求的"融合文旅、融汇德技、融通校企、融入国际"人才培养模式（简称"四融"人才培养模式），见表2-1。

表2-1 旅游类跨界融合型人才培养模式（"四融"人才培养模式）

人才培养子系统	旅游类跨界融合型人才培养模式		
	培养理念	特征要求	实现路径
培养目标	融合文旅	高文化素质＋强从业技能	网状课程体系 结构化师资队伍 改革评价制度
培养方式	融汇德技	四轨并行＋交叉互融	课程思政 体育教育 课程建设 劳动教育
培养主体	融通校企	校企双元＋四方协同	产业学院 生产性实训基地 职教集团 协同创新中心
培养评价	融入国际	国际标准＋内部诊改	国际标准质量认证 教学质量内部诊改 内部质量诊改平台

（一）融合文旅：锚定"高文化素养＋强从业技能"的跨界培养目标

2021年4月，文化和旅游部印发的《"十四五"文化和旅游发展规划》中提出要坚持"推动文化和旅游更广范围、更深层次、更高水平融合发展"，文旅融合已成为旅游业高质量发展的必然趋势和重要举措。旅游高职院校作为旅游人才供给侧，亟须改革育人理念、优化人才培养目标，进一步打破旅游行业与职业教育之间的壁垒。为此，浙江旅游职业学院明确"高文化素养＋强从业技能"的跨界融合型人才培养目标，从整体上重构课程体系、师资队伍和学生评价制度。一是重构"两横三纵"的网状课程体系，"两横"指文化素养类课程和专业类课程，"三纵"指通识必修课、核心模块课和延展课。二是结构性优化师资队伍，着力增强文化素养教育教学力量，成立人文素养教育中心，组建以哲学、艺术、国学、礼仪四大领衔专家组成的专业化师资队伍，以保障人文素养课程的质量与水准。三是改革学生评价制度，实施学生毕业"三证制"，在毕业证书、职业技能等级证书外，增加"综合素质学分证书"，对应增设道德修养、劳动素养、艺术情操、体育健康、创新成果、社会实践等评价内容。

（二）融汇德技：探索"四轨并行 + 交叉互融"的多维育人路径

立德树人是职业教育根本任务，注重职业精神培育和职业技能培养是跨界融合型人才的应有之义。"德育"以社会主义核心价值观为内核，囊括"体、美、劳"协同发展的时代要求，从"德、体、美、劳"四方面探索"德育"与"技能培养"深度交叉融合的育人路径。

一是加强顶层设计，全面推进课程思政教学体系建设。夯实制度和组织保障，形成课程思政工作规划、落实、监督、评估完整工作链条；加强课程二次开发，将思政元素纳入专业教学全过程，实现课程思政全覆盖；加快开发课程思政教学资源；大力提升教师课程育人能力。通过课程思政建设，全面提升课程育人功能，有机融合价值塑造与技能培养。二是持续推进体育教育迭代升级，构建全方位系统化体育教育体系。推进体育课程改革，保障体育课时，控制体育教学规模，保证体育教学质量；深入推进体育课程内容改革，按照各专业群所对应的工作岗位进行分析，确定所需的素质体系，采用运动技能与职业体能两大模块的教学，有针对性地开展体育教学，提升教学效果。三是创新课程建设，打造人文素养教学生态，开发"2+4+X"美学课程体系（两门美学基础必修课 + 国学、哲学、艺术、礼仪四大模块课程 + N门与各专业相融合的美学课程）。四是系统谋划，形成自成体系的劳动教育模式，系统构建家庭、企业、旅游行业、社会共同参与的劳动育人共同体；创新多层次的劳动育人模式，统筹校内和校外、课堂和实践多种教育方式；构建劳动教育考评体系，将劳动素养纳入专业实践类课程评价。

（三）融通校企：丰富"校企双元 + 四方协同"的协作育人主体

从广义上认知校企双主体育人，将人才培养主体扩展为直接参与育人工作的"校、企"和协同育人的"政、校、行、企"。创新四种多主体合作育人模式，使人才培养从"自治"走向"共治"，有效推进产教深度融合。

一是产业学院形式。基于校企共建愿景，依托地方政府政策支持，以合作共赢、共生发展为目标重塑校企合作关系，与行业龙头企业（老牌酒店集团、5A级景区、新兴数字文旅企业等）共建产业学院，校企双方共同投入建设资金、设施设备，建立校企师资命运共同体，校企联合培育学生、建立实训基地、开展经营研发活动。二是生产性实训基地形式。校企对接各自资源和优势，建设新旅游人才生产性实训基地，营造企业真实场景氛围，学生可真实操作、真实生产，提高学校人才培养质量，为企业提供能快速上岗的优质劳动力，并为学生就业和发展奠定基础。三是职教集团形式。组建旅游职教集团，成员涵盖浙江省内最优质旅游院校、旅游企业，凝聚行业力量，形成"依托行业、服务地方"的集团特色，以旅游人才培养和科研开发为纽带，实现资源共享、市场共享、信息共享、成果共享和品牌共享。四是协同创新中心形式。以具体项目为抓手，整合校企双方资源进行技术研发、技术服务，建设现代旅行协同创新中心、住宿业协同创新中心、餐饮业协同创新中心、文旅规划设计协同创新中心，通过参与和主持文化和旅游产业行业标准制定、专业规划、创新服务等形式，帮助学生深度融入文化和旅游产业一线，在项目服务过程中，边学边做，提升实践技能。

（四）融入国际：建立"国际标准本土化 + 内部诊改常态化"的双向评价机制

为更好服务"一带一路"倡议，为走出去的旅游产业提供人才保障，教育国际化策略需要进行针对性强化。结合内部质量诊改工作，将教育国际化策略落实于人才培养评价机制的内容平台一体化工作路径中。

一是引入 UNWTO-TedQual（联合国世界旅游组织国际旅游教育质量认证）。作为唯一具有全球影响力的旅游类教育质量认证，该认证具有以用人单位需求为导向来设定培养目标与培养模式的教育理念和一套严谨完整的人才培养质量提升体系。UNWTO-TedQual 指标体系主要包括学生管理与学业管理、课程与教学体系、教师管理、学校内部管理等。二是构建学校教学质量内部诊改工作体系，对 UNWTO-TedQual 进行本土化处理，确定"1+4"（学校 + 专业标准、课程标准、教师发展标准、学生发展标准）的人才培养自我评价和诊改标准框架，系统制定专业（群）建设标准、课程标准、教师发展标准、学生发展标准，各主体开展定期自我诊断与改进。三是搭建内部质量诊断与改进平台，平台充分对接人事系统、学工平台、教务系统等相关业务系统，各项考核工作与内部质量诊改工作有机融合，实现内部诊改常态化，充分保障人才培养评价的及时反馈机制。

四、结语

在加快构建技能型社会的时代背景下，基于系统论的跨界融合型人才培养模式秉持了"跨界"和"融合"教育理念，通过跨越专业壁垒、主体边界、场域界限，融合不同行业及不同职业岗位的知识、技能和素养，系统优化人才培养模式的各子系统及其相互关系，充分发挥系统整体功能，培养出兼备跨界思维和多元能力的技术技能人才。其实施在培养目标上要结合专业特色和行业需求准确定位人才培养的内涵特征，确定人才培养目标；在培养方式上要以立德树人为根本任务，将德技并修理念融入人才培养全过程；在培养主体上要构建校企命运共同体，协同政府、行业、协会等多方搭建以学校和企业为共同主体的育人机制；在培养评价上要引入多元评价主体来评估人才培养质量，强化过程评价，健全综合评价。从系统论理论视域出发，实现人才培养模式各子系统的有机协同发展，探索独具校本特色的人才培养路径，最终培养出个性鲜明、行业匹配度高的跨界融合型人才。

参考文献

[1] 本刊编辑部.学习宣传贯彻全国职业教育大会精神加快构建现代职业教育体系——专访教育部职业教育与成人教育司司长陈子季[J].国家教育行政学院学报，2021（5）：3-10.

[2] 朱成晨，闫广芬.精神与逻辑：职业教育的技术理性与跨界思维[J].教育研究，2020，41（7）：109-122.

[3] 姜大源.职业教育要义[M].北京：北京师范大学出版社，2017：2.

[4] 顾建军.高素质技术技能人才培养的现代意蕴与职业教育调适[J].国家教育行政学院学报，2021（5）：20-25+32.

[5] 王洪才.论创新创业人才的人格特质、核心素质与关键能力[J].江苏高教，2020（12）：44-51.

[6] 王雨田.控制论、信息论、系统论科学与哲学（第二版）[M].北京：人民大学出版社，1988：422-438.

[7] 翟婉明，刘建新.构建面向交通强国需求的轨道交通拔尖创新人才培养模式[J].高等工程教育研究，2021（5）：12-15+56.

[8] 田锋社，邓志辉，王金辉，等.高职机械制造与自动化专业人才培养体系的建设与实践[J].中国职业技术教育，2014（29）：11-15.

[9] 方华，唐林伟.系统论视阈下的高职人才培养模式改革与实践——以浙江金融职业学院为例[J].中国大学教学，2011（10）：74-76.

[10] 张洪斌，徐义晗.基于系统论构建高等职业教育人才培养过程模型的分析与

研究［J］.当代教育科学，2012（19）：41-43.

［11］张新民.高等职业教育理论构建［M］.长沙：湖南人民出版社，2010：278.

（文章发表于《中国职业技术教育》2022年第22期）

作者：

王方（1978—　），女，浙江旅游职业学院副校长，教授，主要研究方向为旅游职业教育。

蒋炯坪（1980—　），女，浙江旅游职业学院教务处副处长，助理研究员，主要研究方向为高职教育。

杨骁瑾（1990—　），女，浙江旅游职业学院，助理研究员，主要研究方向为高职教育管理。

基于毕业生调查的旅游业人才素质研究：素质特征、影响因素、内在关联

◎王昆欣　汪汇　褚倍　李冬　吴盈盈

> **摘　要**：文章以1995—2019年我国13个省份31所旅游职业院校的619名旅游类专业毕业生作为研究对象，总结了旅游业人才素质特征，对旅游业人才素质养成的影响因素进行了层级分析，得出旅游业人才素质养成与旅游职业教育影响因素的内在关联。结果表明，旅游职业教育主要通过课程体系、实践经历、老师引导、朋辈影响、社会服务活动、学风与校风等六个方面影响旅游业人才素质特征的养成，这六个方面的旅游职业教育影响因素对单个具体的旅游业人才素质特征要素养成的重要性排序则各不相同。
>
> **关键词**：毕业生；旅游业人才素质特征；影响因素；内在关联

一、绪论

（一）问题提出

文旅融合促进了旅游产业链的延伸，提升了产业发展关联性，使产业发展更加注重多重综合效益和功能。旅游业的这一基本变革态势对旅游业人才质量也提出了更高的要求。相比于其他教育类型，职业教育与经济社会发展关系更紧密，与行业企业联系更直接，其办学核心是为国家培养高素质劳动者和技术技能人才。《国家职业教育改

革实施方案》出台后，旅游职业院校应准确把握新时代职业教育改革与发展的方向，适应社会与产业发展需求，优化旅游业人才培养模式，提升旅游业人才培养质量。

（二）文献综述

通过分析中国知网1993—2019年发表的178篇旅游人才培养质量相关论文发现，学术界对旅游人才培养质量问题开展了一系列相关研究，为以后的研究提供了一些颇有价值的参考和借鉴，但还存在以下问题：

1. 研究角度固化

现有的研究大多从政府或者企业的视角探讨如何优化旅游职业教育人才培养，如石芬芳等指出，政府应通过制定政策并结合法律、制度等方式及各种激励手段为职业教育人才培养营造良好的氛围[1]；张岳军认为，教育部通过委托原国家旅游局组建旅游职业教育教学指导委员会积极参与到旅游职业教育各个环节中[2]；黄继元指出，旅游职业院校人才培养要主动适应旅游行业企业对人才需求的变化[3]；章尚正等认为，旅游院校应以产业和技术发展的最新需求推动人才培养模式创新，提高旅游教育质量[4]。目前的研究从学生角度出发的相对较少，且大多数关注的是在校生群体，对于毕业生群体关注较少。其实，毕业生的反馈信息对于旅游职业教育人才培养优化具有重要意义。

2. 研究内容局限

研究内容集中在现状、问题及对策等宏观理论层面，如闫荣明对我国高职旅游管理专业人才培养模式进行了归纳总结，进而提出了优化建议[5]；张代楠研究了"订单式"人才培养的理论基础、研究现状等，指出了存在的问题，并提供了对策建议[6]。调查内容主要涉及毕业生对旅游职业教育的满意度和评价等方面，研究不够深入，缺乏毕业生对于旅游职业教育各环节如课程与教学、师资情况等重要性认识的相关研究。

3. 研究方法单一

使用定性研究较多，如马勇等[7]、杨卫武[8]等人的研究；使用定量研究则较少。定性研究主要采用文献分析、案例研究等方法，研究深度不够；定量研究主要采用简单的数理统计，而计量分析等较为复杂的分析还较少。

（三）研究设计

旅游职业院校利用教育资源，通过教学活动，帮助学生提高自身素质，因而从某种意义上来讲，旅游职业教育可以被视为一种服务[9]。学生通过学习获得知识、技能，实际上是消费了院校提供的教育服务产品。因此，旅游职业院校培养人才，实质上就是提供旅游职业教育服务的过程。那么，院校如何提升这一服务的质量呢？本研究认为提升教育教学服务质量本质就是提高教育需求主体（本研究中主要是指毕业生）显在或潜在的需求。因此，本文旨在弥补之前旅游人才培养质量相关论文的不足，基于1995—2019年我国13个省份31所旅游职业院校的619名旅游类专业毕业生的调查数据，构建基于毕业生视角的旅游业人才素质特征模型，分析旅游业人才素质养成与旅游职业教育因素的内在关联，为优化旅游职业教育人才培养体系提供参考。

二、旅游业人才素质特征模型的构建

（一）模型构建的途径与方法

选取1995—2019年我国13个省份31所旅游职业院校的619名毕业生作为研究对象，历时三年多对这些毕业生进行深入访谈和问卷调查，调研院校涵盖了浙江、北京、广东、云南、山东、四川等全国13个省份。其中，华中地区3所院校，华北地区5所院校，华东地区8所院校，东北地区4所院校，西南地区4所院校，华南地区4所院校，西北地区3所院校。调查内容主要涉及旅游业人才素质特征、旅游职业教育对旅游业人才素质养成的影响、优化旅游职业教育人才培养体系的意见和建议等方面。

研究相关量表采用Likert 5级量表①，运用层级分析法统计分析数据。传统的对旅游业人才素质特征的调查方法往往缺少数据的系统化分析，缺乏合理的量化指标或者通过简单平均获取的量化指标不能科学地解释复杂问题；而利用层级分析法提取毕业生反馈信息构造判断矩阵，运用合理的算法，通过判断矩阵计算各个指标的权重[10]，能增强研究结论的科学性和说服力。

（二）素质特征模型的要素整理

研究团队先不预设有关旅游业人才素质特征的相关要素，而是在访谈中征询毕业生的意见。由毕业生根据个人经验和认识，自行总结提出旅游业人才素质特征；在此基础上整理访谈的相关语义，归纳出旅游业人才素质特征候选要素，为便于后期素质特征模型的构建，采用基于Likert 5级量表的问卷调查法，将10个候选要素制作成旅

---

① Likert 5级量表，又称李克特量表法，1967年由心理学家李克特（Ren Sis Likert）首先提出，并被广泛应用于社会科学领域的量化研究中。该方法通过构建一系列描述某一观点或行为情况的陈述句，要求被调查者在五个等级中选择一个最符合自己看法的答案，从而获取他们对该观点或行为的态度和评价。

游业人才素质特征模型初选要素调查问卷，所有问题均采用5点计分法，通过电子邮件、微信、QQ、走访等方式将问卷发放给619名毕业生，由各位毕业生根据各自对旅游业人才素质特征的理解，对10个候选要素打分，按照"非常重要、重要、一般、不重要、非常不重要"五个等级进行选择，对应分数依次为5分、4分、3分、2分、1分，要素分数越高，代表该要素被毕业生认可的程度越高[11]。

共发放调查问卷619份，回收问卷619份，有效问卷598份，回收问卷的有效率为96.61%，满足问卷有效性。通过对各要素的加权计算，去除或者合并分数较低的要素，最终确定旅游业人才素质特征模型的七个方面的主要特征要素，即：一般能力、职业能力、通识性知识、专业性知识、实践性知识、法治意识、道德观念，相关语义整理情况见表2-2。

表2-2 旅游业人才主要素质特征及相关语义整理

主要素质特征	毕业生提出的相关语义（主要词频）
一般能力	沟通力、领导力、创新力、团队合作能力
职业能力	服务意识、服务技能、岗位操作能力、产品设计与开发、品牌建设与营销
通识性知识	自然科学、人文社科等通识知识
专业性知识	旅游专业理论、规划、开发与营销、新媒体、信息技术
实践性知识	公共服务、资源管理、行业细分市场、产品渠道的开拓与维护
法治意识	法治观念、规则意识
道德观念	社会公德、职业道德、个人品德

（三）数据统计与分析

根据上述七项素质特征，首先，拟定了七个维度的调查量表，通过问卷调查的形式，由毕业生对这些素质特征的重要性进行比较并打分，进而形成判断矩阵。

然后，通过计算判断矩阵的特征根和特征向量，得出相应因素单排序的权重。例如，对判断矩阵B，计算满足$BW = \lambda_{max} W$的特征根与特征向量，其中λ_{max}为B的最大特征根，W为对应于λ_{max}的正规化特征向量，W的分量W_i即是相应因素单排序的权重。本研究采用根法计算最大特征根λ_{max}、和特征向量W。具体计算步骤如下：

① B的元素按行相乘：

$$u_{ij} = \prod_{j=1}^{n} b_{ij} \quad (1)$$

② 所得的乘积分别开n次方：

$$u_{ij} = (u_{ij})^{1/n} \qquad (2)$$

③将方根向量归一化，即得特征向量 W：

$$W_i = \frac{u_i}{\sum_{i=1}^{n} u_i} \qquad (3)$$

④计算判断矩阵最大特征根 λ_{max}：

$$\lambda_{max} = \sum_{i=1}^{n} \frac{(AW)_i}{nW_i} \qquad (4)$$

然后进行一致性检验，检验矩阵的一致性指标 CI，具体计算步骤如下：

⑤计算一致性指标 CI：

$$CI = \frac{\lambda_{max} - n}{n - 1} \qquad (5)$$

⑥查找相应的评价随机一致性指标 RI。

不同阶数的矩阵，其评价的一致性指标 RI 不同，见表2-3：

表2-3　1—9阶矩阵的平均随机一致性指标

阶数	1	2	3	4	5	6	7	8	9
RI	0.00	0.00	0.58	0.90	1.12	1.24	1.32	1.41	1.45

⑦计算 CR。

为了判断矩阵是否有令人满意的一致性，需要将 CI 与 RI 比较。

$$CR = \frac{CI}{RI} \qquad (6)$$

CR 为检验系数。

当 $CR=0$ 时，说明此判断矩阵有很好的一致性。

当 $CR<0.1$ 时，说明此判断矩阵有较好的一致性。

当 $CR \geq 0.1$ 时，说明此判断矩阵不具有良好的一致性，应调整判断矩阵中各项取值，直到 $CR<0.1$。

借助 R 语言（version 3.4.3）进行相关计算。首先，检验和修订调查中残缺判断矩阵，从619份调查表中检测出有效调查表598份；然后，将598份有效问卷中提取的判断矩阵进行加权几何平均，建立综合判断矩阵，并进行一致性检验，对不一致矩阵各列进行归一化处理。同时，由于上述素质特征都是经过高度提炼的，其重要性在打分上有所差异，因此为了消除离群值对本次研究结果的影响，我们调整了个别判断值中的较大偏离的离群值，使之趋于一致。最后，进行一致性检验，得到一致性比例（$CR=0.006$），形成最终的判断矩阵（表2-4）。

表2-4　旅游业人才素质特征重要性比例（W_i）一览表

旅游业人才素质特征	专业性知识	职业能力	实践性知识	道德观念	法治意识	一般能力	通识性知识	W_i
专业性知识	1.000	1.019	1.252	1.497	1.678	1.908	2.167	0.199
职业能力	0.981	1.000	1.075	1.447	1.536	1.836	1.986	0.187
实践性知识	0.799	0.930	1.000	1.135	1.220	1.569	1.780	0.160
道德观念	0.668	0.691	0.881	1.000	1.168	1.439	1.451	0.138
法治意识	0.596	0.651	0.820	0.856	1.000	1.291	1.301	0.123
一般能力	0.524	0.545	0.638	0.695	0.769	1.000	1.020	0.098
通识性知识	0.461	0.503	0.562	0.689	0.774	0.980	1.000	0.094

结果显示，旅游业人才素质特征的重要性排序依次为：专业性知识（0.199）、职业能力（0.187）、实践性知识（0.160）、道德观念（0.138）、法治意识（0.123）、一般能力（0.098）、通识性知识（0.094）。

旅游业人才素质特征是旅游业人才的先天因素、受教育程度与后天实践结合而形成的，各个要素既发挥着不同作用，又相互影响、相互促进，片面夸大某一个要素而否定另一个要素，都会导致理论上的偏差和实践中的失误。这要求旅游职业院校尊重教育优先规律，准确把握旅游业人才素质养成与旅游职业教育因素的关联作用，充分发挥旅游职业教育对于提升旅游业人才质量的积极作用。

三、旅游业人才素质养成与旅游职业教育因素的关联分析

旅游职业教育是一项长期复杂的系统工程，建立在所有参与旅游职业教育的个体或者单位、所有涉及旅游职业教育的各要素相互作用的内在机制之上。为提升教育质量，学校要精准识别旅游职业教育的各个环节、各个方面对旅游业人才素质养成的影响方式和影响程度，在此基础上，不断优化旅游业人才培养体系，营造有利于学生成长成才的良好教育生态。研究团队利用毕业生调查的相关数据，以基于毕业生视角的

旅游业人才素质特征为参照，对旅游业人才素质养成与旅游职业教育因素的内在关联进行层级分析。

（一）旅游业人才素质特征的影响因素

旅游业人才的成长处在一定的开放系统之中，素质特征的养成受到各种不同的内在因素和外在因素的影响及制约，这些因素大致可以概括为旅游职业教育、个人（努力）、家庭（家人和亲属）、工作单位（不同时期或某一特定时期的工作经历）、机遇及其他社会因素等五个方面。根据问卷调查中提取的毕业生评价数据，如前的方法借助 R 语言（version 3.4.3）进行相关计算，形成了最终的判断矩阵（表 2-5），一致性比例（CR）为 0.021；最大特征根 λ_{max} 为 5.090。

表 2-5　旅游业人才素质特征的影响因素重要性比例（W_i）一览表

旅游业人才素质特征影响因素	旅游职业教育	个人	工作单位	机遇及其他社会因素	家庭	W_i
旅游职业教育	1.000	1.462	2.086	2.720	4.057	0.361
个人	0.684	1.000	1.514	1.550	3.151	0.247
工作单位	0.479	0.660	1.000	1.137	2.215	0.171
机遇及其他社会因素	0.368	0.645	0.879	1.000	1.294	0.124
家庭	0.247	0.317	0.452	0.773	1.000	0.097

结果显示，这五大因素对旅游业人才素质特征的影响程度有显著不同，各因素的重要性排序依次为旅游职业教育（0.361）、个人（0.247）、工作单位（0.171）、机遇及其他社会因素（0.124）、家庭（0.097）。其中，旅游职业教育排在第一位。这是因为旅游职业教育突出旅游业人才培养的职业性和应用性[12]，为旅游业人才职业生涯发展打下了坚实基础，因而对旅游业人才素质特征的影响程度也最为显著。

（二）旅游职业教育的影响方式和影响程度

为了研究旅游职业教育对旅游业人才素质养成的影响方式和影响程度，在访谈中，研究团队以"在校期间，你认为哪些教育方式或途径对你素质的养成影响较深"这一问题征询毕业生的意见，经过整理访谈内容，归纳出六个方面的旅游职业教育影响因素，包括课程体系、实践经历、老师引导、朋辈影响、社会服务活动、学风与校风。相关语义的整理见表 2-6。

表 2-6 旅游业人才素质特征的旅游职业教育影响因素及相关语义整理

旅游职业教育影响因素	毕业生提出的相关语义（主要词频）
课程体系	必修课、选修课、教材、实训课程、基础课、专业课、中外合作办学模式、企业制学院、订单班
实践经历	实习经历、比赛经历、课题经历、创业经历、实训经历、海外交流经历、毕业设计（作品）、职业资格证书、技能大赛、国际学术会议、境外培训、国际大赛
老师引导	任课老师、班主任、辅导员、行政人员
朋辈影响	学长、同学（寝室同学、团队成员）、学生干部
社会服务活动	社会实践活动、重大活动志愿服务、课外兴趣活动
学风与校风	学习风气、教师认真教学的风气、学术氛围、校园文化体育活动

根据上述六个方面的影响因素，研究团队首先拟定了六个维度的调查量表，通过问卷调查的形式，由毕业生对这些影响因素的重要性进行比较并打分，根据 598 份有效问卷调查中提取的评价数据，如前的方法借助 R 语言（version 3.4.3）进行相关计算，形成了最终的判断矩阵（表 2-7），一致性比例（CR）为 0.031；最大特征根 λ_{max} 为 6.160。

表 2-7 旅游业人才素质特征的旅游职业教育影响因素重要性比例（W_i）一览表

旅游职业教育影响因素	老师引导	课程体系	实践经历	学风与校风	社会服务活动	朋辈影响	W_i
老师引导	1.000	1.676	1.411	1.742	2.018	3.404	0.272
课程体系	0.597	1.000	1.092	1.564	1.766	2.998	0.207
实践经历	0.709	0.916	1.000	1.161	1.511	1.799	0.176
学风与校风	0.566	0.574	0.861	1.000	1.231	1.591	0.141
社会服务活动	0.496	0.639	0.629	0.662	1.000	1.125	0.113
朋辈影响	0.294	0.334	0.556	0.813	0.889	1.000	0.091

结果显示，旅游职业教育主要通过课程体系、实践经历、老师引导、朋辈影响、社会服务活动、学风与校风等六个方面，影响旅游业人才素质特征的养成，重要性排序依次是老师引导（0.272）、课程体系（0.207）、实践经历（0.176）、学风与校风（0.141）、社会服务活动（0.113）、朋辈影响（0.091）。

（三）旅游业人才素质养成与旅游职业教育因素的内在关联

课题组根据 598 份有效问卷调查中的数据，如前的方法借助 R 语言（version 3.4.3）进行分析，对旅游人才素质养成与旅游职业教育因素进行层级分析，得到旅游业人才素质养成与旅游职业教育因素的内在关联（表2-8至表2-14）。

结果显示，在专业性知识方面，老师引导（0.377）的影响力最大，其次是课程体系（0.282）。这是因为旅游职业院校是旅游业人才专业性知识养成的重要场所，老师在这个场所中又起着重要作用，课程体系是学生提高专业性知识的一个重要辅助因素。实践经历（0.132）和社会服务活动（0.104）可以增加学生对专业性知识的兴趣，激发学习潜能，并为专业性知识提供实践应用机会。

表2-8 旅游业人才"专业性知识"养成与旅游职业教育因素的内在关联一致性比例（CR）：0.014；最大特征根 λ_{max}：6.210

专业性知识	老师引导	课程体系	实践经历	社会服务活动	学风与校风	朋辈影响	W_i
老师引导	1.000	1.682	2.670	3.518	4.652	11.810	0.377
课程体系	0.594	1.000	2.137	3.270	3.719	9.818	0.282
实践经历	0.375	0.468	1.000	1.260	1.582	4.639	0.132
社会服务活动	0.284	0.306	0.794	1.000	1.538	3.685	0.104
学风与校风	0.215	0.269	0.632	0.650	1.000	2.316	0.075
朋辈影响	0.085	0.102	0.216	0.271	0.432	1.000	0.030

表2-9 旅游业人才"职业能力"养成与旅游职业教育因素的内在关联一致性比例（CR）：0.060；最大特征根 λ_{max}：6.030

职业能力	实践经历	老师引导	课程体系	社会服务活动	学风与校风	朋辈影响	W_i
实践经历	1.000	1.161	1.382	2.883	4.985	7.376	0.306
老师引导	0.723	1.000	1.148	2.430	4.690	6.916	0.249
课程体系	0.861	0.871	1.000	1.988	3.425	4.803	0.232
社会服务活动	0.347	0.412	0.503	1.000	2.270	3.005	0.115
学风与校风	0.201	0.213	0.292	0.440	1.000	1.317	0.057
朋辈影响	0.136	0.145	0.208	0.333	0.760	1.000	0.041

表2-10 旅游业人才"实践性知识"养成与旅游职业教育因素的内在关联一致性比例（CR）：0.010；最大特征根 λ_{max}：6.060

实践性知识	实践经历	社会服务活动	老师引导	课程体系	朋辈影响	学风与校风	W_i
实践经历	1.000	1.008	1.481	1.980	3.398	5.694	0.277
社会服务活动	0.992	1.000	1.381	1.468	3.233	5.035	0.254
老师引导	0.675	0.681	1.000	1.478	2.591	4.544	0.200
课程体系	0.505	0.677	0.724	1.000	1.041	2.308	0.130

续表

实践性知识	实践经历	社会服务活动	老师引导	课程体系	朋辈影响	学风与校风	W_i
朋辈影响	0.294	0.309	0.386	0.961	1.000	1.807	0.089
学风与校风	0.176	0.199	0.220	0.433	0.554	1.000	0.050

表 2-11 旅游业人才"道德观念"养成与旅游职业教育因素的内在关联一致性比例（CR）：0.004；最大特征根 λ_{max}：6.020

道德观念	老师引导	学风与校风	实践经历	社会服务活动	课程体系	朋辈影响	W_i
老师引导	1.000	2.223	2.229	2.420	2.968	4.886	0.347
学风与校风	0.449	1.000	1.069	1.439	1.703	2.683	0.178
实践经历	0.450	0.935	1.000	1.112	1.330	2.397	0.157
社会服务活动	0.413	0.587	0.899	1.000	1.034	2.378	0.133
课程体系	0.337	0.695	0.752	0.967	1.000	1.687	0.119
朋辈影响	0.205	0.373	0.417	0.421	0.593	1.000	0.066

表 2-12 旅游业人才"法治意识"养成与旅游职业教育因素的内在关联一致性比例（CR）：0.023；最大特征根 λ_{max}：6.140

法治意识	老师引导	实践经历	学风与校风	课程体系	社会服务活动	朋辈影响	W_i
老师引导	1.000	1.270	1.709	2.647	3.882	4.290	0.316
实践经历	0.787	1.000	1.125	1.488	2.169	3.247	0.191
学风与校风	0.585	0.889	1.000	1.361	1.874	2.577	0.189
课程体系	0.378	0.672	0.735	1.000	1.138	2.509	0.133
社会服务活动	0.258	0.461	0.534	0.725	1.000	1.396	0.104
朋辈影响	0.233	0.308	0.388	0.399	0.716	1.000	0.066

表 2-13 旅游业人才"一般能力"养成与旅游职业教育因素的内在关联一致性比例（CR）：0.028；最大特征根 λ_{max}：6.170

一般能力	实践经历	社会服务活动	老师引导	课程体系	学风与校风	朋辈影响	W_i
实践经历	1.000	1.005	1.093	1.306	2.172	2.986	0.227
社会服务活动	0.995	1.000	1.024	1.285	1.973	2.285	0.217
老师引导	0.915	0.977	1.000	1.248	1.688	2.103	0.210
课程体系	0.766	0.778	0.801	1.000	1.499	1.911	0.152
学风与校风	0.366	0.460	0.667	0.669	1.000	1.371	0.106
朋辈影响	0.335	0.438	0.523	0.593	0.729	1.000	0.089

表2-14 旅游业人才"通识性知识"养成与旅游职业教育因素的内在关联一致性比例（CR）：0.006；最大特征根 λ_{max}：6.030

通识性知识	社会服务活动	实践经历	老师引导	课程体系	朋辈影响	学风与校风	W_i
社会服务活动	1.000	1.164	1.243	2.087	3.329	5.136	0.275
实践经历	0.804	1.000	1.052	1.612	3.224	4.535	0.250
老师引导	0.620	0.859	1.000	1.488	2.080	4.155	0.195
课程体系	0.479	0.658	0.690	1.000	1.554	3.232	0.145
朋辈影响	0.300	0.310	0.481	0.643	1.000	1.457	0.084
学风与校风	0.195	0.221	0.241	0.309	0.686	1.000	0.051

在职业能力方面，实践经历（0.306）、老师引导（0.249）、课程体系（0.232）的影响力位列前三。这是因为学生职业能力主要通过课堂实践教学、行业实践活动等课上课下结合和校内校外融通的方式来培养。老师引导在这一过程中发挥着重要作用，其理论和实践教学水平直接影响着学生的职业能力养成[13]。学生的职业能力要想获得社会的认可，需要学校对职业教育的发展有准确定位，这要求课程体系要围绕提升学生职业能力设置课程。

在实践性知识方面，实践经历（0.277）、社会服务活动（0.254）、老师引导（0.200）的影响力位列前三。学生的实践性知识是逐步形成的，实践活动和社会服务活动可以让学生置身真正的职业环境履行岗位职责，是对所学知识技能的综合训练，是提升和检验学生实践性知识的有效途径。老师引导可以强化学生综合运用知识和技能的能力、分析问题的能力、解决问题的能力，从而不断丰富其实践性知识。

在道德观念方面，影响较大的分别是老师引导（0.347）、学风与校风（0.178）、实践经历（0.157）和社会服务活动（0.133）。这是由道德教育的发展规律所决定的，老师首先要对学生进行思想道德方面的引导，并利用良好的学风与校风使学生树立正确的道德观念，在实践活动和社会服务活动中激发学生正确的道德情感，让学生通过不间断的老师引导、自我学习、认识、改造、提高，在不断的实践活动和社会服务活动中养成道德习惯[14]，最终形成自身高尚的道德意志。

在法治意识方面，老师引导（0.316）、实践经历（0.191）、学风与校风（0.189）、课程体系（0.133）的影响力位列前四位。法治意识教育培训是职业教育的重要内容，因而老师引导对于学生法治的养成具有重要作用。学风与校风可以强化法治的培育，使学生切身感受到法治的养成是职业人生必须上好的课、必须交好的答卷。通过实践活动，学生可以提高认识，增强践行法治的自觉性，培育法治意识。法治意识具有具体而丰富的内涵和外延，合理的课程体系是学生学习的必备基础。

在一般能力方面，实践经历（0.227）、社会服务活动（0.217）、老师引导（0.210）、课程体系（0.152）影响较为显著。通过实践活动和社会服务活动，学生的综合能力得以提高，锻炼了其社会适应能力、创新能力，有效地提升了其一般能力。老师引导和合理的课程体系，很好地保证了学生一般能力的培养。

在通识性知识方面，影响较大的分别是社会服务活动（0.275）、实践经历（0.250）、老师引导（0.195）、课程体系（0.145）。社会服务活动和实践活动有利于将培养学生通识性知识落到实处，学生可以切身体会行业环境和自身不足，学习人际交往技巧，提升服务技巧，将理论知识应用于实践。在老师的引导下学习相关课程，学生可以掌握基本的通识性知识，培养正确的观念和积极的动机。

四、结论与讨论

人才培养是一项复杂的系统工程，影响旅游业人才素质养成的因素很多，涉及旅游职业教育的各个环节和各个方面，包括本研究论及的课程体系、实践经历、老师引导、朋辈影响、社会服务活动、学风与校风等。从更深层次看，这六个方面的影响因素都是旅游职业教育人才培养体系的核心内容，研究这些因素对旅游业人才素质养成的影响及作用方式，可为进一步优化旅游职业教育人才培养体系提供有益的启示。从旅游业人才素质养成与旅游职业教育的关系看，旅游职业院校应按照系统、平衡、联系的生态学思想，不断优化人才培养体系，营造有利于学生学习成长的教育生态[15]，促进学生更好地成长成才。

（一）深化产教融合，探索协同育人机制

产教融合是办好旅游职业教育的关键所在。旅游业人才素质养成与旅游职业教育因素的关联分析也在一定程度上印证了这一观点：在职业能力、实践性知识、一般能力这三个方面，实践经历的影响力权重均排名第一；在专业性知识、道德观念、通识性知识这三个方面，实践经历的影响力权重也均排名前三。在访谈中，大部分毕业生都充分肯定了去企业学习、培训、实习、比赛、交流的经历对于成长的积极作用。因此，旅游职业院校应高度重视与企业的产学研深化合作，不断探索协同育人机制。通过"引企入教"促进人才培养供给侧和产业需求侧结构要素全方位融合；与用人单位建立更加紧密的合作关系，深化协同育人，汇聚企业资源支持学校专业综合改革和创新创业教育，以产业和技术发展的最新需求推动学校人才培养改革[16]，促进学校人才培养与企业发展的合作共赢。

（二）强化专业群建设，加强课程体系建设

旅游业人才素质养成与旅游职业教育因素的关联分析显示：在专业性知识方面，课程体系的影响力权重是0.282，仅次于排名第一的老师引导（0.377）；在职业能力方面，课程体系（0.232）的影响力也位列前三位；在实践性知识、法治意识、一般能力、通识性知识等方面，课程体系的影响也较为显著。这是因为课程体系是保障和提高旅游职业教育教学质量的关键。为充分实现专业与专业协同发展、相近专业在教学资源上的共享共用，根据产业链条的分布情况，使专业链紧密对接产业链[17]，旅游专业群可直接涵盖导游、餐饮管理与服务、酒店管理、空中乘务、会展策划与管理、景区开发与管理、休闲服务与管理等专业，并且还可辐射老年服务与管理、电子商务、旅游工艺品设计与制作、表演艺术、会计、人力资源管理、营销与策划等专业。因此，旅游职业院校应该依托旅游专业群建设，加强课程体系建设。

（三）完善旅游职业教育生态系统，开展创新创业教育

有34.35%的毕业生把开展创新创业教育作为对母校发展的建议。旅游业新业态层出不穷，这对旅游业人才的培养提出了新的要求，需要旅游业人才有更强的自主精神、创新意识和创业能力，这样才能更好地为旅游者提供优质的旅游服务，促进旅游业的繁荣发展。因此，旅游职业院校应搭建创新创业教育平台，积极开展创新创业教育实践，将创新创业教育理念与人才培养相互融合，改革教学模式。要推进专业实训教学模式改革，建成教学过程与企业经营过程对接、教学目标与职业标准对接、教学内容与工作岗位内容对接的校内实践实训课程体系[18]。应将创新精神和创业意识培养渗透在日常实训教学中，鼓励学生参加各类技能大赛，锻炼能力，提高技能。

（四）坚持立德树人，更加注重学生"工匠精神"的培养

不同于其他类别职业教育，旅游职业教育提供的最主要的直接产品是"人"的服务，因此，对人才的素质、技能、情商要求更高，更需强化立德树人、文化育人。旅游业人才素质养成与旅游职业教育因素的关联分析显示：在道德观念方面，影响较大的分别是老师引导（0.347）、学风与校风（0.178）；在法治意识方面，老师引导（0.316）、学风与校风（0.189）的影响力也分别位列第一、第三。因此，旅游职业院校必须将培养学生正确的价值观、良好的道德品格、民族精神、时代精神、国家意识、法治意识、社会责任意识作为办学的重要指导思想，充分发挥校园文化涵育德

行的功能。近年来,"工匠精神"屡次被提及,反映出国家对于工匠人才的迫切需求,旅游职业院校应更加注重学生"工匠精神"的培养,引导学生关注细节品质、追求完美极致,拥有真正的"旅游工匠精神"。

参考文献

[1] 石芬芳,谢苏.三螺旋理论框架下高职院校政产学合作人才培养实践研究——以武汉职业技术学院旅游专业人才合作培养实践为案例[J].职教通讯,2011(7):15-20.

[2] 张岳军.国内旅游高等职业教育的实践与探索——以南京旅游职业学院为例[J].四川旅游学院学报,2015(3):82-86.

[3] 黄继元.高职院校旅游人才培养模式和教学内容改革方向探讨[J].旅游学刊,2003(S1):99-102.

[4] 章尚正,赵乐乐.安徽省"十二五"旅游人才需求与对策研究——兼论旅游院校人才培养模式改革[J].淮南职业技术学院学报,2011,11(1):35-40.

[5] 闫荣明.高等职业教育旅游管理专业人才培养模式研究[D].长春:吉林农业大学,2011.

[6] 张代楠.高职旅游管理专业"订单式"人才培养模式研究[D].沈阳:沈阳师范大学,2013.

[7] 马勇,唐娟.旅游管理专业人才培养模式与质量保证体系研究[J].旅游学刊,2003(S1):127-130.

[8] 杨卫武.不断完善中国旅游职业教育体系[J].旅游学刊,2015,30(10):11-13.

[9] 杨善江.产教融合:产业深度转型下现代职业教育发展的必由之路[J].教育与职业,2014(33):8-10.

[10] 邓雪,李家铭,曾浩健,等.层次分析法权重计算方法分析及其应用研究[J].数学的实践与认识,2012,42(7):93-100.

[11] 张东明,李亚东,黄宏伟.面向一流人才培养的研究生教育质量评价方法初探——基于层次分析与模糊综合评判的指标体系研究[J].研究生教育研究,2020(2):60-67.

[12] 王昆欣.论德国"人本教育"理念对我国高职教育的启示[J].中国高教研究,2012(7):93-95.

[13] 李明慧,曾绍玮.德国职业教育"双师型"教师队伍的培养渠道、经验与启示[J].教育与职业,2018(22):45-51.

[14] 骆郁廷,郭莉."立德树人"的实现路径及有效机制[J].思想教育研究,2013(7):45-49.

[15] 朱婕.教育生态学视野下高职院校发展研究[D].武汉:华中师范大学,2010.

[16] 郭达.产业演进趋势下高等职业教育与产业协调发展研究[D].天津:天津大学,2017.

[17] 王惠莲.高职院校特色高水平专业群建设的逻辑解构、关键维度及实施向度[J].中国职业技术教育,2020(32):54-61.

[18] 詹华山.新时期职业教育产教融合共同体的构建[J].教育与职业,2020(5):5-12.

(文章发表于《旅游论坛》2021年第5期)

作者:

王昆欣(1961—),男,浙江旅游职业学院,教授,主要研究方向为旅游学科基础研究和旅游职业教育。

汪汇(1989—),男,浙江旅游职业学院,主要研究方向为旅游管理和旅游职业教育。

褚倍(1972—),女,浙江旅游职业学院,教授,主要研究方向为旅游管理和人力资源管理。

李冬(1982—),女,浙江旅游职业学院,副教授,主要研究方向为旅游经济和统计。

吴盈盈(1981—),女,浙江旅游职业学院办公室副主任,助理研究员,主要研究方向为旅游管理和旅游职业教育。

◎ 专业建设

基于职业教育育训结合理念构建专业教学资源库的探索与实践

——以智慧景区开发与管理专业为例

◎袁子薇　郎富平　陈添珍　张嗣

摘　要： 育训结合是当前职业教育供给侧结构性改革的重要方向之一，是学历与能力"双提升"的有效手段，是职业资格证书与学历证书资历互认的必经之路，为专业教学资源库的转型升级提供了重要契机。以智慧景区开发与管理专业教学资源库为例，提出职业教育育训结合理念下专业教学资源库建设的思路：坚持分类构建、坚持细化构建、坚持整合构建；提出专业教学资源库建设的路径：实施专业教学资源库统筹制作工程，实施专业教学资源库分类应用工程，实施专业教学资源库推广工程，实施专业教学资源库质量评价与诊改工程。最后，提出专业教学资源库建设的保障措施：加强资源库项目团队的能力建设，强化资源库后续建设经费的投入，探索资源库运营管理的体制机制。

关键词： 职业教育；育训结合；专业教学资源库；智慧景区开发与管理

职业教育专业教学资源库是"互联网＋职业教育"的重要实现形式，是推动信息技术在职业教育专业教学和职业培训领域综合应用的重要手段，对于培养高素质技术技能人才和推动并快速实现我国职业教育高质量发展有着重要意义。2019年国务院印发的《国家职业教育改革实施方案》（下文简称"职教20条"）明确提出"健全专业教学资源库，建立共建共享平台的资源认证标准和交易机制，进一步扩大优质资源覆盖面"。

职业教育作为一种类型教育，坚持育训结合是体现其类型教育特点的一项重要举措。"育训结合"既能使学习者获得直接就业技能，也能使其获得理论知识，特别是在学习自信、沟通和情感交流等方面的能力，凸显了"1+1＞2"的效果。

"职教20条"强调"落实职业院校实施学历教育与培训并举的法定职责，按照育训结合、长短结合、内外结合的要求，面向在校学生和全体社会成员开展职业培训"。2020年中共中央、国务院印发的《深化新时代教育评价改革总体方案》提到要"重点评价职业学校德技并修、产教融合、校企合作、育训结合等情况"。

通过对国内已有研究情况来看，在育训结合方面，国内学者分别根据不同人群展开了针对性的学历教育与培训相结合的体制机制研究，如牛钰[1]、吴兆明[2]、邓泽民[3]、洪月明[4]等人；在专业教学资源库方面，国内学者分别从平台设计与开发、资源内容、资源应用、资源评价等方面开展了相关研究，如周衍安[5]、刘锐[6]、吴学敏[7]、戴勇[8]等人。但还没有学者基于育训结合理念开展专业教学资源库建设研究。基于此，本文以育训结合理念为指导，以智慧景区开发与管理专业为例，结合学生、教师、企业员工、社会学习者等资源库的四大受众人群的需求特征，探索构建专业教学资源库，以期为其他职业院校开展专业教学资源库建设提供参考。

一、职业教育育训结合理念的时代价值

（一）育训结合是学历与能力"双提升"的有效手段

众所周知，"职教20条"提出的"学历证书＋若干职业技能等级证书"制度试点（以下简称"1+X"证书制度）就是为了有效完善中国特色职业教育与培训体系的重要举措之一，体现了中国特色职业教育发展模式的基本内涵。关于"1+X"证书制度，"1"与"X"二者缺一不可。"1"指学历证书，是对学习者完成规定学习课程并通过考核后所颁发的学历教育文凭，突出的是学校的育人过程和学生的成长过程。通过一段时间的培养，学习者逐步养成良好的自控能力、学习习惯和品德修养，为可持续发展奠定基础。"X"指职业技能等级证书，其获得与行业实践能力紧密相关，强调的是通过培训使学习者获得直接从事具体工作所需的知识和技能。通过不断学习和接受培训，学习者能够随着经济社会的进步、标准规范的更新、技术技能的迭代拓展岗

位涵盖领域或提升技术能力。"1"与"X"的衔接，即职业学校教育和职业培训的有效结合，可以有效提升技术技能人才的学历水平和专业能力水平。

（二）育训结合是职业资格证书与学历证书资历互认的必经之路

目前，我国职业资格证书与学历教育证书之间缺乏学习成果认定、积累与转换机制。在我国，职业资格证书由人力资源和社会保障部门主管，且具有较高的市场或行业认可度，部分职业资格证书甚至与城市落户等政策挂钩，或者已建立较为完善的与职业资格证书相配套的补贴政策，人们参与职业资格证书培训与考试的积极性较高，但也面临整个职业资格证书认证体系的重构问题。职业技能等级证书由教育部门主管，由职业院校与培训评价组织联合试点实施，但部分试点证书的行业或市场认可度偏低，部分专业匹配证书尚有空缺现象，且院校试点积极性不强，配套支撑条件不足，"岗课赛证"仍需要进一步融合。学历证书隶属于教育部门主管，顶层设计中多元化的教育与再教育体系尚未完善，相对封闭的教育管理系统要融合丰富且快速变化的职业培训体系，就必须通过育训结合，逐步完善内部质量控制、评价体系与质量保障体系，以有效实现内容衔接、制度衔接及评价衔接。

（三）育训结合为专业教学资源库转型升级提供重要契机

职业教育专业教学资源库项目于2010年正式启动，历经十余年，共立项建设了203个国家级职业教育教学资源库，教学资源库参建院校达到1157所[9]，已经成为推动职业教育体系结构性改革的主要抓手之一，也必然是当下高水平职业院校建设的重要基础与提质培优行动计划的重要载体。经过十多年的发展，专业教学资源库已形成自己独特的优势，颗粒化资源的整合、专业大类的全覆盖、开放的网络平台降低了信息化教学的准入门槛。2020年，专业教学资源库使用人数经历了非主动爆发式增长，集聚了一大批固定的使用人群，但是，95%以上的用户是职业院校的教师与学生，只有不到5%是企业员工与社会学习者。因此，如何利用现有优势让企业员工和社会学习者积极参与进来，是当下资源库建设和功能拓展的主要任务之一。而坚持职业教育育训结合，借力职业技能等级证书与职业资格证书认证需求和发展潜力，完善资源库课程体系，优化资源库课程知识树，更新资源库颗粒化资源，真正打造兼具职业教育学历教育与职业培训功能的资源库，对于激发行业企业参与资源库建设的内生动力，进一步提高行业企业单位用户、社会大众用户对教学资源库的参与度、美誉度与认可度具有重要意义。

二、职业教育育训结合理念下专业教学资源库建设的思路

（一）统筹细分受众人群，坚持分类构建

专业教学资源库受众人群主要包括学生、教师、行业从业人员、社会学习者，学生与教师属于学历教育，行业从业人员与社会学习者属于非学历教育。目前，学生的教育层次有小学、初中、普通高中、中职、高职、职业本科等；教师包括小学教师、中学教师、普通高中教师、中职教师、高职教师等；从业人员根据职业资格水平与从业水平可分为初级、中级、高级；社会学习者又分为接受具体行业科普教育的与接受普通惠民或认知教育的。因此，在未来专业教学资源库的升级改造过程中，应根据受众的基础特征与需求差异，分析适合他们的育训结合方式，构建相应的颗粒化资源与配套课程。

（二）对接行业岗位需求，坚持细化构建

"十四五"时期，整个国民经济与社会发展均呈现出加速数字化转型升级的趋势，各行业所需要的技能水平与知识层次不断攀升，不同职业院校、不同工作岗位对专业口径宽窄的需求也不尽相同。虽然新版《职业教育专业目录》设计出了适合当前发展的职业教育专业体系，但也指出要支持院校灵活设置专业。职业教育培养的人才都是为了对接各行各业的具体岗位，为此国家出台了一系列政策措施，鼓励借助行业企业的力量来充实职业教育队伍，提高职业教育的质量。从实际效果看，最近几年产教融合、校企合作的深入推进为职业教育带来了新气象，在一定程度上缓解了职业学校育训结合能力欠缺的问题。但是，职业教育校企合作中的很多基础性、根本性问题还没有得到妥善解决，育训结合机制发育程度不足，导致许多行业从业人员存在理论知识与实践能力相剥离的问题，找不到与自身学习需求相匹配的资源和渠道。因此，在未来专业教学资源库的升级改造过程中，要细化行业岗位的具体需求，建设最为迫切的培训资源，以解决职业教育培训资源明显不足和上述群体职业能力提升的问题。

（三）兼容受众提升目标，坚持整合构建

职业教育育训结合机制的实施不能过度依赖全日制学历教育，还要加强非学历教育学习资源的建设。现代职业教育的受众应该是全体人民，而能实现全民覆盖的手段只能是数字化资源。经过十多年的建设，专业资源库已成为我国职业教育发展的一大壮举，是实现受众全面覆盖最便捷、最经济、最有效的手段之一。目前，我国职业教

育教学资源库已经实现专业大类的全覆盖，但如何持续有效地利用海量的资源库素材资源，以便能紧跟职业教育发展与行业社会发展的新趋势和兼顾不同受众群体的学习目标，这就需要坚持系统整合的策略，即从大局出发、系统谋划，通过完整的知识树体系领各级各类培训和各个层次的教育，真正实现职业教育和培训协同一体，促成现代职业教育体系的建设，为人民群众提供更加丰富多样的学习选择。

三、职业教育育训结合理念下专业教学资源库建设的路径

本文以智慧景区开发与管理专业为例，从实施专业教学资源库统筹制作工程、专业教学资源库分类应用工程、专业教学资源库推广工程、专业教学资源库质量评价与诊改工程四个方面提出基于职业教育育训结合理念建设专业教学资源库的路径。

（一）实施专业教学资源库统筹制作工程

第一，搭建"校企政协社"五位一体的工作团队。建设以学校为核心，联合景区类企业、地方政府或文旅主管部门、景区协会等利益主体，适当兼顾社会群体的专业教学资源库工作团队，以有效开展调研、资源建设、课程应用与推广等工作。第二，协同做好系统性需求调研，完善课程知识树。成立专业教学资源库建设领导小组，指导资源库建设工作团队协同做好不同层次学生、不同类型教师、旅游景区行业不同层次从业人员及社会大众的分级分层学习需求调研，尤其是要明确从启蒙认知学习和各级科普推广，到各级岗位培训、各级技能比赛、能力认证学习的相关要求，同步完成课程体系的设计及其知识树的设计与完善。第三，加强"岗课赛证"融通，分级分类设计资源。根据前述不同类型人群的需求差异，结合新版《职业教育专业目录》实施情况下《景区专业教学标准》、相关国家标准与行业标准或地方标准、相关职业技能大赛要求，根据课程知识树设计科普认知类、岗位实践类、课程研修类、技能比赛类及资格认证类等多层级、多形式的颗粒化资源。第四，深化校企合作，多方协同完成资源制作。学校与合作单位要根据资源建设任务的结构类型及特征，进行针对性的任务分解，操作性、技能性要求较高的素材资源开发应由行业企业主导完成，职业院校的教师做好配合，使教学和培训资源更加符合育训结合课程的需要。

（二）实施专业教学资源库分类应用工程

专业教学资源库各类课程应根据其自身特性与四大类人群的需求特征，明确课程发展定位与目标服务人群。第一，在面向学生方面，针对初中及以下的学生、普通

高中学生、中等职业学校学生、高等职业学校学生、职业本科阶段学生、专业硕士阶段学生，制订不同对象课程资源的开发目标和标准，明确不同对象课程资源的内容和形式。第二，在面向教师方面，有高水平的教师，才会有高质量的教育，面向教师的课程资源必须保证专业化，并且根据初中及以下教师、初中教师、普通高中教师、中职教师、高职教师等不同学习对象开发相应的师资培训课程或培训包，并且在专业理念、专业知识、专业技能等方面各有侧重。第三，在面向从业人员方面，理论知识的学习可以通过资源库中线上课程的自学完成，并提供在线理论考试；技能培训可由行业能手通过视频传授或线下授课实践完成。此外，结合资格证书认证和相关技能比赛要求，提供有针对性的知识讲授和技能培训课程资源，实现课程的"岗课赛证"融合。第四，面向社会大众方面，要区分不同社会大众的需求，开发和提供具有科普作用的课程资源和惠民教育的课程资源。

（三）实施专业教学资源库推广工程

首先，在推广的渠道建设方面，应继续以资源库自有渠道为主要推广平台，以各共建院校、参建单位的宣传渠道为辅助推广平台，充分发挥政府、行业企业、学校、学生、家长、社会等渠道资源，实现多元主体共同发力，不断拓宽宣传渠道和增强学习的便捷性，尤其是拓展资源库的微信公众号、抖音号等新媒体渠道。其次，在推广的内容建设方面，资源库育训结合的课程体系是未来资源库建立共建共享平台的资源认证标准和交易机制的前提与基础，因此，资源库应建立运营的理念与思维，通过设计海报、广告、宣传口号、短视频、预告片、拍摄花絮、动画等各种现代广告宣传内容或载体，通过各类渠道进行宣传推广，不断增加线上、线下的用户学习数量，提高学习者的黏性。同时，作为资源库的核心支柱，各个育训结合的课程均应设计相应的宣传推广内容，尤其是应确保每个课程的视频或动画资源，既是学习资源，又是宣传资源。

（四）实施专业教学资源库质量评价与诊改工程

职业教育的高质量发展离不开质量评价与诊改工程的配套建设。作为构建现代职业教育体系重要组成部分的资源库，也不能游离在质量评价与诊改范围之外。因此，必须根据资源库线上、线下混合式教学改革的实际特征，实施相应的质量评价与诊改工程，动态监测素材资源的活跃率、美誉度与认可度，实时评价课程的学习或授课效果，据此及时发现问题与不足并予以改正。第一，要充分利用专业教学资源库的数据监测分析功能与课后用户评价功能，建立用户学习数据实时反馈与评价内容的自动分析与筛选机制,将共性问题及时反馈给课程资源的上传者或作者,督促其及时更新。第二,要增加资源库素材资源或课程的配套征求意见表或学习满意度反馈功能,重点根据不同人群的学习习惯与效果,及时收集课程资源质量、课程内容设计、知识点及其资源的表现形式,以及教学方式方法的美誉度、认可度、推荐度和创新提升建议,推动育训结合课程资源的优化更新,逐步形成自我完善机制。第三,要增加资源库的素材资源与课程的荣誉榜单及负面清单功能,即根据用户反馈美誉度、认可度及推荐度等指标建立素材资源与课程的荣誉榜单;根据用户反馈意见和建议,对于累计三个月及以上时间不更新迭代的素材资源或课程建立相应的负面清单,并及时反馈给素材资源的上传者或作者,同步通报给课程负责人及资源库相关负责人。

四、职业教育育训结合理念下专业教学资源库建设的保障措施

(一)加强资源库项目团队的能力建设

现代职业教育体系的构建必须紧跟行业的数字化改造升级步伐,因此,必须提升职业教育实施者的数字化能力与应用水平,建立数据资源的标准体系,打造技术精湛、精简高效的数字资源建设、运营与管理及教学实践队伍。第一,要加快对资源库项目团队成员开展新技术、新标准、新规范、新材料等方面的培训。确保资源库育训结合的课程体系能够适当引领行业企业的发展方向,能促进中小型企业的提档升级,能确保职业院校教育教学的先进性与有效性。第二,要加大对资源库项目团队成员开展线上、线下混合式教学改革与模块化教学改革的培训力度。要让资源库的课程及其资源真正实现"能学、辅教"[10],尤其是行业从业人员与社会大众能利用资源库课程及其衍生的慕课开展自学,也能够设计个性化课程开展线上、线下混合式教学并推动各个专业的模块化教学改革,实现"课堂革命"。

(二)强化资源库后续建设经费的投入

截至2022年,我国203个国家级职业教育教学资源库都将进入最后的验收期。虽然各主持院校均曾承诺将做好资源库的后续更新与维护工作,确保每年新增不少于10%的素材资源,但受行业变化加速、新版《职业教育专业目录》出台、院校改革深入等因素的限制,使得各资源库后续建设的实际投入还要大得多,因此,必须确保相关建设经费。第一,强化后续建设的基础性建设经费投入,主要用于系统建设、运行维护、安全防护、宣传推广、需求调研等,建议由主持院校投入。第二,强化后续

建设的资源性建设经费投入，主要用于需求调研、资源制作、案例制作及课程研发、行业培训、宣传推广等，建议由共建院校与行业企业、协会等共同投入。第三，强化后续建设的扩展性建设经费投入，主要用于宣传推广、科普研学或行业培训等，建议由地方政府投入，以彰显资源库的社会属性。第四，强化后续建设的弹性经费投入，即资源库应充分利用其自身流量规模与公益效应，鼓励行业企业或第三方机构赞助投入，亦可通过建立优质资源的认证机制与交易机制，对通过资源库平台获得的行业培训收入的部分利润设置专项资金。

（三）探索资源库运营管理的体制机制

第一，要建立科学、合理的运行维护经费测算制度与绩效评价制度。既要保障信息化软硬件的有序更新和信息系统的安全、稳定运行，又要保证投入建设的课程资源及其衍生课程的广泛适用性。第二，要深入探索优质资源与课程的认证机制及交易机制。引导行业企业等社会力量参与，探索购买服务等供给新方式，建立资源建设激励奖励体系，鼓励团队成员或共建单位提供优质资源、研发优质课程。第三，要建立常态化的管理信息化保障机制。即应建立多方参与、共建共治的资源库管理信息化评价反馈机制与指标体系，既要将是否同党和国家事业发展要求相契合、是否同市场行业需求相对接、是否同职业素养要求相吻合等纳入对资源库育训结合课程体系的督导评价系统，又要构建以用户为中心、社会全体大众参与的用户评价和反馈机制，定期发布评估报告，保障质量监测与效果评估的常态化、实时化、数据化。第四，要建立团队建设与职称评聘相结合的机制。要坚决贯彻落实"破五唯"，要将课程团队负责人或主要成员的课程资源建设质量及其用户评价美誉度、推荐度，研发课程的市场使用量与交易价值，配套产生的"三教"改革或模块化教学改革成果等作为职称评聘的核心指标，从根本上解决团队成员的动力问题。

参考文献

[1] 牛钰.高职"1+X"育训结合教学改革探索——以黄河水利职业技术学院为例[J].职业技术教育，2020（35）：46-49.

[2] 吴兆明，郑爱翔，刘轩.乡村振兴战略下新型职业农民职业教育与培训[J].教育与职业，2019（20）：27-34.

[3] 邓泽民.加拿大终身学习理念下职业教育与培训体系构建及启示[J].职教

论坛，2019（1）：155-160.

［4］洪月明，胡炜骏.终身学习视野下现代职业教育与培训体系构建的主线、问题与出路［J］.教育与职业，2020（21）：36-43.

［5］周衍安.职业教育专业教学资源建设研究——基于42个国家资源库建设方案的统计分析［J］.职业技术教育，2014（32）：5-8.

［6］刘锐.高职专业教学资源库研究综述［J］.职业技术教育，2013（14）：42-46.

［7］吴学敏.高职共享型专业教学资源库建设的探索［J］.中国高等教育，2010（21）：53-54.

［8］戴勇.高职院校共享型专业教学资源库建设核心问题研究［J］.中国高教研究，2010（3）：80-81.

［9］吕延岗，张强，霍平丽.我国教学资源库管理变迁、特征分析与发展策略［J］.教育与职业，2021（4）：50-54.

［10］张国民，周建松，孔德兰.基于资源、平台、机制三协同的专业教学资源库建设机理研究［J］.职业技术教育，2017（19）：24-29.

（文章发表于《职业技术教育》2022年第23期第43卷）

作者：

袁子薇（1987— ），女，浙江旅游职业学院，助理研究员，主要研究方向为旅游职业教育。

郎富平（1980— ），男，浙江旅游职业学院旅游规划与设计学院院长，教授，主要研究方向为旅游职业教育。

陈添珍（1994— ），女，浙江旅游职业学院，助教，主要研究方向为旅游职业教育。

张嗣（1997— ），男，浙江旅游职业学院，助教，主要研究方向为旅游职业教育。

强化文旅融合　促进业态创新　服务产业升级

——旅游大类目录和简介解析

◎史庆滨　王昆欣　杜兰晓

摘　要： 新版旅游大类目录和简介破解了职业教育滞后于快速发展的文旅产业的难题，促进了现代旅游体系、旅游新业态与职业教育逻辑的深切适配，体现了中高本一体设计和层次贯通、数字化升级改造等特色。目录和简介要通过加强系统学习，创设数字场景、创新实训环境，注重竞赛载体、深化"三教"改革，强化纵向贯通、推动横向融通，等等方式切实做到落地实施，以对接产业升级，推动旅游职业教育高质量发展，更好地服务国家发展战略。

关键词： 职业教育；专业目录；专业简介；文旅融合；数字化升级

2021年3月，教育部印发《职业教育专业目录（2021年）》（以下简称目录）；2022年9月，教育部发布新版《职业教育专业简介》（以下简称简介）。旅游大类目录和简介全面贯彻新发展理念，准确把握人才培养目标和方向，对推动旅游职业教育专业升级与数字化改造具有重要指引价值和意义。

一、旧版目录和简介已不能适应快速发展的文旅产业

（一）现代旅游体系不断创新，专业未进行创造性设置

我国旅游产业处于由观光游向休闲度假游过渡的阶段。在制度创新、科技创新和市场创新共同作用下，资本和市场双向发力，创造出了更多"旅游+""+旅游"的新业态[1]。旅游消费"去景区化、散客化、自组织化"特征愈加显著，旅游活动组织者从旅行社单一主体转向多元主体，高附加值旅游产品不断供给，旅游市场进入类型和层次细分时代，现代旅游体系已初步成形并不断创新。旅游职业教育应与时俱进，以目录和简介为指导建设专业，培养人才。对比旧版目录，是以中职2010版、高职2015版专业目录为基础进行谨慎增补而成，简介中人才培养目标和能力要求仍以传统团队观光游为主，对新业态探索有限；对新职业、新岗位所涉知识技能体系解构不足，在专业设置方面过于保守，缺乏创造性和前瞻性，已不能适应现代旅游经济发展和产业变革需要。

（二）文旅融合局面已经形成，专业未融入文化性内涵

文化和旅游融合发展是从国家层面推动的关乎国家文化发展大计、旅游市场繁荣的战略性举措[2]，是加快构建旅游产业"以国内大循环为主体，国内国际双循环相互促进"新发展格局重要抓手，将催生大量业态创新、跨界融合、行业合作，形成发展新优势、新引擎、新动力，对进一步满足人民美好生活新期待和促进经济社会新发展有重大意义。由于旧版旅游大类目录和简介形成的历史阶段等原因，在文化素养融入旅游人才培养要求方面缺乏体系性，导致专业建设文化内涵融入不深不广，已不能满足指导现代旅游职业教育培养高素质人才的需要。

（三）数字旅游助推产业转型，专业未实现数字化升级

数字经济已成为我国加速发展、实现赶超的重要依托及关键要素。国内在线旅游伴随互联网的发展呈现爆炸增长态势，各类旅游资源和传统文化资源借助数字技术呈现出新的生机与活力，数字旅游深刻改变了游客的行为方式与体验感知，促进旅游产品供给和旅游消费模式的迭代升级。旅游业从信息化、网络化到数字化、智慧化的变革要求从业人员的数字素养不断提高。但由于旧版旅游大类目录和简介在培养目标和能力要求等方面数字素养的整体缺位，旅游职业教育教学中数字化元素呈现散、乱、弱的现象，专业升级缺乏宏观指导与体系支撑。

二、目录和简介修（制）订与旅游职业教育逻辑体系的匹配度分析

（一）应彰显旅游职业教育类型特征

新修订的《中华人民共和国职业教育法》以法律形式明确了职业教育是与普通教育具有同等重要地位的教育类型。职业教育的类型特征，是满足经济社会发展需要、满足不同类型学生发展需要、满足不同求学升学需要的复合型需求教育，关键在于要因材施教、深化产教融合。旅游大类目录和简介的修（制）订应对接旅游产业新形态，对接旅游行业新变化，对接旅游岗位新技能，考虑学生学习需求的多样性和复杂性，兼顾升学与就业需要，既有适应性广、通配岗位群的综合型专业，也应有针对性强、适配具体岗位的专精型专业，以体现职业教育将创造物质财富的产业需求与培育人文精神的教育需求整合为一体的功能定位和社会价值[3]。

（二）应满足旅游职业教育层次贯通需要

《中华人民共和国职业教育法》提出"不同层次职业教育有效贯通"，从法律层面为设置中高本贯通的专业目录提供了依据，确保了职业教育人才培养层次的全面性。在具体实践中，随着我国职教本科试点院校数量不断增加，尤其是鼓励应用型普通高校开设职业本科专业，中高职一体化（3+2或2+3模式）、中本一体化（3+4模式）、中高本一体化（3+2+2模式）等教学改革不断推进，中高本不同层次职业教育衔接贯通的体系正逐步成型。旧版旅游大类目录和简介在体系结构方面，中高、高本、中高本均存在一定程度贯通不畅，如餐饮类专业没有职教本科专业，茶文化相关专业不在同一大类等。要解决这些问题，旅游大类应一体化设计，系统构建中高本各层次衔接、知识技能体系贯通的专业目录，并配套适应的简介，避免学生发展出现"断头路"情况。

（三）应适应旅游行业职业体系变化需要

旅游业受新技术、新经济影响，在复杂的经济社会形势下快速发展，不断涌现新业态、新职业、新岗位。职业教育是与国民经济发展最紧密的教育类型，应同步甚至适度超前地适应经济社会发展需要[4]。旅游大类目录按"专业大类对应产业、专业类对应行业、专业对应职业岗位群或技术领域"的基本原则，应构建起三层架构的专业体系，覆盖所有职业岗位。目录调整要合并内容趋同、培养目标重叠的专业，剥离非旅游核心业务的专业，增设符合新业态或核心要素内涵拓展的专业；简介修订应聚

焦旅游核心要素发展需求，明确目标定位、能力要求、课程体系等，对新职业给予响应，体现一定前瞻性，支撑旅游职业教育培养对口适用且符合时代特色的高素质技能人才，满足旅游产业人力资源需求。

（四）应设置符合旅游职业教育语言体系的专业名称

《教育大辞典》指出，专业名称应能够准确体现出学生培养目标。职业教育的专业划分是显性的职业客观实际的科学描述[5]，其命名既要体现学生培养目标又要体现职业特征，既要科学规范又要便于理解。旅游是大众熟悉的产业，旅游职业教育专业命名应符合大众认知水平，要用语规范、达意清晰，让社会大众通过名称能够理解专业所涵盖的知识和技能，能够了解、认可、接受旅游职业教育人才培养目标，为旅游职业教育营造良好的发展环境。因而，在专业名称中应体现旅游产业发展内涵、文旅融合内涵、传统文化内涵、前沿技术内涵等，凸显人才培养目标特色。

三、旅游大类目录调整分析

（一）调整原则

旅游业作为现代服务业的重点领域，要适应生产性服务业向专业化、价值链高端延伸需要。旅游职业教育要能够提升人才培养的创新能力、综合服务能力和整体设计能力，能够探索新业态、适应新岗位、做好新产品、提升新服务。旅游大类专业目录设计要能适配且需适度超前引领行业发展，在旅游新业态人才知识体系和技能体系并不完善的情况下，打破固有的以成熟知识体系为支撑的专业建设模式，在明确大方向的前提下，提出新设想，设置新专业。综上所述，旅游大类专业目录修（制）订应遵循体系性、贯通性、文化性、规范性、前瞻性和数字赋能等原则。

（二）调整结果

根据教育部《中等职业学校专业目录（2010年修订）》《普通高等学校高等职业教育（专科）专业目录（2015年）》和历年增补专业，职业教育旅游大类专业目录在调整前共分旅游类、会展类和餐饮类3个专业类，有27个专业。其中，中职11个专业，高职专科14个专业，高职本科2个专业。结合旅游产业发展特点，依据相关修订原则，在专业类层面，将旅游类和会展类合并为旅游类；在专业层面，中职共调整4个专业，高职专科共调整9个专业、新增3个专业，高职本科共新增2个专业，基本调整情况如表2-15所示。调整后，共分旅游类和餐饮类2个专业类，31个专业。其中中职9个专业，高职专科18个专业，高职本科4个专业。构建起了专业体系趋于完善、名称表述规范、中高本衔接实现贯通、文化内涵深度融入、数字化升级明显呈现的全新旅游大类目录。

表2-15　新旧版旅游大类目录调整情况对比

教育层次	专业类	新专业名称	原专业名称	调整内容	依据原则
中职	旅游类	旅游服务与管理	旅游服务与管理、景区服务与管理	合并	体系性
			旅游外语	归属调整（调整到教育与体育大类）	体系性
	餐饮类	中餐烹饪	中餐烹饪与营养膳食	更名	规范性
高职专科	旅游类	旅行社经营与管理	旅行社经营管理	更名	规范性
		定制旅行管理与服务		新增	前瞻性
		酒店管理与数字化运营	酒店管理	更名	数字赋能
		民宿管理与运营		新增	前瞻性
		葡萄酒文化与营销	葡萄酒营销与服务	更名	文化性
		茶艺与茶文化	茶艺与茶叶营销	归属调整、更名	体系性、文化性
高职专科	旅游类	智慧景区开发与管理	景区开发与管理	更名	数字赋能
		智慧旅游技术应用		新增	前瞻性
		会展策划与管理	会展策划与管理	归属调整	体系性
	餐饮类	餐饮智能管理	餐饮管理	更名	数字赋能
		烹饪工艺与营养	烹调工艺与营养	更名	规范性
		西式烹饪工艺	西餐工艺	更名	规范性
职教本科	旅游类	旅游规划与设计		新增	贯通性
	餐饮类	烹饪与餐饮管理		新增	贯通性

四、旅游大类目录和简介修（制）订特色分析

（一）以调整名称拓展内涵，引领专业向纵深发展

传统专业建设惯性很强大，旅游大类目录若在现有框架体系内进行调整，社会对专业内涵和外延变化的感知度会很低，在职业院校内部认知不一致、创新突破不强烈

的情况下，不易扭转传统思维，难以与文旅融合的产业发展需求高度匹配。新版目录和简介对专业名称进行了较大规模调整、简介全新修订，一是注重文化要素在旅游职业教育的融入。如"茶艺与茶叶营销"调类更名、"葡萄酒文化与营销"更名，将茶、酒两个专业的文化性用专业名称的形式固化，简介中提出茶酒"文化传承与创新、文化传播与推广"等能力，直观表明文化内涵在旅游经济领域的重要性。二是打破了学校对专业的固有认知，引导学校调整专业建设方向，实现了专业与产业发展匹配度更高、人才培养目标定位和能力要求表述更清晰、大众认可度更高的调整目标。三是扭转了专业发展的混乱状况，对固守传统思维、已不适应现代旅游经济发展的专业建设理念及时调整，引入新的发展渠道，避免市场需求与人才培养脱节。

（二）精准预判产业发展趋势，适度超前增设新专业

旅游市场发展和游客消费需求呈现新特征，旅游产业在个性化、数字化、休闲化方向的发展趋势明显，在高端化、定制化、私密化方向的发展势头已起，旅游职业教育针对性人才培养成为必然。新版旅游大类目录和简介进行了正面回应。针对旅游业对技术型人才需求与日俱增的状况，增设了"智慧旅游技术应用"专业，简介中的能力要求和课程体系具备既懂旅游又懂技术、强调技术应用弱化设计研发、注重新媒体内容开发与运营等特征；针对高端定制与特色服务的旅游新市场，新增了"定制旅行管理与服务"专业，简介中能力要求和课程体系具备个性化需求洞察、定制产品设计、数字化运营等特征；针对蓬勃发展的特色民宿经济，面向潜在旅游人力资源新兴市场，新增了"民宿管理与运营"专业，简介中的能力要求和课程体系具备民宿活动组织与项目策划、跨界融合等特征。2022年9月，人力资源和社会保障部审定颁布了新修订的《中华人民共和国职业分类大典》，新增158个职业，其中旅游相关职业新增7个，涉及新兴旅游业态和岗位，这些新职业都在新版旅游大类目录中有专业与之对应，充分体现了本次调整的适度超前性。

（三）多维融入数字元素，强势推动专业数字化升级

旅游业与数字化具有天然适应性，旅游产业实践已全面融入数字化。旅游职业教育数字化改造力度仍显不足，旅游大类目录和简介修（制）订破解了这一难题，以专业更名和重塑目标能力、重构课程体系的形式强势推动职业教育数字化升级。在目录调整方面，将"智能""智慧""数字化"等名词有机融合到专业名称中，强势推动专业升级与数字化改造落地落实。如"酒店管理"是一个传统老牌专业，开设院校多、专业布点广、在校生多、影响力大，但在高职办学过程中越来越凸显重面对面服务轻信息化管理、重人与人对接轻新技术应用等问题，为了适应酒店业智慧化发展，将专业更名为"酒店管理与数字化运营"，在名称上直接体现数字化，使之与我国酒店业发展战略相一致；将"景区开发与管理"更名为"智慧景区开发与管理"，适应在线服务、数字化管理、智慧化规划开发需要，促进景区人才培养向着智慧、智能化建设与管理方向转变；将"餐饮管理"更名为"餐饮智能管理"，主动适应人工智能技术在餐饮领域的广泛应用，实现餐饮行业升级的需要。在简介修订方面，全面重塑培养目标、专业能力，重构课程体系，融入数字化内容。深入剖析职业特征，解析专业知识结构、岗位技术技能中蕴含的数字化元素，在培养目标和能力要求中融入在线服务、数字营销、数字化运营等；合理创设新技术、新经济相关课程，如在专业基础课程中普遍增设了计算机信息服务、数字化应用等相关的通识类课程，在专业核心课程中增加了人工智能、大数据、5G技术应用相关的新技术专业课程，更深入地阐释了专业数字化升级内涵。

（四）突破职业发展瓶颈，针对行业设置高职本科专业

旅游大类高职本科专业的设置，实现了某些专业在学历层次上的提升，结束了职业教育的发展"断头路"。高职本科专业设置对应具体职业，简介中阐明要对相应产业业态、技术技能、管理手段进行教学，旨在培养知识全面深入、技术精湛娴熟、管理理念先进的高层次技能技术人才。本科专业的设置既突出了行业职业特性，又与中高职教育有机衔接，强调应用性与实践性，在保留原有"旅游管理""酒店管理"专业的基础上，一是新增"旅游规划与设计"专业，简介中要求具备促进区域旅游行业经济发展、协助策划文旅项目的能力，体现针对新技术、新业态变革在区域及景区建设方面的人才培养和产业支撑；二是新增"烹饪与餐饮管理"专业，简介中要求具备餐饮产品设计研发、中央厨房运营管理等能力，体现在共享餐饮、时尚餐饮、轻食餐饮等新业态出现的背景下，培养适应智慧餐饮，具备健康餐饮理念、熟悉餐饮经营、掌握烹饪技术的高层次复合型技术技能人才。

（五）坚持中高本一体化思维，明晰各层级培养目标

旅游大类专业目录调整，注重中高本知识技能体系与学历层级的衔接贯通，坚持一体化设计思维，进一步明确中高本各层级专业的定位。目录和简介明确中职教育定位为经验型技术技能培养和行业基础知识学习，侧重在打牢进入行业领域的基础，体现一线的实操和动手能力；高职专科教育定位经验型技术技能和策略性技术技能并重培养，侧重知识、技术融会贯通与灵活运用能力养成；高职本科教育定位以策略型技

术技能培养为主,融入管理学、经济学等知识,拓展创新与管理能力培养[6]。如中职的导游服务专业注重游客服务的技能技巧,高职的导游专业融入旅游线路产品开发设计的相应技能,本科层次的旅游管理专业则在产品研发和行业管理方面进行拓展和深入,中高本衔接、知识技能体系贯通的设计思维清晰地体现了人才培养定位的逐层递进。

五、目录和简介高质量落地实施的建议

(一)加强系统学习

做好多维对接新版旅游大类目录和简介高质量落地实施,首要任务是组织政校行企各职业教育相关单位和人员全面、系统学习,统一认识,将目录和简介落地实施与旅游职业教育、地方文旅经济发展、旅游企业经营综合考量。一是职业院校要面向学校和二级学院/系部领导、专业主任和专业带头人、专任教师三个层级,分别组织区域产业布局与专业布点、行业发展趋势与专业建设、职业岗位变化与人才培养等不同主题的专题学习;二是政府主管部门在旅游产业发展等相关主题学习中有机融入目录和简介调整总体思路、指导思想和目标任务等内容;三是行业企业在旅游业务和技术技能学习中,深度融入目录和简介中职业面向、能力要求、技能水平等人才培养规格内容。通过系统学习,推动政校、校企对接,知识技能与职业岗位对接,教师和企业员工对接,让目录与简介蕴含的新内涵、新思维、新技术等系统全面地融入旅游职业教育和文旅产业发展,实现智力、人力与资源、平台的相互支撑。

(二)创设数字场景,创新实训环境

数字化升级改造是新版目录和简介的一大特点,数字化落在课堂上是目录和简介全面实施和有效落地的重要立足点。学校要适度增加投入,创设职业教育数字应用场景,配套建设数字资源,促进从平行课堂到互动课堂再到融合课堂的转变[7]。一是建设虚拟仿真实训中心,构建旅游业态呈现、旅游场景再现、旅游活动展现、旅游业务复现、职业技能演练的现代信息技术支撑体系;二是建设线上教学平台,打造学生自主个性学习、教师自动跟踪管理、学习成果多维评价的"互联网+"教学系统;三是建设数字教学素材,构建颗粒度小、表现生动、互动丰富的知识技能片段。创新实训教学,对接真实职业场景或工作情境是简介对实习实训提出的新要求。学校和企业要深度合作,对应职业导向,通过引企入校、引岗入课堂等方式,创新实训环境。一

是加强建设,对现有落后于旅游业态发展的实训室进行升级改造、新建新业态发展需要的实训室;二是完善管理,基于专业群实现实训室的共建共享,提高利用率;三是充分开放,供师生根据个人学习需要自主进行实训。

(三)注重竞赛载体,深化"三教"改革

教学比赛是目录和简介落地的重要载体。教师教学能力等比赛的评价体系从人才培养方案、课程标准到教学方法运用、教学效果展示再到教后反思,要求参赛教师必须深入解读专业,深入剖析目标定位、能力要求、课程体系、教学内容,融合岗课证,融会贯通简介中的全部内容,并转化到教学中。要通过大力推进学校、省级、国家级的微课制作、课堂教学等各级各类教学竞赛,全面开展教学研究,将目录和简介设计思想和内涵沉到每堂课、每位师生的心中。"三教"改革是目录和简介实施拓展到边的系统工程。教师是育人根本,教师改革是目录和简介落地的关键。要德技并重提升旅游职业教育教师文化和数字素养,依托职业教育教师培训基地提高教学设计、实施、评价和反思能力,依托企业实践基地和访问工程师制度提升双师素质,通过聘请行业名师、大国工匠进校园等方式,打造"双师型"教师团队。教材是育人纲要,教材改革是目录和简介职业面向、培养目标、能力要求、课证融通等内容落地的重点。要融入课程思政,按照生产实际和岗位需求构建内容体系,将新工艺、新技术、新规范和真实工作项目、典型生产案例纳入教学内容,创新活页式、工作手册式、数字化教材形式,开发凸显职教特色的类型教材。教法是育人手段,教法改革是目录和简介中知识素养、技术技能、实践操作固化在每个学生身上的重点。要以学生为中心推行"做中学""学中做"等项目化、任务驱动教学,融入信息技术开展线上线下混合教学,创新具有职教特色的教学模式。

(四)强化纵向贯通,推动横向融通

一体化设计中职、高职专科、高职本科专业是新版专业目录的首创,为职业教育高质量发展奠定了基石。强化纵向贯通,一要做好适应区域经济与职业教育对应发展的中高本贯通的专业教学标准,制订无缝衔接的人才培养方案,划分清楚不同层次的目标定位;二要做好不同层级紧密承接的课程标准,打造技术技能进阶链条,明确不同阶段的教学内容;三要确定不同层次面向的业务领域和岗位(群),确定技能等级标准,做好证书和能力进阶计划。横向融通普职和校企是简介的应然之义,是职业教育适应性发展的重要基础。推动横向融通,一是要深入梳理中职、高职与接续专业中高职专科、普通本科和高职本科的关系,铺好学生学历提升畅通道路;二是理顺毕

业证与职业技能等级证书、职业资格证书的关系，做到课程体系、教学内容对接证书标准，搭建学生书证相通、学分转换资历体系；三是厘清校企共建共享合作关系，通过引企入校、企业课堂等方式创新岗位实习模式，做好学生由学转岗的平稳过渡。旅游大类目录和简介是旅游产业快速发展与职业教育适应性不断增强的结果。未来，要围绕不断变化和创新的旅游产业，以新版目录和简介为基础，在新业态逐步成熟的基础上，遵循职业教育专业目录"五年一修订，适时微调"的原则，合理增补诸如康养等相关新专业、修订相应简介，使旅游大类目录与简介始终与旅游产业发展、与市场人力资源需求相匹配，并能够做到适度超前。职业院校要联合政行企深入研究目录和简介内涵，推动专业升级和数字化改造，推进职业教育高质量发展，擘画职教美好新蓝图。

参考文献

[1] 戴斌.加快推进旅游业高质量发展[N].光明日报，2022-01-30（5）.

[2] 肖怀德.文旅融合，要有明确的战略意识[N].中国文化报，2019-12-14（7）.

[3] 姜大源.跨界、整合和重构：职业教育作为类型教育的三大特征[J].中国职业技术教育，2019（7）：9-12.

[4] 陈子季.编好用好新版职业教育专业目录服务"十四五"高质量发展[J].中国职业技术教育，2021（7）：5-8.

[5] 姜大源.职业教育学研究新论[M].北京：教育科学出版社，2007：60.

[6] 王春燕.我国职业教育中高本衔接现状分析与策略研究[J].中国职业技术教育，2016（6）：24-26.

[7] 袁振国.教育数字化转型：转什么，怎么转[J].华东师范大学学报（教育科学版），2023（3）：1-11.

（文章发表于《中国职业技术教育》2023年第11期）

作者：

史庆滨（1978— ），男，浙江旅游职业学院教务处副处长，讲师，主要研究方向为教育信息化。

王昆欣（1961— ），男，浙江旅游职业学院，教授，主要研究方向为旅游学科基础研究和旅游职业教育。

杜兰晓（1972— ），女，浙江旅游职业学院校长，教授，博士，主要研究方向为旅游职业教育。

课程建设

KECHENG JIANSHE

编者按

课程建设是关系高职学校教学质量，推进教学改革的关键环节。本主题共收录4篇论文，围绕思政课程与课程思政教学改革、课程资源建设和课程评价等方面进行理论研究和实践探索，具体如下。

一是思政课程与课程思政研究。如《高校俄语专业"俄语泛读"课程思政改革探索与实践》提出用语言元素和思政元素"二轮驱动"设计课程、用思政元素串联授课流程的教学方法等。

二是课程资源建设研究。如《"双高"建设背景下专业群课程资源建设研究》从课程标准的制（修）订工程、课程资源的制作（更新）工程、课程平台的选择与整合工程、课程类型的设计与制作工程、课程产品的应用与推广工程、课程建设的质量与诊断工程六个方面着手，创新课程建设的体制机制。

三是课程评价研究。如《基于"4E"理论的课程思政"云教学"质量评价体系构建》应用"4E"理论，构建"四维三层"课程思政"云教学"质量评价体系。

四是课程教学改革。如《基于建构主义的移动学习活动设计研究——以"新媒体营销"课程为例》，以建构主义学习理论为指导，对课堂外移动学习活动设计及其课堂教学活动融合进行研究。

"双高"建设背景下专业群课程资源建设研究

◎郎富平　袁子薇

> **摘　要**：目前，高职院校专业群课程资源建设过程中存在主观和客观两方面的问题。对此，应按照统筹设计、分步建设，行业导向、分层建设，兼容并蓄、整合建设的思路，从课程标准的制（修）订工程、课程资源的制作（更新）工程、课程平台的选择与整合工程、课程类型的设计与制作工程、课程产品的应用与推广工程、课程建设的质量与诊断工程六个方面着手，同时创新课程建设的体制机制、出台保障政策，以期满足"双高"建设的实际需求。
>
> **关键词**："双高"建设；专业群；课程资源

课程是专业及专业群建设的基础单元，更是职业教育新时代推进专业群建设与"三教"改革的核心载体，课程资源建设及其应用则是课程建设的具体表现与实践。目前国内学者针对各专业的课程建设研究中，基于"双高"建设新背景的尚且不多，针对课程的通用指导性研究偏少。因此，本文基于新时代"双高"建设的实际需求，从课程团队及职业院校两个层次，探索新时代专业群课程资源建设的思路、策略及其配套工程与保障措施，以期促进职业院校课程建设的发展。

一、课程资源建设的现状与问题

自2001年爆发式发展以来，我国高等职业教育取得了突飞猛进的发展，包含课程资源建设在内的各项成果不断涌现，职业教育教学资源库建设与国家级精品在线开放课程建设成果显著。但是与国内普通高等院校乃至国外高等院校、职业院校相比，国内高职院校的课程资源建设具有起步偏晚、基础偏差、标准偏弱、成果偏少、推广偏软等特征。具体来看，主要是主观和客观两个层面的问题。

（一）主观层面

1. 专任教师的意识与理念问题

通过调研与访谈发现，尚有大比例的专任教师愿意主持或参与课程资源建设，但不愿意将建设好的资源与他人分享。究其原因，一方面是产权保护意识作祟，认为个人制作的课程资源属于"机密"或私有财产；另一方面也因自信心不足，认为个人制作的课程资源拿不出手，怕被同行乃至行业从业人员"取笑"。同时，有不少专任教师不愿意或不敢主持、参与课程资源建设。究其原因，一部分教师认为目前各大出版社新推出的教材都免费配套电子课件或视频等素材资源，可以满足教辅工作需要；还有一部分年轻教师认为自己资历太浅、行业经验不够丰富，没有资格参与课程资源建设工作。目前高职院校专任教师对于课程资源建设存在"想不想""敢不敢""要不要"的困惑。

2. 专任教师的认知与能力问题

首先是课程资源的服务面向问题。不少专任教师认为课程资源建设成果的应用局限在专业学生，而没有拓展到专业群学生、校内外非专业学生及行业企业从业人员、社会大众层面，导致课程资源的展示类型不够丰富多样，应用推广受到限制。其次是课程资源的技术质量问题。不少专任教师在课程资源制作过程中，缺乏专业训练，在处理课程资源的标准化与个性化方面难以兼顾，开发的课程资源仅能供自己使用；部分专任教师在动画、视频等课程资源制作过程中，缺乏表达能力，或者直接扔给资源制作公司全然不顾，导致与实际需求脱节、与实际内容不符。最后是课程资源的内容质量问题。不少专任教师行业经验不够或缺乏"双师"能力，过于倚重已有教材或受其本科学习期间的学科知识体系束缚，使得课程资源内容过于陈旧、理论性过强，难以契合行业快速发展的需要。目前高职院校课程资源建设还存在专任教师"能不能""行不行"的困惑。

（二）客观层面

1. 高职院校的内生激励机制不够完善

通过调研与访谈发现，各高职院校对于课程资源建设的内生激励机制构建还不够完善。部分高职院校既不认定课程及课程资源建设的工作量或"劳动付出"，也不认定课程建设为教科研项目，更不纳入专任教师的职称评聘或综合业绩考核范围。多数高职院校在推进或拟推进专业群建设过程中，尚未明确专任教师的身份与属性，难以实现专任教师在专业间、专业群内及校企间流动。

2. 高职院校的产教融合机制不够完善

课程资源服务面向单一的原因主要是校企合作深度不够，产教融合机制尚不完善。首先，目前高职院校与行业龙头企业的"主次"地位相对混淆，或者高职院校依然过度以自我为中心，希望行业企业能配合自己完成课程及课程资源建设。其次，部分行业企业缺乏社会责任感，或对自身核心的"知识产权"存在认知误区，认为通过与高职院校合作开发课程及课程资源，可能导致自身商业利益受损。最后，受高职院校事业单位性质及行业企业的岗位特征等因素影响，目前校企人员的双向流动依然受限，导致专任教师难以接触到最新、最前沿的行业信息，难以提升"双师"能力；行业企业人员受企业运营、薪资待遇等因素影响，也难以到高职院校相对固定地开展兼职授课或带学徒，加之教学能力培训缺失、课程建设经验不足，使其也难以有效融入高职院校的教学创新团队。

二、专业群课程资源建设的思路

"双高"专业群建设背景下，各高职院校的专业群在推进课程体系建设、促进专业群教学改革时，必须秉承"共商、共建、共享、共推"的发展理念，紧紧围绕专业群发展的组群逻辑，紧扣行业发展需求链与人才培养供给链，以学生为基点，以教师为灵魂，以行业从业人员为目标，兼顾多层次社会大众的需求，着力明确专业群课程资源的建设主体责任、专业群课程资源的建设标准体系、专业群课程资源的目标服务群体及专业群课程资源的应用推广路径，力争达到同类专业想用、群内专业与行业企业能用、其他专业及社会大众可用的，数量丰富、类型多样、品质保障的专业群课程资源库。

（一）统筹设计、分步建设

首先，课程建设团队应综合考虑专业群的组建逻辑及其行业发展需求链、人才培养供给链特征，根据专业群内学生、专业群教师、专业群所属行业及社会大众等实际需求特征及可接受程度，结合地方经济、社会、文化等发展实际，统筹设计课程知识树及相应的知识点，明确各个知识点面向不同群体的资源表现类型与数量。其次，课程建设团队应根据专业群的建设计划、校企合作推进程度、资源分配情况及需求的紧迫程度，对课程资源实施分批、分类建设策略。最后，课程建设团队应统筹考虑课程教学改革创新、课程配套教材研发、课程思政改革、创新创业建设、学生综合能力提升等内容。

（二）行业导向、分层建设

课程建设团队应加强与不同层级的行业企业紧密合作，从低到高分别推进以行业通用技能培训、职业技能等级证书合作研发、行业标准研发、行业高质量发展等为代表的合作项目，共同推进课程相关资源建设。充分利用专业群的协同创新中心、产教融合联盟等平台，与行业龙头企业共同主导行业高质量发展、职业技能等级证书研发、行业标准研发及其配套课程资源的建设，与行业普通企业共同推进行业通用技能培训资源、社会大众科普或中小学生研学资源的建设。

（三）兼容并蓄、整合建设

"双高"院校应秉承开放的理念，形成以专业群课程相关教师为核心成员，以国内其他高职院校相关专业课程教师与行业企业技术骨干、专家等人员为重要两翼，有序吸收专业群学生与社会大众成员的动态、开放、包容的课程建设团队。课程建设团队应有效整合专业群内外、所属行业企业及同类院校的各类资源，共同推进课程资源建设，条件成熟的可以建立资源的认证与交易机制。

三、专业群课程资源建设的路径

在"双高"专业群建设过程中，各高职院校应根据专业群的组群逻辑及产业链、技术链等实际情况，形成跨专业、专兼结合、校际联手、社会参与课程研发、资源设计与制作的建设团队，满足群内专业的个性化、特色化需求及对应行业的职业化需求。

（一）课程标准的制（修）订工程

各专业群应在既有专业教学标准、专业课程标准及相关行业标准建设的基础上，积极推进标准体系的建设，重点推进课程标准的制（修）订工程，这是课程资源建设的"灯塔"与风向标。首先，应根据各专业群的组群逻辑及专业群的课程体系，积极与专业群对应的岗位群需求（标准）、职业技能等级证书（标准）或行业标准相衔接，全面制（修）订专业群"1+N"型系列课程标准，即要求每门课程均有1个面向高职院校专业学生的标准化课程标准，N个可分别面向本校跨专业学生、相近专业教师、行业从业人员、社会大众等不同细分群体的个性化课程标准。其次，各高职院校应根据国家精品在线开放课程的相关要求，制定出台新时代课程建设的基础标准，包括但不限于课程依托平台、课程建设内容、课程资源标准、资源类型标准等方面，以便于各课程建设团队参照执行。

（二）课程资源的制作（更新）工程

各个课程建设团队应在课程标准制（修）订的基础之上，完成对课程知识树及知识点的梳理，根据分步建设、分层建设、整合建设的策略，明确支撑各个知识点的资源类型、数量、结构等相关要求。就资源媒体类型而言，包括视频、文本、微课、图形图像、演示文稿等；就资源应用类型而言，包括专业标准、技能竞赛、职业认证、教学设计、学习指南等；就资源数量与结构比例而言，课程建设团队应根据不同群体的实际需求对支撑每个知识点的媒体类型和应用类型进行设计，如面向同行教师的可适当提高课程标准、教学设计、教学案例等相关素材资源的比例。

（三）课程平台的选择与整合工程

在"双高"建设推进过程中，各高职院校应统筹考虑课程依托平台的选择问题。首先，应综合考虑既有课程的依托平台，专业群内课程宜选择一个主平台和若干个辅助平台。其中，主平台的目的在于构建专业群教学资源库，便于群内资源的共享与数据分析，若干个辅助平台则可根据具体课程的实际面向来选择。此外，部分综合实力较强的高职院校亦可选择自主搭建新的课程平台，尤其是可与自身内部质量诊断与改进平台无缝对接，实现对教学过程的动态监控。其次，各高职院校应注重不同平台间的数据对接、共享问题，重点是要解决好学习者的多端口登录、学习成绩迁移及教学过程数据监控与诊断等问题。

（四）课程类型的设计与制作工程

在分步建设、分层建设策略的指引下，各课程建设团队可根据课程资源建设的完成情况，根据不同细分群体的实际需要，以标准化课程或个性化课程分别设计面向群内的通识基础课或岗位选修课、面向群外的视频公开课、面向行业企业从业人员的培训课程，也可以根据各类实践、实习或实训的需要，设计相应的微课、技能训练模块。值得注意的是，在设计、制作不同课程类型的时候，必须结合目标学习者的知识结构、学习能力与规律，围绕既定教学目标与任务，梳理课程结构与知识点，选择合适的课程资源类型，设计相应的讨论、测验、考试等互动环节。

（五）课程产品的应用与推广工程

各高职院校专业群在完成课程建设并在校内实践与应用的同时，还应积极向其他高职院校、所属行业企业及社会大众进行宣传推广以得到实践的检验，既能增强课程的品牌影响力，又能通过各地、各类群体的反馈以不断修正、完善课程。因此，各高职院校专业群应在校内有效实践与应用的基础上，充分依托专业群产教融合联盟、协同创新中心等发展平台进行推广，借助各行业协会、专业学会及专业（群）教学资源库共建共享联盟等平台。值得注意的是，要创新面向行业企业、社会大众群体的宣传推广渠道及其表现类型，如可以设计不同类型的宣传片、课程学习指南、抖音短视频等，也可以开设相应课程或专业群的微信公众号、视频号等。

（六）课程建设的质量与诊断工程

与传统课程建设不同的是，新时代课程建设及其应用必须实现信息的实时记录与监测，尤其是在不同授课教师、不同授课环境及学习者自主学习的情况下，更加需要了解课程资源质量、课程内容设计、知识表现形式及教学方式方法的认可度、美誉度与推荐度，以推动专业课程标准的修订，促进课程资源的优化更新，提升教学目标的达成度。因此，应充分利用现代物联网技术与大数据分析平台，全面采集、整合各个平台的数据，实现对学习者的用户行为画像，重点协助教师、学生两大群体及课堂、课程、专业（群）、院系与学校等五大层级实现内部课程建设质量的诊断与改进工作。

四、专业群课程建设的保障措施

（一）创新课程建设的体制机制

1. 组建学校—专业群（院系）—课程团队三级课程建设机构

首先，学校层面应依托学术委员会的教学工作专门委员会，结合教材建设委员会，设置校级课程建设或专业（群）资源库建设专门委员会，从校级乃至行业层面来规划设计、统筹推进课程建设或专业（群）资源库建设，做好全部课程建设的质量监控与诊断改进工作。其次，各个专业群或二级院系应根据所在专业群或二级院系的发展目标，结合校级课程建设的整体规划与统筹设计，设置专业群课程建设中心或专业群资源库建设中心，负责制定专业群或二级院系课程建设总体规划，明确专业群课程体系、课程建设目标与定位、课程建设标准及应用考核标准等内容。最后，各个专业群或二级院系应结合行业岗位群或组群逻辑，通过建设跨专业教学组织或课程（群）建设团队，实现课程与教材建设同步、课堂创新与教学创新协同。

2. 搭建课程建设、推广与应用的实践平台

学校及专业群或二级院系必须为课程团队进行课程建设、推广与应用实践搭建各类丰富的平台。首先，各个学校应根据本校专业群或骨干特色专业的发展布局，加强与兄弟院校的合作联系，可依托专业指导委员会、专业学会等搭建并做实做透专业（群）共建共享联盟或专业大类的课程联盟。其次，各个专业群或二级院系应积极主动承担各类校际合作平台的公共性事务，助力对应专业（群）平台发挥更好更实的效能；应充分加强与所属行业协会、行业组织或行业龙头企业的合作与联系，共同推进专业群产教融合联盟或协同创新中心的建设，以提升课程建设成果在行业中的应用与推广。

3. 构建课程"建设—应用—修正完善—再应用"的内生或自我完善机制

首先，各个课程应充分发挥其面向学生、教师、行业从业人员与社会大众的优势，分别通过院校、行业及社会等渠道以课程外包、师资培训、行业培训、科普研学等方式筹措课程后续建设或更新的资金，建立相应的课程资源认证标准与交易机制，以促进课程资源素材或课程内容的更新、完善，最终构成课程发展的内生机制。其次，各个课程应充分利用各类渠道、载体或平台，实现既有课程及资源建设问题或意见的征集，以促进既有课程资源素材或课程内容的修正、完善，便于更好地服务于师生、行业与社会大众，最终构成课程发展的自我完善机制。

（二）出台课程建设的政策保障

1. 开放多元的课程建设资金来源渠道，确保连续有效投入

首先，各个高职院校应在未来"双高"建设时期，有效统筹专业（群）建设经费，重点保证课程建设与"三教"改革的相关经费，设置课程建设与维护专项资金，确保专业（群）的通识基础课和专业核心课。其次，各个专业（群）或二级院系应依托产教融合联盟或协同创新中心等平台，有效融入服务行业企业，积极拓宽课程建设的资源渠道。

2. 建立积极有效的课程建设激励奖励体系，确保团队持续投入

首先，学校层面应创新职称评聘政策，有效推进落实职称分类评聘制度，优先将课程建设及其相应成果分别作为教学型、社会服务型与教学科研并重型职称评聘的必要条件与可选条件，激发专业教师的原生动力。其次，学校应做好统筹设计，优先鼓励开展教学研究及其相应的社会服务研究，实现教学研究、科学研究与社会服务研究的积分优先转换制度，即教学研究积分可以转换为科学研究积分与社会服务研究积分，反之则不行或减半转换。最后，专业（群）或二级院系应创新教师业绩考核与聘期考试，将课程建设及与之相关的教材建设、教改项目、课程思政、创新创业、学生比赛、社会服务等作为重点考核内容。

3. 深入合作的课程建设产教融合保障，确保企业真情投入

首先，各高职院校及其专业（群）或二级院系应充分依托产教融合联盟或协同创新中心等平台，全面深化基于课程建设的各类专业教材、职业技能证书、行业培训、技术研发等联合研发，使企业与学校真正融为利益共同体。其次，各级地方政府要真正有效地细化落实行业龙头企业与高职院校合作的系列政策，尤其是各级财政、税务部门要把深化产教融合作为落实结构性减税政策的抓手，如企业投入课程建设等方面的资金应作为其研发成本予以免税。

参考文献

[1] 曹登华. 开放共享视域下的专业群课程建设研究——以高职汽车技术服务类专业群为例[J]. 辽宁高职学报, 2020（11）: 51-55.

[2] 曹荣军. 基于专业群的计算机应用基础课程建设[J]. 教育与职业, 2017（24）: 95-100.

[3] 龚芸. 高职院校专业群课程逆向设计及其实践[J]. 教育与职业, 2020（22）: 95-100.

[4] 王晓秋. 卓越校建设背景下健康养老服务专业群共享核心课程建设探索[J]. 长沙民政职业技术学院学报, 2018（4）: 104-105.

（文章发表于《教育与职业》2021年第13期）

作者：

郎富平（1980— ），男，浙江旅游职业学院旅游规划与设计学院院长，教授，主要研究方向为旅游职业教育。

袁子薇（1987— ），女，浙江旅游职业学院，助理研究员，主要研究方向为旅游职业教育。

基于"4E"理论的课程思政"云教学"质量评价体系构建

◎ 马红梅

> **摘　要**：目前课程思政质量评价研究存在主题关注不够、理论研究不足、数据采集不全面等问题。本文引入"4E"理论，从经济性、效率性、参与性、效果性四个维度构建课程思政"云教学"质量评价体系，并运用平台大数据，结合调研访谈、过程跟踪、案例分析等数据，使课程思政"云教学"质量达到"4E"性，以提升课程思政质量评价研究的深度、广度、高度和力度。
>
> **关键词**："4E"理论；课程思政；云教学；质量评价

2020年5月，教育部印发了《高等学校课程思政建设指导纲要》（以下简称《纲要》）。《纲要》指出"全面推进课程思政建设是落实立德树人根本任务的战略举措，是全面提高人才培养质量的重要任务"，并提出了"人才培养效果是课程思政建设评价的首要标准，要建立健全多维度的课程思政建设成效考核评价体系和监督检查机制，在各类考核评估评价工作和深化高校教育教学改革中落细落实"的要求。因此，构建课程思政质量评价体系具有重要意义，它是推进课程思政全面实施的保障措施，是检验课程思政教学质量的衡量标准，是提升课程思政育人成效的反馈机制。

一、文献综述

（一）研究现状

对于课程思政质量评价方面研究，通过文献发现，研究时间较短，最早出现在媒体上是2017年，但此时学术界关注较少，2018年相关的研究成果开始增加，但至今成果不多。肖香龙、朱珠（2018）提出从课程建设、教材建设、教学研讨、师资互通、教学活动等方面打造质量评价体系[1]。谢晗进等（2019）运用360度评价法研究师德师风、备课思政化、授课思政化和课外思政化的评价指标，并提出课程思政化改革建议[2]。黄煜栋、徐莉君（2019）阐述了课程思政质量评价"五个是否"的标准："课程思政"的教学目标是否明确、"课程思政"元素挖掘是否到位、"思政"与"专业"是否有效融合、"课程思政"的时效性是否较强、"课程思政"达成度是否较高[3]。谭红岩等（2020）研制了课程、专业和高校不同层面课程思政建设的评估指标体系，为教师、二级单位和高校三个主体如何做好课程思政提供借鉴[4]。苏小菱、洪昀（2020）以层次分析法为支撑，通过课程设计、师资队伍、学生认知、发展评估、制度设计五个维度构建课程育人教育质量评价模型[5]。杨建义（2021）提出了构建教学过程的课程思政评价体系，强化对"课程思政"的过程性评估、督促和反馈，把课程的思政功能落实在过程上[6]。蒲清平、何丽玲（2021）从方向维度、理论维度、转化维度和服务维度构建课程思政教学质量评价体系[7]。

（二）现状分析

课程思政质量评价研究受到学者们的关注，并取得了一定的成果，为我们的研究提供了理论和实践基础。但通过文献分析，我们也发现了课程思政在质量评价研究上的不足。一是课程思政"质量评价"主题研究不足。目前课程思政研究主题集中于协同育人、队伍建设、应用对策、质量评价、总结反思等，而课程思政的"质量评价"主题研究成果数量极少，占比不到3%。因此本研究聚焦课程思政的质量评价。二是理论研究不足。现有的课程思政质量评价研究存在重实践轻理论倾向，主要表现为课程思政质量评价研究实践分析多，理论阐述和内在规律研究较少。因此，针对课程思政的理论依据、理论基础、理论特征方面的研究不足，本文引入了"4E"理论。三是现行的课程思政质量评价在采集数据上还不够全面。因此，本研究的课程思政质量评价数据来源，除了采集线下的数据，更多通过云平台实时大数据进行采集，以保证课程思政质量评价数据的全面性、及时性、精准性。

二、理论基础

（一）"4E"理论

20世纪80年代初，英国效率小组在财务管理新方案中提出经济性（Economy）、效率性（Efficiency）、效果性（Effectiveness）的"3E"指标建议。经济性指以最低费用取得一定质量的资源，即支出是否节约；效率性指投入和产出中，支出是否有效率，这里的投入和产出包括物质、时间和精神方面等；效果性是指目标的实现情况。1995年，芬维克（Fenwick）在此基础上提出了"3E"理念。1997年福林（Flynn）在原有的指标基础上加入公平（Equality）的概念，即指接受服务的团体或个人能否都受到公平待遇，从而形成"4E"理论。随着国内外学者对"4E"理论的深入研究和应用，其内涵和外延不断扩大，该理论开始成功运用于软性环境评价、绩效评估、公共政策评价、软实力评价等领域[8]。在教育领域，著名学者戴维·梅里尔（David Merrill）教授从早期对概念教学的关注到教学系统设计与开发，引入了参与性（Engaging）要素。他认为：教学要关注的不仅仅是如何利用技术传递信息，更应关注如何使教学更有效，更能提升学生的参与性，从而形成了基于教育教学的"4E"理论，即经济性、效率性、参与性、效果性[9]。

（二）"云教学"内涵

《教育部信息化十年发展规划（2011—2020年）》强调指出："要重点推进信息技术与高等教育的深度融合，促进教育内容、教育手段和方法现代化""学校教育教学改革主要维度包括：教师信息化教学的习惯；知识呈现方式、教师评价方式等变化；学生多样化、个性化学习方面的改变"。也由此在2015年7月，学术界首次提出"云教学"的概念，它是指基于云计算技术开展的教学活动，该活动结果将由活动过程的行为大数据全面呈现并基于该大数据实施客观的科学管理[10]。它包括教学工具、教学内容、教学管理、教学监督与评价等方面全面云技术化和大数据化。

（三）基于"4E"理论的课程思政"云教学"模式

借助智能云平台展开"云教学"，可以加大信息技术与课程思政教学的深度融合，促进课堂教学改革，提高课程思政教学质量[11]，为此本研究构建了基于"4E"理论的课程思政"云教学"模式（图3-1）。

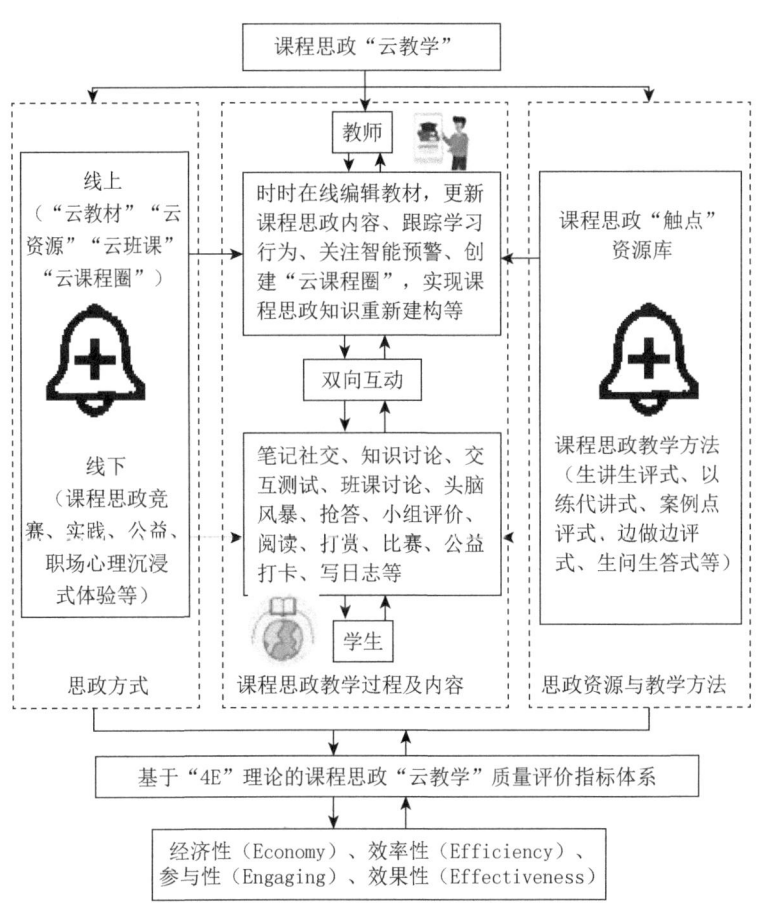

图 3-1 基于"4E"理论的课程思政"云教学"模式

该教学模式设计原理：线上通过"云教材""云资源""云班课""云课程圈"，线下通过竞赛、实践、公益、职场心理沉浸式体验，融合课程思政"触点"资源库，运用案例点评式、项目研究式、以练代讲式等 10 种教学方法展开课程思政"云教学"。最后，通过平台大数据（图 3-2），结合调研访谈、过程跟踪、案例分析等数据，对课程思政"云教学"质量进行持续监督、反馈、调整，使课程思政"云教学"质量达到"4E"性。

图 3-2 课程思政"云教学"平台大数据（部分）

该模式的"云教材"是指集富媒体数字出版、移动学习、大数据、云服务四大前沿领域技术的教材，是纸质教材的延伸。"云资源"是与课程相关的视频、网页链接、课件、题库等。"云班课"是指在云平台进行各类教学活动，如签到、投屏互动、讨论答疑、智能预警、测试、投票问卷、小组作业等。"云课程圈"是以课程思政为主题实现知识的重新建构的交流圈。思政"触点"资源库是指围绕课程思政教育内容的资源库，有班课库、创新创业库、公益库、社会实践库、职场心理库等。

该模式的课程思政的教学方法有：生讲生评式、以练代讲式、案例点评式、研讨辩论式、项目研究式、边讲边练式、教师导演学生串演式、平行互动式、边做边评式、生问生答式 10 种混合式教学方法。

三、基于"4E"理论的课程思政"云教学"质量评价体系构建

（一）构建原则

根据云平台大数据对课程思政"云教学"质量进行持续监督、反馈、调整，基于"4E"理论的课程思政"云教学"质量评价体系构建原则是：课程思政"云教学"质量是否达到"4E"性，即经济性、效率性、参与性、效果性。

经济性是指课程思政"云教学"是否达到使用最少的资金获得尽可能多的资源；效率性是指投入一定的资源或时间取得较大的产出；参与性是指课程思政"云教学"是否最大程度体现"人人有角色，事事有落实"，是否达到"人人参与、个个动脑、同享进步、共同发展"的要求；效果性是指课程思政"云教学"目标的实现程度，即

是否满足师生的需求和期望的目标。

（二）构建内容

1. 经济性维度

经济性维度的课程思政质量评价主要有："云教材""云资源""云班课""云课程圈"、思政"触点"库等能否以最低的成本让更多的师生受益和满意；"云教材"是否能与时俱进地更新课程思政富媒体内容；"云资源"、课程思政"触点"库的建设周期长短，是否能实现课程的易访问性和可重复使用；隐性课程思政开发的经济性；等等。

2. 效率性维度

效率性维度的课程思政"云教学"主要评价："云教学"的组织和管理效率；学生对思政"触点"资源的接收度；隐性课程思政与专业的契合度；课程思政的教学活动是否可以实时用大数据体现；"云课程圈"是否可以高效地进行课程思政知识的拓展；"云班课"教学活动能否调动学生学习兴趣、提升专注力；"云教学"课程思政内容传达率；等等。

3. 参与性维度

参与性维度的课程思政质量评价主要有："云课程圈"的协作情况；参加比赛来扎实学识、培育学生的专业认同、精益求精、攻坚克难的工匠精神的学生数；职场心理沉浸式体验和工作日志等是否有助于训练每个学生在职场中健康的心理和平和的心态；"云班课"活跃指数，"云教学"活动提高学生沟通表达和团结协作能力的比例；学生参与社会实践、爱心公益活动情况；等等。

4. 效果性维度

效果性维度的课程思政"云教学"主要评价："云课程圈"知识的重新建构是否有助于学生辩证思维、系统思维、职业判断力的启发；"云教学"内容是否有助于培养学生的职业理想、行业规范、慎独自律等；教材引申出哲学认识论、方法论的思路和方法，是否有助于培育学生学科交叉思维、岗位迁移能力；创新创业项目是否可以培育学生商业自信、开拓创新意识、诚信服务等；"云教材"中的热点事件，警示性问题是否可以提升学生社会主义核心价值观；等等。

根据"4E"理论，最后构建"四维三层"的课程思政"云教学"质量评价体系。"四维"是指4个"E"，即经济性、效率性、参与性、效果性四个维度，也是质量评价指标体系的一级指标；"三层"是指在"4个E"一级指标下分别设二级指标、三级指标，内容框架如图3-3所示。

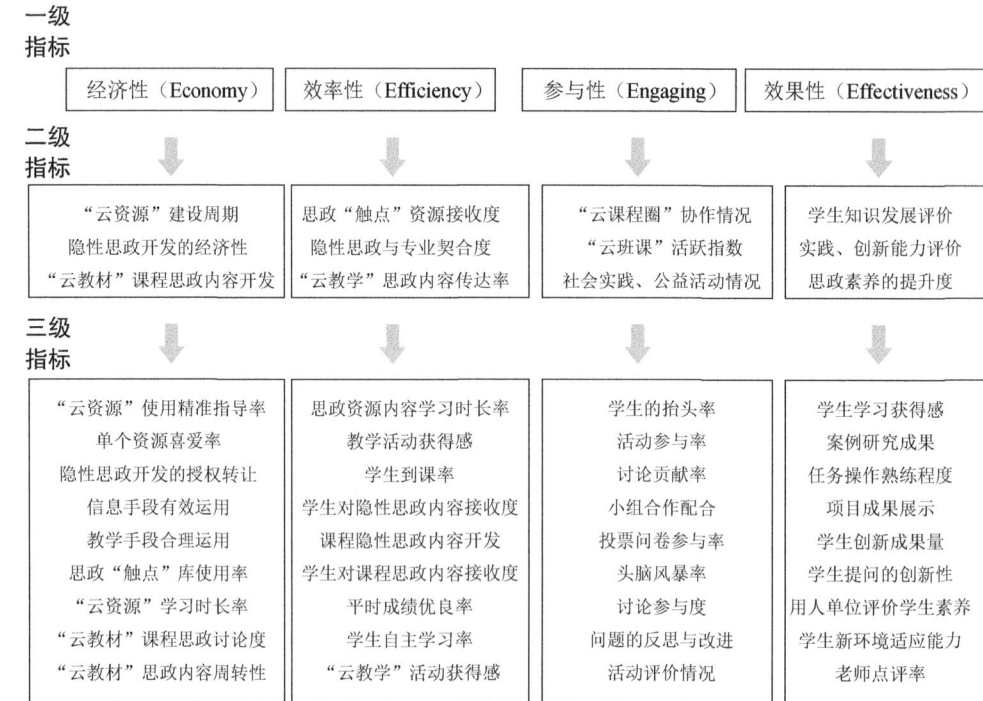

图 3-3 基于 4E 理论的课程思政"云教学"质量评价体系

（三）构建意义

"云教学"大数据是教学行为和过程的实时记录，具有不可更改性、真实性，数据量大，数据采集和数据分析具有天然优势，可以全面、连续、动态采集"云教学"数据，实现全程监测、动态反馈。因此，课程思政"云教学"质量评价体系的构建可以证实学生课程思政学习轨迹、精准管理课程思政教学日常、优化课程思政教学内容、优选课程思政教学活动、实时监测与反馈教学过程，有利于强化学生社会主义核心价值观教育，有利于课程思政改革模式创新，提升课程思政教学质量。

四、基于"4E"理论的课程思政"云教学"质量评价体系的特色

（一）将"4E"理论的运用拓展至课程思政教学质量评价

"4E"理论现常用于软性环境评价、绩效评估、公共政策评价、软实力评价等公共服务类的社会公益性项目评价，运用于课程教学质量评价较少，运用于课程思政质量教学评价就更少了。本研究引入"4E"理论，构建课程思政"云教学"质量评价指

标体系，不仅为课程思政"云教学"质量评价研究提供了理论依据，也将"4E"理论应用拓展至新的领域，从而丰富了该理论的研究。

（二）将课程思政质量评价数据采集延伸至"云教学"大数据

目前课程思政研究中"评价考核"主题的研究不多，在课程思政总的研究中，占比不到3%[12]。而现有的课程思政教学评价主要从传统或线下的视角来采集数据，本研究则侧重从"云教学"大数据的视角来采集数据，通过"云教材""云资源""云班课""云课程圈"与课程思政的融合，形成的实时、动态、全面的数据来评价课程思政教学，使评价指标更为科学与精准。

（三）将课程思政评价指标从显性指标推进至隐性指标

2019年3月，习近平总书记在学校思政课教师座谈会上指出：思政课改革创新"要坚持显性教育与隐性教育相统一"。因此基于"4E"理论的课程思政"云教学"质量评价指标体系，除了挖掘"到课率""抬头率""教学活动参与率"等这样的显性指标，还把"入脑""入心"作为隐性指标进行挖掘，如教学活动获得感、单个资源喜爱率等。

参考文献

[1] 肖香龙，朱珠."大思政"格局下课程思政的探索与实践[J].思想理论教育导刊，2018（10）：133-135.

[2] 谢晗进，李鑫，江雯.新时代高校教师的专业课程思政化评价研究[J].教育教学论坛，2019（23）：51-53.

[3] 黄煜栋，徐莉君."课程思政"下的课堂教学质量量化评价研究[J].科技通报，2019，35（10）：217-221.

[4] 谭红岩，郭源源，王娟娟.高校课程思政评估指标体系的构建与改进[J].教师教育研究，2020，32（5）：11-15.

[5] 苏小菱，洪昀.基于层次分析评价模型的课程思政有效性评价探索[J].教育教学论坛，2020（22）：150-152.

[6] 杨建义.全面提高高校人才培养能力视野下的"课程思政"建设[J].思想理论教育导刊，2021（7）：128-132.

[7] 蒲清平，何丽玲.高校课程思政改革的趋势、堵点、痛点、难点与应对策略

[J].新疆师范大学学报(哲学社会科学版),2021(5):105-114.

[8]王志伟.基于"4E"理论的中医医院医保预付费方式适用性实证研究[J].西藏大学学报(社会科学版),2017,32(2):197-202.

[9][美]本杰明·S.布卢姆.教育评价[M].邱渊,等译.上海:华东师范大学出版社,1987:494.

[10]杜新满.基于云教学大数据开展课堂教学评价的探索[J].广州城市职业学院学报,2020,14(4):6-12.

[11]马红梅.庄子"技道观"下信息技术与教学融合路径研究[J].内蒙古电大学刊,2021(2):76-79.

[12]佘双好,周伟.课程思政研究的现状、问题及建议[J].高校辅导员,2020(6):8-13.

(文章发表于《佳木斯大学社会科学学报》2022年第40卷第2期)

作者:

马红梅(1977—),女,浙江旅游职业学院,副教授,高级会计师,主要研究方向为会计专业教育教学。

高校俄语专业"俄语泛读"课程思政改革探索与实践

◎张润

> **摘　要：**"俄语泛读"是高校俄语专业学生通过俄语原文阅读扩大词汇量、获取新信息、提高语言综合能力的一门重要课程。在"俄语泛读"的教学中，将专业知识与课程思政元素融为一体，结合阅读材料进行相关主题扩展讨论，构建课程教学中涉及的思政元素的作用与实现途径，使俄语语言教学与课程思政教学相辅相成。
>
> **关键词：**课程思政；高校俄语；"俄语泛读"课程

一、"俄语泛读"课程

"俄语泛读"是俄语专业比较重要的基础课程之一，开设于第三和第四学期，每周2课时。该课程总体设计思路是使学生在实践中大量接触俄语读物，通过让学生阅读大量的各种题材的原文材料，在熟识大量单词的基础上熟悉和掌握俄语词汇、句式的习惯用法和表达方式，提升俄语阅读速度，掌握俄语阅读技巧，训练俄语语言逻辑思维能力和理解应用能力。本课程教材为外语教学与研究出版社出版的大学俄语系列阅读教程，该教材是教育部高等教育外语教学指导委员会的立项教材。该教材阅读材料均选自俄罗斯近年来的正式出版物，在提高学生阅读理解能力的同时注重提高与完善学生的言语交际能力。课上指定阅读32篇课文，课后补充16篇读物，每课由单词、课文、练习题目三部分组成，课程采取以学生为主体、教师为主导的教学模式。首先，通过单词听写、文本分析、问题讨论等教学形式帮助学生扩大词汇量，快速获取有效信息，学会用俄语思考并总结，增强俄语语感；其次，通过讲授文章所涉及的必要的背景知识，不断加深语言与文化沉淀。

二、关于课程思政理念

2020年，教育部发布《高等学校课程思政建设指导纲要》（以下简称《纲要》）。《纲要》提出，"要把思想政治教育贯穿人才培养体系，全面推进高校课程思政建设，发挥好每门课程的育人作用，提高高校人才培养质量。全面推进课程思政建设，就是要寓价值观引导于知识传授和能力培养之中，帮助学生塑造正确的世界观、人生观、价值观，这是人才培养的应有之义，更是必备内容"[1]。《纲要》为教师开展课程思政工作提供了宏观指导准则和方向。据此，教师可采取多种多样的方式将具体课程与思想政治教育内容相结合，探索应用有效方式将思政理论融入学生日常生活学习中，使得学生能够真正理解认知思政的意义和作用，自觉与个人成长相结合，指导具体实践，解决学生在日常生活学习中遇到的实际问题。

课程思政不同于传统意义的马哲等思政课程，注重结合不同专业学习背景找到可以融入思政元素的知识点进行教学。就俄语学习来说，俄语专业的核心课程，尤其是与俄语原文阅读有关的课程，可以从语篇分析、中俄文化对比等方面提炼该课程可以涉及的思政元素，做到语言学习和思政教育有机结合，相辅相成。在教学过程中，可以根据阅读材料的内容进行专题讨论，有效融入关于家国情怀的话题，引导学生正确认识我国的历史与现状，认识到今天和平稳定、幸福安康的生活来之不易，激发学生的爱国之情，使学生可以由衷认可我国正在走的道路；还可以帮助学生了解中俄两国优秀的传统文化，了解传统文化的历史和传承，学习传统文化的主要内容，从优秀传统文化中吸取精华，为塑造优良品质、全面发展打下坚实基础。帮助学生树立民族和国家自豪感，既成为传统文化的继承者，又成为传统文化的传播者。具体而言，本门课的课程思政改革可以从如下几个方面入手。

三、整体教学设计

（一）用语言元素和思政元素"二轮驱动"课程设计

在传统的外语教学中，语言元素是重中之重，而思政元素则被认为是教学过程中锦上添花的环节，教师在进行教学设计时，思政元素的融入具有较大随意性和随机性，针对这一问题，本课程在进行"课程思政"素材融入课程设计时，注重语言元素和思政元素的有机融合，并对相关思政素材进行系统性整理，将素材分为"习近平新时代中国特色社会主义思想""中华优秀传统文化""社会主义核心价值观"三大模块，并以这三大模块来引导各个单元的教学案例设计，最后达到"语言""思政"两不误的效果。

（二）用思政元素串联授课流程

本课程利用现代化信息技术手段和在线教学平台，用思政元素串联起整个授课流程。课前，教师将视频、音频、电子文本等形式的教学素材上传教学平台，学生自主完成相关单元的思政内容预习，完成课前任务；课中，通过完成课堂阅读、讨论等任务，以及师生、生生之间的互动，使学生对单元主题与思政内容形成进一步认知并掌握相关语言表述；课后，完成作业，将课堂中涉及的语言文化知识和情感认知以作文、演讲、情景短剧等形式进行综合反馈，教师通过平台对学生成果进行收集与评价。

四、教学实施过程

《纲要》指出，应结合专业特点分类推进课程思政建设[2]。俄语语言文学属于文史哲类专业课程，要在此类课程的教学中帮助学生掌握马克思主义世界观和方法论，从历史与现实、理论与实践等维度深刻理解习近平新时代中国特色社会主义思想。要结合专业知识教育引导学生深刻理解社会主义核心价值观，自觉弘扬中华优秀传统文化、革命文化、社会主义先进文化。根据文件精神，结合"习近平新时代中国特色社会主义思想""中华优秀传统文化""社会主义核心价值观"这三大模块，对各个单元的教学案例进行具体设计与分析。

（一）习近平新时代中国特色社会主义思想

《纲要》指出，坚持不懈用习近平新时代中国特色社会主义思想铸魂育人，引导学生了解世情国情党情民情，增强对党的创新理论的政治认同、思想认同、情感认同，坚定中国特色社会主义道路自信、理论自信、制度自信、文化自信[3]。在"俄语泛读"课程中将以下两个案例中结合习近平新时代中国特色社会主义思想引入课堂。

《第一个女宇航员》这篇文章介绍了俄罗斯第一名女宇航员的生平。阅读完成之后，可以引入宇宙开发这一话题引导学生使用俄语进行讨论，适当采用图片、视频等多媒体手段简要介绍一下中俄美等主要航天大国航天事业发展情况，重点讲述中国"两弹一星"工程取得成功是众多军事、航天工作者艰苦奋斗自强不息的结果，是他们爱国主义的集中表现。之后讲述我国近年来在航天探索方面取得的卓越成就，特别是载人航天工程、嫦娥工程、天问工程，一批又一批具备高度爱国主义精神的航天工作者前仆后继，辛勤工作，为我国的航天事业奉献了宝贵的青春，在航天领域取得了傲人的成就。播放俄语的中国和俄罗斯航天员的采访视频，使学生可以从航天员第一视角感受到生动活泼的爱国主义。通过这种方式，在学习语言的同时又加深了解了中国航天事业的发展史，从而激发出学生的爱国主义精神。布置课后任务，要求学生观看太空探测方面纪录片或电影，了解主要国家当前航天事业发展状况及我国所处水平，进一步思索人与宇宙的关系。

《新城市》这篇文章讲述了俄罗斯城市建设方面的故事。讲这一课时，可以先带领学生阅读课文，观看相关视频，了解俄罗斯近年城市建设相关情况，之后播放中国城市建设发展情况的视频、图片，介绍我国改革开放以来城市建设所取得的显著成就，引导学生就此话题用俄语进行讨论。众所周知，随着中国经济飞速发展，人口不断向城镇集中，不仅大城市鳞次栉比，而且中小城市数量大幅增长。中国的城镇化建设不仅在硬件方面取得长足进步，而且城镇治理水平也得到显著提高，城市功能日趋完善，人民生活日益幸福。通过这一对比，可以让学生充分直观地认识我国在城市建设方面所取得的成就，增强学生对我国发展道路的信心，坚决拥护党的领导，提高学生的爱国之情，并可适时引导学生化爱国之情为前进动力，珍惜大好青春时光，认真学习，努力拼搏，毕业后积极投身到我国的现代化建设中，努力成就一番事业，与祖国共同前进，共同见证中华民族的伟大复兴。

（二）优秀的传统文化教育

中华民族历史源远流长，在五千年岁月中发展出了璀璨的文明，在人类众多文明中独树一帜，影响着一代又一代的中国人，并且代代相传至今，成为全人类文化的重要代表和璀璨明珠。中华民族传统文化蕴涵着丰富的内涵和优良的适合性，不仅成为历朝历代的核心思想观念和价值导向，也深刻影响着中华民族的方方面面，已经深深融入中国人的内心。当前，在中国共产党的领导下，我国正在为实现中华民族的伟大复兴而努力奋斗。在此过程中，必须坚持以社会主义核心价值观为指导。习近平总书记指出，"要认真汲取中华优秀传统文化的思想精华和道德精髓……使中华优秀传统文化成为涵养社会主义核心价值观的重要源泉"[4]。因此，课程思政教育应当适当引入中华民族传统文化教育相关内容。例如，中华民族传统节日是传统文化的一个典型代表，下面以《科学地过节》这篇文章为例，说明在"俄语泛读"课中引入传统节日教育。

在课文阅读任务完成后，可以就中国的传统节日这一话题进行讨论。让学生学会用俄语来介绍一些中国的传统节日，可以采取分组讨论再集中汇报的形式，这样不仅可以帮助学生更好地了解中国传统节日风俗习惯与文化价值，还可以让学生更多地使用俄语进行表述，向俄语国家人士介绍和传播中国节日文化，展现中国文化魅力。可以以传统节日为点，由点及面，向学生介绍其他中国传统文化，例如，国学、文学、书法、绘画、建筑、音乐等，要求学生选择某一领域，搜索相关记载、图片、视频等资料，尝试用俄语进行梳理总结与陈述，引导学生较为全面正确地理解传统文化的内涵，树立文化自信，为用俄语向世界介绍中国传统文化，传播中国优秀价值观念，展示直观、全面、真实的中国打下坚实的基础。

（三）社会主义核心价值观教育

当前，世界面临百年未有之大变局，我国建设中国特色社会主义事业正在进入新时期，既面临一系列难得的机遇，也会面对诸多艰巨的挑战。为此，必须坚持党的领导，坚持习近平新时代中国特色社会主义思想，倡导和践行富强、民主、文明、和谐等社会主义核心价值观[5]。因此，有必要在"俄语泛读"课程中引入社会主义核心价值观方面的课程思政内容。《俄语泛读》教材中有一课为《关于幸福》。在上这一课时，在阅读任务完成后，可以让学生用俄语展开讨论什么是真正的幸福。现在的大学生都是"00后"，这些学生多数从小就是家里的中心，成长过程中往往受到过多的宠爱。很多学生养成了遇事首先考虑自己、以自我为中心的习惯，对别人和集体较为冷漠，做事缺乏责任心，不能主动承担责任，对幸福的理解比较片面肤浅。在这一课中，可以引导学生学会观察生活，了解幸福就在身边，更要知道幸福需要我们去创造。讲述讨论那些为人民谋幸福的先进典型人物的故事，引导学生对幸福的认识由个人幸福上升到家庭幸福、集体幸福、人民幸福、国家幸福。培养学生正确认识社会主义核心价值观，做有胆识、有担当的时代先锋，在"小我"幸福的基础上，实现"人民有信仰，民族有希望，国家有力量"的"大我"的幸福。

五、结语

《大学》开篇首句即说道："大学之道，在明明德，在亲民，在止于至善。"[6]此句意为大学之道，在于宣扬正大宽宏的德行，教化民众，致力于使民众达到至善境界。明代丘濬在《大学衍义补》中说："大学之教所以聚天下贤才，使之讲明经史，切磋琢磨，以成就其器业，以为天下国家之用。"[7]意为大学应聚揽全国的贤俊青年，使其能够精通经书及史书，经过钻研与相互讨论，培养成精通学业的有用人才，以供国家及社会任用。从这些名言可以看出，中华民族先贤们极为重视思想政治培养。要培养青年英才，首先注重的是其"德"，即其思想政治素养。中华民族五千年悠久历史中涌现出了不计其数的杰出人物，多数都具备优良的思想品德。对思想品德培养的重视，这是中华民族的优良传统，是民族历史发展连绵不断、民族精神一脉相传的基本保障，也是实现中华民族伟大复兴的重要依靠。青年学生是国家的未来，作为大学教师，要主动引导广大青年学子志当存高远，敢为时代先，努力学习，早日成才，奋发图强，报效国家。这不仅要求教师向学生传授专业知识与技能，提高学生专业素质，培养学生专业能力，更重要的是，要带领和帮助学生树立正确的价值观念。事实上，不仅仅是《俄语泛读》课程，在其他课程中也蕴含着丰富的思政元素，既要实现本专业俄语语言文化知识的教学目标，又要实现课程思政教育的目标，应不断在教学实践中提炼课程思政元素，把"专业知识教学"与"思政教学"融为一体，使之逐渐丰富鲜活，形成体系，最后达到"春风化雨，润物无声"。

参考文献

[1][2][3] 教育部.教育部关于印发《高等学校课程思政建设指导纲要》的通知（教高〔2020〕3号）[EB/OL].（2020-05-28）[2021-12-20].http：//www.moe.gov.cn/ srcsite/A08/s7056/202006/t20200603_462437.html，2020-05-28.

［4］人民网.习近平总书记在中共中央政治局第十三次集体学习时的讲话［EB/OL］.（2014-02-24）［2021-12-20］.http：//theory.people.com.cn/n1/2017/0609/c40531-29328920.html.

［5］杨悦新.新建应用型本科院校包容性校园文化研究［D］.长春：东北师范大学博士论文，2017.

［6］杨伯峻.杨伯峻四书全译［M］.北京：中华书局，2020：4.

［7］林冠群，周济夫，校点.丘濬：大学衍义补［M］.北京：京华出版社，1999：599.

（文章发表于《黑河学院学报》2022年第4期）

作者：

张润（1981—　），女，浙江旅游职业学院，讲师，主要研究方向为俄语语言学、俄语教学。

基于建构主义的移动学习活动设计研究

——以"新媒体营销"课程为例

◎ 胡小华

> **摘　要**：移动学习是数字化学习背景下指向未来的学习模式，存在时间灵活化、空间泛在化①、内容碎片化的特征。建构主义指出，情境、协作、会话和意义建构四大要素共同构成了学习活动的环境。基于建构主义学习理论探讨移动学习活动的目标设计、任务设计、评价设计，并对移动学习活动类型进行拆分和重组，可将移动学习活动设计与课堂教学活动有机融合，从而实现个人知识体系的创造性重构。同时，通过"新媒体营销"课程验证移动学习设计的有效性，可为移动学习活动实践提供借鉴。
>
> **关键词**：建构主义；移动学习；活动设计

随着移动网络通信技术和移动信息设备的普及，移动学习受到学界的广泛关注。移动学习是利用移动技术，学习者在非固定和非预先设定位置进行信息获得、知识获取的实践活动。通过查阅相关文献发现，当前研究大多集中于对移动学习模式的分析，对于移动学习活动设计的关注明显不足。建构主义理论认为学习是实现知识意义的主动建构。若将建构主义理论与移动学习活动进行有效整合，学习者即可处于泛在学习的状态下完成知识的同化与顺应。本文拟从建构主义学习理论出发，对移动学习活动进行设计研究，并以新媒体营销课程为例验证建构主义理论在移动学习活动设计

---

① 泛在化，指无线网络的广泛覆盖，以及无线传感器网络 RFID 标识与其他感知手段的广泛存在。

中的效果。

一、移动学习活动设计的概述

（一）移动学习的概念

随着移动终端和无线网络的不断发展，移动学习被应用于教学实践，并逐渐得到研究者的关注。近年来，随着虚拟现实技术发展，移动学习有很大发展，已初步实现了利用移动技术支持现实环境中的学习。关于移动学习的概念，叶成林等认为，移动学习是利用移动通信网络技术的一种新型数字化学习形式。认知心理学学者克莱尔·奥马利（ClaireO' Malley）则认为，移动学习是指学习者不在固定的、预设的位置所发生的任何类型的学习。整合上述定义，本文认为移动学习是指学习者利用移动技术，在非固定和非预先设定位置的学习。

（二）移动学习活动设计研究现状

移动学习活动是学习者为了完成学习目标，在移动设备终端利用移动网络与学习内容进行的一系列交互。当前，学界对移动学习理论和活动理论的研究较为丰富，如美国教育学教授泰勒（J.Taylor）和夏普（M.Sharples）指出移动学习的理论视角包括行为主义、非正式学习、情境学习。行为主义强调外部刺激，以刺激改变行为，进而促进学习。非正式学习是除学校教育等有组织、有计划的学习形态之外的学习，可以是目的性学习，也可以是偶然性学习。情境学习认为学习是在情境中展开的，强调学习环境的重要性。活动理论把"活动"作为逻辑起点和中心范畴来研究和解释人的发展。美国教学设计代表人物戴维·乔纳森（David. H. Jonassen）通过活动目的、活动核心要素、活动结构、中介、活动所处的环境和活动发展性等分析学习活动。

（三）建构主义学习理论为移动学习活动设计提供了新视角

建构主义学习理论最早由心理学家皮亚杰（J. Piaget）提出。他认为学习是在与周围环境相互作用的过程中，对外部世界的知识进行建构。心理学家斯滕伯格（Sternberg）等在其研究成果的基础上强调了学习的主动性。心理学家维果茨基（Vygotsky）则强调学习是与有知识的其他人在"最邻近发展区"的社会交互，是与学习共同体通过协商进行的知识建构。

建构主义所蕴含的教育思想主要包括知识观、学习观、教学观。建构主义知识观认为知识是在特定社会文化背景下建构的结果，是在具体情境下进行的再加工与再创造。建构主义学习观认为学习活动是个人建构知识的过程性活动，与社会共享的理解过程密不可分。建构主义学习环境包含情境、协作、会话和意义建构四大要素。情境学习着眼于解决情境中的实际问题。协作学习强调建立学习共同体。会话是通过学习者之间的对话开展学习。意义建构是学习的最终目标，强调学习不仅是对知识的理解和运用，更是对知识的创新。建构主义教学观认为学生是知识的积极建构者，教师是引导者与帮助者。

现有研究侧重基于建构主义的学习模式分析及教学实践探讨，但运用建构主义学习理论进行移动学习活动设计的研究尚处于探索阶段。建构主义理论以实现知识意义的主动建构为目的，以真实情境中的问题为驱动，强调以学习者为中心及知识的再加工与再创造，为移动学习活动设计提供了新视角。

二、基于建构主义的移动学习活动设计

根据皮亚杰（J. Piaget）对意义建构的观点，一旦学习者在新知识与先前知识之间建立了逻辑关系，就可以将先前知识同化到新知识和技能，引起认知结构数量的扩充（同化）；或对先前知识进行改造与重组，引起认知结构性质的改变（顺应）。在课前新知识的导入、课后知识巩固内化等环节，设计系统合理的移动学习活动，可有效辅助课堂教学，实现学习活动的优势互补，达到知识的同化与顺应。而在此之前，需要首先厘清移动学习活动的构成要素，才能运用理论有效指导移动学习活动设计。杨开城认为，学习活动设计构成要素有学习目标、活动任务、学习方式、组织形式、交互方式、学习成果形式、活动监管规则、角色和职责规划、学习评价规则和评价标准。黄荣怀把移动学习活动设计分成需求分析、聚焦学习者、学习场景设计、技术环境、约束条件分析和学习支持服务。王楠认为，在线学习活动的构成因素有任务、场景、辅导支持和评价。本文基于建构主义学习理论，认为移动学习活动设计主要包括活动目标设计、活动任务设计、活动评价设计。

（一）活动目标设计

学习活动目标是通过学习活动要达到的预期学习结果。活动目标设计是学习活动设计的起点，也决定了学习活动实施的价值导向。基于建构主义学习理论的移动学习活动目标以培养学习者在学习过程中的主动性、社会性、建构性为主要目标。其一，主动性。学习的主动性体现在学习者有目的地开展学习活动。在移动学习活动中，学

习的主动性可表现为学习者主动参与、主动建构知识的程度。其二，社会性。在移动学习活动中，学习的社会性主要表现为学习者在协作学习中的态度倾向、能力表现与贡献度。其三，建构性。学习的建构性主要表现为知识的生成与理解、整合和深化、应用与迁移的能力。

（二）活动任务设计

活动任务是学习者要完成的具体事务或主题，是学习活动的核心要素，也是学习活动设计的重点。学习活动任务是教学设计过程中基本分析单元。学习活动任务可以是若干个问题、案例或项目。基于建构主义的移动学习活动任务有以下特征：一是以知识的意义建构为核心目的；二是任务与真实事件或问题的情境相融合；三是注重协作学习。根据移动学习活动的相关概念，移动学习活动任务设计主要有活动类型的设计、学习方式的设计、学习资源的设计、任务成果的设计。

1. 活动类型的设计

根据建构主义学习环境中情境、协作、会话及意义建构四个要素，分析移动学习用户需求，提炼移动学习活动类型，如表3-1所示。

表3-1 建构主义学习环境下的移动学习活动类型

建构主义学习环境	课前移动学习活动类型	课后移动学习活动类型
情境	案例导入、真实问题导入	练习训练
协作	资源共享	资源共享、协作作业
会话	交流讨论	交流讨论、成果汇报
意义建构	新课导学	测试评价、总结反思

"情境"活动类型设计主要包括以下三种：第一，课前案例导入。在安排学习任务前，教师呈现给学习者与其原有经验或先前学习内容密切相关的引导性材料。教师在移动教学空间导入与新知识相关的案例。案例应符合学习者的时代特征和认知水平，带有趣味性和新颖性，能引发思考与共鸣。第二，课前真实问题导入。课前应导入与新知识点相关的真实问题，启发学习者进入真实问题情境，激发学习者运用新知识分析和解决实际问题。第三，课后练习训练。练习训练是理解新知识、完善认知结构的重要途径。通过在移动学习空间的反复练习训练，学习者运用知识解决实际问题的能力可以得到提升。

"协作"活动类型设计主要包括以下两种：第一，资源共享。教师和学习者共享与学习内容相关的有价值的学习内容，可以是热点信息、视频课程、学习工具等。第二，协作作业，如小组协作完成调查问卷、收集数据信息、设计小程序小实验等。

"会话"活动类型设计主要包括以下两种：第一，交流讨论。教师设计主题并引导学习者在讨论区交流。学习者通过与小组成员的交流讨论，促进主动思考，从而扩充或调整原来的认知结构。第二，成果汇报。教师鼓励学习者用图片、视频、文本等形式在移动学习空间发布作业与成果，还可将优秀作业、精彩观点予以展示并发起学习者的在线讨论。

"意义建构"活动类型设计主要包括以下三种：第一，课前新课导学。教师在课前设计新课导学，为学习者梳理认知体系，为建构新知识提供框架。导学内容包括课程目标、预备知识、课前调查、课程重点难点、知识点框架、参考资料、常见问题等。第二，课后测试评价。测试评价是对学习情况进行检验与判断，并为后期的移动活动设计提供参考依据，主要包括知识点考试、实验操作测试、教师学情反馈、个人自评、同伴互评等途径。第三，课后总结反思。学习者对所学知识进行思考总结，查找薄弱点，将知识纳入原有的结构（同化）或对先前知识进行重构（顺应），从而促进学习者的意义建构。

2. 学习方式的设计

移动学习受其自身特征的影响，在活动方式设计上主要可分为个别化学习和协作化学习。个别化学习是学习者根据个人能力、学习风格等决定学习进度，适合知识信息的获取阶段。协作化学习是通过小组或团队的形式进行学习的方式，适合知识信息的运用阶段。在实际移动学习活动过程中，个别化学习可与协作化学习相结合以保证学习方式的多样化。

3. 学习资源的设计

学习资源是指学习者在学习过程中可利用的信息和资料等，主要包括：①移动学习平台，如MOOCs（慕课）、网易云课堂等；②教师录制的微课；③SPOC，即小规模限制性在线课程；④认知工具，如数据处理与信息检索工具、思维导图、知识建模工具，以及各类交流协作工具；⑤其他学习辅助资源，如相关公众号、短视频等。为使学习者一站式获取这些资源，教师将学习资源进行结构化分类和设计，并整合发布在同一在线学习平台。

4. 任务成果的设计

任务成果是学习活动过程中产生的成果实体及形式，其可以是个人成果如个人的发言、学习心得等；或是小组协作成果如小组的作业、项目、小程序等。

（三）活动评价设计

学习活动评价主要对学习活动的成果进行评价，并根据评价结果对学习活动任务进行调整。基于建构主义的移动学习活动评价是根据学习者在移动学习活动过程中的主动性、社会性、建构性，采用形成性评价和总结评价相结合的多元方式。针对"学习的主动性"的评价指标分为学习者参与移动学习活动的时长与完成度、发表观点的次数与质量等。针对"学习的社会性"的评价指标分为学习者参与小组讨论的次数、小组合作学习的表现、小组成员的评价等。针对"学习的建构性"的评价指标分为知识或技能的在线测试、真实项目的设计方案、问题解决方案、创作的作品等。此外，对移动学习管理后台所提供的学习者阅读量、评论量等统计信息进行分析，进一步了解学习者的知识建构情况。综上所述，完整的基于建构主义的移动学习活动设计模式可表示为目标、任务、评价三大环节在移动设备支持下不断完成意义建构的动态过程，具体模式如图3-4所示。

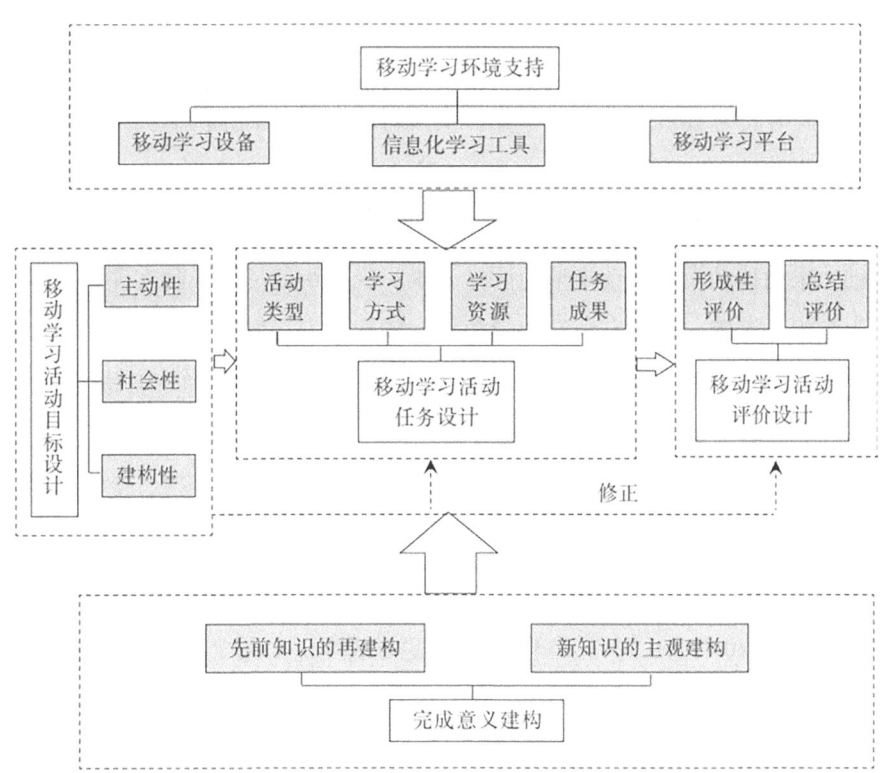

图3-4 基于建构主义的移动学习活动设计模式

三、基于建构主义的移动学习活动设计应用实践

（一）方案设计

"新媒体营销"是互联网时代下市场营销专业的核心课程，具有实用性强、知识体系多样、学生自主学习空间充足的特征，与建构主义理论指导下的学习活动对象具有较强的关联性。教师基于建构主义的移动学习活动可辅助课堂教学，完成知识意义的建构。本文选择"微信社群客户运营"这一单元，以"意义建构"活动为例，介绍移动学习活动设计方案，见表3-2。

表 3-2 "微信社群客户运营"移动学习活动设计

"意义建构"活动设计	1.课前导学。教师设置"客户运营体系与微信社群运营的意义"作为课前导学内容。目的是激活学习者先前知识，促进新知识与先前知识建立联系，引发思考
	2.课后测试与反思。教师引导学生学习移动空间"常见问题""进阶思考"及微信社群运营案例，完成反思作业。目的是促进学习者认知结构的扩充或改变

（二）方案实施

方案实施时间为2021学年第二学期。实践对象为浙江旅游职业学院2021级市场营销专业两个班级的学生，其中1班43人，2班42人。选择1班为对照组，教师采用传统面授教学。2班为观察组，将观察组学生分成7个组，每组6人，以建构主义学习理论为基础，采用移动学习活动来辅助课堂教学。观察组的授课教师在课前开设学习公告、作业汇报、答疑、学习资源等助学模块，阐述学习目标、分享学习资源、创设情境、设计移动学习活动并在班级学习空间予以发布。学生在课前学习引导性材料，主动建立新旧知识之间的关系。教师精讲核心知识点，创设课后练习与更多营销问题情境。学生完成移动学习活动并促进认知的内化，通过总结反思，实现知识的应用与迁移。

（三）方案成效

方案实施后，采用学习活动支架应用评价量表（该量表 Cronbach's 系数①为 0.844>0.7，KMO=0.780>0.7，具有较高的信度与效度）对两个班级的学生进行调查。收回对照组、观察组的有效问卷各40份，共80份。通过分析发现，87.1%的学生认为移动学习活动拓宽了知识面，提高了认知能力；96.9%的学生认为移动学习空间有归属感，活动设置促进思考与协作，有利于重构知识。对收集的对照组与观察组两组

---

① Cronbach's 系数，即克隆巴赫系数，是心理或教育测验中常用的信度评估工具。

数据和各项成绩利用SPSS[①]分别进行配对样本t检验，发现观察组学生的学习主动性、知识构建情况及总评成绩都显著高于对照组的学生（P<0.05）。由此可见，基于建构主义的移动学习活动设计对学习者在学习主动性、协作学习及知识建构方面具有较好的效果。当然，在移动学习活动的具体使用过程中，需结合实际情况进行合理选择，对某些要素和活动类型进行适当改进。

伴随着学习型社会建设的逐渐深化和互联网技术的快速发展，移动学习将成为重要的学习模式。高职院校可结合自身专业群建设特点，在课程设计中广泛推动与实施移动学习活动设计。在实施过程中，教育者始终将学习者置于学习活动的主体地位，在学习过程中引导学习者生成个体化知识结构与素养，并在实践评价后不断完善学习活动设计的流程与细节。

参考文献

［1］何克抗.建构主义的教学模式、教学方法与教学设计［J］.北京师范大学学报：社会科学版，1997（5）：74-81.

［2］黄荣怀，王晓晨，李玉顺.面向移动学习的学习活动设计框架［J］.远程教育杂志，2009（1）：3-7.

［3］［英］迈克·沙普尔斯，肖俊洪.移动学习：研究、实践和挑战［J］.中国远程教育，2013（3）：5-11+44.

［4］叶成林，徐福荫.移动学习及其理论基础［J］.开放教育研究，2004（3）：23-26.

［5］王楠.在线学习活动设计理论与实践［M］.北京：北京邮电大学出版社，2019.6.

（文章发表于《教育与职业》2023年第8期）

作者：

胡小华（1976—　），女，浙江旅游职业学院，讲师，主要研究方向为旅游市场营销、旅游职业教育。

---

① SPSS（Statistical Package of the Social Sciences），即社会科学统计软件包，是一种常用的数据统计与分析软件。

产教融合

CHANJIAO RONGHE

编者按

产教融合如何在职业教育中实施，许多问题值得研究。本主题收录3篇论文，围绕产教融合校企共建"企业制学院"、教师服务企业、应用区块链技术赋能产教协同一体化等方面作了探索，具体如下。

一是校企合作研究。例如，《产教融合背景下职业院校教师服务企业研究》提出，要引导教师深度沉入企业运行实际，运用循环演进的方式开展服务，并从服务内容解析、服务结构重塑、服务团队建设、服务方法分析、服务路径构建方面提出相应解决对策。

二是产教协同研究。例如，《区块链技术赋能职业教育产教协同一体化体系的动因与构建研究》提出，区块链技术有助于从机制标准层面建立共识，创新产教融合机制，内化产业需求。又如，《产教融合视阈下高职院校学生的非认知技能培养》从构建产教融合组织、课堂、导师和考核四条互联通道，形成管理、教学、师资和评价四股合力，培养学生非认知技能。

产教融合背景下职业院校教师服务企业研究

◎ 史庆滨

> **摘 要：** 教师是产教融合、校企合作中政策落实、服务落地的主要执行者，是产教融合深入发展的关键所在。通过成立产业研究联盟、建设产教信息共享平台、调整学校教师评判机制、构建多重激励机制、设立服务效果评价机制等方式，构建合理路径，激发职业院校教师的主动性和能动性，从结构上调整研究型、教学型、应用型三类服务，引导教师深度沉入企业运行实际，运用循环演进的方式开展服务，促进企业在经济新常态下的发展，同时为教学积累实践经验，提升人才培养质量，有效推动产教融合理念落地。
>
> **关键词：** 产教融合；职业院校教师；企业服务

2019年初，《国家职业教育改革实施方案》将产教融合有机贯穿其中，进一步推动产学研合作向深层次发展，有关产教融合、校企合作的研究与实践也如火如荼地开展起来。目前，大多数研究者从职业教育办学模式改革、企业融入职业教育体系的视角研究产教融合问题，但"产教融合思维强调，职业教育办学模式改革不仅是教育问题，而且是经济问题"[①]，要改变以往校企合作"校热企不热"现象，不仅需要从教育立场去思考，更要从经济立场、企业视角去思考。刘晓整理了学者们的研究，提出

---

① 石伟平，郝天聪.从校企合作到产教融合——我国职业教育办学模式改革的思维转向[J].教育发展研究，2019（1）：2.

"产教融合是指以整合资源为基本目标,满足培养人才和推动经济结构调整的社会目的,旨在适应学生自身就业和经济社会发展需求的,产业界与教育界在资金、技术、师资、管理、人才等全方位要素资源中的互通互融,多方利益主体在共同利益基本点上的深度合作发展模式"①。在这个定义里,各要素资源互通互融、多方获益是重要内容。企业作为经济主体,其行动逻辑体现出经济性与逐利性特征。产教融合过程中,企业融入职业教育体系的意愿受国家政策补贴、职业院校科研服务资源支持、社会荣誉感等多方面因素影响,因此在国家宏观政策给予企业倾斜后,教育为产业提供的支持力度变成企业考虑的重要内容。对于职业院校而言,要做到教育为产业提供服务,即职业院校为地方企业提供支持,主要体现在职业院校教师参与企业生产经营活动,并在其中发挥价值,促进企业经济效益提升。因此,教师是产教融合、校企合作中政策落实、服务落地的主要执行者,是产教融合深入发展的关键所在。

一、服务内容解析

职业院校教师服务企业所依靠的主要是自身在教学、科研及企业实践中所积累的知识和技能,并将其归纳总结,针对企业需求进行重构,转换成企业生产经营所需的业务指导知识。从类型来看,职业院校教师能够提供的服务主要包括以下几个方面。

(一)研究型服务

传统意义上,由于高校具有知识生产的属性,这一属性由教师具体落地执行,因此研究新知识、新技术、新方法、新理论,并以此为企业提供服务是高校教师服务企业的重要内容。职业院校教师虽然在基础学科、理论研究方面的能力整体稍逊于本科院校,但在技术创新、产品研发等方面的能力与企业需求更为贴近,所以职业院校教师依靠科研能力、技术攻关能力,为企业进行技术改造、将科研成果转化为企业生产所需、为企业提供战略咨询规划运营服务等,是最为常见的服务内容。这类服务由于知识附加值高、创新性强等研究属性明显,因而被界定为研究型服务。

(二)教学型服务

职业院校教师凭借熟悉行业的优势,结合自身丰富的教学经验,为企业员工进行

---

① 刘晓,段伟长.产教融合型企业:内涵逻辑与遴选思考[J].中国职业技术教育,2019(24):11.

生产经营性基础业务培训,提高企业基层员工操作能力,提升企业文化氛围,是较为常规的服务方式,是职业院校教师运用自己的教学特长,将院校授课知识转化为企业服务内容的重要形式,是提升企业生产效率、经营效益的有效手段。该类服务由教学能力转化而来,因而被界定为教学型服务。

(三)应用型服务

对于企业运行、经营生产过程中产生的实际问题,职业院校教师运用自己掌握的知识、理论,与经验、实践相结合,为其制订合适的改进策略和解决方案,理顺企业生产经营、管理服务中的不畅环节,解决运营问题所提供的服务,是当前企业在经济新常态下追求提质增量发展较为需要的。该类服务是解决生产中的实际问题,因而被界定为应用型服务。

二、服务结构重塑

(一)服务内容结构解析

一般情况下,职业院校教师服务企业更多聚集在研究型服务和教学型服务"高低"知识含量的两端,而应用型服务相对较少,这就使得职业院校教师服务企业的内容呈现"沙漏形"结构。

客观原因方面,职业院校教师参与科研型服务,不仅可以与自身的研究项目相结合,体现科技含量,产生科研成果,有利于职称晋升,而且科研成果一旦转化为企业的生产力,促进企业的技术革命或流程更新,则可获得相当可观的经济效益。因此,教师参与科研型服务的热情自然比较高。职业院校教师积极参与教学型服务,则是因为教学型服务的内容与职业院校课堂教学内容类似,只需将课堂知识结合企业实际情况进行重新梳理,将授课对象由学生转变为企业员工,将长学期的讲授内容集中在一段时间内完成即可。教学型服务能够在短期内有效调节企业氛围,教师也可以快速获得服务企业的尊重和经济回报,同时完成服务企业的基本任务,"性价比"可谓极高。但是,开展应用型服务,教师需要直面企业运行的实际问题,这些问题复杂多样,不仅解决起来困难,而且效果不明显,企业愿意为之付出的研究经费也相对有限。同时,以小额横向课题形式为主的应用型服务,在教师科研评价方面的用处几乎不大,不利于教师职称晋升。这种花费时间、效果难测、收益不高的工作,自然难以激发职业院校教师的积极性。

主观原因方面,职业院校教师服务企业的内容呈现"沙漏形"还在于教师自身的企业工作经历不足,实践经验不够,真正意义上的"双师型"师资严重缺乏。职业院校教师引进、培养虽然强调学历与经历并重,但在执行过程中往往不能一步到位,高学历教师易于引进,但行业经验丰富的教师会因为学历问题、待遇问题等难以引进,这就导致教师科研型服务和教学型服务较突出,而应用型服务能力不足。

(二)服务内容结构重构

产教融合理念的提出,就是要解决职业教育人才培养过程中"职业性"不足的问题,这就包含职业院校教师因自身企业经历、行业经验不足而造成教学内容与生产脱节、人才培养质量与市场需求脱节的问题。为了提升教师的"职业性",不仅可以大力引入企业导师,也可以鼓励教师到企业挂职,还可以推动教师参与企业应用型服务,深入企业生产经营实际,积累实践经验,并将之融入课堂教学,真正实现教学内容与生产实际相结合。产教融合背景下职业院校教师服务企业,不再单纯是教师与企业之间的事情,而应是学校、企业、教师三方共同推进的事情。教师服务企业,不再是教师与企业的智力和财力的交换,也不再是教师进行科研成果转换的副产品,而是企业获得支持、教师获得提升、学校调整师资结构的重要途径。因此,教师服务企业的内容结构要有意识地进行重塑,将以往教师不重视的应用型服务提到学校战略层面上来,塑造产教融合背景下"橄榄形"教师服务企业的内容结构。这不仅有助于满足职业院校调整师资结构、提升教师能力的需要,也是企业在经济新常态下提质增量发展的需要。当前,企业已经不再单纯依靠科技创新来获得爆发式收益,也不再仅仅依靠劳动密集来进行"薄利多销",而是要向企业运行管理、成本控制等日常运营要效益,"向管理要效益"的理念深入企业管理层,而解决管理中的种种难题恰恰是职业院校教师面向企业提供应用型服务的内容。因此,鼓励教师进行应用型服务不仅有学校"推"的原因,也有企业"拉"的原因,具有深厚的时代特征,符合产教融合多方利益诉求。

三、服务团队建设

在产教融合、校企合作的新形势下,职业院校教师服务企业既要遵循市场规律,又要考虑教师自身特长及能力。对于推动企业效益快速提升的新技术研发、新产品创造、新商业模式构建等研究型服务要继续鼓励,但比重应趋于下降;对于面向企业员工培训的教学型服务要注重质量提升,逐步减少低端重复性内容;对于融入企业生产经营的应用型服务则要加大鼓励力度。组建服务团队是教师开展企业服务的首要环节。首先,要组建科技攻关型教师服务团队。职业院校中具有高水平理论研究能力的教师数量虽然不多,但具有技术攻关能力的教师为数不少,要将这些教师组织起来,作为"高精尖"服务代表,专门解决企业技术创新、产品研发、模式调整等难题,提升职业院校服务质量。其次,要组建企业培训专家讲师团。将职业院校中教学名师组织起来,依托产业研究、技术攻关成果,深入企业调研基层员工提升所需知识、技能,以提升企业员工素养为目的,进行培训服务,拓展职业院校服务企业的覆盖面。最后,要组建产业研究与应用服务输出两类团队。产业研究团队通过校企合作,以调查研究、挂职锻炼、顶岗实践等方式深入企业,直面经营生产过程,发现问题,体验难题,并着手解决问题;应用服务输出团队则由教师、学生共同组成,在前者研究的基础上,带着解决方案到企业去实验,去改良方式、方法,直接进入生产环节,除了指导企业生产流程再造、经营模式微调之外,也可以直接替代企业相关岗位或部门进行生产劳作,为企业短期性项目提供智力、人力服务。

根据三类服务构建四种服务团队,其中教师成员并非相互独立,而是彼此交叉、按需组织而成的,可构成多种服务输出形态。同时,引入部分能力较强的学生加入团队,将企业服务与学生高质量培养的实践探索融合,将学校资源、教师资源、学生资源进行整合,以高精尖技术研发、专业性技术支持、经营生产技能培训、服务团队直接上岗等方式全面介入企业经营活动,校、企、师、生四方获益,可真正践行产教融合理念,提升职业院校人才培养质量,助力企业成长。

四、服务方法分析

以三类服务、四种团队进行企业服务,既是为企业解决问题的过程,也是教师能力提升的过程,还是学生实践锻炼的过程,更是教学资源采集的过程。在服务逻辑方面,既要以企业需求问题为导向,又不能停留在单纯解决问题的基础上,要从地方产业发展的高度分析问题,解构问题,制订最优方案,并将案例归纳提炼,成为重要的教学资源。在实际服务过程中,要遵循"行业产业解构—制定适合策略—服务针对输出—效果总结评估—产业模型重建—行业产业解构……"的循环演进服务方法,研究企业经营生产问题,持续性地推进地方产业经济整体发展。职业院校教师在服务企业过程中面对的不仅仅是一家企业的个性化问题,更可能是地方产业发展中涌现出的共性问题,一般包含趋势性发展型问题、经营性管理型问题、及时性操作型问题,需要教师提供服务进行解决。

(一)行业产业解构

在服务企业过程中,需要根据区域经济发展的特点、地方产业资源禀赋的差异、企业经营生产的实际,将企业面临的亟待解决的难题分解为对应的"研究型、教学型、应用型"三类问题,构建不同维度的问题集,为服务策略制定、服务内容输出明确方向。

(二)制定适合策略

针对行业产业解构形成的问题集,分模块进行调研分析,从企业需求实际与自身服务能力基础出发,依靠教师专长对相应领域内的问题提出解决方案,制定与之相适应的服务策略,构建业态服务方式,并归纳提炼,形成固定的可复制模式,为同类型企业服务提供"范式"。

(三)服务针对输出

根据地方行业产业需要扶持服务的问题和相对应的服务策略,校企双方可以在一定区域内选择针对性的研究型、教学型、应用型三类服务模型的一种或几种、一个团队或多个团队,进行针对性服务输出,集中解决其相应的问题,并进行归纳记录,以构建服务输出模型。

(四)效果总结评估

针对服务输出后给企业带来的改变和影响,采用被服务对象评价、经营数据采集、社会效益反馈等多种方式,对服务效果进行综合评估,一是分析整体服务输出对地方行业企业的影响,二是分析服务输出中的教师自身收益,三是分析职业院校获得的社会评价,以便测量三方合作效益,开发工具量表。

(五)产业模型重建

在产教融合背景下,校、企、师、生四方协同合作,对地方经济社会发展、教师服务输出能力进行综合考量,可为当地政府部门规划、构筑产业发展新目标提供依据,共同推进产业发展模型调整甚至重塑,有力推动当地经济稳步提升。

五、服务路径构建

在产教融合背景下，职业院校教师服务企业共有五方参与，即职业院校、地方政府、企业、教师、学生，其各自诉求均不同。职业院校核心诉求在于提升教师的教学能力，提高人才培养质量；地方政府期望通过教师服务企业，促进本地经济发展，物质和精神文明双丰收；企业看重经济效益的增长；教师诉求则包括研究收益、经济效益和荣誉收益三个方面；学生期望获得学识增长和技能提升。对待参与五方的需求应同等重视，给予尊重，不能因为诉求的起点有高低而差别对待，否则必然会伤害其参与热情，降低主动性。因此，需要在服务组织与平台、评价与激励机制等方面进行研究，构建产教融合背景下职业院校教师服务企业的路径。

（一）成立产业研究联盟

在产教融合背景下，职业院校教师服务企业并非孤立的院校、单一的教师和个别企业参与的工作，而是一个在政府部门推动下，地方产业与职业院校共同参与的事业。将政府、企业、院校三方整合在一起构建产业研究联盟，不仅能够对接企业需求与教师服务，更重要的是可以使教师研究型服务脱离一事一议的应对型模式，能够从更高的站位解读地域性产业发展问题。同时，联盟作为协调组织、评价组织对产教双方做匹配、做沟通，也做评判，以实现产的需求与教的服务相一致。

（二）建设产教信息共享平台

以产业研究联盟为组织机构，建设产教融合信息共享平台，将政府政策、企业需求、院校特长、教师研究专题、师生服务团队等信息分别进行发布，可以实现企业需求与教师服务充分、直接对接，也可以以问题为导向，重组跨校、跨专业师生服务团队，快速匹配供需各方，减少信息不对称造成的效率低下、匹配不精准等问题。企业也可以直接查询相同问题的历史研究情况，直接对接研究团队，以更快捷、更低廉的成本获取问题解决方案，从而减少重复性问题的研究与投入，提高各方收益。该平台更是职业院校了解产业发展、对接业态前沿的虚拟基地，可有效推动教学内容更新、教学模式改革。

（三）调整职业院校教师评判机制

产教融合、校企合作的多方诉求能够得以满足，重点在于作为一线参与主体的教师积极参与，发挥作用，因此要充分尊重并满足教师的诉求。职业院校教师评判机制中虽然提倡科研、教学与社会服务并重，但在影响教师社会地位、工资收入的职称晋升方面，仍然是科研"一家独大"的局面。要激发教师服务企业的热情，尤其在推动应用型服务、提升师资产业教学能力的大环境下，需要调整教师评判机制，加大企业服务在教师职称晋升中的比重，或者类比当今思政系列职称单列的模式，将职业院校教师"企业服务型"职称单列，以此真正促进教师深入企业，推动产教融合向更纵深发展。

（四）构建多重激励机制

在产教融合背景下，地方政府、职业院校、产业企业应该有针对性地制定相应的激励、鼓励、支持政策，包括资金扶持、研究资源配置、荣誉给予、学生团队建设扶持等方面，均设立细致而准确、公平且公正的规章制度和政策规定，尊重教师多种收益并存，不应单纯强调教师在精神方面的收益，还应鼓励教师合理获取经济性回报，如允许职业院校科研人员依法取得的科技成果转化奖励收入不纳入绩效工资和单位工资总额基数等，诸如此类发挥市场调节机制的政策，以保障教师的付出能够有合理回报。当然，也不能过分给予经济上的奖励，而是要在综合程度上进行平衡设置，促进职业院校教师在科研产出、经济产出、精神产出各方面的平衡，助力教师成长。

（五）设立服务效果评价机制

在产教融合背景下，职业院校教师服务企业的考核及评价要有新的切入点。由于应用型服务的效果显现周期会比较长，甚至有些不能简单以数据指标的形式表现，因此在评价体系中既要关注短期效益，也要重视长远效益，既要关注经济效益，也要重视社会效益，做到将研究型服务的高创新价值与教学型服务的高覆盖效果同应用型服务的微创新价值并重，将对社会影响力大的针对性特种服务和辐射面广的大众受益型服务与满足企业日常经营所需的业务类服务并重，设立结果与过程并重、效果与行为并重、企业受益与教师成长并重的评价机制，要从企业收益和院校师资结构完善两个维度去评价教师服务企业的效果。只有这样，才能构建合理、适度、适用的教师服务企业评价体系，促进产教融合发展呈现新的局面。

参考文献

［1］刘耀东. 产教融合过程中企业逻辑和学校逻辑的冲突与调适［J］. 国家教育行政学院学报，2019（10）：45-50.

[2]叶帅奇,蔡玉俊.产教融合现状反思与改革路径[J].职业技术教育,2019(21):27-31.

[3]李永生,袁蕊.政府在深化产教融合中要扮好五大角色[N].人民政协报,2018-10-31(10).

(文章发表于《教育与职业》2020年第13期)

作者:

史庆滨(1978—),男,浙江旅游职业学院教务处副处长,讲师,主要研究方向为教育信息化。

区块链技术赋能职业教育产教协同一体化体系的动因与构建研究

◎ 史涛

> **摘 要**：基于区块链技术的职业教育改革是职业教育数字化提升的重要方向。对职业教育而言，区块链的去中心化、时间戳、智能合约、共识机制等技术特点能有效解决职业教育中资源信息不对称、认证体系与评价体系不完整、缺乏价值利益共同体的痛点。区块链技术能够从赋能机制标准的层面建立共识，创新产教融合机制；内化产业需求，提升人才培养标准。从赋能教育生态层面，引发数字化和智能化价值共鸣，营造产教新生态；通过"虚拟学习币"塑造流通新机制，构建在线学习社区。从赋能学习信用体系层面，构建学习征信体系，创设产教学信大数据档案。
>
> **关键词**：区块链；赋能；职业教育体系；教育生态；学习征信

近年来，网络新技术开始在职业教育领域大规模应用。2016年，工信部发布了《中国区块链技术和应用发展白皮书（2016）》，指出区块链技术的可追溯性和不可篡改性在教育领域的资质证明、征信管理、学习记录、学术管理等场景有很大的优势，可以解决许多传统模式难以克服的弊病。2019年，国务院发布了《国家职业教育改革实施方案》，提出加快"学分银行"建设工作[1]，推进学历证书和职业证书所代表的学习成果的认定、积累和转换工作，拓展学生的职业发展通道，从而鼓励社会各界参与职业教育，共同构建促进职教发展的良好产教协同环境。2020年开始的应对新冠疫情，推动了以在线课程为代表的开放式教学和网络平台授课，催生出越来越多的在线学习、沉浸式学习、碎片化学习等新的学习方式。人们的学习呈现出内容多样化、形式数字化、场所分散化等去中心化特征。同时，越来越多的学校、教育机构、雇主企业开始寻求跨界化合作。不断迭代升级的产教协同育人模式正推动着产教协同利益共同体在资源共享、学分互认、成果认证、人才培养等领域持续改革。[2]这些去中心化的学习模式和区块链的核心技术与理念不谋而合。从研究价值和创新意义来看，区块链技术能催生新的学习方式、教学管理模式、产教融合机制，丰富各种教学应用场景，能引导教学主管部门和职业教育政策制定部门用新思维、新技术解决职业教育产教协同的一些老问题，提升职业教育的效率和适用性。

一、"区块链技术 + 职业教育"的变革

（一）对区块链技术的认识

区块链最早见于2008年中本聪的《比特币：一种点对点电子现金系统》一文，是以比特币为代表的去中心化数字货币支持技术。[3]区块链可以从"链—区块链"的角度理解其内涵，其本质是一个可以持续成长和延伸的分布式账本。区块分为区块头和区块体，区块头通过主链链接下一个区块，区块体负责存储信息。[4]区块之间通过密码算法相互链接形成数据模块。每个区块都包含上一个区块的记录数据、时间戳、加密数据等，同时可以永久记录、追溯、验证用户双方的交易信息。区块链技术只可添加不可删除的特征，可防止信息篡改和伪造，可跳过第三方权威认证直接进行信用合作。区块链的数据链架构[5]如图4-1所示。

每个区块的Merkle树由Merkle树根、中间节点、叶子节点组成。叶子节点负责存储认证记录数据，中间节点和根节点负责存储子节点的Hash值。通过验证Merkle树的树根、中间节点的Hash值，系统可以快速验证叶子节点的数据是否一致，以判断认证记录是否被修改。[6]

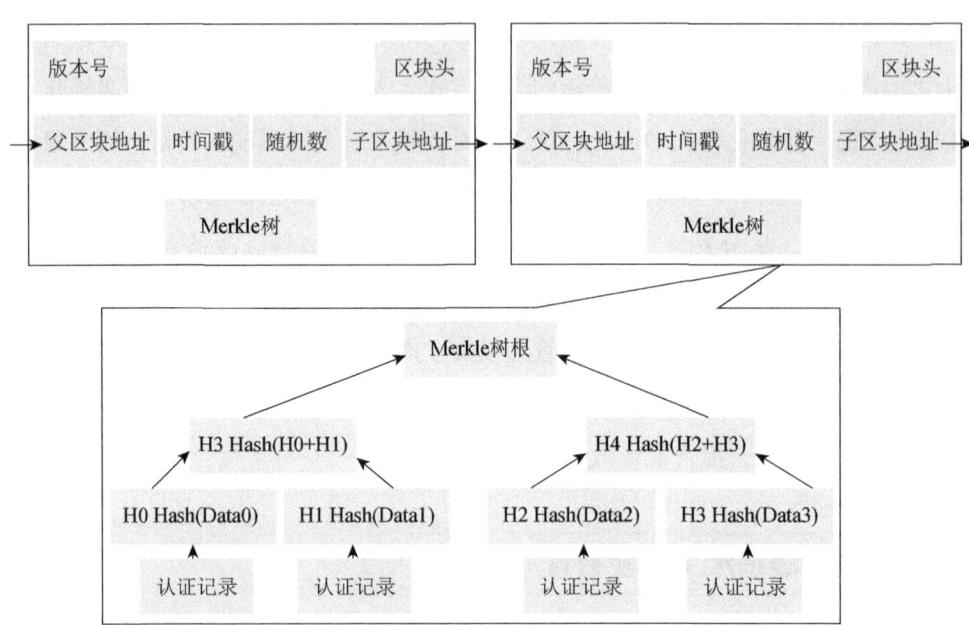

图 4-1　区块链账本及 Merkle 树的结构

（二）区块链技术的特点和优势

1. 分布存储与去中心化，赋能多方监督可溯源机制

区块链技术的核心是一个可增长的分布式账本。其通过多中心记账和存储的方式，削弱中心节点的数据管理权限。各个存储节点都有全部信息的存储副本，可以确保各个节点都能进行信息溯源，从而保证信息的真实性和可溯源性。同时，即使发生恶意攻击或者突发故障也不会造成整个区块链瘫痪，避免单点故障造成的系统性安全下降，进一步保证数据安全。

学生的学习是分阶段的，区块链技术将学生各个时期的学习过程性数据上传，可以记录学生的成长轨迹。教师可以根据这些数据因材施教，适时调整策略；学校可以根据学生的学习反馈，调整课程设置；企业可以根据学生的技能、知识掌握情况，检验学生是否符合自己的雇用标准。国家和行业职业认证机构也可以把这些数据作为是否颁发职业技能等级证书的依据。[7]

2. 时间戳保证信息可溯源且不可篡改，赋能信用机制

时间戳是区块链技术的核心，它的时间标签表示其在特定时间节点已经存在，将打包的信息数据模块按照时间顺序链接，就形成了"区块"+"链"="时间戳"的特点。时间戳赋予数据信息唯一的地标、时间字符序列，并将拷贝的版本存储在不同的存储节点上，单个节点无法对数据进行篡改，也不能修改其他节点上的数据，除非该节点能控制整个系统 51% 以上的节点。[8]因此，时间戳的技术能提供一个可信任、可追溯的评价环境[9]，如图 4-2 所示。

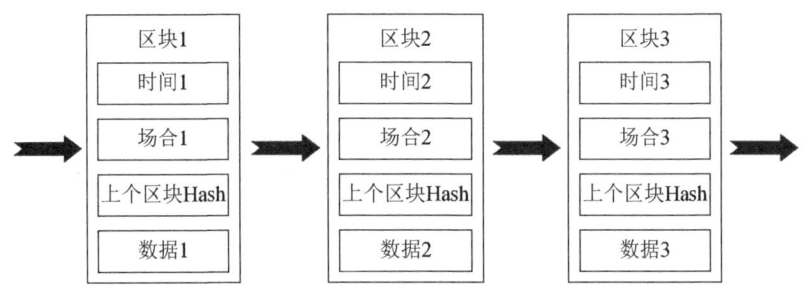

图 4-2 基于时间戳的数据区块

由图 4-2 可以发现，区块链的时间戳可以保证数据形成的唯一性，保证数据的完整性，防止篡改，后一区块会继承上一区块的信息，整个区块链能反映数据形成的历史。

3. 智能合约技术自定程序规则，赋能信息保护机制

智能合约是由用户各方事前拟定，由计算机记录、处理和执行的区块链技术构成，它在保护信息数据的同时，最大化地减少对第三方认证的依赖。智能合约允许用户自行编写条件触发程序，并上传至区块链。当触发响应条件时，计算机自动执行预设操作方案，这样可以避免人为干涉和恶意篡改，使运行结果独立可信。运用区块链的智能合约技术可以强化合作各方的合作规划和职能分配，迫使他们制定合作机制，统筹规划，利益统一、协作发展，组建利益共同体。

4. 共识机制平衡各方关切，赋能安全和效益机制

共识机制是区块链技术的基础。由于数据录入是主观的，因此无法保证每个数据都精准客观，如果没有共识机制的制约，区块链上的数据扩散越大，错误可能也越大。共识机制遵循"人人平等＋少数服从多数"原则，即通过预设的规则，使区块链上的各个用户就记录的数据达成共识。其中，"少数服从多数"原则并不完全靠竞争节点数量来计算，区块链中其他的节点也可以通过比拼计算能力、权益资源数量或者其他可竞争参数的优势争取其他节点的支持，从而获得多数地位；"人人平等"原则表示区块链中各个节点的地位是平等的。有了共识机制，区块链中各成员无须依赖中心机构或第三方来判定、验证某一数据或者交易。共识机制能够减少假冒交易的发生，只有51%的节点成员达成共识，数据交易才能发生，这样，区块链上每个副本都统一有效，能够满足不同场景的交易规则，继而在安全和效益之间获得平衡。[10]

（三）区块链技术对职业教育的价值

首先，基于分布式存储、时间戳、智能合约机制、共识机制的区块链技术将大大提升职业教育的效率和适用性。区块链技术将促进职业教育在人才培养模式上的转变，使规模化教育和个性化培养相结合，促进数字教学资源和教学知识产权的共创、共建、共享，进一步促进教学监督和产教融合等方面深入改革。区块链技术的不可篡改性有利于构建职业教育的信用库，提升"专业—职业"的培养质量。在教学资源的共建共享层面，打造职业教育资源交易平台，实现知识产权的保护。从职教联盟和产教融合角度，其去中心化的分布、存储特征，能够推动产教协同、全域参与，实现产教协同共建的教学服务和实行教学治理模式。

其次，区块链技术将生态助力职业教育智能化升级。区块链技术作为现代化信息数据交互方式，与人工智能、大数据、物联网、云计算等前沿信息技术息息相关，并不断催生出新的生态技术链，推动职业教育升级进入"智链"阶段。从数据层面来看，区块链技术与职业教育大数据、人工智能、数字孪生、AR（增强现实）/VR（虚拟现实）/MR（混合现实）、5G通信技术等深度融合，有助于形成"区块链技术+职业教育"的技术生态，不断促进平台的互信、互通、一体化发展，助力开放教育环境下的混合式学习和"智慧适应"教育新场域。

最后，区块链技术将创新职业应用场景，建立新标准、新规范。当前，区块链技术还主要停留在图书馆和信用体系构建。未来，区块链技术或将在教学实验、教学内容研发和在线学习、成果认定等方面构建出新的应用典型，以及在学生的职业培养和专业发展方向上开发出更多功能。与此相应，也会催生一系列的指导性、规范性的管理政策和方案标准。这些规则和话语权的制定将提升现代职业教育的通用科学性和教育质量。

二、区块链技术赋能职业教育的动因

从整体上看，职业教育存在信息不对称，重复建设；认证体系不完善，公信力下降；利益共同体未形成，产教两张皮等问题。这些长期积累的问题需要一种新的观念和技术来解决。这也给区块链技术提供了契机和深入发展的动因。

（一）职业教育中信息资源不对称

1. 教学信息不对称，低质量重复建设多

随着经济社会的飞速发展，职业教育在推动经济建设，产业结构调整，新技术、新经济、新工艺的迭代上发挥着越来越重要的作用。要实现职业教育高水平的发展，优质的教学资源是关键。如今，虽然各地区的师资力量获得了极大的加强，但是由于地区、经济、文化等现实条件的制约，职业院校在教学资源、科研水平、产教结合等方面的差距较大。以学校为中心的教学管理体系，使各学校还在花大力气全盘推进整个学科。广大教师在很大层面上做低层次的简单重复，原创度和教改水平不高，也造成优质教学资源的匹配度和适用性受限，使用效率低下，教学资源共享性和反馈率低。以职业教育在线课程为例，几乎所有的专业院校都围绕具体职业能力课程开发教学资源，一门职业课程往往会被若干院校重复拍摄许多遍，拍摄画面虽然越来越精细，但是无法掩盖在教学方法、教学内容、学习策略上的创新缺失，重复劳动明显。

区块链的分布式账本、智能合约技术促使链上用户将教育资源数据化、模块化地放在区块中，使各个存储节点通过共识认证协议来实现对优质教学资源的共建共享[7]，人们无须对底层的知识重复建设，只需在优质资源的基础上再创造。这样既避免低层次重复，又保护创新，能够实现新技术新知识的不断迭代。

2. 教学内容滞后，学习成果和岗位绩效不对称

职业教育的最终目的是促进经济发展，扩大就业。培养高技能应用型人才一直是职业教育的灵魂。国家大力推进"产教融合、校企合作""校企双主体育人""现代学徒制"等重大教学改革项目，其最终目的是解决职业院校的专业设置、课程内容、实践教学等教学环节滞后于市场需求的问题，提高企业在人才培养中的参与度和共育动力，实现学生的学习成果与就业岗位的工作绩效间形成显著正相关，提高工作绩效，最终实现高质量发展。然而从企业到学校、从岗位到课堂、从工作场景到学习场景的巨大差异，以及考核主体、考核导向的显著不同让岗位绩效到学习成果的传导链条层层受阻。

基于区块链的产教同盟或许能提供一种新的解决方案。企业可以将岗位需求或者现实问题上传至区块链；学生通过特定项目的学习后，对这些现实问题提出解决方案，所有的言论和观点都是评判学习成果的标准，以此保证职业院校教学内容与市场需求之间相匹配。

3. 教学进度与学习进度的不对称

随着翻转课堂和在线教育的普及，职业教学活动已经大面积地由教师为中心向学生为中心迁移。职业教育教师应当根据学生的学习特点和学习效果因材施教，并对整个学习过程进行监督和全方位掌握。传统的教学在教学反馈方式上比较单一，缺乏对学生多层次、多角度的实时记录和反馈。如何实时监控基础知识的掌握程度，而不是简单地依赖期末的一张试卷，并且做到理论与实际相结合，这是职业教育发展必须解决的问题。

区块链的学习过程信息记录是区块链技术的优势。对学生的学习过程持续记录、动态更新可以让教师轻松监控学生的学习过程，并且还能溯源和验证，可以防止学生刷机、挂机式学习，能对学生学习进行实时的多角度、多层次的反馈与评价。

（二）职业认证与评价体系不完整

长期以来，职业教育采取的是学校评价与政府主管部门鉴定相结合的评价体系。以餐饮行业为例，自 2020 年国家中式烹调师、中式面点师等国家权威职业等级证书被中止鉴定后，餐饮从业人员进入了职业鉴定和职业培训无证可考、缺乏公信的短暂尴尬期。国家主管部门退出相关鉴定的目的不是取消职业，而是想推动各类餐饮用人单位、职业院校和第三方评价机构开展技能等级认定，为技能人才颁发相应的技能等级证书，支持劳动者实现技能提升。然而可惜的是，当下餐饮行业的职业鉴定呈现出部分机构和个人以鉴定职业资格为名，随意举办考试、培训、认证活动，乱收费、滥发证，甚至假冒权威机构名义组织所谓职业资格考试并颁发证书，导致职业资格证书公信力下降、职业培训流于形式，较大地影响了行业创新力的提升。

2019 年，国务院印发《国家职业教育改革实施方案》，推出"1+X"证书制度。"1"是指学历证书，"X"是遴选的行业标杆企业开发的职业技能等级证书。"1+X"证书制度旨在实现学生的学历教育成果认定、积累、转化能和行业标杆企业的职业要求、标准相匹配，最后实现"课证融通、学以致用"。然而要做到这一步需要解决人才培养模式改革、评价标准调整、等级证书体系完善、学历教育内容重构、办学模式创新等一系列问题。

在这种情况下，"区块链技术 + 职业教育 / 认证"有可能成为一剂良方。利用区块链上的校企生态能够较快较好地构建职业认证 / 评价体系，使"1+X"证书制度能快速落地，有效实施。

（三）职业教育缺乏契约，没有形成利益共同体

职业教育并不仅仅是学校的事，而是在整个教育链条上包含着政府、院校、教师、学生、企业等利益个人与团体。只有教育链条上的各个主体相互协作、群策群力，才能实现职业教育的高质量发展。近些年来，国家在职业教育上的投入和重视程度不可谓不强，出台了一系列纲领性文件和相关制度。然而一到实际操作层面，例如，教育义务与责任的界限，经费来源、激励措施、考核评价、利益分配等实际问题，就容易出现分歧。一方面，企业认为培养学生是学校的事，虽然当下"双主体"育人是主流观点，但是企业的行动力和执行程度明显不高、动力不足。典型的例子表现在学生的顶岗实习中，学生进入企业实习，学校认为教育职权发生了转移，对学生疏于管理，导致学生的实训流于形式，很多学生的实习满意度不高。另一方面，学校尽管大力宣传教学改革，但是在教学形式、课程架构、课堂组织和课程评价上仍然沿用传统的学科教学模式，教师很难摆脱过去的"教师中心论"，限制了教学效果，与此同时，学生的知识、能力、态度也难以保证。

上述问题的出现，本质上是因为企业追求的是经济价值，学校追求的是考核指标、社会影响力，教师追求的是教学成果、学术成果，学生追求的是成长。这些利益主体的目标没有整合到一起，导致各利益方未能形成合力。真正实现校企"双主体"育人，可以运用区块链的智能合约技术，在商定人才培养方案之前就将利益相关方的职能进行划分，将企业的经济目标转化为学校的社会服务目标，将教师的科研教改成果对接企业的实际困难和工作流程，以契约式机制统筹和团结利益相关方，真正形成职教利益共同体。

三、区块链技术赋能职业教育产教协同一体化体系的构建

产教协同是区域产业和对应职业教育在相关资源上进行统筹协调、优化配置、相互协作与补充，其目的是实现职业教育的人才培养供给侧和产业发展的需求侧要素的对接和融合。协同一体化的重点是将职业教育的人才培养纳入产业发展的规划中，根据产业发展的需求，不断调整人才培养目标，深化改革，提升职业教育服务产业的能力。整个产教协同链条涉及职业院校、政府主管部门、认证机构、企业、教师、学生等多个主体，他们需要在价值共识基础上建立共赢的产教协同一体化体系。该体系维系整个教育产业链的价值和信任，各主体在相互依赖和制衡间形成平衡的职业教育综

合服务体系。在这个体系中,虽然各主体之间传递信息和交换价值的方式彼此不同,但是依据各主体的价值诉求可将该体系分为认证/评价体系、机制标准体系、资源生态体系和学习信用体系。将区块链的分布式结构、时间戳、智能合约、共识机制等技术优势和职业教育相结合,可以实现职业教育体系的数字化跃升,如图4-3所示。

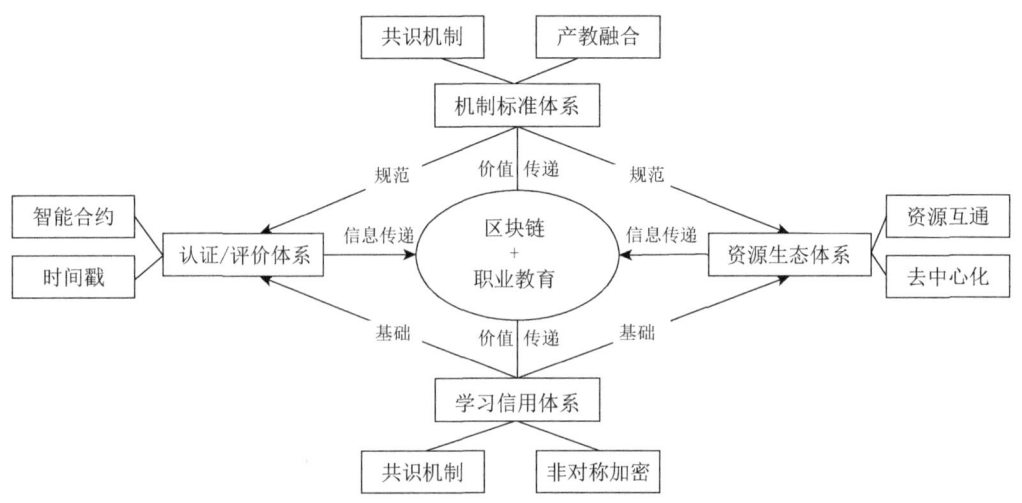

图4-3　区块链技术赋能职业教育体系

(一)赋能机制标准体系

2017年9月,国务院办公厅发布《关于深化教育体制机制改革的意见》。2018年4月,教育部发布《教育信息化2.0行动计划》,指出区块链技术凭借其"技术"加"思维"的双重价值,既是新一轮经济增长的推动力,也给职业教育机制创新带来了新的挑战和机遇。[11]

1. 建立共识,创新产教融合机制

区块链的技术架构一般由基础数据层、虚拟网络层、核心共识层、价值激励层、智能合约层和现实应用层等构成[12],以分布式账本技术、非对称加密算法、共识机制、时序数据等为主要特征。[13]核心共识层是整个区块链架构的基础,它通过特定的非对称加密算法,使得全链参与的各个节点都能够高效、快速地识别和更新数据信息,从而实现区块链各用户节点间的互通、共享和信任。这一技术创新及其附带的共识、合作、协同的区块链思维应当引发人们对职业教育产教融合机制的思考。现代职业教育是在国家行政主管部门引导下由政府机构、院校、企业、教师、学生等多主体共同参与的。类似于企业运营过程中的供应链,职业教育产教综合体中也存在产业链、人才链、教育链。因此，需要在合作共赢、强化参与的基础上构建一体化协同机制，在有效快捷、信息共享的基础上构建联结沟通机制，在动态安全的基础上构造信任机制，在专业建设共识、专业优化调整的基础上构建人才培养和发展机制。在不断处理分歧和达成共识过程中，各办学主体之间能突破合作瓶颈，优化资源配置，推动资源流通。以理念共识、机制创新凸显特色，最终推动职业教育高质量发展。

2. 产业内化，提升人才培养标准

在"十四五"规划和2035年远景目标纲要中，国家提出要"增强职业技术教育适应性"。立足当下，我国职业教育正深化改革创新，围绕产业升级和国家战略新需求，向更高水平更高质量迈进。职业教育的产业适用性特征决定了它必须依托产业结构来构建人才培养模式。当下，高等职业教育在产业结构调整、经济社会转型的中国有着不可替代的作用。[14]"职业主义"理论代表人物大卫·斯尼登（D.Snedden）在其社会效用理论中提出，职业教育的首要目的是满足高技能人才需求以使职业者适合产业的直接需求。[15]职业院校的人才培养标准应当以对口企业的岗位胜任要求为依据，以解决产业企业的实际工作困难为目标。区块链的智能合约技术凭借灵活、即时、可扩展等特征，能较好地平衡客户定制和规模化人才培养的矛盾。高等职业教育的主导者和设计者亟须对现有的专业设置和人才培养模式进行全面审视和理性调整，需要把职业教育内化到经济增长的过程中，内化到产业链发展的过程中。[11, 16]要做到这两个内化，首先要建立人才培养标准的迭代机制。要把人才培养质量标准的提升上升到推动产业优化升级的高度，在适应产业升级、适应人才需求变化的层面上，提升人才培养质量，推动职业教育链、产业链、人才链的有机衔接和融合。

（二）赋能认证/评价体系

职业技能认证是职业教育中非常重要的一环，传统的职业认证主要由国家认证机构组织实施，但这种命题式的职业鉴定在反映被鉴定者真实职业水平和工作绩效上还有不足。当下，许多职业认证社会评价不高，主要是认证结果不能得到各利益相关方的认可。因此，职业认证/评价一方面要保证认证指标科学合理、过程公平透明；另一方面要重塑职业认证/评价环节，确保认证结果得到产业链各利益相关方的认可，使认证结果更具有说服力和公信力。将区块链技术与"1+X"证书制度，以及其他职业认证制度相结合，认证机构、学校和其他利益相关方取得共识，共同设计认证环节、内容和标准。从认证内容上看，职业认证不仅仅是简单的命题式考核，学生在顶岗实习过程中的岗位绩效、学习过程中的过程性学习数据与成果、解决实际问题和案例的能力，甚至学习中发表的观点和言论都可以通过智能合约的形式转化为认证内容，实现批量化和个性化相统一的目标。

同时，在认证过程中，学生可以实现部分自动认证，保证其合法权益不受侵犯，运用区块链的时间戳技术，将认证信息打包上链，实现永久记录无法篡改。使用认证结果的相关利益方可以溯源核查，确保过程透明公开。

（三）赋能资源生态体系

区块链技术具有重构职业教育的潜力，主要体现在其能够使知识生产模式、知识存储架构、资源交换服务、知识认证和付费方式等发生变化。[2] 可以从数字教育资源的共建共享、利益分配与知识产权保护、新型教育服务监管与教育治理方式等方面重塑教育资源生态。区块链技术的独特性，使其能够从知识与资源交易的层面，打造智能化教育资源交易平台，实现知识产权及其相关利益的保护；从产业整合和校企联动的层面，可以筛选优质企业打造数字化职教联盟；从终身教育、学习社区层面，能够实现共建共享高效、安全的教育资源库；从去中心化的教育系统层面，能够推动全民参与，实现协同共建教学服务监管与教育治理模式。[2, 11]

1. 数字化和智能化价值共鸣，营造校企联盟的新生态

校企联盟一直是职业教育服务产业的重要形式，联盟本质是一种契约关系。联盟成员的选择，以及联盟成员之间的互信共识、核心资源的共建共享、核心价值的互惠发展对联盟的长期运作至关重要。切斯特·巴纳德（Chester Barnard）提出，一个稳定的组织需要沟通交流、贡献的愿望、凝聚合作的共识、规范操作的行为[17]，这些组织建构要素与区块链的核心技术优势和理念不谋而合。

同时，校企联盟应当实现价值共鸣。数字化和智能化管理已经渗透到产业的方方面面，数字化与智能化同频共振，是联盟长期成长的新生态。以餐饮产业为例，得益于大数据、互联网、区块链、人工智能等数字新技术的广泛运用，各类移动餐厅、智慧厨房、未来餐厅开始纷纷涌现，无人值守机器人、智能配送、人脸识别、直播带货等数字化技术、智能化设备开始全方位赋能整个产业链。在数字经济和智能设备的催化下，许多传统模式正在走向没落，新经济、新职业正在快速渗透，新技术、新业态正在颠覆市场。未来数字菜品采集师、智能烹饪管家、数字菜品超市等新概念餐饮和职业岗位会颠覆人们对行业的认知。数字经济与"区块链+职业教育"的"数字价值"共鸣，将实现"价值共同性"与"利益共同性"的耦合。而"数字价值"的共鸣将推动校企联盟链条上各相关主体产生共同愿景、凝聚共识，形成共建共享的动力。

同时，区块链数字化的门槛也能筛选数字化智能化水平较高的企业进入职教联盟的生态系统。[18]通过"区块链技术+职业教育"的数字模式，可以真正建立职业教育多元共育联盟，通过"价值共鸣"与"标准机制"的良性协作，实现校企共育联盟的长期有效运作。而对于这些数字化企业而言，产教联盟本就是其快速发展，实现"人才自由"的主要方式。[19]整个联盟生态在政府统筹分级管理下，实现资源整合、信息互通、要素转化、融合发展，最终实现协同共赢。

2."虚拟学习币"塑造流通新机制，构建在线学习社区

"虚拟学习币"是区块链技术的金融货币功能，属于教学资源平台中衍生的虚拟数字货币机制。"虚拟学习币"的使用能让共建共享的教学资源库和平台获得长久运作和不断升级的动力，同时在职教联盟的规划下，对构建在线学习社区大有裨益。[20]"虚拟学习币"模块鼓励各用户在资源共建共享中获得相应的奖励，从而在一定层面上促进参与用户的投入竞争，继而激发用户主导或参与教学资源建设和共享的热情。对于职业院校而言，师生可以通过"虚拟学习币"解锁更多资源的访问权。"虚拟学习币"本身也可以作为教师或学生考核的重要指标。对于区块链中的各部门或各学校，"虚拟学习币"也可以作为绩效评价和利益分配的参考依据。[21]

在具体的使用过程中，师生花费"虚拟学习币"购买课程和资源，学习完毕后能赚取更多的学习币，这样可以降低学生半途而废的概率。同时，师生可以通过分享优质资源、评论、提问、解答问题等方式赚取学习币作为自己的数字资产；对于优质、原创的教学资源，可以根据检索、下载、学习量来奖励相应的学习币；在教学考核和教学评比时也可以作为核心评价指标。所有赚取的学习币归版权所有者所有。机构或职业院校可根据某段时间分享的教学资源量、用户参与度等指标产生"虚拟学习币"。这种智慧动态的"虚拟学习币"流通系统不仅可以提高教学资源共建共享的热情和积极性，还能有效降低资源平台的运作成本。

当用户参与度达到一定规模时，基于区块链的学习社区就能形成。区块链的共识机制、智能合约技术能保证在线学习社区的自动化运行，对广大学习者的资料上传、问题交流解答能自动化更新，对一些不良言论和信息进行净化，对学习者的资质予以认证和赋权，促进学习型在线社区的建设。

（四）赋能学习信用体系

学习信用体系是"区块链技术+职业教育"的基础，通过区块链技术的不可篡改特征，将学员的成绩、成长记录、实训考核等信息打包上链，形成学习信用大数据。

学生运用非对称加密技术和智能合约，根据自己的需求向其他学校和机构发送自己的学习信用大数据，可以作为求职面试的重要依据。在此过程中，基于区块链技术的学习档案体系和云链一体的征信体系是关键。[22]

1. 构建学习征信体系，促进学习成果互认

征信体系不同于产教协作，其本质需要解决信任问题、降低信任成本。传统的金融体系依托个人经济状况和经济活动建立了个人信用评价系统。[23]区别于金融领域，"区块链技术＋职业教育"需要在现有的职业教育生态联盟下建立一套以学习者学习经历数据为基础的学习信用模型，模型的可信度和科学性直接影响征信体系的推广。模型的构建需要实时的区块系统交互模块对学习成果进行评价。区块系统交互模块会记录用户的学习活动过程，用户学习成果的相关数据如浏览量、评论量、下载量等数据都会被系统实时记录和保存。用户的数据可以赋予信誉值，如果用户的信誉值偏低，那么在学习成果的认定上需要面临更为严格的审查。如图4-4所示，三模块相互交互，实现成果的评价数据、评价结果和活动轨迹的实时更新[9]，保证学习征信体系的科学性与可信性。

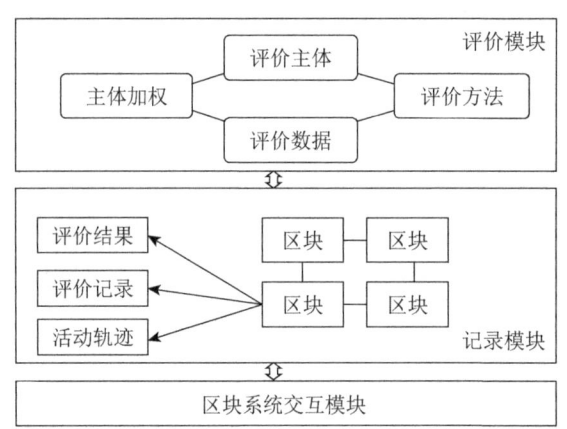

图4-4 基于区块链技术学习评价系统模块

2. 构建产教协作的学习档案大数据，构建教育就业双市场促进交互应用

人的一生会许多次被要求提供教育证书以证明学习经历，而依托区块链技术可存储和记录不同时间、不同学校、不同项目的学习经历信息。不同的试点职业院校、职业证书颁发机构及劳动市场的雇主单位也可以成为区块链中的节点，节点之间可以自由联结进行认证互认、信息资源交换及数据溯源。区块链技术能构建职业院校与就业市场的双向交互通道。通道的核心职能是方便雇主和学员的双向选择，实现链上数据互联互通、有效利用，从而实现用人单位的人力资源结构优化，职业院校的教育供给侧结构性改革。

区块链技术通过定义机构和用户，构建区块链学习档案体系。职业院校或教育机构将学习者的学习成果传上链，学员可以授权给机构验证。雇主单位一方面可以将雇员的工作或绩效评价上链，形成职业征信记录；另一方面也可以通过海量的区域学员学习信用大数据匹配自己的用工需求，实现教育与就业两个市场的互动。

四、结语

"区块链技术＋职业教育"是现代职业教育数字化转型升级的大趋势。本文从产业发展和产教结合的角度研究区块链技术赋能职业教育的动因和应用。在现实场景中，区块链技术在职业教育中的普及还困难重重，首先表现在商用平台不足，其次在于政府和教育主管部门主导力度还不够，各部门和学校之间数据资源的知识产权还存在争议、信息存储发展缓慢等多方面的困难。[24]更重要的是，基于区块链技术的新思维需要在广大师生中广泛普及和推动。

参考文献

［1］周继平，陈虹，叶正茂．基于区块链的教育资源共享平台开发及在学分银行建设中的应用［J］．中国职业技术教育，2020（30）：41-47．

［2］吴永和，程歌星，陈雅云，等．国内外"区块链＋教育"之研究现状、热点分析与发展思考［J］．远程教育杂志，2020（1）：38-49．

［3］张长鲁，张健．国内区块链研究主题挖掘、热点分析及趋势探究［J］．统计信息论坛，2021（2）：119-128．

［4］唐丽．基于区块链的研究生教育检测评估模式［J］．现代教育管理，2019（9）：113-117．

［5］郑旭东，杨现民．基于区块链的学生综合素质评价系统设计［J］．现代远程教育研究，2020（1）：23-32．

［6］黄贵懿．基于区块链技术的学习成果认证管理系统研究［J］．现代教育技术，2021（1）：69-75．

[7] 王梦豪, 曹蕾, 罗浩月. 基于区块链技术的职业教育体系应用研究[J]. 成人教育, 2020 (6): 28-34.

[8] 邹钧, 张海宁, 唐屹. 区块链技术指南[M]. 北京: 机械工业出版社, 2018.

[9] 余以胜, 朱佳雨, 许恩平. 基于区块链的学术评价系统模型构建研究[J]. 重庆大学学报, 2020 (4): 138-149.

[10] 杨现民, 李新, 吴焕庆, 等. 区块链技术在教育领域的应用模式与现实挑战[J]. 现代远程教育研究, 2017 (2): 34-45.

[11] 李梦卿, 邢晓. 区块链视角下高等职业教育产教融合创新模式研究[J]. 教育发展研究, 2020 (17): 59-65.

[12] 张衍斌. 基于区块链的电子商务信息生态系统模型研究[J]. 图书馆学研究, 2018 (6): 33-44.

[13] 李旭东, 曾艳英. 基于区块链技术的终身职业教育体系构建[J]. 职业技术教育, 2018 (34): 19-24.

[14] 卢志米. 产业结构升级背景下高技能人才培养的对策研究[J]. 中国高教研究, 2014 (2): 85-89.

[15] 杨宏. 基于就业导向的高职学生职业素养培养研究[D]. 济南: 山东师范大学, 2014.

[16] 李玉珠. 产教融合制度及影响因素分析[J]. 职教论坛, 2017 (13): 24-28.

[17] [美] 巴纳德C. 经理人员的职能[M]. 王永贵, 译. 北京: 机械工业出版社, 2013.

[18] 高朝邦, 李轶, 李霞, 等. 智慧教育生态体系构建初探[J]. 教育与教学研究, 2020 (11): 99-110.

[19] 彭伟, 符正平. 高新技术企业创业导向、联盟能力与联盟绩效关系研究[J]. 科研管理, 2012 (12): 78-85.

[20] 罗孟儒, 袁小一, 崔勇. 基于"区块链"的高校数字教学资源共建共享[J]. 高校图书馆工作, 2020 (2): 34-50.

[21] 夏金星, 李可可, 王慧. H大学生在线课程学习质量影响因素研究[J]. 教育与教学研究, 2019 (10): 91-101.

［22］袁亚兴.基于"互联网+"的职业教育学分银行支撑平台设计研究［J］.中国电化教育，2021（4）：84-90.

［23］丁伟.基于大数据的手机用户画像与征信研究［J］.邮电设计技术，2016（3）：64-69.

［24］黄荣怀.信息化环境下的课堂教学变革［J］.教育与教学研究，2021（3）：1-2.

（文章发表于《教育与教学研究》2022年第36卷第7期）

作者：

史涛（1979— ），男，浙江旅游职业学院，副教授，主要研究方向为餐饮智能管理、餐饮职业教育。

产教融合视阈下高职院校学生的非认知技能培养

◎ 胡剑

摘　要：普遍认为，非认知技能对个人成长有着重要影响，培养高素质技术技能型人才是国家对职业教育的明确要求，产教融合是培养高职院校学生非认知技能的重要路径。高职院校培养的人才除了应具备较强的认知技能，以就业为导向，也应当注重培养学生进入职场之后所急需的职场态度、职业道德、耐挫能力、团队精神和创新技能五个方面非认知技能。立足高职院校在制度设计短板、认识偏差、企业在非认知技能培养中的重要主体功能难以发挥的现存问题，提出了构建产教融合的组织、课堂、导师和考核四条互联通道，形成管理、教学、师资和评价合力四股非认知技能培养合力，以进一步提高职业教育人才培养质量。

关键词：产教融合；高职院校；非认知技能；培养

职业教育是和普通教育同等重要的教育类型。在传统高职教育中，学校教学重心是尽快让学生掌握从事岗位生产所需的必备知识，也就是认知技能。但是，随着我国现代化进程的加快和深入，社会对劳动者综合素质的要求增强，因此也需重视非认知技能的培养。要合理设置非认知型技能课程、重视高职毕业生的职业发展规划、加强针对高职生的工作准入素质教育等。

一、高职院校学生非认知技能培养的现实背景

充分认识非认知技能培养对个人、对产业的重要性，明晰产教融合是培养高职院校学生非认知技能的重要路径，有助于提高高职教育人才培养质量与产业需求间的贴合度，推动实现个体、院校与产业的多赢局面。

（一）非认知技能在个人成长中具有重要意义

培养学生非认知技能，有助其身心健康成长。非认知技能有三个特点：一是难以被智力测验或学业成绩测量；二是对个人的社会经济生活有重要的影响（包括教育、就业、健康、家庭生活等）；三是可以通过正式或非正式的学习经历获得。[1]这三个特点不仅保障了非认知技能的教育可投资性，而且也符合以人为本的教育理念。笔者认为，高职学生的非认知技能主要包含五个方面：一是职场态度，即学生对职场保持清醒的认识和积极的态度，具备包容心、好奇心、自信心等；二是职业道德，即学生面对各类诱惑时，能够自我判断并坚守职业道德与操守，具备自控力、公德心、同理心等；三是耐挫能力，即学生在面对职场挫折时能够进行有效的自我释压，具备较强的抗压力、毅力；四是团队精神，即学生具备良好的人际交往能力以融入团队合作，具备有效沟通与倾听的技能和高情商；五是创新技能，即学生具有较强的职场创新意识，并掌握创新的方式方法，具备创造力。综上，本文将高职院校所要培养的学生非认知技能的内涵定义为：高职学生在面对以职场为主的不同场景时所表现出的有益身心健康且符合社会主流价值观的相对稳定的思想观念和行为模式。其中"有益身心健康"关注个人效益，"符合社会主流价值观"关注社会效益，"相对稳定的思想观念和行为模式"表明非认知技能的可塑性和相对可预测性。

高职学生的非认知技能培养应当重点着眼于学生毕业后急需的职场适应和可持续发展技能，有助于其成就事业。以学生就业为导向，是我国高职教育的发展方向。现在高职院校多在提高学生的初次就业率上下功夫，容易导致人才培养出现为就业而就业的倾向，甚至出现虚假就业的问题。无论从社会稳定性、行业企业的发展需求还是学生的可持续成长看，高职教育都不应只关注学生的初次就业率，而是要从帮助学生培养能够就业向成就事业所需的能力迈进。已有研究表明，非认知技能对工资水平（劳动生产率）具有直接作用。[2]具备较强的非认知技能，可以让学生在面对未来诸多不确定因素时，能够自我调节，并坦然面对及克服各类挑战。

（二）高职院校学生非认知技能关乎国家产业人才素质

培养高职学生非认知技能可以提高产业发展质量。人才是第一资源，高职教育为我国社会经济发展培养了大量技术技能型人才，但规模与质量存在不相匹配之处。从规模看，我国高职教育已经占到普通高等教育的一半左右，仅2019年全国已有高职院校1423所，校均规模7776人，学生总数超过1000万。[3]但从质量看，与庞大的高职教育规模不相适应的一个现象是，企业对高职学生的发展后劲不足颇有微词，也影响到产业的高质量可持续发展，高素质的技术技能型人才培养是解决这一问题的关键。

培养高职学生非认知技能可以应对产业发展变化。国家已经关注到培养高职学生非认知技能对产业发展变化具有重要作用。虽然我国现有政策文件尚无直接使用"非认知技能"概念的表述，但"道德""素质"等词可看作对人才非认知技能的强调。其中"道德"便是典型的非认知技能，而"素质"包含了对非认知技能的要求。例如，《中华人民共和国职业教育法》强调"对受教育者进行思想政治教育和职业道德教育……全面提高受教育者的素质"，国务院《国家职业教育改革实施方案》也提出"着力培养高素质劳动者和技术技能人才"等。我国改革开放40多年的实践已经证明，高素质人才集聚的产业往往发展较快。伴随我国经济社会发展和国际分工合作的进一步细化，未来各行业对高素质技术技能型人才的需求量会越来越大，要求也会越来越高，我国产业面临的发展风险也会越来越复杂，这些都要求高职教育培养的人才具有较强的非认知技能。

（三）产教融合是培养高职院校学生非认知技能的重要路径

党的十九大报告强调要"完善职业教育和培训体系，深化产教融合、校企合作"。产教融合、校企合作既是职业教育的鲜明特色，也是培养学生非认知技能的重要渠道。

产教融合体现校企双方对人才非认知技能培养的需求。传统的校企合作往往存在"剃头挑子——一头热"的问题，其中一个重要因素是学校的人才培养定位与企业所需的真实人才需求存在错位，非认知技能方面也是如此。有学者表示，在企业方和学生认为最重要的五项能力中，只有解决问题能力和学习能力是一致的，共识度只有40%。[4]

产教融合提供培养学生非认知技能的平台。高职院校培养的学生，大部分应当进入行业企业，并能在其中扎根成长。目前高职院校基本通过集中顶岗实习的方式将学生输送至企业开展实训学习,但由于一些企业人员一来不具备专业教师的教学能力和素养,面对学生困惑存在简单粗暴处理的问题;二来也容易走过场,缺乏行之有效的监督和管理。通过产教融合,将校企双方人才培养要求互融到从人才培养方案设计到课堂教学、实习实训的全过程,无疑有益于培养学生的非认知技能。

产教融合降低学生检验自身非认知技能水准的成本。在校学习期间,学生对行业企业的了解往往不全面、不深刻,甚至对自己将来的发展方向也不甚明确。而且很多同学对自身适合何种行业无所适从,难以根据自身的兴趣、爱好、能力水平选择合适的行业企业。产教融合可以帮助学生在校期间就慢慢接触行业、了解行业,甚至认同行业,并在培养过程中慢慢明晰自身的发展方向,为未来寻找合适的就业岗位提供帮助。如果没有产教融合,学生只有将来毕业进入企业后才能检验自身是否适合岗位发展,这将大大增加学生的试错成本。

二、高职院校学生非认知技能培养存在的问题

传统高职教育对学生认知技能的培养主要是通过专业课教学和社会实践,其特点是系统化、规模化、集中化、持续化,通常有专门的教学制度作为保障,有专门的考试或者考核评价环节;而对非认知技能的培养则多以公共课、校园活动为主,其特点是相对的碎片化、浅显化、形式化,更多地依赖学生个体的自我成长,缺乏系统、持续的教育,影响了学生可持续成长的预期和能力。

(一)非认知技能培养制度设计存在短板

1. 缺乏组织保障

虽然每所学校或多或少都已经开展非认知技能教育的相关工作,但较少有学校从事关全校发展、事关学生成长、事关产业发展的高度,组建专门领导小组抓好非认知技能教育工作。或是将非认知技能定位为辅助性能力,人为地将其地位排在认知教育之后;或由个别部门承担具体工作,囿于各所院校部门设置、分工不尽相同,普遍存在不全面、不深入的问题。

2. 缺乏制度保障

非认知技能无法通过智力测验或者学业考试的方式进行评价,导致院校在进行制度设计时难以下手,这也是非认知技能培养制度缺乏整体性、系统性设计的主要原因。而且,由于不同院校对非认知技能的内涵存在理解上的差异,不同学科背景的院

校也对学生要掌握的非认知技能缺乏有效的系统梳理，这都对制度设计形成挑战。

3. 缺乏有效载体保障

事实上，非认知技能教育具有广泛性特点，导致各院校在选择教育载体时千差万别。有些院校认为非认知技能培养工作实质上就是文化育人，完全可以通过建设文化校园的方式实现教育目的，忽视了对校外实习、社会实践的关注；有些院校认为非认知技能的培养主要还是在课外，忽视了专业课堂教学非认知技能的教育功能，如此等等。

（二）对非认知技能培养存在认识偏差

1. 人员思想不统一

有人认为非认知技能归根结底也是技能，因此专业教师才是教学主体，与其他人员如教辅人员、工勤人员关系不大；也有人认为非认知教育主要是通过文化育人，所以工作职责只在个别部门而已；还有人认为非认知技能无法量化，在各类办学指标考核中没有具体体现，难以进行科学衡量，所以不必在其上花太大的精力，诸如此类。这些思想上的不统一导致了实践中的不统一，或是将非认知技能的培养看作一次性工作，或是将其认为是个别部门工作，还有人认为其是一项简单工作，缺乏工作动力和目标方向。

2. 角色定位不准确

高职院校和其他高等院校的根本任务都是培养社会主义建设者和接班人。作为大多数学生最后一次系统性接受教育的阶段，高职院校应该帮助其为将来走上社会和追求、创造幸福生活做好知识和能力储备。知识储备可以通过认知技能培养获得，但能力储备需要认知技能和非认知技能共同培养才能获得。有些高职院校仍然用义务教育阶段的观念开展认知技能和非认知技能培养，将本该高校阶段打好培养基础的职场态度、职业道德、耐挫能力、团队精神和创新技能等后移至工作阶段培养，导致学生走上社会容易产生不适应的情况，甚至对岗位乃至行业产生负面情绪，严重者离开行业。

3. 观念理解不到位

《国家职业教育改革实施方案》提出"着力培养高素质劳动者和技术技能人才"，其中"高素质"是一个关键词，直接决定了高职教育的人才培养质量。有学者从人类学研究的角度，将素质分为生理性素质、心理性素质和社会性素质[3]，以对应人类的生物层次、心理层次和社会层次。照此分类，非认知技能应当属于心理性素质和社会性素质范畴。

(三)企业在非认知技能培养中的重要主体功能难以发挥

1. 权责不清

产教融合、校企合作已经被实践证明是高职教育发展的必由之路。但是校企合作关注的往往是在以知识教育为主导的认知技能培养上,比如能够操作仪器、可以烹调美食等,对非可视化的非认知技能缺乏明确的权责分工。虽然有院校探索建立产教融合联盟、开展校企双导师制、实行企业轮岗实习甚至建立各类合作制学院等,但是依然是以学生的认知教育为中心。师者需要传道授业解惑,但是不少高职院校在校企合作中多重视授业解惑的工作,排序更前的传道工作却被有意或无意地弱化,在企业实习中这种现象更为突出。

2. 文化融合不畅

有企业评价高职学生缺乏发展后劲、难以吃苦耐劳,甚至有学生在参加完企业顶岗实习以后,下决心今后不进入该行业。造成这种状况的一个重要原因就是校企双方在学生非认知技能培养方面的融合不畅,突出表现为文化不适症状。由于校企文化存在冲突、互补、渗透、融合四种关系[5],学生非认知技能的培养需要逐步适应这四种关系,并且完成从冲突状态到融合状态的跨越。而从学校以公益性为主的文化氛围直接进入企业以效率和利益为主的文化氛围,学生需要有一定的过渡期,主要由学生自行适应,如果学生非认知技能不强,就容易在过渡期内被困难打败。

3. 缺乏有效互动

非认知技能需要校企双方合力培养,但是由于种种原因,校企双方的关注点更多在于可用标准评价的知识能力培养。这就造成双方合作的着力点往往在认知技能领域,而忽略了非认知技能领域的合作与沟通。同时,由于非认知技能在每个学生个体身上的稳定性不同,需要综合考虑个体的心理、能力、状态等方面,而且由于校企双方的利益耦合点不同,在涉及具体培养学生非认知技能时,双方都容易产生畏难情绪。

三、产教融合视阈下高职院校学生非认知技能培养对策

从以往关注技能型人才到今天强调高素质技术技能型人才,表明我国职业教育培养的人才既需要具备以知识为主的认知技能,也需要具备非认知技能。在产教融合背景下,校企双方应当建立四条互联通道,形成四股合力,共同推进培养高素质人才所

必需的非认知技能。

（一）建立组织互联通道，形成非认知技能培养的管理合力

1. 建立组织机构

职业教育产教融合具有双主体性、跨界性、互利性、动态性、知识性、层次性等特征[6]，但是单纯以知识为导向的认知教育无法从根本上解决行业人才的稳定性和可持续发展问题。作为产教融合的两个主体，校企双方需要共同在培养学生的非认知技能方面下功夫，通过合作树立起重视学生非认知技能培养的共同理念。可以从学校、系部（二级学院）、专业三个层面建立合作共管的组织体系：学校层面建立校企为主参与的非认知技能培养会商平台，如产教联盟、董事会、理事会等，重点解决人才需求的定位和导向性问题；系部层面建立非认知技能培养的推进平台，如产业学院、企业制学院等，重点解决非认知技能培养的跨专业性问题；专业层面建立非认知技能培养的实施平台，如专业指导委员会、专业教研室等，负责承担在专业教学中培养学生非认知技能的具体工作。

2. 形成共管制度

随着国家职业教育和现代企业制度的逐步完善，校企双方的运行会越来越规范、有序。但是由于制度往往需要有明确的指向和标准，而非认知技能因其无法被测验测量，所以有人认为难以形成制度。其实非认知技能也可以形成管理制度，关键要把握好两个基本原点：一是要依据学生的身心发展规律设计制度，循序渐进地培养学生进入职场所需的非认知技能；二是要根据职业特色的不同设计非认知技能培养的管理制度，在共性培养的同时突出特性培养，比如导游专业的学生重点培养其人际交往能力，工科类专业的学生则重点培养其好奇心和创造力。但职场态度、职业道德、耐挫能力、团队精神和创新技能则是所有专业学生都需要具备的非认知技能。从社会分工来看，院校应该重在培养学生的优良道德品质，如诚实、守信、坚持、毅力、成长动机等为人处世的基本品德及审美能力的培养，为将来走入职场做好准备；企业应该重在培养学生对行业的热爱，以及创造力、责任心、职业道德等方面素质，为学生成就事业提供引导和帮扶。

（二）建立课堂互联通道，形成非认知技能培养的教学合力

1. 共抓课堂教学

非认知技能的课堂教学需要教学组织者更关注对于精神层面的意志力培养。比如劳动教育，如果课堂教学的主要内容是学习劳作技能，那就是在培养认知技能；但如

果注重的是通过劳动这种形式，帮助学生树立起坚持、毅力等方面的品质，那就是在培养非认知技能。非认知技能的培养是在认知技能培养基础上的一种升华，教学目的是让学生将中立的知识内化为个人的品格和素质。校企双方应当首先抓好课堂教学环节，事先针对学生非认知技能培养所涉及的教学模式、教学目的、教学进度、教材选择等工作进行深入沟通，形成规范。

2. 共抓实践教学

职业教育要培养技术技能型人才，这是职业教育与普通教育的本质区别。职业教育重视顶岗实习等实践教学的特点，也为培养学生的非认知技能奠定了良好的基础。对学生开展非认知技能的实践教学绝不仅仅是将书本上的理论知识进行现实中的简单重复，而是要让学生在将理论知识转化为实践操作时有所思考、有所感悟、有所开拓，重在培养学生的探索创新精神。尤其在面对一些以往知识无法解决甚至无法解释的问题时，更需要学生能够通过非认知技能去克服困难、解决问题。

（三）建立导师互联通道，形成非认知技能培养的师资合力

1. 共提学校教师的非认知技能水平

培养"双师型"教师是提高师资队伍建设的有益举措，但是目前许多院校在培养"双师型"教师时，同样主要关注其知识层面的认知技能提升，忽略了其非认知技能的提升。教师的水平决定了教育的水平，如果教师个人都未很好地了解行业、企业，未能得到非认知技能方面的提升，要其培养出具有较强心理性素质和社会性素质的高素质人才无异于痴人说梦。校企应当在已有的师资队伍培养基础上，注重培养教师的非认知技能，让其真正了解、掌握行业、企业的发展实际需求和前沿态势，厘清学生所需非认知技能的种类和范围。

2. 共强企业导师的师德师风

良好的师德师风是学生非认知技能培养达到教学目的的前提条件。通常所说的"师德师风"指向对象是《中华人民共和国教师法》中规定的教师，是"履行教育教学职责的专业人员"，并且符合"国家实行教师资格制度"的要求。高校对教师师德师风抓得较紧，但是企业作为市场经济主体，对从业人员的品德管理相对较松。从技能的培养途径看，认识技能的培养只要靠言传，非认识技能的培养主要靠身教，而学生的企业实习环节是其今后走上行业岗位的必经过程，许多职业困惑、岗位困难会在该阶段显现出来。如果企业导师的师德师风不过关，难免会对学生提出一些不合理要求，扼杀学生的职业认同感。

当然,要实现校企师资素养的提升还需要校企双方为师资人员的双向互动和成长提供更多的支持和便利。尤其在国家推行"学历证书＋若干职业技能等级证书"制度之际,能否将非认知技能培养工作更好地融入已有的教育教学过程之中,将是考验高职师资队伍水平的重要环节。

(四)建立考核互联通道,形成非认知技能培养的评价合力

1. 科学建立评价指标

非认知技能可视为心理层面的技能,因此通过心理学的测量方法可以较为科学地了解个体的非认知技能水平,如罗森伯格(Rosenberg)自尊量表、艾森克(Eysenck)人格问卷、卡特尔(Cartel)16-PF人格问卷和大五人格测量量表等。但仅靠心理学的测量方式容易存在标准不一、主观性强、侧重点偏差等问题,因此经济学家在心理学量表的基础上引入了"经济偏好"这个概念。但是教育领域尤其职业教育领域,对学生非认知技能的测量还未建立一套行之有效的考核方法,需要加快探索建立。

2. 创新评价方法

学生非认知技能的水平可以通过考核进行评价,但是考核的形式不是智力测验或学业成绩测量,而是通过多角度、多元素、多情境的模拟现实甚至是全真环境中,通过学生的个体选择和外在表现进行评价。这种新型评价模式需要校企双方共同探索构建,形式可以多样化,坚持过程性考核和结果性考核相结合的评价原则。由于个体状态会因为事件、生理等因素影响产生波动,如果仅依靠结果性考核则难以较为客观地评价学生的非认知技能水平,引入过程性考核会有效降低因特殊情况所带来的评价偏差,进而提高评价的科学性和客观性。过程性考核可通过场景评价的方式进行,如结构化面试等方式,通过对学生在个体场景和集体场景中的情绪、行为等表现进行评价,考核学生在个人环境中的专注、坚持、责任心等非认知技能和在集体环境中的团结、合作、共享等方面的非认知技能。

总之,非认知技能在人才培养质量提升方面的效果可能需要较长的时间方能体现,需要进行系统谋划并且久久为功,当可为我国从职教大国迈向职教强国提供强有力的支撑。

参考文献

[1] 周金燕.非认知技能的概念及测量进展[J].全球教育展望,2020,9(5):

53-66.

［2］郑加梅，即石松.非认知技能——心理特征与性别工资差距［J］.经济学动态，2016，665（7）：135-145.

［3］教育部.2019年全国教育事业发展统计公报EB/OL.（2020-05-20）［2021-01-05］http//www.moe.gov.cn/jyb_sj-zl/sjzl_fztjgb/202005/t20200520_456751.html.

［4］唐成英.高职院校非认知型技能教育的现状与对策探析［J］.高等职业教育（天津职业大学学报），2010，19（3）：10-12，46.

［5］刘义国.校企合作中两种文化的冲突与融合［J］.职业技术教育，2011，32（10）：43-47.

［6］杨善江.产教融合：产业深度转型下现代职业教育发展的必由之路［J］.教育与职业，2014（33）：8-10.

（文章发表于《齐齐哈尔大学学报（哲学社会科学版）》2021年第8期）

作者：

胡剑（1985— ），男，浙江旅游职业学院合作发展处副处长，副研究员，主要研究方向为宣传思想和旅游文化。

师资队伍

SHIZI DUIWU

编者按

贯彻党中央国务院有关教师队伍建设精神,强化师德师风建设,加大领军人才培育,加强"双师型"教师培养等,是当前职业教育师资队伍建设的主要任务。本主题收录4篇论文,围绕专业群带头人能力培养、思政教师培养、教学科研创新团队建设、教师教学团队热点问题的研究等方面开展理论研究和实践探索,具体如下。

一是专业群带头人和专业思政教师的培养研究。例如,《高职院校专业群带头人关键能力:构成要素、发展困境与提升对策》从强化多元主体参与、构建校企命运共同体、加强职业教育研究和现代治理体系等方面提出专业群带头人关键能力提升对策。再如,《高职院校教师专业发展的驱动因素研究——浙江高职院校思政教师的实证》提出了从制度、培训、教师专业发展组织机构平台等层面促进高校教师发展的观点。

二是高校科研团队建设研究。例如,《基于移动学习环境和知识管理的高校科研团队建设研究》在分析移动信息环境下高校科研团队知识管理影响因素的基础上,构建影响因素评价模型,并就高校科研团队知识管理能力提升提出相应对策。

三是高职院校教师教学创新团队研究热点的研究。例如,《我国高职院校教师教学创新团队研究热点与前景展望》提出,我国关于教师教学创新团队的研究内容主要包括教师教学创新团队的一般性研究、"双师型"教师教学创新团队建设研究和专业群教师教学创新团队构建研究等,论文数量呈现三阶段"双峰"趋势。

高职院校专业群带头人关键能力：构成要素、发展困境与提升对策

◎ 蒋炯坪

> **摘　要：** 基于关键能力理论及专业群带头人培养需求，运用行为事件访谈法，构建了由跨界适应力、资源整合力、创新开发力和管理领导力4个一级指标、11个二级指标构成的高职院校专业群带头人关键能力要素模型。根据要素模型对专业群带头人关键能力发展现状展开分析，发现在标准界定、遴选条件、分类培养和院校管理体系等方面存在不足，需要从强化多元主体参与、构建校企命运共同体、加强职业教育研究和现代治理体系等方面入手，提升专业群带头人关键能力，助力高水平专业群建设。
>
> **关键词：** 高职院校；专业群带头人；关键能力；提升对策

一、引言

专业群带头人是专业群师资队伍建设的核心，是高职院校高水平专业群建设的"掌舵者"。2019年3月，《关于实施中国特色高水平高职学校和专业建设计划的意见》在"打造高水平双师队伍"的任务中明确提出："培育引进一批行业有权威、国际有影响的专业群建设带头人。"可见，在职业教育高质量发展背景下，高职院校专业群建设成效与是否拥有一支有权威、有影响力的专业群带头人队伍密切相关。专业群带头

人将成为引领高职院校教师队伍成长的重要示范和推动高水平专业群高质量发展的重要人物。

当前，基于产业迭代升级、高水平专业群内涵建设及专业群带头人个人身份进阶的现实需要，高职院校对培育和引进高水平专业群带头人的"求贤若渴"从未间断。然而，这种渴求仅停留在师资队伍建设的表面。综观近年来专业群师资队伍建设的研究沿革，已在"双师"教学团队、骨干教师队伍、技术技能大师队伍、兼职教师队伍等方面取得了许多成绩，针对高职院校专业群带头人的理论研究却付诸阙如，相关研究仅涉及专业群带头人内涵界定[1]、专业群教师团队打造[2]、高水平"双师"队伍建设路径[3]等方面，极少以专业群带头人为研究对象，考量其能力标准，谋划其培养路径，帮助其成长。这一现状与专业群带头人在专业群建设中的重要地位及高职院校的现实需求形成鲜明反差。

由此，本研究从专业群带头人的关键能力入手，分析专业群带头人关键能力的构成要素，探索关键能力发展过程中的现实不足，试图提出专业群带头人关键能力提升的对策建议，助力高职院校高水平专业群建设。

二、高职院校专业群带头人关键能力的构成要素

（一）专业群带头人关键能力内涵阐释

"关键能力"一词，最早来自德国的职业社会学研究。1974年，德国社会学研究者梅腾斯（Mertens）首次提出"关键能力"这一概念，即与特定的专业不直接相关的知识技能和能力，包括在不同场合和职责情况下做出判断和选择的能力，胜任人生生涯中不可预见的各种变化的能力，主要包括基础能力、职业拓展性要素、信息获取和加工能力、时代关联性要素。[4] 20世纪80年代以后，德国职业教育界对"关键能力"的研究逐步演化发展成为对"职业行动能力"的探讨，认为职业行动能力包括了关键能力的所有要素，主要由专业能力、方法能力、社会能力和个性能力四个部分要素组成。[5]

随着我国职业教育"立德树人"根本任务的确立，为了更准确地回答"培养什么人、怎样培养人、为谁培养人"这一根本问题，国内最先聚焦学生培养，陆续展开以核心素养为前提的"关键能力"研究。主要有三类研究路径：基于"能力"理论对"学科能力"内涵的研究、基于"学科能力"研究得出具体"学科关键能力"构成

的研究、基于"能力"理论得出"学科关键能力"的研究。[6]之后的研究拓展到教师群体的培养,常磊提出教师关键能力的特征具体包含教师的领导作用、知识能力、学习能力及体现教师在知识与能力方面的专业性和时代感。[7]之于专业带头人关键能力的培养,王亚南构建了包括专业发展前瞻力、专业资源开发力、专业团队打造与战略执行力等七大功能领域的专业带头人能力模型。[8]吕淑芳提出了由专业能力、领导能力、一般能力等五大维度组成的专业带头人胜任力模型。[9]

综上可见,尽管对于"关键能力"的研究有迹可循,且研究沿革分支较为丰富,但缺乏对专业群特征内涵视角的解读。各类研究结论缺少关于专业群带头人关键能力的构成及提升探索和建议。

专业群是基于某一专业大类或是产业链岗位群对应的多个相关专业的集结。它不仅仅是对接某一行业、某一职业或某一岗位来建设某一专业,而是更强调对接不断变化的产业或岗位的集群化发展。依托专业群培养的人才,从单一技能向复合技能发展,具有群内专业技能融贯融通的复合能力,更贴近产业需求,更具备全人素质,更能够实现可持续发展。在这一靶向目标下,专业群带头人应承担专业群的规划设计、资源调度、技术开发,以及专业群内专业间的协调与联系等职责。这不仅要求专业群带头人要有扎实的专业知识、敏锐的行业洞察力,还应具备较强的领导力、沟通表达能力和协调能力,以支撑高水平技术技能型人才培养。

由此,本研究认为,专业群带头人的关键能力可以理解为敏锐的行业嗅觉、高超的技术能力及高尚的人格魅力等优势特长,在专业群内部形成以核心专业为引领的各专业相互关联和相互依存的融合整体,在专业群外部建立与产业链发展和岗位群需求的紧密联系,进而推动专业群内部教学改革且区别于普通教师岗位胜任能力特征的各类能力总和。

(二)专业群带头人关键能力模型构建

借鉴已有专业带头人关键能力的研究结论,本研究采用行为事件访谈和专家访谈等方法构建专业群带头人关键能力模型。其中,行为事件访谈法是利用开放式的行为回顾式探索技术,揭示胜任能力特征的主要工具,可更加全面地获取访谈信息,能够对后期关键能力模型的构建提供一手信息,可信度和契合度较高。

首先,本研究在浙江省15所国家"双高计划"高职院校中选取了12名专业群带头人、6名"双高计划"职能部门负责人和3名专业群骨干教师,实行深度访谈。受访者所在学校专业群涉及旅游类、表演艺术类、金融类、经济贸易类、电子商务类、纺织服装类、物流类、道路运输类、建筑工程管理类、机械设计制造类等专业方向。围绕受访者对专业群带头人的认知，采用开放式面谈和电话访谈的方式，让受访者描述在专业群建设过程中，专业群带头人完成的三件最成功的典型事件和三件最不成功的典型事件。

其次，借助 NvivoV11.0 软件对访谈资料进行分析编码。第一步，通过对访谈资料的后期整理，形成文字性的电子文档。第二步，根据前期研究成果，完成《高职院校专业群带头人关键能力编码表》，并据此对访谈的电子文档进行编码，根据抽象层次对文本资料提取开放式编码、主轴式编码和选择式编码的三级编码。第三步，通过 Nvivo 质性文本编码，比较归纳出 186 个参考点，发展出主轴范畴的 11 个子节点，最终聚合成 4 个父节点，形成专业群带头人关键能力要素的核心范畴。至此，初步建构完成高职院校专业群带头人关键能力要素模型。

最后，为保证专业群带头人关键能力模型的信效度，本研究采用专家访谈法，邀请高职院校教师发展方面的专家，从资料编码、类属比较、节点归纳等方面对该模型进行修正与完善，形成了跨界适应力、资源整合力、创新开发力和管理领导力 4 个一级指标、11 个二级指标（表 5-1），构成高职院校专业群带头人关键能力要素模型。

表 5-1　高职院校专业群带头人关键能力构成

一级指标（父节点）	二级指标（子节点）	参考点	覆盖率
跨界适应力	即时感知产业发展的方向态势	67	36%
	深度解析人才供给的需求质量		
	精准设计专业群建设的现实路径		
资源整合力	有效配置校内协同的多平台资源	36	19%
	共建共享校外融合的校政行企资源		
	充分发挥资源结构性整合的整体优势		
创新开发力	研究探寻技术知识开发的逻辑起点	54	29%
	系统重构技术知识开发的内部结构		
	长效建设技术知识开发的实施载体		
管理领导力	示范引领教师团队的合作发展	29	16%
	逐步强化组织管理的层级赋权		

数据来源：根据行为事件访谈和专家访谈资料整理。

（三）专业群带头人关键能力构成要素解析

1. 从单一专业到专业集群的跨界适应力

职业教育是一种跨界教育，不仅表现在学校与企业间不同学习场所的跨界，还表现在产业与教育的跨界，更表现在工作与学习空间的跨界。当基层教学组织从单一专业变化为专业集群，专业群带头人更需要具备在现代产业发展环境下跨技术、跨专业、跨学科的适应力。

一是及时感知产业发展的方向态势。职业教育以产教融合为主线，强调校企无缝对接，专业群带头人应该是对整个产业最了解的人。专业群带头人应有能力针对新时代产业发展规模、方向、性质、技术技能难点等整体发展态势开展调查研究，挖掘数据、总结分析、判断决策。除利用权威机构发布的产业发展报告、统计报告等来熟知产业外，还要定期参加国内外重要会议活动，成为行业权威，参与到产业发展核心圈层。

二是深度解析人才供给的需求质量。专业群带头人通过对产业的感知，深度解析产业发展对人才供给的需求规模和专业技术技能跨度，判断人才链的关键环节、岗位迁移方向、专业技术技能知识体量，从而决定专业群组建方式、发展方向和人才供给度。专业群带头人不仅需要了解本校专业群培养的人才区别于同类院校人才培养的人才群像，还需要提升技术技能门槛的含金量，提高本校专业群人才培养的核心竞争力。专业群带头人对人才供给需求的深度解析建立在精准了解本专业群在产业发展中的定位和作用之上，隐含着对产业人才数量、结构、层次、供给等方面的深思，是对产业人才需求的质性探究，也是提升人才供给竞争力的前置力量。

三是精准设计专业群建设的现实路径。受到专业群组群逻辑与高职院校自身行动逻辑的模糊性和冲突性影响，当前，高职院校的专业群建设大多面临"悬浮化"风险，即专业群的行为逻辑悬浮在学校治理运作体系之外，从管理和运行上难以融入和匹配。有能力化解这一风险的必然是专业群带头人。通过以专业群带头人为核心的专业群核心专业建设，设计独具特色的专业群组群逻辑和建设路径，以集群化理念整合专业群内资源，以前瞻性视角关注产业发展动态，及时调整专业建设内容，培养复合型技术技能人才。同时，专业群带头人应发挥纽带作用，跨界处理好群内专业关系，明晰各专业的人才培养体系、课程体系、知识架构等，基于组群逻辑构建群内各专业的衔接机制，逐步实现"点上开花、面上推进、质量提升"的专业群建设成效。

2. 兼具校内协同校外融合的资源整合力

在职业教育类型特色化发展背景下，专业群的资源涉及社会资源配置的许多方面，囊括了校、政、行、企多方利益相关者的资源配置。专业群带头人在整合各方资源形成专业群整体发展合力方面，需要展现强大的资源整合能力。

一是有效配置校内协同的多平台资源。"校内协同"强调学校内部各单位的关系特征和联系强度的重要性。专业群建设主要涉及群内各专业之间相互协同、专业群内现有资源的分配及校内多平台资源对专业群整体的有效配置。专业群带头人要整合群内各专业的现有资源，包括教材、课程、人才培养方案、专业建设方案、实训资源、教学资源库、一线教师等有形和无形资源。专业群带头人通过评估各类资源，筛选能够促进专业群发展的内部资源，构建专业群内部资源共享机制。专业群带头人还需挖掘学校内部其他部门、平台资源，以专业群建设为契机，争取更多校内资源向专业群倾斜配置。

二是共建共享校外融合的校政行企资源。资源依赖理论认为组织需要从外部获取资源才能存活和发展。职业教育的职业性决定高职院校需要与行业企业合作以获取外部资源来促进自身发展。"校外融合"强调政府、行业、企业融入专业群建设的深度与广度。这不仅要求专业群内各专业对接政府、行业、企业的各种资源，更要求专业群对接全产业链资源。专业群带头人需要将企业设施设备、一线技术人才、行业专家、行业发展新趋势、新型技术技能等资源吸收到专业群建设中。这些校外资源的获取，要求专业群带头人具备丰富的行业企业实践经验，能够打通专业群相关行业企业资源的获取渠道，以联结外部优质资源助力专业群建设。

三是充分发挥资源结构性整合的整体优势。"结构性整合"强调组织通过内部结构化与外部链条化实现系统性联结的程度。专业群建设要发挥核心专业的资源溢出优势，构建以核心专业为重点，群内各专业和谐共生、共同发展的专业群。这需要专业群带头人明确核心专业定位，通过分析产业链和岗位群特征，牢牢把握核心专业优势，优先利用校内外优质资源发展核心专业。此外，要构建内部治理机制，在核心专业资源倾斜的前提下，通过内部资源合理配置和外部资源的标准适配促进群内其他专业建设，最大化整合内外部资源，催生专业群内各专业之间的聚合效应形成建设合力，推动专业群整体发展。

3. 从学科知识到技术知识的创新开发力

高职院校的专业知识除来源于学科知识外，更多地来源于实践操作，且多以职业岗位或技术技能为依据设置专业群知识体系。基于此，高职院校专业群带头人具备技术知识创新开发的能力，可从技术知识开发的逻辑起点、内部结构和实现载体三个维度，探索适合于专业群建设的知识体系开发模式，进而重构以技术知识为核心的专业群知识体系。[10]

一是研究探寻技术知识开发的逻辑起点。主要是指以分析职业领域的任务构成为起点，针对工作任务对每个环节进行拆解后，寻找相对应的知识技能。

首先，工作任务依据不同工作性质大体可分为规则性任务和非规则性任务。规则性任务知识开发的重点在于将工作场所的实践知识转化为教育教学的文本知识，系统开发实际工作场所的显性技术知识，深入开发内隐于实践中的默会技术知识，及时更新产业新知识；非规则性任务知识开发的重点在于以学科建设为逻辑获取技术理论知识，技术理论知识难以从工作实践中形成，需要通过系统的科学研究产生。其次，专业群带头人通过对工作任务的深入理解，结合专业群自身特点，开展工作环节拆分，提炼技术知识的步骤、要点、要素、标准等，并按照学生学习规律进行时间顺序和难易度区分，体现专业群带头人在技术知识开发逻辑起点上的主要作用。

二是系统重构技术知识开发的内部结构。技术知识开发的内部结构可以通过区分所开发知识的类型来进行层级划分。邦格和卡平特将技术知识划分为感知动作技能、技术格言、描述性定律和技术理论知识四个层级[11]，感知动作技能大多为默会知识，多从言传身教中进行学习；技术格言指代技术知识，是对技能的概括；描述性定律是通过尝试和观察将实践经验转化为普遍化的行为准则；技术理论知识是由大量定律组成的，具备科学理论支撑的技术知识。

重构专业群技术知识不仅要考虑各专业内部的知识结构是否合理，更要关注专业群内各专业间的知识联系，这就需要专业群带头人足够了解专业群内各专业的技术知识体系，如此才能够构建专业群内部专业知识相互衔接、外部与产业链相对接的知识体系，进而打造"底层共享、中层融合、高层互选"的专业群课程体系。

三是长效建设技术知识开发的实施载体。获取知识的途径很多，在传统观念中，知识往往以文本形式存在。而技术知识的存在却不同。技术知识因其类型的多样化决定了实施载体的多样化，同时包括工具、设备等工作场所的物体也承载着具有实践价值的知识。因此，技术知识能够以文本记载、实际物体和实践行动等多种载体形式，供人们获取。

专业群知识体系所需开发的技术知识主要是操作性技术知识，其主要载体涉及操作者、应用技术、实践行为、使用工具和技术手册等。专业群带头人需要具备从各种载体中创新挖掘不同类型知识点的能力,并将其转化为技术理论知识,从而构建以技术理论知识为核心的专业群知识体系,进而开展技术实践教学。

4. 兼具合作发展层级赋权的管理领导力

在职业教育高质量发展背景下,要求专业群带头人能够作为一名组织的领导者,带领整个专业群建设团队,实现专业群发展目标。

一是示范引领教师团队的合作发展。为保障专业群建设真正落地,需要一支专兼合理、能力互补、精技善教的教师团队。作为专业群建设的主力军,在专业群带头人的带领下,培育高素质技术技能型人才。

首先,专业群带头人要有能力科学规划教师团队结构。合理设置教师教学团队的年龄、学历和能力结构,根据教师的能力特长和发展意愿制订教学团队建设方案,使其能在各自岗位发挥优势。其次,专业群带头人要能够引领教师教学团队发展。这不仅要求专业群带头人在教学科研、技术研发和社会服务上起到示范引领作用,更要求其能够组织和引导教师团队积极参与专业群建设,强化自身教学能力和科研能力,加强专业群与产业链间的联系,及时捕捉产业发展动态,挖掘行业企业人才需求,带动整个专业群的发展。

二是逐步强化组织管理的层级赋权。在专业群建设过程中,高职院校普遍没有在实质上打破传统的管理体系,群内各专业仍然各自为营,专业群带头人在人权、财权、物权上也没有管理实权。

专业群带头人需要在高职院校事先构建好的层级化专业群管理体系上发挥必要的管理组织权力,获得和行使在专业群教师队伍、建设目标、建设任务分配等专业群具体事务中的话语权。高职院校也需要认同和赋予专业群带头人高于其他专业负责人的地位,让专业群带头人拥有统筹内外部资源、规划专业群建设方向、管理群内各专业的实权,充分发挥专业群带头人的组织管理能力,促使其成为专业群建设的真正规划者和领导者。

三、高职院校专业群带头人关键能力培养的发展困境

基于对专业群带头人关键能力构成要素的分析,通过调研审视当前高职院校专业群带头人培育现状,其关键能力培养主要存在以下四个方面的不足。

（一）模糊的标准界定阻碍跨界适应力的培养

随着新技术、新模式、新业态在各行各业的不断涌现，对岗位、专业、技术、技能等跨界融合的需求日益迫切。专业群带头人既要熟悉产业发展情况，掌握新技术发展态势，又要有较高的专业造诣，具备引领专业群发展所需要的跨界能力。然而，专业群带头人整体上缺乏能得到业界公认的认定标准和岗位能力。当前，专业群带头人的认定沿袭过去的标准，实施与专业带头人类似的工作能力考核要求。这极易误导专业群带头人在工作中简单套用以前的专业建设经验，容易出现"老办法解决新问题"的窘境。

（二）片面的遴选条件忽视资源整合能力的提升

为了优中选优、严格选拔和公开公正，无论是外部引进还是校内培养，高职院校通常都会制定专业群带头人的遴选指标。然而，许多高职院校的专业群带头人遴选条件是从高级职称教师聘任条件、"双师型"教师标准等管理视角转化后制定的通用性条件。从遴选条件的内容看，往往是反映科研和教学能力成果的条件多，反映行业技术技能引领和行业权威性的条件少，甚至个别高职院校存在用社会服务横向课题到账金额代替行业技术技能水平条件的乱象。从遴选条件的表达方式看，多以定性的描述性文字为主，容易引发在遴选过程中因个人主观认知的不同导致遴选结果的差异。通用性的遴选条件缺少针对行业特色的定性定量指标条件，忽视了专业群带头人对专业群建设中连接产业、联动校政行企多方进行资源整合的能力考量，带有一定的临时性、功利性和局限性。

（三）滞后的分类培养举措遏制知识创新开发能力的发展

专业群建设不仅要求专业群带头人要具备扎实的专业基础知识和丰富的企业实践经验，更为关键的是要求专业群带头人打破传统知识的条框，以产业需求为基础创新开发新的理论知识体系和技术技能训练体系。然而，高职院校对专业群带头人的培养多与普通师资培养类似，通常考核科研成果、教学成果和社会服务成果等可测量的指标，尚未建立分层分类的针对性培养体系。

在实际中，专业群带头人之前会有其他身份，或是骨干教师，或是专业带头人，甚至是职能部门的行政领导，等等。这些群体对专业群的组建逻辑、对不同岗位的职业能力理解广度、对职业教育的研究水平不尽相同。用"一刀切"的培养考核方式，无法兼顾不同类型、层级结构出身的专业群带头人的多样化成长需求，无法引导专业群带头人实现自身在知识创新开发能力上的提升。

（四）传统的院校管理体系影响管理领导力的发挥

绝大多数高职院校的二级管理体制不完善，现代治理体系亟待建立健全。专业群带头人受限于高职院校传统行政化管理的层级模式，被赋予的组织权限与承担的责任不匹配，严重影响管理能力的发挥。

一是由于行政权力与学术权力未有效分离，专业群带头人在人才培养、教学改革、团队建设等专业群建设的重大事项上往往服从于更高一级行政领导，失去独立学术判断力和决策力；二是高职院校高层管理者对专业群带头人工作职责存在理想化期待的倾向，专业群带头人不得不错位履行"顶层设计""统一规划"等方面的行政职责，导致形成管理衔接断层的被动局面。

四、高职院校专业群带头人关键能力提升的对策

关键能力应该是"行动导向"的获得，应该在与外部环境行动作用的基础上进行，在"做"中习得。[12] 因此，专业群带头人关键能力应在培养目标与具体工作场景的学习目标相联系后获得，在边实践边学习中提升。基于专业群带头人关键能力要素模型及发展困境的研究结论，高职院校亟须从以下四个方面促进专业群带头人关键能力提升。

（一）基于多元主体参与的跨界适应力培养

探索构建多元主体参与的培养机制，让专业群带头人融入行业产业的工作环境，培养其跨界适应力。

首先，加强顶层设计，建立并完善政策培育制度。专业群带头人的培养主体涉及政府机构、高职院校、行业企业及科研机构。政府机构要清晰界定专业群带头人内涵，从政策层面定义专业群带头人的职责范围，强调专业群带头人在专业群建设过程中的重要作用和地位；高职院校应协同行业企业、科研机构共同制订专业群带头人培养方案，建立专业群带头人培育机制，根据专业群特色制定培养制度，使专业群带头人培育机制能够真正落地。

其次，强化多元协同，建立健全校政行企共育机制。高职院校应与行业企业协同参与专业群带头人培养全过程，共同制定专业群带头人的遴选和考核标准，定期组织专业群带头人到职业院校、产业行业、相关企业进行实践学习和锻炼，鼓励专业群带头人跨校企、跨学院、跨专业的教学团队建设，推动校企、群内专业的交流与合作，

切实培养其跨界能力。

（二）基于校企命运共同体的资源整合力培养

推进高职院校与头部企业合作，形成校企命运共同体，是产教融合、校企合作的新路径。专业群带头人在校企双方对人才培养目标一致、利益认同和发展共存的前提下，在教书育人、技术研发、社会服务等方面整合资源，反哺教学，从而获得资源整合力的提升。

首先，要深化校企"技术资源"融合。专业群带头人领衔的专业群具备技术理论知识和教师教学创新团队，能够为企业带来技术创新与人才支撑，企业具备先进仪器设备和实践技能大师，弥补高职院校技术滞后与设备设施陈旧的缺陷，以此深化校企双方的产教融合。技术资源融合的可行性为专业群带头人发挥校内资源协同和校外资源融合的资源整合能力提供了有效实践路径。

其次，要深化校企"利益资源"融合。校企合作内容在场地、设备、软件、人力等各种有形资源互换之外，尽量满足利益诉求的同时实现双方的价值追求，形成深度合作的利益共享机制、资源分配机制等，最终形成校企命运共同体。专业群带头人在校企命运共同体的运作机制下，扮演校企资源整合的纽带角色，并逐步通过项目合作提升资源整合力。

（三）基于职业教育研究的创新开发力培养

创新是高职教育发展的原动力。专业群带头人只有不断进行工作场所的工作任务分析和职业能力分析，方能开发出具有独创性的专业群技术技能知识。在知识的创新开发能力中，高职院校要从职业教育研究出发，培养专业群带头人严谨务实的研究精神和积极进取的个性品格，追求科学方法和技巧，强化其技术技能知识开发的能力。

首先，建设职业教育研究平台。研究平台是进行职业教育的技术知识生产的重要载体。在高职院校中，往往以教育研究所、协同创新中心、校企命运共同体实验室等形式存在。具体可由专业群带头人和专业研究人员构成，主要职能在于共同凝练技术实践知识、共同开发技术理论知识、共享技术知识成果。

其次，推进以职业能力分析为重点的教育研究。对职业能力分析的弱关注度和低精准度制约了技术知识开发的效果，职业能力分析远比工作任务分析复杂得多，专业群带头人需要精准把握职业岗位职责，深度分解岗位职业能力，并以文本化形式将其归纳、提炼、系统化成为技术知识。

(四)基于现代治理体系的管理领导力培养

高职院校的现代治理体系是一项极其复杂的工程,其核心是校内的权力行使与运作方式。在现代治理视角下,高职院校需合理配置校内各类权力,不断优化内部治理体系,方能有利于高职院校高质量发展。

首先,重构和优化专业群管理层级。高职院校要通过改革二级院系管理体制来探索创建适合于自身发展的专业群管理体制,将专业群管理体制从二级学院独立出来,或成立实体专业群组织,或成立虚拟专业群管理机制,重构和优化群内层级体系。

其次,实施专业群带头人分类培养制度。分类培养是根据所遴选专业群带头人原有职位的类型制定不同的培养路径,针对专任教师培养其领导能力、资源整合能力及对专业群的整体认知能力;针对专业带头人培养其集群化理念,帮助专业带头人实现身份转换;针对行政管理层人员培养其对专业群内各专业的认识和了解,加强其与行业企业的联系。

最后,推进专业群教师队伍分层培养制度。分层培养是要形成专业群内部层级培养制度,针对青年教师、骨干教师、专业带头人和专业群带头人制定相应的培养路径,建立以老带新的培育机制,引导青年教师向骨干教师成长,培育骨干教师晋升专业带头人,重点培养部分专业带头人作为准专业群带头人,形成层级分明的"金字塔式"培育机制。

参考文献

[1]刘喻,朱强,高月勤.高职专业群带头人:内涵、定位与培养机制[J].天津中德应用技术大学学报,2021(4):85-92.

[2]王亚南,成军.我国职业教育专业群研究的轨迹、热点及未来趋势[J].教育与职业,2021(3):5-12.

[3]任君庆,胡晓霞.打造高水平双师队伍高质量实施"双高"建设[J].职教论坛,2019(4):30-32.

[4][12]徐朔."关键能力"培养理念在德国的起源和发展[J].外国教育研究,2006(6):66-69.

[5][6]邢红军,龚文慧,赵玉萍.论关键能力的构成及其对教育教学的启示[J].教育科学研究,2021,316(7):5-10.

［7］常磊.教师关键能力的内涵、表征及培养路径［J］.教学与管理，2019（21）：53-55.

［8］王亚南.高职院校专业带头人能力模型构建及发展研究［D］.上海：华东师范大学，2018.

［9］吕淑芳.高职院校专业带头人胜任特征模型实证研究——以广东省6个重点高职专业为例［J］.职业技术教育，2016，37（11）：54-57.

［10］［11］徐国庆.开发技术知识："双高计划"背景下高职院校课程建设的突破点［J］.教育发展研究，2020，40（9）：47-55.

（文章发表于《中国职业技术教育》2022年第8期）

作者：

蒋炯坪（1980— ），女，浙江旅游职业学院教务处副处长，助理研究员，主要研究方向为高职教育。

高职院校教师专业发展的驱动因素研究

——浙江高职院校思政教师的实证

◎周永青

> **摘　要**：依据浙江省14所高职院校思政课教师的实证分析，探索新时代背景下弥合"社会—学校—教师"发展的协同障碍。统计采用SPSS22.0及AMOS[①]的量化分析，结果显示：职称提升是当下高职院校思政教师最为迫切的需求；新时代背景下以网络为代表的新形式教学实操是教师渴望获取的重要内容；相较于其他因子统计，培训进修是思政教师实现自我成长的优选项。由此得出的结论是：应积极研究高校教师的现实需求，拓宽教师职称提升、个人成长的路径，激发个人成长主观能动性，进而丰富新时代高校教师发展的内涵。
>
> **关键词**：高职院校；思政教师；专业发展；驱动因素

引言

高职院校发展往往是国家综合实力的集中体现，扮演着国家发展"能动机"的作用。随着我国高等教育全面步入大众化，"青年教师峰值"现象伴随着师资队伍快速扩大而发生。在某种程度上，对青年教师的培养就是对高职院校教育质量的控制，并

---

① 一款方程建模软件。

扩散至整个社会的未来。测度影响教师尤其是青年教师专业发展的驱动因素，是高职院校人力资源管理、专业发展研究的逻辑起点，是新时代高职院校不断提高育人质量的重要前提。在高职院校思想政治教育工作领域，进入新时代后渐进演变出多维复杂的格局，归纳起来有三：其一，就思想政治理论教育话语而言，面临着断层化"视听疲劳"和"意义丧失"。[1]其二，高职院校专业教育与思想政治教育融合度不高。[2]"大思政"理念在高职专业教学中犹如方枘圆凿一般，"双元困境"的现实情境尚未取得突破性进展。其三，课堂知识难以指导学生生活实践依旧是高职院校思想政治教育的"阿喀琉斯之踵"，大量虚拟化数字课堂教学环境会带来学生思维偏差并引发心理疾病等问题。[3]2018年，习近平总书记提出要因事而化、因时而进、因势而新地做好高职院校思想政治教育工作。[4]那么，如何将新时代中国故事与中国精神融入思想政治教学改革中，如何更精准地塑造未来国家建设者的精气神，亟待学界打开理论黑箱。

鉴于此，研究立足于ERG需求理论（Existence，生存需求—Relatedness，关系需求—Growth，成长需求），在高职院校思政教师专业发展的影响因素视域下，提炼驱动因素指标纳入研究框架。基于各驱动因素指标设计开发了调查问卷，并在浙江省14所高职院校的思政教师中开展了抽样调查和计算各驱动因素的重要程度。研究形成的结论期望最大化地整合既有的"社会—学校—教师"三类要素，探讨教师个人发展与实现"因势而新"的新时代高校教育方略最佳"均衡解"。

一、研究概述

从中华人民共和国成立初期的研习经典，到新时代下的云媒体交互，我国高校思想政治教育的载体和空间域发生了深刻转变，一条多维的历史演进路线清晰可见。我国高校思想政治教育的时空演进如表5-2所示。

表5-2　我国高校思想政治教育时空演进脉络

高校思想政治教育改革时间节点	高校思想政治教育主要阵地空间、载体迁移
中国社会主义建设初期（1949—1966）	以阅读和研习经典著作、教科书为主的课堂教学
"文革"时期（1966—1976）	教师发讲义的松散型自学模式
"文革"后期至改革开放中期（1976—1999）	思政课堂、纪念活动、电教平台、社会实践基地
改革开放深入阶段（1999—2006）	思政课堂、创新创业社会实践活动、电教平台

续表

高校思想政治教育改革时间节点	高校思想政治教育主要阵地空间、载体迁移
改革开放深水区（2006—2017.10）	思政课堂、爱国主义主题校园文化活动、多媒体网络教育平台
新时代（2017.10—　　）	思政课堂、传统网络媒体平台、实时互动交流媒体平台

表 5-2 呈现了社会生产力发展为我国高校思想政治教育向多元化迈进增添了动能。以教育载体为例，随着"科技进步"这一现实基础，"因势而新"的思想政治教学变革也不断演进，从简单的书本教学演进为目前理论与"屏读"[5]教学结合的模式。就思政教师而言，作为思政教育主体和思政工作的主要改革者，其个人需求与意愿、行为方式与思想也在历史进程中不断发生着变化。换言之，尽管思想政治教育在高校中的理论探索与实践由来已久，但针对思政教师满足度的研究却不甚丰富。相伴于中国思想政治教育教学改革的发展，其理论引入多从西方管理学的经典而来，ERG 需求理论便是经典代表。20 世纪 60 年代，学者克雷顿·奥尔德弗（Clayton Alderfer）首次提出"ERG 理论"，进一步延展了马斯洛需求层次理论①的使用边界，将其借鉴使用在需求满足的维度，在其著作《人类需要新理论的经验测试》中，将 ERG 理论概括为生存需求、关系需要与成长需要。[6]该理论体系经过反复社会学实证研究后在世界范围引起重点关注，进入中国后迅速在管理学界引起本土化解读和实践。其中较为经典的探索是于维娜等人探索性地将该理论的需求内涵细分后提出，个体在工作场所中的需求可划分为基础需求、情感需求、自主需求和成长需求四类，并得出当组织供给与自主需求和成长需求完全契合时，对组织的认同水平最高等结论。[7]与此同时，高校教育学界的研究渐多，刘宇文等从教师政策激励机制建立角度提出，需关注教师需求的多样性、差异性，并设计不同的教师激励方案。[8]舒底清等从高校教师人文关怀角度，呼唤回归高等教育本质和满足高校教师成长基本要求。[9]唐登荟等撰文从学生层面阐述了高校思想政治教育内化是满足大学生成长需要的根本途径。[10]高职视角下，学者杨薏琳提出基于教师成长的需求，高校应构建多层次、立体化的教师培养体系。[11]在此基础上，孙自强等基于应然的教师需求分析考量认为，应明确教师培训需求中心地位，关注教师的自主成长和潜能实现。[12]

在研究方法上，学者李锋[13]、董宏建[14]等分别采用归因法和访谈法，提出

---

① 马斯洛需求层次理论，由美国社会心理学家亚伯拉罕·马斯洛（Abraham H. Maslow）提出，其认为人具有多种动机和需要。

了包括个人内部因素和外部环境因素在内的影响教师专业发展的要素组成。李维春等学者基于深度访谈法，对教学团队的混编模式做了影响因素分析，对人的全面发展、马斯洛需求理论和双因素理论作用在高校教师专业发展方面的实践做了实证总结。[15]无独有偶，顾佩娅[16]、殷世东[17]等学者也指出，促进教师专业发展需营造良好的外部环境。他们基于社会学视角对外语教师专业发展环境做了一系列且深入的案例研究。

综观既有成果不难发现，以思政教师为主体的细分研究仍存在不尽如人意之处。一是我国高职院校思政工作研究虽丰富，但绝大多数是以高校教师总群体为研究脉络的，对思政教师需求特质的学术探究滞后于我国高职发展的实际。换言之，高校思政教师群体相较于其他专业教师的需求独特性究竟是什么，学界既有理论尚未涤荡清晰。二是"经验总结—解决对策"的板式化阐述研究居多，用定性定量结合方式展开的实证研究少之又少。三是研究视角侧重于学生，通过教师需求视角探寻思想政治教育发展可循路径缺乏实证基础。但是在研究的时效上鲜有文献聚焦新时代背景与新技术应用，在高职院校思政教育政策策应上缺乏"因势而新"的时空观。

二、研究方法与设计

（一）研究方法

本文采用问卷调查法，在浙江省杭州市开展实证研究。利用多阶段随机抽样原理，实施抽样调查。第一步，在浙江省杭州市域内8个高教集群随机抽取了下沙、滨江、萧山与富阳高教集群作为样本区域。第二步，在其中随机抽取14所全日制高职院校作为调查点。第三步，在每个调查点中统计在职在编的思政教师与辅导员老师后，随机抽取30人作为问卷调研对象。调研时间跨度自2018年9月始至12月止，累计发放问卷420份，剔除无效问卷，有效问卷总数为379份（有效率90.24%），符合数理统计需要。

（二）信效度检验

为检验提出的假设，使用最大似然法对结构方程模型进行估计。模型的 $X^2/d.f.=2.546$，符合参考标准要求；GFI、NFI、RFI、IFI、TLI 和 CFI 值分别为 0.921、0.902、0.917、0.949、0.956 和 0.966，全部高于 0.9 的临界值；简约适配系数 PGFI、PNFI 和 PCFI 均大于 0.5 的临界值，依次为 0.611、0.543、0.638。综上，拟合指标均符合适配标准的要求，结构方程模型的整体拟合优度良好。

（三）量表设计

在问卷设计上，教师需求表达项摒弃了复选题项，使用需求强度指标量化变量。强度由低到高以 1~5 赋值，分别对应各项需求水平等级，即无需求、弱需求、需求、较强需求、强需求。本文以近五年内文献研究为蓝本，同时辅以实地调研、专家及一线教师面对面访谈等方法对题项进行微调，最终确定 22 个子项，如表 5-3 所示。

表 5-3 新时代背景下高职院校思政教师需求量表及均值

一级需求	需求水平值	二级需求	需求水平值
教师个人基础需求	4.04	教学工作量	4.12
		职称提升	4.57
		思想觉悟提升	3.66
		专业人脉积累	3.85
		获得社会美誉度	4.01
教师自主教学需求	4.01	获得学情学报信息	3.67
		思政课程设置拓新	4.35
		"浸入式"思政教育环境	3.17
		课堂教学新模式开发	4.53
		课程思政化开展实操方案	4.49
		新型评价体系建立	4.58
		思政教学资源充足	3.31
		思政教师编制充足	4.03
教师协作关系需求	3.77	建立网络教育合作平台	3.71
		依托平台实现教师团队建设	3.94
		"大思政"背景下的集体融合备课形式	3.82
		思政共享模式开发	3.61
教师个人成长需求	4.39	获得专业访学、交流机会	4.21
		获得培训机会	4.46
		新兴理念、理论的快速获取	4.63
		科研能力与学术技能	4.26
		"屏读"教学与理论教学相结合	4.38
总需求	4.06		4.06

量表设计的前提是高职院校思政教师现实需求相较于其他群体更具代表性和客观性，故各变量可认同为连续性且有序的多分类变量，满足线性回归模型的建构要

求。[18] 为体现受访者现实需求与样本特征之间的关系，研究通过多元线性回归模型来分析。

又因高职院校思政教师需求是协同组合，每个需求对象都具有重要意义。研究在计算时对高职院校思政教师需求的所有类目设定等同权重，以各项需求水平为基数，计算其算术平均数，得到思政教师对各项二级指标现实需求水平。因变量一级的需求项目则以全部22项二级需求为基数，通过算数平均数的计算获得。另外，所有需求项目均呈现良好的信效度验证结果，平均Cronbad'a系数均值达0.79。

（四）样本特征

表5-4呈现了样本人口统计学特征情况，结果较具代表性。分析可见，目前浙江省高职院校思政教师及辅导员学历水平较高，近90%的教师具有研究生及以上学历。从职称来看，助教占比最少（5.54%），副高及以上的占比超过50%。就样本年龄段分析，50~60岁中老年占比9.5%，30岁以下青年占比23.74%，其余为中青年样本群体。

表5-4 样本的人口统计学特征

类别	题项	数量（人）	百分比（%）
性别	男	143	37.37
	女	236	62.63
健康感知	健康	198	52.24
	亚健康	181	47.76
职称	教授	54	14.25
	副教授	145	38.26
	讲师	159	41.95
	助教	21	5.54
籍贯	浙江省	112	29.55
	外省	267	70.45
学历	博士	19	5.01
	硕士	322	84.96
	本科	38	10.03
年龄段	50~60岁	36	9.5
	40~49岁	104	27.44
	30~39岁	149	39.32
	30岁以下	90	23.74

三、实证分析

据表 5-3 与表 5-4 的数据可知，教师的总体需求水平达到了 4.06，表明了目前高职思政教师群体在新时代情境下重构和变革"因势而新"的思政工作具有共性趋势和重大意义。比较来看，思政教师个人成长需求水平（4.39）明显高于教师个人基础需求（4.04），引用 ERG 需求理论可以解释为，当需求被满足的程度越低，个体对该需求的追求就越强；当较低层次的需求得到满足后，对较高层次的需求会加强。[19]值得一提的是，"新兴理念、理论的快速获取"需求（4.63）在 22 项二级需求因素中需求水平最高。可能的原因是，信息化进程大大强化了实时信息的交互，新理念、新理论对于思政教师来说可谓意义重大。信息网络化使我国教育面临数字分化的挑战，有学者将其命名为教育信息鸿沟。[20]因此，近些年新技术在拓展高等思想政治教育空间的同时，进一步要求了思政教师对于个体知识更新的关注程度。就教师个人基础需求项做进一步分析："职称提升""教学工作量""获得社会美誉度"三个子项的需求水平居于前三，说明受访对象的需求具有个体属性，希望思想政治教育体系能为教师群体提供就业机会与个人成长空间，且对于职业所获得的社会评价关注度和需求度较高。

为进一步探究差异化下的教师现实需求方式，研究分别以职称、学历和健康感知、年龄段 4 个变量开展了比较分析，表 5-5 呈现了其需求的异同与结构特征。

表 5-5　Spearman 相关系数下高职院校思政教师现实需求水平及关系

一级需求	二级需求	职称	学历	健康感知	年龄段
教师个人基础需求	教学工作量	−0.323*	−0.227	0.141***	0.041*
	职称提升	0.429***	0.404***	0.245**	0.045***
	思想觉悟提升	0.359	−0.416*	0.004	0.016
	专业人脉积累	0.357**	0.372**	0.133*	0.043***
	获得社会美誉度	0.352***	0.128***	0.011**	0.001**
教师自主教学需求	获得学情学报信息	0.324***	0.276***	0.036*	0.040**
	思政课程设置拓新	0.216	0.087*	0.140***	−0.060*
	"浸入式"思政教育环境	−0.140	0.171*	0.520**	0.079
	课堂教学新模式开发	0.043*	0.043**	0.125**	0.032*
	课程思政化实操方案获得	0.042**	0.032**	0.136**	0.063**
	新型评价体系建立	0.136***	0.125***	0.050**	−0.110*

续表

一级需求	二级需求	职称	学历	健康感知	年龄段
教师自主教学需求	思政教学资源充足	0.145**	0.114*	0.023*	0.060
	思政教师编制充足	−0.043	0.114	—	0.134**
教师协作关系需求	建立网络教育合作平台	0.142**	0.342	0.141	0.046**
	教师团队在线合作意愿	0.004**	0.184*	−0.385*	0.040***
	"大思政"背景下的集体融合备课形式	0.143**	0.056*	0.242	0.213**
	思政共享模式开发	0.215**	0.213	0.333*	0.241**
教师个人成长需求	获得专业访学、交流机会	0.082***	0.118**	0.133***	0.300**
	获得培训机会	0.104***	0.126**	0.159***	0.041*
	新兴理念、理论快速获取	−0.103*	0.128***	0.054**	0.285**
	科研能力与学术技能	0.043**	0.212**	0.061*	0.242**
	"屏读"与理论教学相结合	−0.325**	−0.101**	0.404**	−0.234*

注：*表示显著性

就"教学工作量"需求项而言，其与"职称"和"学历"变量呈现负相关状态，即受访者职称及学历越高，其对教学工作量会呈现排斥状态。就学历变量分析，学历越高者对"思想觉悟提升"的需求则越不强烈。上述研究结果表明：就个人基本需求而言，在没有制度约束的前提下，高职称、高学历受访者呈现出了较大的职业惰性。值得一提的是，"职称提升"需求与四类变量均呈现出显著的正相关特征。即受访者在个人需求层面对于"职称提升"的需求最为迫切。

对"教师自主教学需求"项进行分析后得出，课程思政化实操方案获得的需求，无论年龄、职称、健康感知及学历的差异，受访者会对目前课程思政化实操方案具有显著的获取需求。但就年龄段变量来说，其与"思政课程设置拓新"的需求表现出了负向的强相关特征。说明受访者年龄越大，其对于思政课程的创新意愿和需求表现得越弱。

宏观来看，受访群体对教育团队协作呈现出较高的需求水平。具体而言，通过对"教师协作关系需求"各子项进行分析，职称和年龄段两个变量与团队协作需求呈现显著关联性。可推导出改革进程中应结合教师年龄、教学或科研的取向来进行团队协作模式并实施教育、教学合作细分的探索。与此同时，"教师团队在线合作意愿"与"健康感知"变量形成负向较强相关特征，可能的原因：一是新时代情境下，自感亚健康状况的教师更愿意以团队协作形式开展教育活动；二是高职院校教师更愿意从专业群建设的角度实施课程思政化的教学探索和协作。从宏观的视角分析教师"个人成长需求"，不难发现："获得专业访学、交流机会"与"获得培训机会"的需求无论是从"职称""学历""健康感知"还是"年龄段"变量而言，均呈现出紧密且显著的正相关状态。换言之，高职教师认为自身能力提升的主要途径依旧是通过各种交流、访学、培训等实践、实操互动学习过程而实现。最值得一提的是"'屏读'与理论教学相结合"需求，其与"职称""学历""年龄段"呈现出了负向的强相关特征。即受访者职称、学历、年龄越高，其适应时代潮流能力和教学能力拓新意愿和需求表现得越弱。

四、结论与展望

在高校教师专业发展的视域下，基于ERG需求理论的成熟框架，在浙江省14所高职院校的思政教师中开展实证研究，提炼了影响高校教师专业发展的相关要素并计算各驱动因素的重要程度。研究成果凝练了高职院校思政教师的现实需求及结构特征，力求判断准确，探索新时代情境下"社会—学校—教师"协同发展的可行方案。主要结论有：一是在"教师个人基础需求"项分析中，职称提升是高职院校思政教师最为迫切的需求。但在研究中还发现："教学工作量"与"职称"变量呈现负相关，"健康感知"变量与"教学工作量"，"学历"变量和"思想觉悟提升"等也呈现相类似的结果。值得一提的是，教师对"获得社会美誉度"需求显著。二是在"教师自主教学需求"项分析中，新时代背景下高职院校教师获取新的教学实操模式需求迫切。具体而言，学生学情学报信息获取途径、新型评价体系、课程思政化实操方案等是思政教师群体较为期待的教学开展实践需求。三是在"教师协作关系需求"项分析中，"年龄"与"职称"变量是高职院校思政教师在线团队协作意愿的主要成因，"健康感知"与"学历"变量与之呈现亦正亦反的关系。四是在"教师个人成长需求"项分析中，5项二级指标与职称、学历、健康感知、年龄均呈现出一定的显著相关，特别是"获得专业访学、交流机会"需求与4个变量均呈现出强显著性关联。实证结果显示，"教师个人成长需求"受外界因素的影响较小，是高职思想政治教育教师主要且持续性的需求点，其中通过培训而实现自我成长需要被教师重点关注和渴求。

基于上述结论，以教师专业发展为导向的高职院校教师提升路径建议可以由以下几个方面组成。

一是新时代情境下,特别是"三全育人"综合改革的实施为高职院校人事管理部门提供了执行教师职称评审政策倾斜的巨大优势和背景保障,应从制度化层面入手拓宽高职院校一线思政教师职称提升的可循路径。二是在教师重点关注的培训层面,搭建与新时代相符的"综合枢纽"式教师培训体系[21],满足教师获得专业访学、交流、学习、培训机会的需求。此外,要以信息化教学为突破口,建立完整、科学的网络教育及思想政治教育平台,采用即时性的、多类别的师生"教学互动互促"形式开展教学及院校思想政治教育工作。网络的应用既能正向传播中国新力量,又可将世界新视野引入高校思政教育的第一线。三是搭建教师专业发展组织机构。各高校应不拘一格,为高校教师尤其是一线教师创造多层次的发展平台。[22]目前,海内外较为先进的做法是,从"教学、科研和发展"三条路径出发。以教学路径而言,通过教学方法研讨和试验、教学课程设计、午餐会、教学工作坊等形式提升教师的授课能力。此外,利用云教学平台的教学资源共享和线上教学开展培训工作也是近年来涌现的好做法。[23]

当然,本文的研究还存在一定的局限性。一是所采用的ERG需求理论在高职教师这一特定群体中的应用刚刚起步,在对思政教师需求的纵深解剖上包括本文在内的既有文献尚未涉及。此外,受制于研究时间和样本量局限,研究仅使用浙江一地的数据,尚未触及广袤的中西部地区。因此,在样本丰度、计量模型选取和统计方法的精进使用方面有待进一步完善,使之更能代表中国情境。

参考文献

[1]孙丽芳.思想政治教育话语的"困境"透析及解困之思[J].理论与改革,2013(5):158-161.

[2]胡洪彬.课程思政:从理论基础到制度构建[J].重庆高教研究,2019(1):112-120.

[3]李海文.在场却"离场":解读高校思政课堂之困境[J].河北农业大学学报(社会科学版),2019(2):81-85.

[4]习近平.全国高校思想政治工作会议上重要讲话[EB/OL].(2019-12-7)[2016-12-08].http://www.moe.gov.cn/jyb_xwfb/s6319/zb_2016n/2016_zb08/201612/t20161208_291276.html.

[5][美]Kevin Kelly.必然[M].周峰,董理,金阳,译.北京:电子工业出版社,2016.

[6]葛岩,等.MOOCs学习动机保持质量评价研究[J].远程教育杂志,2015(6):62-69.

[7]于维娜.需求-供给契合对组织认同影响的差异性研究[J].管理科学,2015(6):65-79.

[8]刘宇文,夏婧.关注需要的多样性:高校教师激励的基点[J].国家教育行政学院学报,2015(9):27-32.

[9]舒底清,杨可以.高校教师成长的逻辑起点[J].中国高等教育,2015(20):55-57.

[10]唐登蓥,吴满意.新时代高校思想政治教育内化的价值、逻辑与改进[J].思想教育研究,2018(8):95-100.

[11]杨蕙琳.新时代背景下高职教育深化改革与创新发展[J].教育与职业,2019(13):28-35.

[12]孙自强,周金山.基于"成长需要"的教师培训需求分析:理论、现实与变革[J].职业技术教育,2019(22):35-39.

[13]李锋,尹洁.高校教学型教师专业发展影响因素及对策[J].教育与职业,2018(26):73-74.

[14]董宏建,罗佳.基于TPACK职教师资职后培养体系的探索与实践[J].中国职业技术教育,2019(16):71-75.

[15]李维春,易小军,王敏.产教融合背景下校企混编教学团队建设研究——基于35位教学团队成员的深度访谈[J].中国职业技术教育,2019(29):78-82.

[16]顾佩娅,陶伟,古海波.外语教师专业发展环境研究综述[J].外语教学与研究,2016(1):99-108.

[17]殷世东.生态取向教师专业发展的阻隔与运作[J].安徽基础教育研究,2016(2):47-51.

[18]薛薇.基于SPSS的数据分析[D].北京:中国人民大学,2014.

[19]周光礼.培养理性的行动者——高等教育目的再思考[J].高等工程教育研究,2015(3):49-57.

[20]胡乐乐.论"互联网+"给我国教育带来的机遇与挑战[J].现代教育技术,

2017（4）：26-32.

[21]邵云飞，詹坤，吴言波.突破性技术创新：理论综述与研究展望[J].技术经济，2015（12）：30-37.

[22]Freeman, R. Shared Capitalism：Employee Ownership, Profit and Gain Sharing, and Stock Options[M].Chicago：University of Chicago Press, 2010.

[23]徐彦红.我国大学青年教师专业发展驱动因素测度研究[J].中国人力资源开发，2017（4）：139-145.

（文章发表于《天津职业大学学报》2020年第5期）

作者：

周永青（1980—　），男，浙江旅游职业学院，讲师，主要研究方向为思想政治教育。

基于移动学习环境和知识管理的高校科研团队建设研究

◎李镇华

> **摘　要**：在当前网络时代背景下，电子设备的可移动性和便捷性为人们的阅读和学习提供了良好的途径。一种全新的移动学习方式正在普及，这种新的学习方式也对高校科研团队建设产生了重要的影响。文章将对移动信息环境下高校科研团队知识管理影响因素进行分析，构建影响因素的评价模型，提出了高校科研团队知识管理能力提升的对策。
>
> **关键词**：移动学习；知识管理；科研团队建设

现代化的网络技术给高校的科研工作提供了更加便利的研究途径，使得科研人员可以利用琐碎时间进行知识学习，例如在通勤过程中使用手机、平板等可移动电子设备，通过网易云课堂、慕课网等网络学习平台进行学习，进而提高自身知识水平和科研能力，对于高校科研人员的个人发展有极大的帮助作用，对于高校科研团队的整体科研实力提升也具有良好的推动作用。[1]

一、移动学习环境下知识管理的重要性

当今时代，高校的科研团队已经成为国家创新主体的重要组成部分，高校科研水准在一定程度上代表了中国的前沿科技的发展水平。因此，探究影响高校科研团队知

◎师资队伍

识管理方式对于加强高校科研团队建设具有重要意义，同时也对团队内部机制的改善具有良好的指导意义。[2]随着移动学习概念的日益普及，学者们也开始注重加强移动学习环境下高校科研团队的知识管理工作，其主要研究方向是在移动学习过程中摆脱知识点破碎、散乱的缺点，真正地做到将知识的积累有效利用起来。这一研究对成员知识水平有效提升具有重要作用。移动的学习和交流环境还能促进团队成员间的知识共享和信息交流，帮助成员之间运用互联网技术、设备与思维进行知识管理，从而建立起对团队和个人更有价值的移动知识数据库。[3]

从学术研究的角度讲，以知识管理为视角对科研团队的建设进行研究，旨在进一步拓宽科研团队研究的视野，并丰富知识管理在教育领域的应用研究。从现实的意义来看，构建起以知识管理为理念和方式的科研团队内部运行机制，可以为当下的科研团队建设提供新的有效视角、思路和方法。知识管理研究不仅能够促进高校科研团队的知识管理水平，还能帮助高校或高校科研团队建立科学的知识获取和共享的体系和制度，促进高校科研团队知识管理效率和水平，最终实现高校科研成果的有效增加。高校科研团队加强移动学习环境下的知识管理，对于整体的团队建设和科研进步具有重要意义。

二、国内外高校科研团队知识管理对比

"知识管理"这一理论最早由英美学者在20世纪80年代开始进行研究，彼得·德鲁克用该概念对知识管理活动进行形容，在20世纪后期，英、美、欧洲社会各领域普遍开始应用知识管理概念。日本管理学教授野中郁次郎也提出了知识创造理论和SECI知识转化模型①，由此可见，国外的知识管理理论研究得到了深入发展。

改革开放以来，我国经济高速发展，知识和信息逐渐取代资本和能源成为国家发展最主要的资源之一[4]，我国对于知识管理的需求逐渐增加。1998年，知识管理思想、概念进入我国，国内学者积极引进、翻译国外相关著作，出版了许多优质的知识管理著作，推动了知识管理理论在我国的发展。这一定义准确概括了知识管理核心功能及独特的管理特征和目的。

---

① SECI知识转化模型，包括社会化（Socialization）、外化（Externalization）、融合（Combination）和内化（Internalization）这四个阶段的依次转移形成螺旋上升，并以隐性知识和显性知识的相互转化说明知识传播共享和创造过程。

尽管国内外学者从不同角度，应用各种不同方法对知识管理进行研究[5]，但目前针对高校科研团队的知识管理研究较少，没有形成统一的理论体系。缺乏对于高校科研团队知识管理机制、影响因素、评价等方面的研究，定量分析和测度也鲜有研究。

三、移动学习环境下高校科研团队知识管理绩效的因素与指标体系

由于移动学习环境下的知识管理发生了较大变化，对此笔者采用了科学的方法，深刻挖掘出新环境下影响高校科研团队知识管理绩效的因素，对高校科研团队知识管理的影响因素进行了深入探究。

（一）优化专业知识资源

高校科研团体通常是将本专业优秀的人才聚集在一个项目团队中，相互讨论，互相促进，加强对知识的理解，提高科研产出率。为保证高校科研团体人力资源和科研成果产出的稳定性和专业性提供了保障。对高校科研团队知识管理进行绩效考核的主要因素就是判断高校科研团队在知识管理工作中是否将专业知识资源进行了良好的组织，建立移动的信息共享平台，整合项目团队内部信息资源，形成一种灵活的知识转化机制（图5-1），保障科研团队全体成员随时随地都能够良好的接收、使用共享知识。

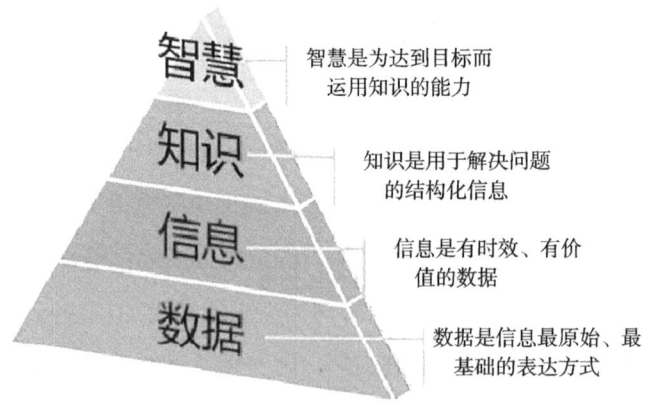

图5-1 知识转化机制

（二）提高科研效率

移动学习环境下的高效知识管理能帮助提升科研效率。在科研工作中，高校科研团队能否通过优势互补和知识共享提高团队的工作效率，也是评价高校科研团队知识

◎ 师资队伍

管理绩效的重要因素。良好的优势互补工作模式能帮助高校科研团队提高科研效率，改善团队专业不平衡的发展状况，通过团队的力量带动科研取得进展，提高项目完成率。

（三）增加团队知识交流

移动学习环境对于增强人与人之间的科研交流具有重要作用。高校科研人员，由于各自所掌握的专业知识不尽相同，各自承担的科研任务也存在差异，使得高校科研团队在项目推进过程中合作意识不强，对科研项目难题的讨论和交流重视性不足，导致每个人都埋头苦干，但是得不到良好的思想碰撞，不能产生新颖的科研想法，进而导致高校科研团队工作效率不高，团队活力不强。在知识管理工作过程中，高校是否有效形成良好的知识交流氛围也是重要的知识管理绩效因素。尽管科研是一项较为严谨的工作，但也不能因此失去团队的灵魂和团结力。良好的知识管理要求团队能够进行合理的分工，并为团队科研人员安排交流机会，使科研人员能够在轻松的氛围中发挥各自的科研实力，保障团队共同向前发展。

（四）重视团队整体发展评价

为了激发团队内教师个体的创新能力，现有的评价体系一般比较重视针对教师的评价与激励，忽视针对团队整体性的考核，忽视对不同类型的团队、承担不同责任的人员的分类评价。[6]知识管理与高校科研团队管理相结合，使团队得到良好的发展，是知识管理评价因素中最核心的部分。团队整体发展评价是高校科研团队运作过程中知识管理的重要研究方向，为知识管理和高校科研团队内部管理的交叉研究提供一个突破口。良好的团队评价方法能避免形成针对每个科研人员的单一评价体系，造成恶性竞争，不利于科研合作创新和形成高水平的学术团队。

四、建立高校科研团队知识管理绩效评价模型

基于上述理论和移动信息环境的背景，笔者在杭州的部分高校进行实地调研，对研究概念进行界定，根据知识管理的相关影响因素，分析其网络结构与特征，构建了网络模型。

（一）数据采集与分析

根据上述分析，笔者首先提出了移动信息环境下高校科研团队知识管理的影响因素，然后针对杭高校科研团队进行实地调研，采用问卷调查方法，获得了大量的研究

数据。

（二）模型分析与修正

确定影响因素和变量度量，应用加权计算，将过去的定性问题定量化。同时，对构建的理论模型进行实证分析。对假设的理论模型进行评估，并计算评估各类适配度指标。在针对评价因素指标的权重规划上，由于与知识管理和团队建设的相关因素较多，文章采取了主成分分析法，根据各高校科研团队的科研数据，得出4个重要的评价因素指标及对应权重。设置一级指标：专业知识资源优化能力，权重为30；团队科研效率，权重为30；团队知识交流程度，权重为20；团队整体发展评价，权重为20。

（三）评价等级

评价指标体系按照等级来进行评分，根据优秀（3分）；良好（2分）；一般（1分）；较差（0分），在高校科研团队根据影响知识管理绩效的因素对内部进行改善前后，由团队管理人员进行打分。

（四）假设检验与分析

通过对杭州多所高校科研团队进行观察分析，发现在高校科研团队根据影响知识管理绩效的因素改善前后，团队的调查结果普遍发生了较大变化，其中95%的高校科研团队知识管理机制有较大的改善。[7] 同时，将得到的结果进行深入分析，针对不同的评价因素改善前后的变化，得到了不同的评价结果，针对四种主要评价因素对团队建设的影响程度，探究得到新的改善对策。

五、移动学习环境下高校科研团队知识管理绩效提升对策

在实证分析的基础上，基于移动学习环境的特性，根据模型中各个指标对知识管理水平的影响，根据实证分析的结果对高校科研团队知识共享过程中存在的问题进行探究，找到了一些在当前移动学习环境下提升高校科研团队知识管理绩效的对策。

（一）建立移动学习的科学合理的绩效评价体系

高校科研团队的绩效评价体系设计需要保证科学性和合理性。移动学习环境下评价体系应当根据高校科研状况进行全面的分析，将高校发展目标与科研团队发展目标相结合，采用定量、定性相结合的评价体系，重视移动平台体系建设，运用科学的筛选方法对评价体系所使用的指标进行设置，对于不能量化的指标采用定性评价的方法，避免主观评价产生的误差。同时，高校还应当根据不同团队的科研能力，对不同

团队设置不同的绩效目标。

（二）建立知识交流平台

高校科研团队各成员之间的知识交流，能有效提高团队整体科研水平。在可移动学习环境下，知识交流水平成为团队科研水平提高的关键。因此，在知识管理工作中，高校科研团队应当注重知识交流平台的建设。尤其是在移动学习环境背景下，更应加强团队的实时交流，真正将知识的积累和共享扩大到整个团队中。通过及时交流，将每个人对知识的总结和创新能够放入团队所有成员共同使用的知识库中，运用互联网技术和网络思维进行有效的知识管理，基于科学的知识转化途径，建立起对个人和团队都具有重要价值的移动知识数据库。使团队成员能在知识交流的过程中不断思考，不断进行思想交流，让创新的科研想法在团队中流动，帮助团队成员拓展科研新思路。

（三）采取团队评价与个人评价相结合的评价体系

在高校科研团队知识管理绩效中，团队整体发展绩效是非常重要的考核因素，既可以使优秀的学术团队加强团队建设和管理，促进团队科研水平的有效提高，同时还能使科研水平较低的团队发现差距，及时调整，使不同层次的团队都能够得到良好的发展。由于团队中成员的水平有所不同，也需要重视对产出良好科研成果的个人进行鼓励和表彰，充分发挥表彰的激励作用和先进的带头作用，重视团队发展中个人发展。

（四）重视科研团队的人文氛围建设

团队凝聚力是团队建设的关键，高校科研团队建设应当注意处理好内外部的竞争，通过移动学习环境下的知识管理和知识交流，加强成员间的相互尊重意识，对成员研究的知识内容进行统一记录，积极鼓励团队成员相互交流，增强团队成员的归属感和认同感，增进相互之间的理解与支持，为团队工作创造良好的人文氛围，建立良好的团队合作关系。

综上所述，高校科研团队作为知识团队是科技创新体系的重要主体，承载着知识创造和传播的重要责任，在移动学习环境下，高校科研团队知识管理的改进是实现团队知识有效地获取、管理、共享、转移和扩散，促进知识流动和交易的关键环节。因此，高校在科研团队建设过程中，需要不断学习和掌握移动学习背景下的新型知识管理方法，不断提升团队知识管理能力，为团队成员的知识获取和知识交流提供良好的途径，加强高校科研团队的科学建设，推动我国科研和创新事业的进一步发展。

参考文献

[1] 马立超."双一流"建设背景下高校教育科研竞争力的定量比较[J].中国高校科技,2019（S1）：24-27.

[2] 刘峰,于智恒.基于DEA的高校科研绩效评价指标体系研究[J].江苏科技信息,2019（36）：26-29.

[3] 刘晓雯,余新丽.一流大学建设中高校科研绩效评析[J].上海教育评估研究,2019,8（6）：32-35.

[4] 范君.高校学报特色栏目服务教学科研功能分析及策略——以《安徽理工大学学报（社科版）》为例[J].传播与版权,2019（12）：36-37.

[5] 张雪兰.财务共享理论视角下高校科研经费报销难的破解[J].内蒙古煤炭经济,2019（24）：93-94.

[6] 王洪秋,庄得宝,李娜.理工科高校文科研究生科研能力提升研究——基于学术共同体视角[J].东北农业大学学报（社会科学版）,2019,17（6）：88-92.

[7] 蔡跃明,吴丹,杨炜伟,等."移动通信"课程中一种科研促学的教学方法探讨[J].电气电子教学学报,2019,41（4）：123-126.

（文章发表于《内蒙古财经大学学报》2021年第19卷第1期）

作者：

李镇华（1982— ），男，浙江旅游职业学院，浙江旅游博物馆副馆长，讲师、馆员，主要研究方向为智慧图书馆与知识管理。

◎ 师资队伍

我国高职院校教师教学创新团队研究热点与前景展望

◎ 郎富平　陈璐

> **摘　要：** 文章运用 CiteSpace① 分析和文献研读方法，梳理了 2007—2021 年关于教师教学创新团队研究的 138 篇核心文章，分析了教师教学创新团队的缘起与演进脉络。目前我国关于教师教学创新团队的研究内容主要包括教师教学创新团队的一般性研究、"双师型"教师教学创新团队建设研究和专业群教师教学创新团队构建研究三方面，数量呈现三阶段"双峰"趋势，内涵研究持续深化，过程管理和发展路径研究逐渐丰富。针对现有研究的不足，未来研究需不断拓宽与深化研究领域、不断丰富并创新研究的主体、视角与方法。
>
> **关键词：** 高职院校；教学创新团队；前景展望；知识图谱分析

自 2019 年开始的短短三年时间内②，国务院及教育部等多个部门密集发布教师教学创新团队建设的相关文件、政策或意见，足以证明其对高水平职业院校和高水平专业群建设的重要性。因此，本文拟通过对国内教学创新团队相关文献的梳理，结合国内职业教育发展的阶段性特征，以期阐明教师教学创新团队的内涵与外延及其对高水平职业院校和高水平专业群建设的意义，总结我国职业教育教学创新团队的研究热点

---

① CiteSpace 是一款文献计量学软件，用于分析科学文献中蕴含的潜在知识。
② 该论文发表于 2022 年。

及研究方法与视角的变化、研究内容的演变规律，期冀为职业教育教师教学创新团队的建设与高水平职业院校、高水平专业群建设提供有益的探索。

一、数据来源与研究方法

（一）数据搜集

为了比较全面地掌握我国有关教师教学创新团队的研究现状，本文主要通过以下两个渠道搜集文献：第一，通过中国知网检索中文文献，采用"高级检索"方式，以"高职院校""职业教育""师资团队""教学团队""专业师资队伍""教学创新团队"等为主题，限定"CSSCI[①]"和"核心期刊"为文献来源，逐一阅读并剔除与研究主题无关或相关性不高的文献。第二，为防止文献遗漏，还通过阅读搜集到的文献，提取文献中的相关参考文献进行有效补充。文献搜集的截止时间是2022年1月20日，通过上述路径共搜集到138篇关于"高职院校教学团队"的中文文献。

（二）研究方法

本研究采取数据分析法和文献研读法相结合的方式开展文献综述分析。其中，数据分析法主要采用CiteSpace4.5软件中的共引网络分析、关键词共现分析、时间序列分析等功能，对国内教学创新团队相关研究知识领域与演进过程进行可视化分析。此外，本研究辅以文献研读法，对CiteSpace4.5软件识别的高被引文献进行深入研读，了解每篇高被引文献的主要内容、理论基础、研究方法或视角、核心或主要结论与观点，提炼出教学创新团队研究的子领域，并从研究热点、研究方法与视角、研究内容等方面进行梳理和述评。

二、研究热点与进展

（一）研究热点

本研究基于已采集文献的关键词，通过CiteSpace4.5软件进行可视化分析，进而确定研究热点。为了更加精准有效地反映关键词的变化趋势与规律，将时间分割设置为2年，节点类型设置为关键词，运算得出共202个关键词节点和313条节点连

[①] CSSCI，全称为Chinese Social Sciences Citation Index，中文社会科学引文索引。

线，获取关键词时区演化图谱。在文献获取期间，学界的研究重点除去"高职院校"和"教学团队"外，主要集中于"专业教学团队""教学创新团队""教师教学创新团队"" '双师型'教师""师资队伍"" '双师'结构""教学团队建设"。

本研究通过已有文献关键词的时区演化图谱，剔除了与高职院校教学创新团队关联度较低的关键词，结合CiteSpaces4.5软件导出的关键词词频信息表进行分析可见，国内相关研究从早期探讨高职院校教学团队的"双师"结构逐渐向"双师型"教师、教学创新及协作共同体等方面深化。此外，从宏观层面的发展策略构建开始向微观层面的校企合作、绩效管理、能力本位分析等转化，研究对象从专业教师向专业群教师转变。同时，研究内容紧扣国家职业教育战略，如优质校、"双高计划"、"三教"改革、"1+X"证书制度等。

（二）研究方法与视角

1. 研究方法倾向于观察与思辨

通过文献研读，发现以往研究总体倾向于使用观察和思辨的方法对师资团队发展状况进行阐述，而使用严谨的实证研究范式对发展规律、影响因素、作用机制等进行深入探讨的理论学术型文章不多。在本研究检索的核心期刊文献中，绝大多数论文属于概念分析与思辨型方法，缺少通过问卷调查或访谈进行客观的数据分析，而数据分析方法以描述性分析为主，少见高级多元统计分析，缺乏对多变量间的因果关系检验，较难揭示教师教学创新团队建设所涉及诸多因素的复杂联动关系。

2. 研究主题宽泛且视角多元

在检索的论文中，政策性建议和总结性陈述最多，其他研究视角还包括高职院校师资队伍发展状况分析、对比分析研究、教师教育创新团队的价值功能等，呈现出分散的研究内容分布特点。已有研究主题包括区域型案例研究、"双师型"教学团队研究、国内外对比研究等，理论来源主要包括组织行为学、创新集群演化理论、协同理论、系统理论、共同体理论与共生效应、雁阵原理[①]等。整体而言，学界对理论运用的关注度不够，较少聚焦于某个理论领域并持续深化、突破和创新。

（三）研究内容

通过文献研读，我国关于教师教学创新团队的研究大致可归纳为三大类：教师教学创新团队的一般性研究、"双师型"教师教学创新团队建设研究和专业群教师教学

---

① 雁阵原理，由日本学者赤松要于1935年提出，来源于对大雁飞行现象的研究，指某一产业，在不同国家伴随着产业转移，先后兴盛衰退，以及在其中一个国家中，不同产业先后兴盛衰退的过程。

创新团队构建研究。

1. 教师教学创新团队的一般性研究

国内关于教师教学创新团队的一般性研究主要集中在内涵与特征，瓶颈、短板与问题，建设策略与发展路径，绩效评价指标体系，运行保障体系五大方面。

第一，关于教师教学创新团队的内涵与特征。教师教学创新团队是一个新概念，是围绕某一个专业（群）或学科教育教学改革任务或教学、科研任务，由团队共同负责与分工协作、责任明确又能力互补且兼具创新发展的专兼职教师共同组建而成的结构化团队。教师教学创新团队一般拥有共同的远景目标或职业理想，拥有团队领军人才或带头人，按照"优势互补、协同共生"的原则合理组建团队，同步建立有效运行机制、分工协作机制，形成配套的制度保障体系和团队文化或精神，往往具有强稳定弱冲突的关系格局、重文化轻利益的价值追求、高自主低依赖的进化趋向等特征，其核心内涵在于共创价值。

第二，关于教师教学创新团队的发展瓶颈、短板与问题。目前，影响职业院校教师教学创新团队高质量发展的现实困境主要包括传统观念的钳制、组织构建逻辑不当、组织目标高度不够、组织建设措施不力、组织建设水平不高、保障机制不健全、团队凝聚力不强、团队培训体系不完善、考核激励标准欠缺、教师能力不匹配等。其中，机制构建与团队合作是影响教师教学创新团队发展的两大关键因素。

第三，关于教师教学创新团队的建设策略与发展路径。学界从提质、培优、创新等不同层面审视团队建设的内在逻辑，主要从建设标准体系、规范建设路径、优化组织结构、完善保障机制、建构教师培育体系等方面提出高质量完成创新团队建设任务的有效对策。重点关注的是外部建设环境和内部自我效能"两翼"合力发挥作用，着力解决提质培优、模块化教学、"三教"改革的急迫性问题。

第四，关于教师教学创新团队的绩效评价指标体系。根据国家"双高"院校绩效考核指标，对师资队伍建设的能力和水平的考察主要分为师资队伍质量和团队建设情况两大指标，既注重教师个体水平，又注重教师群体质量。目前，国内关于教师教学创新团队绩效评价指标体系缺少突破性研究成果，相关研究的实证检验不足，指标构建的科学性和合理性需要进一步探讨。

第五，关于教师教学创新团队的运行保障体系。建立健全教师发展保障机制是教师教学创新团队建设的关键，因此国内不少学者提出了教师教学创新团队的运行保障体系，主要将教师激励机制、绩效考核机制、薪酬保障体系、团队组建机制与原则、知识采集与生产机制、知识学习和应用机制、团队绩效评价机制等方面作为切入点。但是，国内尚未破解不同学科与专业团队建设共性与个性的现实问题。

2."双师型"教师教学创新团队建设研究

"双师型"教师教学创新团队建设是国家产业战略调整背景下提出的重要议题，对高职院校的长远发展具有重大的现实意义，然而在实际的改革和建设过程中却存在较多问题与挑战。从教师个人发展而言，存在"双师型"教师培养过程缺乏统筹规划与设计、院校教师缺失企业实践经历或经验、行业企业骨干或技术人员和能工巧匠到职业院校的任职、晋升乃至薪酬提升路径不畅等问题；从教学团队建设而言，存在"双师型"教师队伍规模不够科学、团队结构不够合理、团队合作基础不够扎实、团队协作凝聚力不够强大、尚无成熟建设经验等问题；从制度体系构建而言，存在师资引进机制缺乏创新、资格准入制度和考核评价标准缺失等问题。基于上述难题，国内学者分别从完善教师资格认定标准体系、拓宽教师队伍引进渠道、开展教学团队培训、深化产教融合、构建考核体系等方面提出了关于"双师型"教师教学创新团队的发展路径。但是，国内关于什么是"双师型"、怎么建设"双师型"、如何成为"双师型"等一系列问题尚未明晰，仍存在理解误区，导致现实建设成效不明显。

3.专业群教师教学创新团队构建研究

专业群建设是高职院校内涵建设的关键，国内关于专业群的研究和探讨一直存在，近年来关于如何建设的研究也逐渐增多，主要从专业人才培养模式的创新与实践、课程体系构建与课程教学资源建设、专业配套教材与教法改革、教师教学创新团队、实践实训与教学基地、技术技能平台、社会服务、国际交流与合作、可持续发展保障机制九大任务分项开展，部分学者根据某些具体专业群的实际也开展了案例研究。但是，国内关于"为何建设专业群教师教学创新团队""何谓专业群教师教学创新团队""专业群教师教学创新团队怎么建设"，以及"如何鉴定和评价建设成效"等内容没有作出具体阐释，建设口径仍以专业为主。

三、研究结论与展望

（一）研究结论

通过上述研究分析，发现我国高职院校教师团队建设研究大致可分为三阶段的"双峰"趋势：第一阶段是2007—2011年的"探索期"，该阶段文献数量呈现逐年上升趋势，相关研究大多围绕国家层面的各项政策文件进行论述分析；第二阶段是2012—2019年的"停滞期"，文献数量和质量呈现下降趋势；第三阶段是2019—2022年的"复苏期"，主要表现为2019年"职教20条"提出后，尤其是教育部分别于2019年和2021年连续启动两批职业教育国家级教师教学创新团队建设后，关于教师教学创新团队的系列研究如雨后春笋般出现，研究视角和内容不断丰富，围绕产教融合、"三教"改革、"协作共同体"等核心关键词不断拓展。因此，职业教育教师教学创新团队建设的本质是在《中华人民共和国职业教育法》新修订及我国持续、全面深化职业教育改革、推动构建现代职业教育体系的大背景下，基于服务国家总体发展方针与战略、满足人民群众在新时代的教育需求、适应国民经济与社会发展的新形势而对职业教育的教师队伍进行系统性升级和再造。

近年来，学术界对高职院校教学团队及教师教学创新团队展开了许多有益探索，研究文献数量不断增加，理论体系不断完善。从内涵与类型的界定看，学者普遍从结构、目的、功能等不同的角度探讨了专业教学创新团队的内涵及其类型，并衍生出科研团队、教学团队、科研创新团队、教学科研创新团队、教师教学创新团队等相关概念；从过程管理分析与研究看，主要包括人才选聘、人才培育、结构配备、平台搭建、资源整合、氛围营造、评价指标体系等方面；从发展路径与对策措施方面看，主要针对团队建设存在的相关问题，利用博弈论、生命周期理论等理论提出团队建设路径或举措。

但是，整体而言，教师教学创新团队对部分热点话题关注较少，学术研究依然滞后于现实的发展与需要，难以有效指导我国职业教育的新发展。主要表现为以下五个方面的不足。第一，研究方法单一。目前，相关研究基本都是探索实践的描述性分析，只有少数文献进行了全域典型案例的总结研究。此外，缺乏基于调研数据或者通过建立模型的定量实证研究，没有研究教师团队内外部影响因素及关系分析，缺乏国内外同类型院校或专业大类的横向比较研究。第二，研究理论支撑不足。大多数文献是围绕现状、问题和对策进行定性研究，缺乏科学的理论支撑和系统分析。第三，研究观点雷同。相同主题的研究问题和对策观点雷同，研究缺乏深度和广度，观点创新性不明显。第四，研究主题陈旧。大多数研究文献的主题较为常见，缺乏新的研究主题。第五，研究内容不足。新时期、新形态、新技术发展下的教师教学创新团队需要建设成什么样？需要用什么方式方法评价建设达到要求？团队成员的职业标准、胜任力评价体系及团队建设的绩效评价体系等方面的研究成果缺乏。此外，伴随"课程思政"重要性的不断凸显，该类型教师如何融入团队有效发挥思想引领作用需要进一步深入探讨。

（二）研究展望

1. 不断拓宽与深化研究领域

第一，要不断拓宽教师教学创新团队的研究领域。与针对职业院校教师个体发展具有相对重点或局限性不同，教师教学创新团队的建设与发展应具有相对全面性或完整性。因此，在传统研究领域的基础上，应该分别根据教师教学创新团队的人员组成特色、团队或专业建设任务、管理与保障三个维度拓宽研究领域：一是根据教师教学创新团队由专任教师、兼职教师、思政教师、辅导员等不同人员类型组成的实际情况，进一步明确"立德树人"的根本任务观，秉承"三全育人"理念，增强教师教学创新团队内部不同类型人员的发展动力、协同育人与教学研究机制等方面的研究；二是树立职业教育的全新"科研观"，构建契合职业教育教师教学创新团队的教学、科研与社会服务体系，重点围绕教师教学创新团队所属专业的建设任务，聚焦专业教学标准与人才培养方案衔接、行业标准体系与专业课程体系衔接、企业岗位标准与课程标准衔接，以及基于工作过程导向、任务驱动的模块化教学改革等方面的研究；三是从职业院校乃至教育主管部门做好日常管理、绩效管理、后勤保障、政策导向等方面出发，应强调教师教学创新团队共同体建设内容、团队组织制度和运行机制、教学质量评价体系与团队绩效评价体系、团队文化建设与凝聚力、团队考核与个人考核及其与职称晋升关系等方面的研究。

第二，要持续深化教师教学创新团队的研究领域。与普通高等院校教学团队建设任务与目标不同，职业教育教师教学创新团队的建设任务与目标是紧扣行业企业对专业高素质技术技能人才的需求，需兼顾行业尤其是中小微企业发展难题或应用课题开展研发。因此，职业教育教师教学创新团队的重点深化领域是聚焦校企深度融合机制下的"三教"改革与实践，具体体现在三个方面：一是秉承"三全育人"的理念，增强专业"课程思政"的整体性设计，从育人主体、育人环境、育人载体等维度强化"十大育人"体系建设；二是秉承校企"双元育人"的理念，增强学校、企业、政府与协会等不同利益主体在提升团队建设水平、提高人才培养质量等方面的协同机制与成效研究；三是秉承"命运共同体"的理念，通过"双师型"教师教学创新团队的建设，增强"岗课赛证"的融通，重点聚焦教师融通、课程融通、教材融通、教法融通等方面的研究。

第三，要逐步开展并完善教师教学创新团队的相关标准体系研究。全国各地应紧紧抓住教育部颁布实施《职业教育专业目录（2021年）》及其教学标准制（修）订的有利契机，注重各专业对应教师能力标准体系与学生能力标准体系的研究，尤其应增强专业教学标准与专业人才培养方案、课程体系与课程标准、实践实训体系与实习标准的匹配性研究与绩效研究。其中，在整个标准体系的探索研究与实践过程中，应充分发挥教师教学创新团队的核心枢纽地位与作用，即教师教学创新团队应率先根据行业的新标准、新技术、新规范等发展趋势，一方面通过团队建设与发展实现团队与教师能力的更新发展，另一方面通过团队建设与发展实现教学内容、教学方法、教学载体的更新及学生能力的更新发展。

2. 不断丰富并创新研究的主体、视角与方法

第一，要不断丰富教师教学创新团队的研究主体。教师教学创新团队的建设，既是教师个人及团队的整体建设与发展，也是专业水平的整体建设与发展。一是教师教学创新团队及教师个体应站在整个专业领域的高度，开展团队的微观研究、典型个案研究、区域比较研究或团队跟踪研究；二是职业院校的人事或教师发展、教务、科研等核心职能部门应站在团队管理与后勤保障的高度，开展团队的综合业绩考核与职称晋升、"三教"改革、科研评价体系、师生能力评价体系等方面的研究；三是职业教育专业研究机构或行业、教育主管部门应站在整个专业大类、行业发展的高度，开展团队所属专业领域、行业领域的通用标准体系研究。

第二，要不断丰富并创新教师教学创新团队的研究视角与理论。教师教学创新团队不仅涉及团队整体与教师个体，涉及不同属性或岗位的教师，还涉及学校与专业、学生群体、合作单位等多重利益共同体。一是要善于从经济学、心理学、管理学、生物学等学科视角与基础理论出发，重点探讨教师教学创新团队的组织制度、运作机制、协同动力等方面的难题；二是要善于从社会学、法学、教育学等学科视角与基础理论出发，重点探讨教师教学创新团队成长、职称晋升机制、科研体系建设等方面的难题。

第三，要不断创新教师教学创新团队的研究方法。要针对当前研究方法相对不够多、理念不够新、载体不够足的现实困难，不断创新教师教学创新团队的研究方法。一是应加强宣传与引导，鼓励各个职业院校建立一套契合职业教育发展或教师教学创新团队发展的科研成果体系与评价体系，重点鼓励开展教学改革、行业研究或应用型研究；二是鼓励开展针对专业类或专业大类、区域型教师教学创新团队的建设模式或典型案例跟踪研究，以增强其对相关专业、相关区域教师教学创新团队建设的可借鉴性；三是应充分利用相关研究工具或经济学、管理学、心理学等相关学科领域的定量研究或定性定量相结合的研究方法开展研究，使对策与意见更具针对性与有效性。

参考文献

［1］白星良，牛同训.职业教育教师教学创新团队建设研究［J］.高等职业教育探索，2020（3）：45-50.

［2］曹晔，刘红磊.国家职业教育教师教学创新团队建设的价值、内涵与任务［J］.职教论坛，2021（5）：86-92.

［3］陈旭，和震.职业院校教师教学创新团队绩效评价指标体系研究［J］.职教论坛，2021（5）：99-106.

［4］陈竹萍."双师型"教师教学创新团队建设的现实困境与破解路径［J］.高等职业教育探索，2021（5）：47-53.

［5］黄永焱，夏玲涛.职业教育教师教学创新团队建设的特征、策略与路径——基于场域理论的视角［J］.中国职业技术教育，2022（2）：92-96.

［6］李贤彬，李敏，杨星焕.职业教育教师教学创新团队建设的现实困境与实施对策［J］.教育与职业，2021（19）：94-98.

［7］李梦卿，陈佩云."双高计划"背景下"双师型"教师教学创新团队建设研究［J］.教育与职业，2020（8）：79-84.

［8］李科，王松.基于区块链技术的高水平专业群教师教学创新团队建设——以现代殡葬技术与管理专业群为例［J］.职业技术教育，2021（24）：30-35.

［9］马君，张玉凤.专业群视域下高职院校教学创新团队构建及治理［J］.高等工程教育研究，2021（1）：136-141+200.

［10］门利娟.高水平结构化教师教学创新团队的背景、内涵及建设路径［J］.现代职业教育，2020（30）：41-43.

［11］欧阳波仪，易启明，汪炎珍，等.高质量发展视域下高职教师教学创新团队建设研究［J］.中国职业技术教育，2020（5）：88-92.

［12］潘丽云."双高"建设背景下的高职院校教师教学创新团队研究——基于基层教学组织重构的视角［J］.中国职业技术教育，2020（29）：53-56.

[13] 易雅琴，冯天祥.提质培优行动计划背景下特色高水平高职教师教学创新团队建设研究[J].教育与职业，2021（9）：76-82.

[14] 张扬，高正春，李娟，等."双高计划"实施背景下高职院校"双师型"教师教学创新团队建设困境分析[J].现代职业教育，2021（1）：56-57.

（文章发表于《教育与职业》2022年第15期）

作者：

郎富平（1980—　），男，浙江旅游职业学院旅游规划与设计学院院长，教授，主要研究方向旅游职业教育。

陈璐（1994—　），女，浙江旅游职业学院，助教，主要研究方向为旅游职业教育、旅游景区规划。

职教国际化

ZHIJIAO GUOJIHUA

编者按

2021年《关于推动现代职业教育高质量发展的意见》提出,"提升中外合作办学水平,办好一批示范性中外合作办学机构和项目,加强与国际高水平职业教育机构和组织合作,开展学术研究、标准研制、人员交流。"

本主题收录4篇论文,具体如下。

一是国外职业教育借鉴研究。例如,《"以学生为中心"视域下的新加坡职业教育探析》在对新加坡职业教育"以学生为中心"的办学经验进行总结的基础上,提出构建"H型"立交桥式发展体系等改革举措。

二是旅游职业教育国际特色研究。例如,《"一带一路"倡议下旅游类高职院校境外办学模式的实践探索——以浙江旅游职业学院为例》一文对以"汉语＋导游"为特色的中俄旅游学院、以"汉语＋烹饪"为特色的中塞旅游学院等不同境外办学模式进行了总结。

三是高职留学生教育研究。例如,《跨文化适应视角下高职院校来华留学生教育的困境与突破》针对高职院校来华留学生教育的问题,提出加强顶层设计和部门联动,突出趋同管理;在"知华教育"中融入中国国情和文化元素,提升交流体验;在环境育人中增添国际化与跨文化互动,增加氛围营造;在共情教育中提升整体管理水平,增进文化认同。

四是英文期刊旅游教育热点问题研究。例如,《近十年(2009—2019)英文期刊旅游教育研究的热点回顾》通过对近十年英文期刊旅游教育相关话题进行梳理,提出旅游教育理论和旅游教育实践存在脱节现象,并就中文期刊旅游教育研究如何加强跨学科视野提出一些建议。

◎ 职教国际化

"以学生为中心"视域下的新加坡职业教育探析

◎ 韦小良

> **摘　要**：新加坡被公认为具有世界领先水平的职业教育体系。"以学生为中心"的办学理念是其职教发展的最大特色之一，有效体现了职业教育对国家人力资源发展的支撑作用。研究发现，新加坡职业教育发展进程中，其宏观层面的国家教育体系设计，中观层面的院校优质资源供给，微观层面的教师、教材、教法改革，都全面体现了"以学生为中心"的办学特征。文章借鉴新加坡职业教育"以学生为中心"的成功办学经验，提出我国职业教育的改革举措。
>
> **关键词**：以学生为中心；新加坡；理工学院；精专技能；终身学习；"三教"改革

美国著名心理学家罗杰斯（Rogers）基于人本主义思想在1951年首先提出了"以学生为中心"的教育观点，他认为教育教学过程的重点是让学生学会如何学习。1998年，联合国教科文组织在"世界高等教育大会"大会宣言中提出"高等教育需要转向'以学生为中心'的新视角和新模式"。2016年，斯坦福大学推出《斯坦福大学2025计划》，提出未来高等教育将具有个性化、终身化、定制化、自主化等特征，即高等教育将真正"以学生为中心"来开展和实施。综上所述，"以学生为中心"的人本主义教育理念已被广泛接受。现代教育者已普遍认识到教育应充分考虑学生的主体地位、需要及学习规律，同时满足社会、行业企业、家长等多方利益相关方的诉求。

新加坡拥有世界上较为完备的职业教育发展体系。"以学生为中心"的教育理念成为新加坡职业教育的最大特色之一。本文从人才培养"以学生为中心"定位的视角出发，提出可供我国高职教育借鉴、参考的改革措施。

一、新加坡职业教育发展情况概述

新加坡于 1965 年建国至今，从天然资源极度匮乏的贫穷小国跃升为亚洲发达国家之一，其经济社会发展经历了劳动密集型、技术密集型、资本密集型、创新驱动型等多次转型升级。在新加坡经济转型升级过程中，职业教育发展相伴而行，由满足劳动密集型产业用人需求的初级技术人才培养阶段起步，经历培养服务知识与技能密集型战略的技术技能人才的发展阶段和培养配合新经济发展战略所需的高技能人才的完善阶段，现已步入致力于培养以精专技能为特征的终身学习型人才的成熟阶段，形成了一整套支持国家经济社会发展和公民个体技能提升的职业教育终身发展机制。

根据新加坡现有教育体系，学生小学（6 年制）毕业会考后，进行小学阶段的分流。成绩合格者进入中学接受教育，成绩不合格者被分流到职业技术学校，学习技术操作。

中学阶段分为直通车学校、快捷课程班、普通学术课程班、普通技术课程班。快捷课程班学生可直接参加第 4 年的剑桥 O 水准考试（初级学院 / 高中和理工学院入学考试，类似于国内中考）。普通学术课程班和普通技术课程班的学生在第 4 学年参加剑桥 N 水准考试，若成绩合格可选择进入第 5 学年学习，第 5 学年学习完后自愿参加剑桥 O 水准考试。

中学阶段毕业后，依据学生的剑桥 N 水准考试和剑桥 O 水准考试成绩分流到初级学院 / 高中、理工学院（相当于国内高职）、工艺教育学院（相当于国内中职）学习。通过剑桥 O 水准考试的学生有资格报考初级学院 / 高中，也可直接就读理工学院；通过剑桥 N 水准考试但未通过剑桥 O 水准考试的学生则就读工艺教育学院。进入直通车学校、初级学院 / 高中的学生毕业时需参加剑桥 A 水准考试（类似于国内高考），成绩合格者进入大学学习，成绩不合格者可进入理工学院学习。工艺教育学院学生毕业后，可申请参加剑桥 O 水准考试，考试合者可进入理工学院学习。理工学院学生考核优秀的也可以进入大学学习。

大学学制一般为 3~4 年。其中，普通学位 3 年，荣誉学位 4 年。

综上可知，新加坡形成了以中学（普通学术课程班和普通技术课程班）分流、工艺教育学院、理工学院、继续教育与培训为四大支柱的开放包容的职业教育体系（图 6-1），并成为亚洲唯一多达七成学生选择职业教育道路的国家。

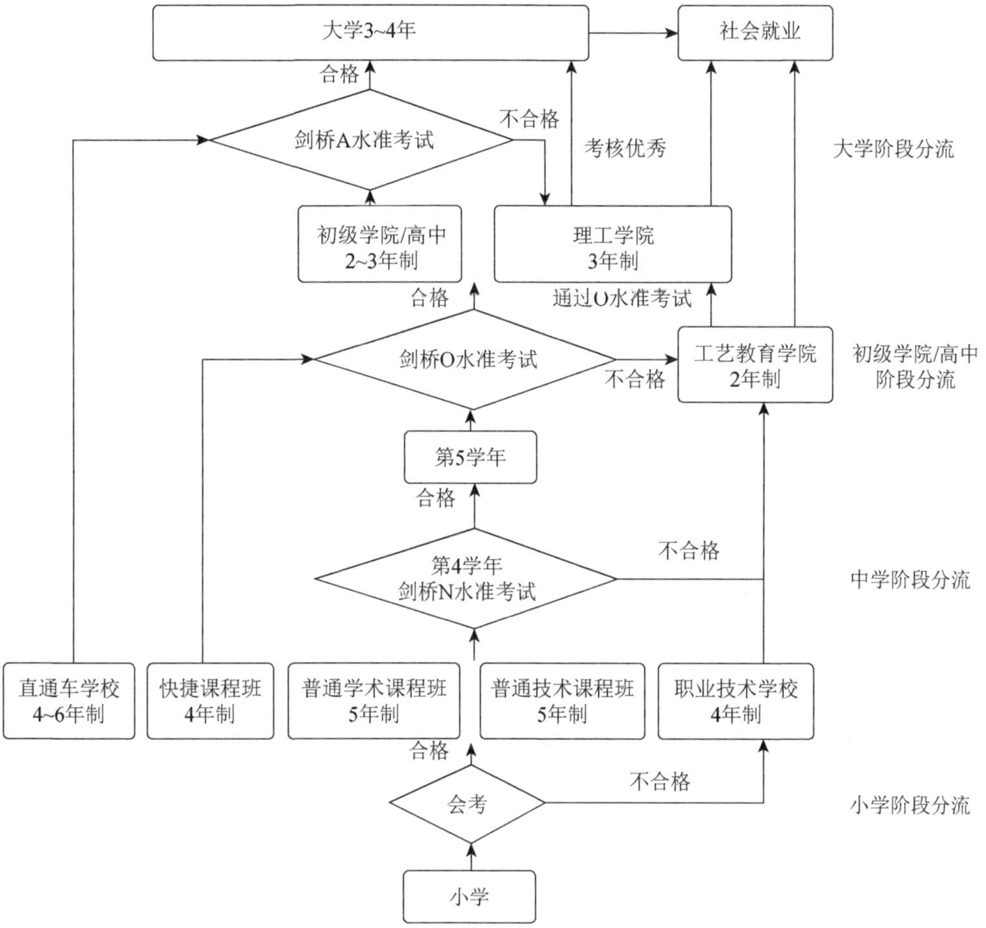

图 6-1 新加坡职业教育体系

二、新加坡职业教育"以学生为中心"的特征分析

（一）国家宏观层面的"人人皆能成长成才"的职业教育体系设计

从前文的梳理可见，新加坡基于全人发展的教育理念，形成了一套完善的职业教育体系。不同学习能力和水平的学生都能在这个教育体系中找到合适的受教育途径，

任何一个层次的学生都能找到学历文凭的上升渠道，这与当前我国职业教育单独成体系、社会认可度较低的现状形成反差。分析缘由，不难发现，新加坡高等教育体系的设计充分考虑了学生能力及个体发展需求。从整体上看，新加坡接受职业教育的学生比例虽然高，但理工学院学历并不是终点，他们可以根据自己的能力进阶状况继续深造。另外，没有进入大学或理工学院的学生可以通过完成文凭课程、精专课程等形式进入这些学校学习。这种各阶段融通的职业教育体系设计在一定程度上破除了"一考定终身"的弊端，使社会广泛认可并接受了职业教育。

（二）学校中观层面的"人人皆能学有所成"的职业教育资源供给

1. 保证就业数量和质量的专业设置和计划招生

第一，新加坡教育部每五年依据国家和社会经济发展战略，编制教育发展规划。大学、理工学院、工艺教育学院等各级学校人才培养定位清晰，且形成立交桥。大学培养国家卓越人才，理工学院培养专业技能人才及为升入理工大学做准备，工艺教育学院培养一线技术操作人才。理工学院根据自身办学特色及学科发展优势，结合行业发展态势、毕业生跟踪调查，在充分征求主管部门和校内外专家意见的基础上，扬长避短，科学合理设置专业。

第二，理工学院顺应国家产业结构调整和行业发展需求，对校内专业开展360度专业评估，及时调整专业设置以保证培养的学生能够顺利对接国家发展和社会需求。

第三，从招生角度来看，新加坡政府是根据经济政策、发展规划及人力发展预测，结合高校数量、生源数量（国际生源有一定的数量限制）来确定招生专业及招生计划人数的。

第四，新加坡教育部在确定高校招生专业的过程中还要对已有专业进行量化分析评估，并听取行业或企业的反馈信息。此举可类比为"计划下的市场竞争"，既避免了高校专业设置与招生的盲目性，也最大限度地保证了学生毕业后的充分就业。

2. 着眼学生持续发展需要的教育资源供给

在专业人才培养方面，新加坡政府及高校都非常注重专业调研。

第一，各理工学院会在参考国家经济发展局的就业指标后，对行业现状及需求进行调研，访问行业专家，最终确定专业培养目标和内容。

第二，在课程设置上，注重学生职业能力和可持续发展能力的培养。理工学院的课程体系设计，从横向上看，由核心课程、限定选修课和自由选修课三大类构成；从纵向上看，由"模仿—模拟—融合"的教学实践逻辑贯穿始终。

第三，理工学院的课程设置每年进行一次修改，专业设置每三年进行一次调整，使学生入学后得到宽口径、厚基础的培养。

（三）课程微观层面的基于学生增值发展的教学元素建设

1. 强调精深技能的师资队伍建设

新加坡各理工学院"以学生为中心"的办学理念还体现在围绕学生培养来开展师资的选拔、聘用、培养、考核等工作上。

第一，从教师准入条件看，"不唯学历唯能力"是理工学院师资招聘的原则。本科及本科以上、具有丰富行业企业工作资历和经验技术的专才（一般要求有3~5年以上企业工作经历）就可竞聘专任教师和全职教师。

第二，新加坡各理工学院都有一套完善的教师培养机制，如遵循TPACK模式[①]，注重教师业务知识、技术知识、教学知识的提升，帮助教师尽快适应和胜任教育教学工作。理工学院的新进教师必须经过一年时间的教育教学方面专项培训，培训合格后才有资格上岗授课。学校每年会定期选送一定比例的教师赴境内外高等院校进修、访学和专项培训。学校还鼓励教师下企业锻炼、开展技术服务，提高教师综合技能。另外，学校也会专门设置项目开发部，跨院系组建项目开发和技术服务团队，将项目融入日常教学环节，形成各具特色的教学模式。

第三，理工学院实施教师年度考核，对不同类型教师采用分类考核办法。例如，新加坡理工学院主要从综合素质表现、教师教学和学生管理表现、社会服务工作表现三个方面对教师进行业绩考核。考核采用逐级评分，由课程组长、专业主任、系主任逐级填写考核表、排名。排名结果与薪资情况不公开，教师之间互相保密。

2. 重视对接岗位工作要求的教学内容建设

理工学院课程授课多采用"教师自编教义"的做法，以保证所选择的课程教学内容常态更新且随着业界需求变化而动态调整。每个课程都有结构化的授课团队，授课团队根据模块化的课程内容设计教学活动，并根据不同教师的能力结构进行分工备课。专业课程的实践教学内容更新主要有五条途径：一是源自学院与企业间开展的校企合作科研项目。二是源自教师承接的与企业需求相挂钩的职后培训项目。三是源自教师常态化开展的行业企业调研或到企业挂职锻炼所获的企业项目。四是源自学校安排设计的教学项目。五是源自教师指导学生参与各类竞赛所获的竞赛项目。可见，新

---

① TPACK模式，Technological Pedagogical Content Knowledge，即整合技术的学科教学知识模式。

加坡各理工学院真正做到了围绕当前及今后岗位所需能力来设计教学内容，切实保障了学生学习内容的适切性和迁移性。

3. 注重学生深入参与的课堂教学模式选用

学生高效地获得知识与专业技能离不开课堂教学。2004年，新加坡总理李显龙提出了"少教多学（TLLM：Teach Less，Learn More）"教育理念，认为教育的内容和形式都应为"帮助学生坚强心志、发展脑力，掌握能使用终身的能力和技能"服务，确立了学生在教学开展中的主体地位。新加坡一直在探索和改革"以学生为中心"的课堂教学模式和教学方法。其中，最具代表性的就是共和理工学院"一天一题"制的"问题启发式"教学法。该教学法将教师转变为学生学习的引导者、助力者，以问题为导向，激发学生学习的主动性和求知欲。具体做法如下：一是精减课程数量。学生每天上1门课，一周上5门课，每门课上13周，即一个学期上5门课。前五个学期共上25门课（含毕业设计），最后一个学期进行毕业实习。二是在教学内容上进行"大刀阔斧"的整合。每门课每周一题，通过13个典型问题将教学内容有机串联在一起。每次上课，教师首先提出问题，提供教学支撑材料，然后按照"三个会议，两次自由讨论"的流程进行。为配合这样的教学方法，学校均实行小班教学，班级人数不超过25人，一般分5组。所有的教室、实训室都按照25人的规模进行建设，课桌设计均为小组讨论式的。这种"以学生为中心"实现教学翻转的教学方法不仅将课堂学习安排得非常充实，还培养了学生解决实际问题的能力、自主学习能力、团队合作精神和语言表达能力，使学生终身受益。

三、新加坡职业教育对我国高职教育改革的启示

（一）服务职业人才学历成长，构建高等教育"H型"立交桥式发展体系

新加坡教育体系设计中的"先分流分类发展，后汇流同向发展"，是基于"以学生为中心"的教育理念，给学生多样化选择。新加坡职业教育成功的原因：一是理工学院的师资水平、教学标准、教学模式得到本科院校的认同。二是理工学院的教育质量得到行业企业和社会的认可，如学分绩点和专业认证。

我们要做到以下两点：第一，进一步贯彻落实《教育部关于职业院校专业人才培养方案制订与实施工作的指导意见》精神，保证中等职业教育、高等职业教育和普通本科教育在人才培养层次的区分度，将专业人才培养目标进一步明晰化，在同类别专

业的课程设置上,确保中职、高职、本科之间有效衔接。第二,对部分高校进行重新定位,将其转为应用型本科层次。借鉴"新加坡技能创前程计划",尽快研究制定技能框架,实现中职、高职、应用型本科、专业研究生之间"H型"立交桥式的有效衔接,助力资历框架、学分银行和"1+X"证书制度建设,实现各级各类教育的衔接。

(二)着眼职业人才培养质量,优化职业教育资源配置

进入新时代,社会主要矛盾的转化在高等教育领域表现为社会发展和人民群众对高质量高水平高等教育的要求与高等教育发展不平衡不充分之间的矛盾。《国家职业教育改革实施方案》提出,"按照'管好两端、规范中间、书证融通、办学多元'的原则,严把教学标准和毕业学生质量标准两个关口"。因此,借鉴新加坡各理工院校教育资源配置的成功经验:第一,职业院校应提高办学质量和信息透明度,为广大考生和家长报考提供专业院校名录、专业升学率、专业就业率、就业薪资、就业主要去向等更具参考性、更有价值的信息。第二,完善职业院校的专业开发与评价机制。在专业开发上,职业院校专业设置应具有普适性和前瞻性。因此,学校需根据区域经济发展梯度转移理论来建立专业建设动态调整机制,体现专业设置服从地方经济发展需要。第三,职业院校专业设置应基于"以学生为中心"的人本主义教育理念,开发优质课程资源,提升学生职业核心素养。第四,推进院校专业认证,探索学分绩点和学分认证机制试点,打通职业专科到职业本科、普通本科的学历直升通道。

(三)构建"以学生为中心"的教学模式,提升职业教育育人水平

首先,加强职业教育教师队伍建设。一是对教师实行分类招聘、管理和考核。根据不同教师的个人专业条件,设立不同的职业成长路径,形成各有所长、能力互补的专业教师队伍。二是形成完善的教师职业能力提升机制。专业教师可通过定期轮岗挂职、横向项目合作、专业技术支持等方式深入行业企业,积累职业经验。行业背景教师和学院派教师结对进行互帮互助、取长补短。各院校定期安排专业教师参与职业能力提升培训,保证教学的先进性。

其次,多方面实施教学改革。在教学内容方面:一是加强教材管理,保证内容的政治性和思想性。二是加强教学资源建设,提供给学习者良好的学习环境。三是强化前瞻性和时效性,适时吸纳新理念、新技术、新方法,紧贴行业企业培养人才。在教学实施方面:一是育训并举。二是促进信息技术与教育教学深度融合。

最后,职业院校应开展全方位校企合作,实现高质量育人。职业院校应立足学生职业发展需要,参考新加坡各理工院校的操作方式,与企业在专业设置、课程设置、

教学实施、教材建设、实训室建设、实训基地建设等多个方面开展紧密合作。院校可为企业提供技术指导、培训服务、管理咨询等，企业可为院校提供实训基地、实训师资等资源。校企实现资源共享和优势互补，提高学生职业素质。

参考文献

[1]吕薇,季波.构建"以学生为中心"的自适应成长体系——《斯坦福大学2025计划》对我国"双一流"建设的启示[J].世界教育信息,2018(9):61-66.

[2]卿中全.新加坡职业教育发展述评：探索、改革与经验[J].高等工程教育研究,2018(2):195-200.

[3]王春燕.国际视野下我国现代职业教育质量评价与保障[M].北京：人民邮电出版社,2017.

[4]潘修强.新加坡"以学生为中心"的师资队伍建设特点及启示[J].现代教育科学,2018(2):151-156.

[5]张国民.新加坡职业院校课程教学的特点分析及其启示[J].天津职业大学学报,2018(8):35-39.

[6]姚寿广,经贵宝.新加坡高等职业教育——以南洋理工学院为例[M].北京：高等教育出版社,2009.

[7]周建松.高等职业教育高质量发展研究[M].杭州：浙江大学出版社,2021.

[8]戴岭,刘冬冬.新加坡分流式精英教育模式对我国职业教育的启示[J].现代职业教育,2021(9):40-42.

（文章发表于《教育与职业》2021年第12期）

作者：

韦小良（1966— ），男，浙江旅游职业学院旅行服务与管理学院院长，副教授，主要研究方向为旅游职业教育。

◎ 职教国际化

"一带一路"倡议下旅游类高职院校境外办学模式的实践探索

——以浙江旅游职业学院为例

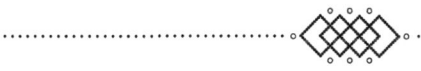

◎ 周李俐　张慧彦

> **摘　要：** 旅游类高职院校在"一带一路"国家设立境外办学机构，既是旅游类高职院校国际化发展的内生诉求，也是"一带一路"赋予旅游类高职院校的新使命。基于境外旅游人才培养现状，准确把握旅游类高职院校境外办学的关键问题，浙江旅游职业学院开展了境外办学实践探索：依托"一带一路"国家合作共建旅游学院；根据需求设置特色化的人才培养目标；构建双向衔接、定向培养的教育模式；组建一专多能的国际化师资队伍。
>
> **关键词：** "一带一路"；高职院校；旅游人才培养；境外办学模式

2016年，教育部印发的《推进共建"一带一路"教育行动》提出教育参与"一带一路"建设的战略构想，"力争做到经贸走到哪里，教育的民心工程就延伸到哪里，教育的人才培养就覆盖到哪里"[1]。"民意相通"是"一带一路"确立的"五通"目标之一，旅游产业在"一带一路"倡议中有其独特的先联先通的优势。在"一带一路"国家设立境外办学机构，培养理解并认同中国文化的高素质本土旅游人才，促进与沿线国家教育和旅游文化的交流与融合，提升旅游高职教育竞争力和国际化办学水平，成为"一带一路"赋予旅游类高职院校的新使命。

一、高职院校境外办学及境外旅游人才的培养现状

（一）高职院校境外办学现状

"一带一路"为中国职业教育的国际化发展提供了新机遇。《国务院关于加快发展现代职业教育的决定》明确指出"实施中外职业院校合作办学项目，探索和规范职业院校到国（境）外办学"[2]；教育部在《高等职业教育创新发展行动计划（2015—2018年）》中提出"支持高职院校到国（境）外办学，为周边国家培养熟悉中华传统文化、当地经济发展亟须的技术技能人才"[3]。境外办学是提高国际化办学水平的重要措施，是高职院校实施"走出去"战略的重要体现，在"一带一路"倡议引领下，各职业院校积极探索境外办学，推动中国职业教育"走出去"，同时输出高质量的专业标准和教学资源，通过国际化特色办学提升中国职业教育的国际影响力。

据不完全统计，截至目前共有43所职业院校开设了48所不同形式的海外分校。从合作对象的国家来看，海外分校外方合作方覆盖了包括亚洲、非洲、北美洲、欧洲、大洋洲在内的世界五个洲的21个国家及地区。外方合作方主要来自泰国、柬埔寨、赞比亚、马来西亚等"一带一路"国家，其中泰国海外分校最多，为14所；柬埔寨7所；赞比亚4所。从地域分布来看，43所设立海外分校的职业院校地域相对集中在浙江、广东、山东、江苏等经济文化和教育较发达的东部沿海地区。从境外办学的主体来看，目前高职院校境外办学的形式主要有以下三种：一是与境外院校合作办学，如天津渤海职业技术学院与泰国大成技术学院合作，在海外设立首个职业教育领域的"孔子学院"——"鲁班工坊"[4]；二是与"走出去"企业联合办学，如无锡商业职业技术学院与红豆集团在柬埔寨建立西港特区培训中心、校企共同培养学历教育留学生、共同申办海外大学[5]；三是高职院校独立开展境外办学，主要集中在民办高职，如广州涉外经济职业技术学院格鲁吉亚分校，在第比利斯①创建首个民办汉语培训中心，推广汉语教育。[6]无论何种形式的境外办学，中国职业教育对外开放扩大，海外办学呈现逐年递增趋势，在鼓励支持高校自主开展境外办学的政策背景下，高职院校境外办学发展步伐加快，未来发展空间十分广阔。相关资料表明，一些国家和地区对我国高校境外办学为其培养高层次人才的需求日渐旺盛，很多国家主动向我

---

① 第比利斯，格鲁吉亚首都。

国职业院校提出境外办学邀请。

（二）"一带一路"国家旅游人才培养现状

"一带一路"覆盖了60多个国家及全世界65%以上的人口，已经成为规模最大的区域旅游市场。中国到"一带一路"国家的游客逐年攀升，旅游业的发展成为推动"一带一路"建设的重要载体。旅游业的发展离不开旅游专业人才，对于"一带一路"国家而言，随着入境旅游的中国人数不断增加，其对旅游人才的需求数量也增加了，因此培养一批熟悉中国语言、熟知中国文化、熟练旅游技能的专业化高质量本土旅游人才就显得尤为重要。但目前"一带一路"国家的旅游职业教育水平普遍较低，缺乏良好的产教融合机制，旅游类人才的培养还远远不能满足区域及国际旅游发展的需求，尚存在一些问题和短板，主要体现在以下几个方面：

一是高校旅游专业的人才培养模式单一。各国主要依托所在国的高校开设旅游高等教育，以俄罗斯高等旅游人才培养为例，其人才培养存在"高校与企业合作较少，学生实践能力不足，学生知识过于理论化，文凭认可度低等问题"[7]，就服务"一带一路"国家旅游业而言，旅游专业人才的培养除传统的理论学习和技能实践外，还应了解和掌握相关国家的国情、地理、文化、语言、风俗等。

二是社会培训的旅游从业人员缺少专业性。目前许多国家仍然没有出台有关旅游从业人员权利和义务的国家法律，未推出国家认可的旅游资格从业证书，缺乏官方从业资格和标准认证。一些由民间培训机构开展的培训或者由旅游企业招聘人员后自行开展的"短、平、快"培训的培训内容缺乏规范性、系统性，旅游从业人员的素质也不尽理想，甚至存在非法从业人员扰乱旅游市场现象。

三是运用汉语从事旅游相关工作的高素质旅游专业人才十分缺乏。随着中国和"一带一路"国家之间文化旅游交流的不断深入，中国已经成为诸多"一带一路"国家的最大客源国。但多数国家没有建立基于市场需求的人才规划监测机制，未结合实际开展旅游人才培养。目前，各国会汉语的旅游接待人才严重短缺，采用短期内"汉语+旅游服务技能"的培训后匆忙上岗导致"语言和文化""理论和实践"双脱节。

二、旅游类高职院校境外办学的关键问题

（一）目标国市场对旅游人才的需求是否迫切

市场需求变化很快，高校与企业合作交流少会导致高校人才培养规模和市场需求

脱节。现实中发现，中国人在出境旅游时会碰到很多中国留学生兼职导游的情况，说明当地缺乏有能力接待中国游客的从业人员。目标国市场对旅游人才的需求直接决定了该国政府会以怎样的态度和政策来欢迎、支持我国旅游类高职院校在该国办学帮助其培养旅游人才，这是旅游类高职院校境外办学能顺利开展的环境基础。

（二）高职院校境外办学目标如何区别于孔子学院

孔子学院是国家汉办从2004年起建立的以教授汉语和传播中国文化为宗旨的非营利性教育机构。由外方首先提出申请，国家汉办遴选国内合适的本科院校在双方充分协商的基础上开展中外合作办学。旅游类高职院校境外办学的人才培养目标是培养会汉语、懂文化、悉技能的高素质旅游人才，培养的落脚点应突出旅游技能型人才。但实际上语言和文化的突破对于当地本土学生而言是一项比较难的工程，导致旅游类高职院校境外办学机构把重点放在语言和文化上，同质化于孔子学院。

（三）人才培养模式该如何定位

旅游人才的培养既是集语言、文化、技能、综合素养于一体的培养，也是两国进行旅游、文化双向交流互动的载体。在教学内容设置上，要充分调研市场预期的国际化旅游人才所具备的素质，综合考虑语言基础、知识结构和实践能力的有机集合。此外，受到各种主客观因素的影响，旅游类高职院校境外办学机构容易成为高职院校单向"走出去"在境外办学的一个教学点，缺乏双方互动交流机制，导致交互式的旅游人才培养模式难以落地。

（四）境外办学师资队伍该如何建设

境外办学要求教师不仅需要具备较高的外语水平、跨文化交际能力、旅游专业水平，还要具备较强的组织沟通协调能力、教学管理能力等。一方面，"境外办学的师资力量直接关乎境外办学形式的整体水平"[8]，其对师资综合素质的高要求，导致教师可选拔范围缩小；另一方面，境外办学机构的教师多以学年或学期为周期选派，流动性比较大，不利于长期教学与管理工作的开展。加上出国工作面临的种种现实困难，能够胜任境外办学要求、适合国际化教学的"双语双师"型师资人才缺乏，增加了教师选派难度。此外，不同于国家汉办统一指导的有规范组织管理体系的孔子学院，高职院校境外办学目前仍然处于实践探索阶段，对于外派人员的培养培训机制缺乏，导致境外办学的教学和管理效果不佳。

三、浙江旅游职业学院境外办学模式的实践探索

近几年，中国逐渐成为俄罗斯和塞尔维亚的最大客源国之一，且中国游客人数逐年增加，但两国旅游市场极度缺乏懂中文的旅游人才。浙江旅游职业学院作为国家骨干高职院校、"双高"院校，积极响应推进共建"一带一路"教育行动，于2017年11月在莫斯科与俄罗斯国立旅游与服务大学合作成立了以"汉语＋导游"为教学特色的中俄旅游学院；2019年7月在贝尔格莱德①与塞尔维亚贝尔格莱德应用技术学院合作成立了以"汉语＋烹饪"为教学特色的中塞旅游学院。两个机构都是俄、塞两国在旅游职业教育领域与中国院校合作的首个办学机构。中俄、中塞旅游学院积极探索实践海外旅游教育，其中中俄旅游学院三年累计招收学生82名，中塞旅游学院首期招收学生40名，取得了一定办学成果。

（一）依托"一带一路"国家的旅游院校合作共建旅游学院

1. "合作共建"可以规避办学运营风险

一方面，"我国现行财政政策明文规定不允许公办高校对境外办学进行投资"[9]，而境外办学所需的各类软硬件建设耗资巨大，高校存在较大财务风险。另一方面，境外办学经费筹集压力巨大，投资收益缓慢、周期长，依靠低廉的学费收入难以维系，办学经费难以保障。与"一带一路"国家的旅游院校合作共建，可以规避中方的海外办学运营风险，保障海外办学机构的正常运转和可持续发展。

2. "合作共建"可以实现双方资源共享

中方提供教学理念、教学管理方法，输出先进的职业标准和教学模式等；对方给予基地建设、招生、政策支持等；双方各派专业教师和管理人员，共同开展课程建设、教学管理等活动；本着"共建共享、互惠互利"的原则，双方在资产、师资、教学、科研等各方面实现优势互补、资源共享、共同发展。

3. "合作共建"可以促进"职教共同体"构建

浙江旅游职业学院合作院校俄罗斯国立旅游与服务大学和塞尔维亚贝尔格莱德应用技术学院均为所在国知名优质旅游院校，在深化与中俄、中塞旅游教育合作的过程中，双方互学互鉴、互联互通，采取"共商"（共同协商、深化交流）、"共建"（共同

---

① 贝尔格莱德，塞尔维亚首都。

参与、合作共建）、"共享"（平等发展、共同分享）的合作方式，提升职业教育影响力，构建紧密"职教共同体"。

（二）根据旅游产业发展需求设置特色化的人才培养目标

第一，调研产业需求。境外办学要融入旅游产业对本土人才技能和职业素养的需求，充分考虑所在国职业教育差异和实际情况，深入调研行业需求，分析旅游服务现状，并结合自身旅游职业教育办学特色和专业优势，有针对性地设置、调整和完善境外办学的课程设置、教学计划、培养目标等。

第二，拓展校企合作。旅游企业是市场经济的主体，掌握旅游行业发展的最新趋势。与当地旅游企业建立合作关系，紧紧围绕企业的内在需求，校企双方合作共同制定人才培养目标和人才培养方案，共同培养满足市场需求的旅游人才，传递"中国职教故事"和"大国工匠精神"。

第三，输出社会服务。服务区域旅游经济发展、服务旅游产业是旅游职业教育的生命力所在。在实践海外办学过程中，办学机构应始终秉承该理念，主动服务当地旅游经济发展。例如，中俄旅游学院师生参与完成全俄展览中心、世界文化遗产谢尔盖耶夫小镇的中文解说翻译工作，并制作语音讲解音频；实地考察莫斯科景区、博物馆、商场等公共领域的中文标识、汉语导购和导游服务，完成《俄罗斯旅游中文服务的现状、问题与对策》调研，对丰富俄罗斯旅游景区的汉语解说、提升中国游客在俄旅游体验质量等具有正向的推动作用。

（三）构建双向衔接、定向培养的旅游职业教育模式

1. 探索双语双文化教学模式

境外旅游教育开展，语言是基础，文化是灵魂。中俄、中塞旅游学院积极探索双语双文化的教学模式，设计循序渐进的教学目标：用英语（或俄语、塞语）教授中文—了解中国文化—学习旅游汉语课程—融入俄、塞旅游文化。开设"旅游汉语""HSK[①]二级""中国旅游会话"等课程，采用专业教学标准双语授课，邀请外国学生和中国留学生、交换生结对互动，设计课堂情景演绎，以灵动活泼、妙趣横生的语言教学激发外国学生的学习兴趣，促进汉语教学向旅游专业教学的稳步过渡，并通过中国传统文化融入，进一步帮助当地学生认知中国。

---

① HSK，中国汉语水平考试。

2. 打通双传播人文交流渠道

教育"走出去",在一定程度上也是文化的"走出去"。利用海外办学机构平台,一方面向当地学生传播中国传统文化;另一方面通过学生向外国民众传播中国旅游文化。浙江旅游职业学院中俄旅游学院连续3年举办"一带一路"中国文化节活动,通过中国书法、古代诗词诵读、厨艺、茶艺等文化体验、武术表演等,吸引数千名学生参与,让外国学生更加直观地了解中国文化、认同中国文化。学生作为志愿者参加莫斯科国际旅游交易会、中俄旅游论坛等,向国外参会者进行"美丽中国"的宣传推广。

3. 实行双向衔接式培养路径

海外办学不只要"单向输出",还要注重"双向互动",才能"走得稳"。一方面加强中方学生赴境外办学所在国交流学习,另一方面鼓励外方学生来华留学交流。中俄旅游学院目前有42名专业学生赴俄旅大交流学习,并有赴俄优秀留学生获聘为中俄旅游学院汉语助教,协助开展教学及管理工作。中俄旅游学院在教育输出过程中充分融入专业内容和文化元素,不局限于汉语教学,在学生具备基本的汉语能力后再衔接到中国的学习中来,并采取一系列激励方法,实行不同程度的学费、住宿费减免政策及"一带一路"奖学金政策,吸引境外办学机构学生来华留学,双向衔接、定向培养。

(四)组建"汉语+""旅游+"的"一专多能"的国际化师资队伍

1. 建立支撑性的师资队伍保障机制

建立国际化师资支撑保障载体,在专业标准、课程标准、授课任务等方面集中智慧支撑境外办学驻地师资力量的不足,为境外办学提供教学资源保障。浙江旅游职业学院针对境外办学课程的核心课程"旅游汉语"成立名师工作室,研究课程标准,编写对外教材,设计授课方案,明确教材标准、周授课课时、教学设备选型等,积极开发中英双语的课程资源包,以期规范化、模块化落实教学任务。针对两个境外办学机构科研师资力量不足的问题专门成立科研团队,承担教育部委托开展的"俄罗斯职业教育动态跟踪研究"课题,成立"塞尔维亚文化和旅游研究所",专门开展塞尔维亚旅游业、旅游教育研究。

2. 建立长效性的师资队伍储备机制

建立国际化师资储备载体,解决境外办学师资选派难、时长短等问题,为境外办学提供长效化的师资队伍储备力量。浙江旅游职业学院成立"青椒"工作室,加强师资储备队伍建设,坚持"培养"与"引进"相结合,以"教师能力多样化、教师队伍结构多样化、教师来源多样化"的标准吸纳热爱旅游国际教育事业的青年教师，定期举办讲座沙龙，组织培训学习，加强沟通交流，以"双语、双师、双能"为目标储备和培养跨文化的国际化师资队伍，满足境外办学对国际化师资队伍日益增长的需求。

3. 建立针对性的培训选派和考评激励机制

一方面，加强国际化师资培训的力度和效度，拓展各种文化和旅游培训交流活动，让教师有更多机会了解"一带一路"国家的历史传统、职教体系等，有针对性、有计划地选派教师前往"一带一路"国家开展深度访问和交流，引导教师"带着任务出去，带着成果回来"，提高培训质量。另一方面，建立考评激励机制，在福利待遇、职称评定、职级晋升等方面给予政策倾斜，吸引更多优质师资进入境外办学国际化师资队伍行列。浙江旅游职业学院根据《国家公派出国教师生活待遇管理规定》，参照《孔子学院中方院长管理办法》，结合高职院校境外办学实际研究出台《境外办学机构中方院长和教师管理办法》，明确境外办学机构中方院长和教师的选拔与派遣、任期与待遇、管理与考核，为境外办学机构的顺利运行保驾护航。

四、总结与展望

中国职业教育正快速融入国际教育体系，以更加积极的姿态探索海外办学模式，推进国际合作交流，这也是构建人类命运共同体的题中应有之义。旅游类高职院校境外办学要瞄准"中国旅游教育标准输出、中国职业技能标准输出、中国文化输出"三个目标，进一步发挥旅游高职院校境外办学的引领示范作用，为"一带一路"经济社会发展和文化交流作出积极贡献。

（一）谋划差异发展，提升境外办学的针对性和有效性

一方面，要调整和转变汉语教学在境外办学教学中所占的比重，依托母体的旅游职业教育资源与优势，走差异化、特色化的发展之路，避免同质化倾向。另一方面，针对"一带一路"国家汉语旅游人才匮乏的现状，除加强旅游汉语教学外，旅游类境外办学机构还需加快探索在合作办学机构开展学历教育的可行性，深入研究中国旅游教育标准、职业技能标准的融入，真正为目标国培养一批懂汉语的旅游专业人才。

（二）讲好中国故事，深化文化的理解和相互包容

一方面，境外办学机构要充分利用"一带一路"中国文化节等载体，搭建讲好中国故事的平台，通过文化传播向目标国展现真实的、立体的、全方位的中国，让更多的"一带一路"国家朋友认识和了解中国。另一方面，要尊重民族差异，包容多样文化，积极搜寻"一带一路"国家文化特征的最大公约数，促进与"一带一路"国家之间的文化交流，在交流中促进文化的理解、认同与融合。

（三）融入社会力量，增强利益相关方共同参与的主动性

一方面，境外办学机构要增强服务企业发展、引进企业参与办学的意识，与当地企业联合培养本土高等职业技术技能型人才，基于共同现实需求或强势领域与合作行业、企业共担风险，共享收益。另一方面，境外办学机构要实现可持续的良性发展，除设施设备、外派人员食宿、宣传招生由外方保障外，也面临教师派遣、管理人员配备、办学运行经费的压力，未来还需努力争取企业、社会组织等的大力支持，通过多方合作来推进境外办学机构的建设和发展。

参考文献

[1] 教育部.关于印发《推进共建"一带一路"教育行动》的通知[Z].教外[2016]46号，2016-7-13.

[2] 国务院.关于加快发展现代职业教育的决定[Z].国发[2014]19号，2014-6-22.

[3] 教育部.关于印发《高等职业教育创新发展行动计划（2015—2018年）》的通知[Z].教职成[2015]9号，2015-1-19.

[4] 李玉静."一带一路"倡议下中国职业教育走出去的战略选择[J].职业技术教育，2017（25）：1.

[5] 赵丽."一带一路"背景下高职院校境外办学实践——以无锡商业职业技术学院为例[J].职业技术教育，2019（9）：64-68.

[6] 杨文进，马紫田."一带一路"视域下高职院校格鲁吉亚境外办学的优势及不足——以广州涉外经济职业技术学院为例[J].汉字文化，2019（24）：62-63.

[7] SKAVRONSKAYA LIUBOV，CHERNOV VLADSLAV.俄罗斯高等旅游人才培养现状及其对策[J].旅游纵览（下半月），2015（7）：257-258.

[8] 柳玖玲."一带一路"背景下我国高等职业院校境外办学实践研究[D].杭州：浙江工业大学，2019.

[9] 鄢晓.我国高校境外办学的动因分析和对策建议[J].高校教育管理，2016

（3）：66-7.

（文章发表于《职业技术教育》2020年第17期）

作者：

周李俐（1982— ），女，浙江旅游职业学院旅游外语学院党总支书记，副研究员，主要研究方向为旅游职业教育国际化。

张慧彦（1986— ）女，浙江旅游职业学院，讲师，主要研究方向为思想政治教育。

跨文化适应视角下高职院校来华留学生教育的困境与突破

◎周李俐　黄延峰

> **摘　要：** 来华留学生有着不同的文化、教育与成长背景，出于对中国的向往和喜爱选择了来华学习。该群体是中国文化的传播者、中国故事的讲述者，更是中国声音的支持者。高职院校学制短，招收留学生起步晚、规模小，在来华留学生跨文化适应方面缺乏研究。通过对当前高职院校来华留学生教育的困境进行分析，摸索总结行之有效的跨文化适应的理念与方法，帮助留学生更好地融入留学生活，增强其跨文化理解与交际能力，从而培养更多知华友华的高素质来华留学生。
>
> **关键词：** 跨文化适应；高职院校；留学生教育

一、高职院校来华留学生教育现状

（一）背景情况

随着全球化发展，中国与世界互通互融的步伐进一步加快。2015年，习近平主席在出席第70届联合国大会讲话时所提到的"让我们更加紧密地团结起来，携手构建合作共赢新伙伴，同心打造人类命运共同体"的理念正一步步走向现实，教育领域的跨国合作随之越来越密切。《国家中长期教育改革和发展规划纲要（2010—2020年）》

提出，要扩大来华留学生的规模，使我国成为亚洲最大的留学生国家。据中国政府网信息，2017年中国已经成为亚洲最大的留学目的国。

高等职业教育作为高等教育的重要组成部分，在2000年以后迎来了发展的黄金时期。伴随着2010年9月《留学中国计划》的启动和实施，国内高职院校教育国际化水平不断提升，来华留学生逐年增多，各高职院校都在基于保留职业教育特色前提下，凭借其特有的行业背景优势融入教育国际化浪潮中，国际合作与交流日益密切。《2019中国高等职业教育质量年度报告》显示，2018年高职院校全日制来华留学规模1.7万人，比2017年增长近50%，是2016年的2.4倍。

2018年，教育部发布了《来华留学生高等教育质量规范（试行）》以推动来华留学生高等教育内涵式发展，明确将"跨文化和全球胜任力"设定为来华留学生的四大培养目标之一。不断增长的学生人数、持续多元化的来源国别和民族、生长环境、文化背景等使得来华留学生群体变得日益复杂。在新时代教育背景下，来华留学生的跨文化适应问题成为越来越受到重视的课题。

（二）文献研究

笔者通过知网搜索到2015年以来的以"留学生跨文化适应"为主题的相关文献有421篇，扩展到"跨文化教育"和"跨文化融合"等相关范畴，共有相关文献582篇。从搜索结果来看，关于高职院校来华留学生跨文化适应方面的文献只有个位数，这从一定程度上说明了高职院校对来华留学生跨文化适应领域经验不足、研究不够。

关于留学生跨文化适应，各学者观点不一而足。例如，蒋晓杰等在其《提高来华留学生教育质量的几点建议》中提出必须转变观念，树立"以学生为本"的思想，深入了解留学生的想法，提高来华留学生的教育质量；冯丽霞等在其《城市型、应用型大学来华留学生人才培养模式研究》中提出强调留学生教育的应用性，以学以致用作为指导原则，既传授语言及专业的知识技能，又涵盖中国传统文化和时代精神的传播；谭旭虎在其《来华留学生跨文化教育中的问题及其对策》一文中认为，目前我国的留学生跨文化教育体系存在整体设计与具体实践指导缺失、更多关注文化而不是跨文化、留学生管理的跨文化意识不足等问题。而涉及高职院校留学生教育的文献则少之又少，仅如姜海军在《高职留学生教育：困境和思考》中重点研究了高职留学生教育现阶段面临着的发展困境，如办学定位模糊、管理机制不够完善、质量保障乏力及招生渠道少等。

二、高职院校来华留学生教育面临的困境

(一) 留学生人才培养模式缺乏整体性设计

从宏观来看,高职院校留学教育起步晚,针对来华留学生教学质量方面的研究甚少。我国高等职业教育发展势头迅猛,在校生人数不断增加,越来越多的国内高职院校早已步入万人大学的行列,高等职业教育本身也因其显著的产教融合的教育特性,正成为海外学生留学中国的重要选择。但《2019中国高等职业教育质量年度报告》统计显示,全国1344所高职院校中,招收留学生数量过百人数的只有50余所,超过200人的26所。许多高职院校尚未开展留学生教育,大部分具备招收留学生资格的高职院校在校留学生数以个位数和十位数为主,即高职院校来华留学生占在校生总数的比例普遍低于1%,其中学历生占比更少。由于留学生占比少、来华时间短,且短期学习交流项目比例大大高于学历教育等原因,通常高职院校往往更加注重日常管理而忽视人才培养方案的设计、课堂质量的研究等。近年来,越来越多的高职院校开始重视"知华教育",但同样也缺乏顶层设计,更鲜见具体可操作的实践指导原则和课程标准。高职院校留学生的人才培养模式呈现不系统、不自觉的特点,招生、教学和管理等仍处于积极的探索和实践中。

(二) 传统文化融入来华留学生教育困难多

中华文化博大精深,没有经过提炼的文化表现形式使留学生的学习吸收存在一定困难。统计显示,高职院校招收留学生的主要生源地集中在"一带一路"国家,大多数来自东盟、中亚、非洲等国家。来华留学生由于语言、文化、生活环境及宗教、家庭等背景的差异,使得其理解中国传统文化的进度较慢。在传统文化教育中存在单纯引入表现形式,却未将传统文化表现形式和其中蕴含的传统文化精神有机融合起来,导致传统文化无法在来华留学生教育中发挥应有的作用。比如在教留学生中国茶艺时,仅停留在技艺方法的教授,缺乏中国悠久茶文化的教育。

(三) 来华留学生群体跨文化适应情况欠佳

由于高职院校来华留学生数量迅速增加,其民族、种族、文化、价值等背景因素也日益错综复杂,对他们来说,汉语水平及跨文化理解是首要压力,将直接影响其学习状况。除了最直接的语言障碍,他们还面临价值观、文化理念等更深层次的矛盾与冲突。如何让来华留学生快速适应,也是高校教师与管理者面临的现实难题。从实际

状况来看，大部分的高职院校来华留学生学习期限普遍较短，适应时间十分有限，如果在适应期内没有得到有效的引导，就会失去学习的兴趣和热情，和校内中国学生的深度交流则更无从谈起。

（四）来华留学生管理尚缺乏国际视角

目前，来华留学生与在校生互相都有被动隔离感，缺乏互动的机会是来华留学生教育所面临的共性问题。为方便教学管理和实施，目前高职院校的留学生教育依然普遍存在特殊化对待、特殊化管理、特殊化服务等诸多问题，加之单独编班多、插班学习少，同时出于对外国人管理方面的特别要求，来华留学生一般都有专门的公寓楼，由专门的部门进行管理。这样的教学和管理模式有利有弊，在便于管理的同时，也阻碍了来华留学生与中国学生间的交流。在具体工作中，一些工作人员缺乏跨文化管理和教育的方法，在日常工作中求平稳，抱着"注意国际影响""多一事不如少一事"的心态，迎合个性需求、放松管理要求，导致来华留学生管理水平不高，直接或间接造成留学生自由、松散的行为习惯。

三、高职院校来华留学生教育的实现目标

（一）让来华留学生在认知上了解中国

来华留学生教育不仅涵盖相关专业的课程，还包含大量中国语言和文化课程，无论学习时间长短，来华留学生一定能通过课程教学、交流活动等形式与中国的学生、老师、朋友产生联系，通过他们了解中国的校园、中国的城市与乡村乃至整个中国社会，从而形成对中国的整体印象，进而从自己的感受中建立对中国的情感认同与评价。可以说，来华留学生跨文化适应的好坏关乎中国的整体外部形象的建立。所以，高职院校要给来华留学生留下一个美好的中国印象，帮助其更好地适应新的生活环境与学习环境，通过举办各类活动、比赛、展示等，努力营造和谐包容的校园文化环境，让留学生找到归属感、增加融入感，尽快投入正常的学习与生活。

（二）让来华留学生在情感上认同中国

教育部《留学中国计划》实施以来，我国业已成为亚洲最大的留学目的地国家。越来越多国家的留学生进入我国，其民族、种族、文化、价值背景等结构也日益错综复杂。情感认同的关键在于语言的认同、文化的认同，中华文化的博大精深关键一环就体现在语言和文字上，这是来华留学生首先面对也是必须克服的一道难关。语言是

学习的媒介，如果语言关过不去，留学生教育就很难达到一个满意的效果。这就需要高职院校努力打造一支热爱国际教育事业、具有国际视野、教学水平高、业务能力好的留学生教师队伍，积极开展教学方法研究，提升来华留学生教学质量；在留学生的日常教学和管理中，要做到"严管"和"厚爱"相结合，在学习上严格要求，在生活上悉心关怀；在专门的"知华教育"课程开发上要加大力度、加快速度，探索开设直接聚焦于跨文化意识与能力培养的课程；学校还可以专门针对来华留学生开发跨文化培训项目，让情感认同教育入脑入心。

（三）让来华留学生在行动上支持中国

当来华留学生学习了中国国情和概况，了解了习近平新时代中国特色大国外交思想，看到了中国为世界和平与发展不断贡献的中国智慧、中国方案和中国力量，定会为中国喝彩，成为中国文化的传播者、中国故事的讲述者、中国声音的支持者。今年①春节，中国受到了新冠疫情的巨大冲击，在我国抗疫最艰难的时期，不少留学生录制视频祝福中国，还有一些留学生加入校区防疫志愿者队伍共同抗疫。在具体困难面前，来华留学生身体力行地支持中国，正说明了我们培养的外国留学生是有情有义的。学校应从各个方面去了解来华留学生的需求，并且与国内学生实行同样的政策和态度，让他们感受到在"家"的国民待遇。他们有了家的感觉，才能在心理层面给予中国切实的认同。

四、高职院校来华留学生教育的突破路径

（一）在学校管理中加强顶层设计和部门联动，突出趋同管理

目前，大部分高职院校对来华留学生的教育尚缺乏深入细致的研究探索，大多是为了学校的国际化发展，在缺乏顶层设计的情况下匆忙地开始教学实践。高职院校的留学生工作职责一般都设在国际学院，国际学院从留学生的"进口"管到"出口"，与中国学生所在的专业学院相比，留学生的日常管理缺少学工部门的指导，教学质量管理缺少教学部门的指导，青年思想引领方面缺少团委的指导等。加之区别化管理，导致留学生的跨文化适应很慢。在同一管理体制下，和本校学生享受同等的待遇也是广大来华留学生的一种现实需求。这就需要各高职院校在国际化的发展过程中加强来

---

① 该论文发表于 2020 年。

华留学生教育制度建设，进行整体框架的设计搭建。

从众多高职院校的成功实践经验来看，将留学生的管理统一纳入全校学生的管理体制中进行趋同化管理是最理想的"跨文化课堂"，其效果不仅体现在课堂教学上，也体现在学习、生活等方方面面，这是一个整体性的跨文化支持。学校应结合实际出台《关于招收和培养留学生的实施办法》，明确留学生招收和培养的主要任务，明确部门、院系的职责分工；对于留学生的考勤考核、奖助学金、违纪处理、毕业要求等，均应参照中国学生的教学和管理制度规定执行；学校应有专门的《留学生手册》，在留学生入学注册时，即明确大学生应遵循的日常行为规范要求；对于留学生教学计划的实施方面，需要统筹考虑免修课程的学分替换办法，并做好学业帮扶和预警，避免产生学业不达标、无法毕业等情况。

（二）在"知华教育"中融入中国国情和文化元素，提升交流体验

要使博大精深的中华文化真正融入对来华留学生的教育，我们首先要探究怎样的文化元素可以用于留学生教育，什么样的文化元素具有当代价值与世界意义。与本科院校相比，高职院校的学制普遍较短，短期来华学习交流学生数大大超过学历生数。如何为来华留学生群体提供更高质量的汉语言和专业技能教学，辅以中国传统文化、中国时代精神等方面的教育，使他们更好地适应在中国传统文化环境中的学习与生活，这就需要学校成立专门的教学团队，拓展思路、认真研究提炼具有普遍意义和行业特色背景、且易于来华留学生接受的元素融入教育体系。

从这个意义上讲，各高职院校要组织力量，从提升交流体验入手，根据自身优势或校际携手设计"知华教育"内容，设计内外联动的教育体系。除课堂教学外，可以多组织留学生外出进行文化旅游考察，让留学生对我国的旅游风貌及民俗风情有更多了解，进而突破种族、文化、语言的界限，近距离地感受中华文化的内涵和魅力，获取"讲好中国故事"的素材；要针对留学生开展中国法律法规、优秀传统文化和国情教育，帮助他们客观了解中国社会的发展；可通过举办中外学生茶艺比赛、烹饪比赛、书法比赛、中华经典诗文诵读大赛、中国旅游案例研究竞赛等赛事活动，鼓励来自各个国家的留学生和中国学生互动交流，在交流体验中感知中国，丰富文化知识积累，提高在华学习热情。

（三）在环境育人中增添国际化与跨文化互动，增加氛围营造

涵盖管理和服务、课堂和课外方方面面的国际化与跨文化互动的校园氛围，对中外学生国际化视野的培养和对跨文化的适应尊重都有良好的促进作用，促使相互之间

◎ 职教国际化

在尊重自身文化的前提下更好地了解异域文化。只有了解才能增加彼此之间的理解，才能培养学生更加包容的心态、更加开放的视野，高职院校的国际化才能发展得更好。来华留学生对高职院校来说是非常宝贵的跨文化资源，通过课内课外各种载体让不同的文化产生对话与互动，打破中国学生与留学生之间的交流壁垒，对中外学生来说都是非常有益的跨文化体验。

广大高职院校要从"以生为本"的高度进行国际化校园氛围营造，谋划与自身校园文化相契合的留学生教育目标，在此基础上进行课程设计、活动策划、内容设置等，比如校园的道路指示系统和建筑物名称应尽量使用多语表示（至少中英双语），适用于中外学生的信息告示应有一定渠道多语种发布给留学生；可鼓励留学生广泛参加学生社团，在志同道合的中国同学的帮助下丰富课余生活，更好地了解校园；可开设外语角、外文演讲比赛、外文话剧、外文歌曲大赛等，给留学生提供展示才华的平台，让留学生可以跨越国别、语言和文化充分表现自己，同时加深对学校的了解、融入与热爱，从而打造一个自然温馨的国际化校园环境，以达到环境育人的目的。

（四）在共情教育中提升整体管理水平，增进文化认同

来华留学生来到中国是为了在这里进行跨时空、跨国界、跨文化的交流，通过学习和生活进一步了解更加辽阔、更加多元的中国，达成文化理解、情感互动、知华友华是来华留学生跨文化适应的最理想状态，而这些依靠的是共情教育过程中"惠风和畅"式的文化熏陶与情感交流，而不是强制性的僵化的行政管理。留学生通过对中国文化的认知更好地了解中国进而理解中国人的思维习惯和行为方式，从而能够互相走近彼此内心，这不仅有助于缓解留学生跨文化适应过程中面临的各种压力，更好地适应在中国的学习和生活，还能进一步提高留学生群体的文化认同感和跨文化体验中的幸福感。

高职院校要以提升来华留学生的整体管理服务水平为出发点，加强互动理解，组织来华留学生和中国学生一起参加开学典礼和毕业典礼等仪式，以增强其对重大活动仪式感的体验；安排他们参与青年志愿者活动来体验中国青年的时代担当；邀请他们参加各类文艺演出活动以展示才情才华；收集他们对学校的意见和建议帮助学校提高国际学生管理和服务水平，等等。通过不同场景、多种渠道和形式让来华留学生在学习之余多了解、体验中国文化和风土人情，感受深厚的中国文化底蕴，由感知、体验、共情，到认同、内化，将在中国学习的体验与感受与自己国家的亲友进行分享，真正在情感和行动上认同中国，从而成为知华、友华人士。

五、结语

当前高职院校来华留学生教育中跨文化适应问题还处于各自为政的摸索探求阶段。高职院校可依托各自专业优势加快来华留学生跨文化适应方面的研究,在突出趋同管理、提升交流体验、增加氛围营造、增进文化认同等方面多下功夫,定能推动来华留学生教育取得更好的效果,为高职院校的国际化发展积累成功经验,从而进一步扩大中国高职院校的国际影响力。

参考文献

[1] 唐现文,等.高职院校招收来华留学生的创新发展与实践[J].中国职业技术教育,2018(10):65-68.

[2] 陆颖."一带一路"与来华高职留学生教育:现状、问题及路径[J].中国职业技术教育,2019(13):64-67.

[3] 冯丽霞,史丽萍.城市型、应用型大学来华留学生人才培养模式研究[J].北京联合大学学报,2019,33(4):17-20.

[4] 谭旭虎.来华留学生跨文化教育中的问题及其对策[J].高等教育研究,2020,41(1):37-43.

[5] 朱虹.留学生教育高质量发展路径研究[J].江苏高教,2020(1):64-71.

[6] 姜海军.高职留学生教育:困境和思考[J].太原城市职业技术学院学报,2019(12):88-90.

[7] 杨建慧,肖媛."一带一路"背景下留学生教育的困境与对策研究——以江苏高职院校为例[J].轻工科技,2019,35(11):178-179.

[8] 鲁婷婷,吴昊.中国传统文化在高职院校留学生跨文化教育中的实践研究——以常州信息职业技术学院为例[J].常州信息职业技术学院学报,2016,15(2):59-62.

[9] 陈国明,余彤.跨文化适应理论构建[J].学术研究,2012(1):130-138.

[10] 蒋晓杰,黑嘉鑫.提高来华留学生教育质量的几点建议[J].教育与职业,2015(36):100-102.

[11] 教育部关于印发《来华留学生高等教育质量规范（试行）》的通知 [EB/0L].［2018-10-09］.http：//www.moe.gov.cn/srcsite/A20/moe_850/201810/t20181012_351302.html.

（文章发表于《中国职业技术教育》2020年第19期）

作者：

周李俐（1982— ），女，浙江旅游职业学院旅游外语学院党总支书记，副研究员，主要研究方向为旅游职业教育国际化。

黄延峰（1988— ），男，浙江旅游职业学院，助理研究员，主要研究方向为教育管理、思想政治教育。

近十年（2009—2019）英文期刊旅游教育研究的热点回顾

◎金明磊　孙万欣　陈蔚

> **摘　要：** 利用 End Note①、Excel 和 NVivo② 作为研究工具，对 SCI③、SSCI④、A & HCI⑤ 数据库中 2009—2019 年的 1189 篇以旅游教育为主题的研究文献的时间分布、国家和机构分布、被引文献分布进行梳理和归纳。可以看出，近十年英文期刊旅游教育研究的热点问题有：个人、区域经济发展和旅游教育间的关系；旅游教育与网络化、数字化、智能化的社会发展浪潮互动；旅游教育与环境可持续发展；旅游教育与创业间的关联；旅游教育的课程建设。研究发现，旅游教育理论和旅游教育实践存在脱节现象，以及中文期刊旅游教育研究应加强跨学科视野两方面可对中文期刊旅游教育研究产生启示。
>
> **关键词：** 旅游教育；英文期刊；研究热点；旅游管理；国内外研究动态

---

① End Note，一款学术信息市场化和开发学术软件。
② NVivo，一款支持定性研究方法和混合研究方法的学术软件。
③ SCI，Science Citation Index，《科学引文索引》。
④ SSCI，Social Science Citation Index，《社会科学引文索引》。
⑤ A & HCI，Arts & Humanities Citation Index，《艺术人文引文索引》。

一、研究背景

近年来,我国旅游管理学科发展迅猛,旅游教育也随之成为学者们关注的焦点领域。在各类中文学术期刊上,教学和课程体系、教学评估与比较、人才培养和员工培训成为旅游类专业期刊中旅游教育研究所聚焦的主要方面。[1]相关学者不但系统梳理了国内旅游高等教育的产生和发展[2],还从硕博论文关键词的角度对国内旅游教育研究的热点和演进趋势做了分析[3],还有学者从大旅游的维度[4]和旅游教育现状及人才培养特征层面[5]探索了高等旅游教育人才培养的模式。2018年,保继刚、谢彦君、王宁、马波、肖洪根五位教授从中国旅游教育的规模出发,以旅游教育40年为主题,围绕中国旅游教育的教学、教材、学生培养质量、旅游教育与旅游研究的关系等问题展开了深入讨论[6],对当前国内旅游教育发展启示良多。

伴随着学者们对旅游教育的持续关注,学界也开始逐渐关注其他区域旅游教育发展动态。澳大利亚[7]、日本[8]、美国[9]、德国[10]、加拿大[11]、法国[12]等国,以及我国的香港[13]、澳门[14]、台湾[15]的旅游教育现状及发展趋势等问题都被学者们纳入旅游教育研究的范畴。并且学者们也开始逐步梳理国外旅游高等教育研究文献[16]和国外旅游教育研究方法[17],为国内旅游教育研究提供借鉴和对照。

基于学者们对中文期刊和英文期刊旅游教育研究情况的分析总结,结合近年我国旅游管理学科的迅猛发展趋势,分析梳理2009年来发表于知名英文数据库中的国内外学者关于旅游教育研究的热点和整体态势,为我国旅游教育研究与发展提供可借鉴依据。

二、数据来源与研究方法

因为中山大学及我国香港、澳门、台湾的部分高校在世界旅游管理研究中的强势表现,这些机构的研究者除将研究成果发表在中文期刊上外,还将大量重要研究成果发表在英文期刊上,因此本文使用"英文期刊"这一范畴来代替"国外研究"。

为提高研究质量和针对性,本文所用英文期刊数据来源于Web of Science(WOS)数据库中的SCI子库、SSCI子库、A&HCI子库。截至2019年5月16日,以"tourism education"进行主题检索,时间跨度为"2009—2019",共得到样本文献 1189 篇，其中标题含 "tourism education" 的文献 96 篇。

本研究采用 End Note、Excel 和 NVivo 作为研究工具。用 End Note 对从 SCI、SSCI、A & HCI 数据库中导出的文献进行初步归纳，确保文献合理有效，并对高被引文献和高下载文献进行标记精读。然后将 End Note 中的数据通过处理后导出为 TXT 格式，用 Excel 做数据处理。通过 Excel 的数据透视表对样本文献的关键词进行数据筛选排序，找出高频关键词。最后，将所有样本文献导入 NVivo 软件，进行高频词汇聚类分析和质性解读。通过这三种工具的交错使用，对样本文献进行全方位的计量分析和质性分析，得出样本文献所聚焦的热点问题。

三、样本文献的分布特征分析

（一）时间分布

将 1189 篇样本文献按出版年限分类，可以发现，旅游教育研究的年度发文量处于持续增长状态，特别是 2017—2018 年，年度发文量快速增长，且在 2018 年度发文量超过 200 篇（表 6-1）。

表 6-1　英文期刊旅游教育研究发文年度分布

单位：篇

年度	2009	2010	2011	2012	2013	2014	2015	2016	2017	2018	2019	总计
文献数量	65	81	78	97	96	110	116	119	172	208	47	1189
占比/%	5.467	6.812	6.560	8.158	8.074	9.251	9.756	10.008	14.466	17.494	3.953	100

随着旅游教育研究的持续深化，研究者们在 2017—2018 年开始逐渐总结各地区旅游教育的成果和经验，对前一时期区域旅游教育的发展作出反思，对未来十年旅游教育发展作出展望。如对 2005—2014 年间酒店和旅游教育相关研究成果进行综述[18]，对瑞典[19]、中国澳门[20]旅游教育进行回顾和反思。随着前一阶段研究的深化和拓展，这一时期发展中国家旅游教育的相关研究开始逐步受到研究者的关注。[21]

（二）国家和机构分布

从样本文献的国家分布看：美国 231 篇（占比 19.428%），位居首位；中国（含港澳台地区）198 篇（占比 16.658%），位列第二；澳大利亚 176 篇（14.802%）、英国 112 篇（占比 9.42%）、西班牙 68 篇（占比 5.719%），分列第三、第四、第五位（表 6-2）。

表 6-2 近十年英文期刊旅游教育研究的机构发文分布前 9 位

机构英文名称	机构中文名称	发文数量（篇）	占比 /%	所属国家
Hong Kong Polytechnic University	香港理工大学	33	2.773	中国
University of Queensland	昆士兰大学	24	2.017	澳大利亚
Griffith University	格里菲斯大学	23	1.933	澳大利亚
State University System of Florida	佛罗里达州立大学系统	18	1.513	美国
University of Surrey	萨里大学	18	1.513	英国
James Cook University	詹姆斯库克大学	17	1.429	澳大利亚
Bucharest University of Economic Studies	布加勒斯特大学经济学院	14	1.176	罗马尼亚
University of South Australia	南澳大利亚大学	13	1.092	澳大利亚
University of North Carolina	北卡罗来纳大学	12	1.008	美国

虽然近年我国旅游管理学科发展迅猛，旅游教育的相关学术研究产出较多，但美国和英国具有语言和学科先发优势，其在旅游教育研究领域依旧具有深厚底蕴，一些旅游教育的经典高被引文献依旧被英美牢牢把持，中国特色旅游教育建设和提升中国旅游管理学科的国际话语权的道路依旧漫长。

从机构发文数量来看，香港理工大学不但在旅游管理研究中占有优势，而且在旅游教育这一细分研究领域中也有优势。但是中山大学等其他中国高校在旅游教育这一领域的发文数量并不突出，导致发文数量排名前列的机构还是以澳大利亚和美国为主。

（三）高被引文献分布

文献的被引用次数反映了学界对该研究领域重要研究成果的关注程度，能体现和反映出文献成果的学术价值和影响力。研究成果的被引频次高，一方面意味着该论文的学术水准受到业内的普遍认可，也能从侧面说明该领域的研究受到学界的广泛关注。[22] 为了确保被引次数较高文献符合旅游教育研究主题，除以"tourism education（旅游教育）"在 WOS 的子数据库 SCI、SSCI 和 A & HCI 数据库中进行主题检索外，还以标题含"tourism education"为检索条件进行检索。然后，由人工对两次检索所得出的高被引文献前 50 位进行审读，得出与旅游教育研究主题紧密相关的高被引用文献前 10 位，如表 6-3 所示。

表 6-3 2009—2019 年英文期刊旅游教育研究被引频次前 10 位的论文分布

序号	标题	标题中文译名	来源出版物名称	出版年份	被引次数（次）
1	Volunteer tourism, development and education in a postcolonial world: conceiving global connections beyond aid [23]	后殖民世界的志愿旅游，发展和教育：构建超越援助的全球联系	Journal of Sustainable Tourism	2010	145
2	Reading tourism education neoliberalism unveiled [24]	阅读旅游教育新自由主义揭幕	Annals of Tourism Research	2009	71
3	On the need for critical pedagogy in tourism education [25]	论旅游教育中批判教育学的必要性	Tourism Management	2011	51
4	Tourism education and curriculum design: A time for consolidation and review? [26]	旅游教育和课程设计：整合和审查的时间？	Tourism Management	2010	49
5	International tourism, higher education and economic growth: The case of North Cyprus [27]	国际旅游，高等教育与经济增长：以北塞浦路斯为例	World Economy	2010	47
6	Volcanic risk and tourism in southern Iceland: implications for hazard, risk and emergency response education and training [28]	冰岛南部的火山风险和旅游业：对危害，风险和应急响应教育和培训的影响	Journal of Volcanology and Geothermal Research	2010	46
7	The managerial gaze: the long tail of tourism education and research [29]	管理凝视：旅游教育与研究的长尾	Journal of Travel Research	2015	26
8	Using Web 2.0 in higher tourism education [30]	在高等旅游教育中使用 Web2.0	Journal of Hospitality Leisure Sport & Tourism Education	2013	24
9	Development framework for tourism and hospitality in higher vocational education in Taiwan [31]	台湾高等职业教育旅游与酒店业发展框架	Journal of Hospitality Leisure Sport & Tourism Education	2010	22
10	Balancing tourism education and training [32]	平衡旅游教育和培训	International Journal of Hospitality Management	2009	22

从这些高被引文献的研究内容和分布期刊来看，主要有两个表现特征：一是国际化的研究视野；二是对旅游教育的反思。随着世界经济的发展，旅游休闲管理行业的国际化程度日趋加深，跨国界合作发展不但是世界经济发展的趋势，而且也深深影响了旅游休闲行业的发展。学者们不但开始更加广泛地关注世界其他区域的旅

◎ 职教国际化

游教育发展状况，而且还逐步思考旅游教育对发展中国家社会发展的推动作用。伴随着旅游管理学科的成长与转型，旅游教育也在旅游休闲管理和世界经济发展浪潮的带动下开始关注教育对于社会的重要影响，不再只局限于旅游教育对旅游休闲行业的影响，更多地关注旅游教育对于经济增长、社会可持续发展、社会结构转型及思想意识形态的影响。

四、英文期刊旅游教育研究的热点内容

研究热点代表了一个研究领域在一段时间内数量较多且内在联系较强的学问或者专题，代表着该领域中最先进、最有发展潜力的主题。[33]经过对1189篇文献的关键词和涉及二级学科领域进行聚类分析，发现这些文献涉及的主题领域按出现次数从多到少排序依次有社会科学中的其他主题（Social Sciences-Other Topics）、教育与教育研究、商业与经济学、环境科学与生态学、科学技术中的其他主题（Science & Technology-Other Topics）、社会学和旅游地理。

根据关键词分析和在NVivo中进行的摘要质性分析结果，笔者认为，近十年英文期刊旅游教育相关研究成果的热点问题有：个人、区域经济发展和旅游教育间的关系；旅游教育与网络化、数字化、智能化的社会发展浪潮互动；旅游教育与环境可持续发展；旅游教育与创业间的关联；旅游教育的课程建设。

（一）个人、区域经济发展和旅游教育间的关系

目前，国内外对旅游休闲产业与经济发展间的互动作用都相当认可。从第三产业发展角度来说，旅游休闲产业是服务业的重要分支，技术含量相对于工业来说较低，适合具有资源环境基础的发展中国家挖掘开发；从产业结构转型升级看，在淘汰落后产能同时，吸收转移劳动力就业；从经济增长角度看，旅游休闲产业有着高净值、高投入回报比、高流动性的特点，能帮助发展中国家快速完成经济基础积累。例如，学者们已经采用计量经济学的方法系统分析了旅游休闲业对10个欧洲国家179个地区经济增长过程的影响。[34]

基于成熟的"旅游—经济"二维互动研究，学者们在旅游教育相关研究中已经将研究视野调整为"旅游—经济—教育"三维互动模型，讨论三者间的因果关联。

有研究者从加勒比地区旅游和酒店教育培训的现状出发，对高等教育阶段的旅游教育和培训进行审视，认为以教育为根基的人力资源开发对加勒比旅游业和整个加勒

比地区经济发展有着重要作用，并且建议加勒比地区应通过加强旅游行业从业人员的优质教育和培训，为21世纪的旅游业做好准备。[35]也有研究者从教育在旅游收入对经济增长的可持续性发展维度，在土耳其发现旅游支出与经济增长之间存在可持续的长期关系，并且受教育程度和学历水平越高对旅游收入的推动作用越明显。[36]

虽然旅游教育在区域经济发展层面对经济发展有助推作用，但是，在个人经济收入方面却有研究表明，在经济危机中，旅游行业从业者持续的旅游教育和培训未能带来明显的经济收入增长。研究分析了西班牙旅游业的个人教育回报，表明旅游行业从业者的教育收入回报仅为其他行业的一半，并且在经济危机期间这两组之间的收益差异显著增加。[37]这一研究也让人们重新审视旅游行业从业者的教育培训与个人成长发展、经济收入间是否具有正向密切相关关联。

（二）旅游教育与网络化、数字化、智能化的社会发展浪潮互动

由互联网飞速发展引发的社会发展网络化、数字化和智能化浪潮与旅游教育间产生了巨大的共振共鸣。旅游教育研究积极关注社会发展浪潮，信息技术和互联网发展对旅游教育的冲击、旅游教育怎么适应信息化社会发展浪潮、旅游教育应如何推动旅游休闲行业的智能化发展等议题成为旅游教育研究的另一个热点问题。

随着互联网的发展，在线学习成为新的受教育模式，有研究者就从认识论的角度研究在线探究式课程在欧洲旅游教育中的应用，通过研究发现基于在线探究的学习确实显著改变了参与者的认识论信念，并且在线学习能有效地帮助旅游专业学生发展更复杂的认识论信念。[38]除了在线教育，其他互联网技术也广泛且深刻地影响着旅游教育的变革，虚拟现实技术、数字游戏化学习、Web三维仿真等互联网技术被广泛运用到旅游教育中。有研究者基于统一接受和使用技术理论（UTAUT）模型的技术接受模型，构建虚拟现实导游平台，在导游专业教学中进行试用，结果表明数字旅游环境中人与设备之间互动能提高学习效果和技术接受度。[39]随着数字游戏的全球普及，人们越来越多地认识到游戏及其元素对学习和教育的益处，该领域的大多数研究是在经济较发达的地区进行的，在这些环境中可以有效地利用游戏化来解决学习者的参与和动机。有研究者选择旅游教育并使用结构方程建模方法进行实证研究，结果表明，感知到的游戏性、课程契合性的结构对行为意图的构建具有积极和直接的影响。[40]还有研究者为了解3D模拟的Second Life（第二生命，网络虚拟游戏）虚拟世界对于旅游教育的适用性，选择8名旅游管理专业的大学生进行设计实施，结果发现参与者能在Second Life虚拟世界提供的旅游服务技能知识相关的培训和交流沟通中

获得技能和素养提升。[41]

（三）旅游教育与环境可持续发展

以生态学为导向的可持续发展理念不但运用在旅游与环境保护的关联研究中，还运用到旅游休闲行业从业者对文化遗产、自然环境和旅游产业的可持续发展理念培育中。

可持续发展的旅游业是建立在旅游地持续发展，自然环境和文化遗产得到有效保护的基础上。有研究者认为实施可持续发展的旅游业需要旅游教育提供能够在可持续发展中发挥有效领导作用的人力资源。基于这样的需求，研究者们通过使用由莫莱斯（Morais）和奥格登（Ogden）开发的全球公民身份量表，在土耳其进行了实证研究。[42] 随着人们越来越意识到环境保护的重要性，旅游休闲行业从业者开始普遍认识到可持续发展旅游教育的迫切性。有研究采用教学合作竞争策略，通过共同计划研究，发现联合竞赛课程设计可以鼓励旅游管理相关专业的学生对可持续发展的批判性思考，提高学生的创造力，竞争创造性课程可以成为未来可持续发展旅游教育的有用工具。[43] 随着旅游人口的增加，农村生态环境和历史文化古迹被用于许多旅游景点，以满足旅游者的需求，研究者基于协助国内生态旅游稳定持续增长的目的，通过对泉州永春牛姆林生态旅游区（Yongchun Niumulin Ecological Tourism Zone）随机抽样调查，发现知识管理与环境教育、环境教育与专业绩效、知识管理与专业绩效之间存在显著相关性。[44] 还有学者通过对环境退化问题的简要调查发现，在旅游教育中加入环境伦理思想，对于成功解决环境问题是不可或缺的。[45]

（四）旅游教育与创业间的关联

以创新为导向的创业教育并不仅是国内教育的特色，在通过对英文期刊梳理后发现，国外研究者同样关注创新创业教育，并且将研究视野逐渐聚焦于学科和专业教育对基于所处行业的创新创业的正向关联。挖掘旅游教育对创业的助推作用已成为当前旅游教育研究的热点之一。

研究者们为了探讨高等旅游教育如何影响一个非常具体的创业行为，采用基于心理学中意向论的理论方法，从高等旅游教育的角度分析了122名研究生和本科大学生的样本，发现课程和课外活动对创业意图、态度和行为控制具有不同影响，而对创业能力的发展几乎没有影响。[46]

除了创业行为本身，研究者们还关注旅游教育中创业教育对于人才技能培养的影响。研究者通过访谈形式从侧面证明了在旅游教育中进行创业教育的重要性，他们对美国的一位酒店经营者进行了深度访谈,这位经营者表示创业是旅游教育中的关键点之一。[47]研究者为了解旅游专业学生在课程中对创业教育的看法,设计了一种名为"学会成为"的创新教学计划,在该计划中,旅游专业学生面临着为各类组织和个人提出的实际问题制订可行解决方案的挑战,并且研究者开发了一份反馈问卷,以验证创业教育计划对学生的影响。该研究表明,从旅游专业学生角度来看,课程教学中的创业教育与未来就业前景非常相关,并且学生在此过程中获得的非认知技能对于旅游业也很重要。[48]

(五)旅游教育的课程建设

不管什么层次的旅游教育,其目的一是为了让人们获得旅游休闲知识,二是为了培养旅游休闲专业技能。不管是哪种培养教育目标,其本质都要落实到课程建设中,让人们通过课程达到相应的教育目标。课程建设对提高旅游教育质量的基础性作用,使得国内外研究者都很关注这一热点问题。

有研究者通过回顾英国旅游教育从相对卑微到繁荣发展的历程,梳理了旅游教育在课程建设、课程理念、学习水平、学科内容及教学和学习策略方面的发展,发现课程模式、学术发展职业构建、关键可转移技能及提升受教育者的个人价值和就业能力是旅游教育的课程规划者进行课程建设时思考的核心问题。[26]也有研究者将研究视野更加聚焦于一小类课程中,具体研究了地理文化对旅游教育中服务管理类课程的影响,研究者基于"绘图建构的生成理论"开发了一个模型,展示了如何在教学中利用地理可视化,通过实施使用地理可视化教学的实验来测试该模型的适用性和教育影响。[49]还有学者从继续教育的视角去审视MICE(会展概论)课程的课程构建问题。研究者立足于教育应为行业提供可立即使用的人力资源角度,应用模糊Delphi(可视化编程)技术来分析课程框架,基于满足MICE专业的需求,提出以规划和运营两条线为重点的教学设计计划。[50]

五、对中文期刊旅游教育研究的启示

通过对英文期刊近十年旅游教育研究中的发展动态梳理,根据英文期刊相关文献的分布特征、高被引文献和主要研究热点,能够窥探英文期刊的研究发展动态和研究方法。这些能为中文期刊旅游教育研究的研究者提供借鉴和启示。

一是旅游教育理论和旅游教育实践存在脱节现象。旅游教育研究作为旅游管理学

◎ 职教国际化

科和教育学学科的交叉，研究者们在进行理论研究的过程中吸收运用了多种研究方法和理论，如教育社会学、人文地理学、生态学都是旅游教育研究所涉及的重要学科。研究者们不但关注区域旅游教育发展，而且还将旅游教育的研究视野扩展到跨国界的旅游教育合作对发展中国家的经济发展及社会问题解决的推动作用上，从旅游教育的维度去探讨全球援助的可能性。[23]当旅游教育研究已经具备全球化的人道主义国际视野，将研究目光超越旅游管理、旅游经济而投向旅游教育对于社会发展的推动时，这是旅游教育理论研究的巨大发展，也是旅游教育研究的多重交叉学科所带来的理论进步。但是，在旅游教育的实际开展过程中，教育教学实践和理论发展间存在脱节现象。旅游教育的教学实践过程中，多将培养目标局限旅游休闲管理的技能培养或知识获取上，未能从理论所涉及的宏观层面去探究旅游教育对于人自身成长、社会问题解决和旅游业升级转型等问题。这就使得旅游教育实践相对于旅游教育的理论研究来说显得相对滞后。

二是中文期刊旅游教育研究应加强跨学科视野。在对英文期刊的研究热点进行梳理时发现，社会学、教育学、经济学、生态学、地理学都是英文期刊旅游教育研究所涉及的高频学科领域。然而，中文期刊中的旅游教育研究成果的研究视野相对狭窄，多集中于教育学和人文地理学领域，对于社会学和生态学的关照较少。中文期刊作者习惯于从提升教学质量层面讨论旅游教育，未能观照旅游教育对社会问题解决和经济社会可持续发展间的关联。中文期刊作者应加强交叉学科思维训练，将旅游教育研究和社会学、生态学、经济学融合，不但以提高旅游管理学科的教学和人才培养质量为研究目标，还应将研究视野扩展到旅游教育对人和社会的升华作用、对提升旅游管理学科的社会影响力作用等层面去探讨旅游教育的发展和未来。

参考文献

［1］汪德根，李凤，徐银凤，等.基于《旅游学刊》创刊30年的中国旅游研究特点与趋势［J］.旅游学刊，2018，33（8）：133-146.

［2］张森林.我国旅游高等教育的产生与发展［J］.四川旅游学院学报，2017（2）：81-84.

［3］武传表，向慧容.旅游教育领域研究热点及演进态势——基于相关博硕士论文关键词共词分析［J］.旅游研究，2017，9（5）：31-42.

[4] 杨卫武. 论大旅游格局下的旅游高等教育[J]. 旅游科学, 2010 (5): 8-16.

[5] 王璋, 尹美群, 张继东. 旅游教育与人才培养现状特征分析与研究[J]. 河北旅游职业学院学报, 2015, 20 (4): 68-76.

[6] 保继刚, 谢彦君, 王宁, 等. 旅游学纵横: 学界五人对话录（续）"之"旅游教育40年: 不惑之惑[J]. 旅游论坛, 2019 (2): 1-16.

[7] 高丽华, PIERRE B, NOEL S, 等. 澳大利亚旅游教育的发展趋势与问题[J]. 旅游学刊, 2015, 30 (9): 9-13.

[8] 杜国庆. 日本的旅游学教育[J]. 旅游学刊, 2015, 30 (9): 13-15.

[9] 文小波. 美国旅游及酒店专业课程体系模式研究[J]. 四川烹饪高等专科学校学报, 2012 (5): 3-6, 10.

[10] 郭英之, 陈勇, 瓦弗特·福莱尔, 等. 德国的旅游教育体系概述[J]. 旅游学刊, 2005 (S1): 40-46.

[11] 黄向. 加拿大大学的旅游相关专业学制教育体系现状研究[J]. 旅游学刊, 2005 (S1): 47-51.

[12] 管婧婧, 金碧倩. 中法旅游本科学生专业感知比较及启示——基于中法两所高校的实证研究[J]. 旅游论坛, 2014, 7 (1): 90-94.

[13] 宋海岩, 杨惠君. 开辟酒店及旅游教育新里程——以香港理工大学酒店及旅游业管理学院为例[J]. 旅游学刊, 2015, 30 (9): 6-9.

[14] 曾韬, 孔繁帆. 澳门旅游高等教育发展的经验及启示[J]. 教育探索, 2014 (8): 151-152.

[15] 陈增红. 台湾地区旅游职业教育的特色及启示[J]. 济南职业学院学报, 2016 (5): 3-4, 18.

[16] 王敏, 宋海岩. 国外旅游高等教育研究文献述评[J]. 旅游论坛, 2011, 4 (3): 119-123.

[17] 明镜. 国内外旅游教育研究方法述评[J]. 河北旅游职业学院学报, 2010, 15 (4): 31-36.

[18] HSU C, XIAO H, CHEN N. Hospitality and tourism education research from 2005 to 2014 [J]. International Journal of Contemporary Hospitality Management, 2017, 29 (1): 141-160.

[19] ABERG K, MULLER D. The development of geographical differences in

education levels within the Swedish tourism industry [J]. Tourism Geographies, 2018, 20 (1): 67-84.

[20] CHAU S, CHEUNG C. Academic satisfaction with hospitality and tourism education in Macao: The influence of active learning, academic motivation, and student engagement [J]. Asia Pacific Journal of Education, 2018, 38 (4): 473-487.

[21] FATIMA J, GHANDFOROUSH P, KHAN M, et al. Mobile learning adoption for tourism education in a developing country [J]. Current Issues in Tourism, 2019, 22 (4): 420-427.

[22] 杨利军, 万小渝. 引用习惯对我国期刊论文被引频次的影响分析——以情报学为例 [J]. 情报科学, 2012, 30 (7): 1093-1096.

[23] PALACIOS C. Volunteer tourism, development and education in a postcolonial world: Conceiving global connections beyond aid [J]. Journal of Sustainable Tourism, 2010, 18 (7): 861-878.

[24] AYIKORU M, TRIBE J, AIREY D. Reading tourism education: Neoliberalism unveiled [J]. Annals of Tourism Research, 2009, 36 (2): 191-221.

[25] BELHASSEN Y, CATON K. On the need for critical pedagogy in tourism education [J]. Tourism Management, 2011, 32 (6): 1389-1396.

[26] FIDGEON P. Tourism education and curriculum design: A time for consolidation and review? [J]. Tourism Management, 2010, 31 (6): 699-723.

[27] KATIRCIOGLU S. International tourism, higher education and economic growth: The case of North Cyprus [J]. The World Economy, 2010, 33 (12): 1955-1972.

[28] BIRD D, GISLADOTTIR G, DOMINEYHOWES D, et al. Volcanic risk and tourism in Southern Iceland: Implications for hazard, risk and emergency response education and training [J]. Journal of Volcanology and Geothermal Research, 2010, 189 (1): 33-48.

[29] AIREY D, TRIBE J, BENCKENDORFF P, et al. The managerial gaze: The long tail of tourism education and research [J]. Journal of Travel Research, 2015, 54 (2): 139-151.

[30] LIBURD J, CHRISTENSEN I. Using web 2.0 in higher tourism education [J].

Journal of Hospitality Leisure Sport & Tourism Education, 2013, 12（1）: 99-108.

［31］TEYI C, JUIMAN H. Development framework for tourism and hospitality in higher vocational education in Taiwan［J］. Journal of Hospitality Leisure Sport & Tourism Education, 2010, 9（1）: 101-109.

［32］ZAGONARI F. Balancing tourism education and training［J］. International Journal of Hospitality Management, 2009, 28（1）: 2-9.

［33］陈仕吉. 科学研究前沿探测方法综述［J］. 现代图书情报技术, 2009（9）: 28-33.

［34］PACI R. MARROCU E. Tourism and regional growth in Europe［J］. Papers in Regional Science, 2013, 93（S1）: 25-50.

［35］CHARLES K. Tourism education and training in the preparing for the 21st century［J］. Progress in Tourism & Hospitality Research, 2015, 3（3）: 189-197.

［36］ASLAN A. The sustainability of tourism income on economic growth: Does education matter?［J］. Quality & Quantity, 2015, 49（5）: 2097-2106.

［37］LILLOBANUIS A, CASADODIAZ J. Individual returns to education in the Spanish tourism sector during the economic crisis［J］. Tourism Economics, 2012, 18（6）: 1229-1249.

［38］HSU L. An epistemological analysis of the application of an online inquiry-based program in tourism education［J］. Australasian Journal of Educational Technology, 2014, 30（1）: 61-79.

［39］CHIAO H, CHEN Y, HUNG W, et al. Examining the usability of an online virtual tour-guiding platform for cultural tourism education［J］. Journal of Hospitality, Leisure, Sport & Tourism Education, 2018, 23（11）: 29-38.

［40］ADUKAITE A, VAN Z, ER, et al. Teacher perceptions on the use of digital gamified learning in tourism education: The case of South African secondary schools［J］. Computers & Education, 2017, 111（8）: 172-190.

［41］HSU L. Web 3D simulation-based application in tourism education: A case study with second life［J］. Journal of Hospitality, Leisure, Sport & Tourism Education, 2012, 11（2）: 113-124.

［42］ERTUNA B, SASIDHARAN V, HATIPOGLU B. A referential methodology

◎ 职教国际化

for education on sustainable tourism development［J］. Sustainability，2014，6（8）：5029-5048.

［43］LIU C，HORNG J. CHOU S，et al. Analysis of tourism and hospitality sustainability education with co-competition creativity course planning［J］. Journal of Hospitality Leisure Sport & Tourism Education，2017：21（11）：88-100.

［44］ZHENG Q，XU A，KONG D，et al. Environmental education，knowledge management and professional performance in eco-tourism：The impact relatedness［J］. Eurasia Journal of Mathematics，Science and Technology Education，2017，13（8）：4679-4687.

［45］GRUSOVNIK T. Educational tourism and environmental ethics：A framework for experimental environmental education［J］. Annales，Series Historia et Sociologia，2010，20（1）：169-176.

［46］ARRANZ N. UBIERNA F，ARROYABE M，et al. The effect of tourism education on students entrepreneurial vocation［J］. Scandinavian Journal of Hospitality and Tourism，2017，17（3）：312-330.

［47］NAIPAUL S，WANG Y. Entrepreneurship and leadership in hospitality［J］. International Journal of Contemporary Hospitality Management，2009，21（6）：639-658.

［48］DANIEL A，COSTA R，PITA M，et al. Tourism education：What about entrepreneurial skills？［J］. Journal of Hospitality and Tourism Management，2017，30（1）：65-72.

［49］SIGALA M. Using and measuring the impacts of geovisualisation on tourism education：The case of teaching a service management course［J］. Journal of Hospitality，Leisure，Sport & Tourism Education，2013，12（1）：85-98.

［50］HSIEH P. Curriculum planning of MICE course in continuing education［J］. Journal of Hospitality，Leisure，Sport & Tourism Education，2013，13（7）：107-122.

（文章发表于《旅游研究》2020年第12卷第31期）

作者：

金明磊（1987— ），男，浙江旅游职业学院，博士在读，讲师，主要研究方向为职业教育。

孙万欣（1974— ），男，浙江旅游职业学院，博士，副教授，主要研究方向为旅游市场营销。

陈蔚（1985— ），女，浙江旅游职业学院，博士，副教授，主要研究方向为旅游可持续发展。

"双创"教育

SHUANGCHUANG JIAOYU

编者按

自2014年我国提出"大众创业、万众创新"以来，大学生创新创业教育逐渐为高职院校所关注。本主题收录3篇论文，围绕"双创"教育实践路径、创业团队绩效反馈、理想信念与"双创"教育融合等方面开展了探索，具体如下。

一是"双创"教育实践路径研究。例如，《"互联网+"背景下地方高校"双创"教育的实践路径》一文对"双创"教育存在的问题及应对措施进行了分析。

二是大学生创业团队绩效研究。例如，《大学生连续创业团队绩效反馈研究：教育博弈与管理启示》从概念内涵、反馈类型、过程机理、影响因素探究大学生连续创业团队的现状，并对四种教育博弈，即场域博弈、结构博弈、主体博弈和资源博弈进行了研究。

三是创新创业教育与理想信念教育融合研究。例如，《高职理想信念教育与创新创业教育的融合研究》针对高职学校理想信念的融合性不足的问题，提出构建"八维三层"的理想信念教育与创新创业教育融合体系，把创业理想与创新信念贯穿创新创业教育全程。

"互联网+"背景下地方高校"双创"教育的实践路径

◎林化亮

> **摘　要：** "互联网+双创教育"是新时代教育发展的新要求，也是信息时代高校发展的机遇与挑战。在高校开展"双创教育"，更加贴合于学生当前的学习需求及学习要求，相关责任教师要充分整合互联网技术优势，结合实际情况提出有效的培养方案，从而提升学生的创新创业能力，为学生后续发展奠定坚实的基础。基于此，文章提出搭建全程化的"双创"教育模式、构建双创人才生态体系、加强对学生基本素质挖掘、"双创"活动和正常教学有机结合等实践路径，以期有效提高"双创教育"实效。
>
> **关键词：** "互联网+"；高校；"双创"教育；实践路径

近年来，我国政府逐渐加大大众创业和万众创新工作力度，从而实现扩大就业和增加居民收入，对实现人民群众追求美好生活具有积极意义。因此，在新时期发展背景下，创新创业作为整体性概念，为后续社会活动提供必要性的指导。相比以往的创新和创业工作来说，"互联网+"背景下的创新创业工作更加强调从技术和知识等方面进行创新。在我国的高等教育发展进程中，需要加强对创新创业教育的重视，积极响应大众创业和万众创新的号召。高校在进行"双创"教育时，要发挥互联网的优势，为实际工作提供一个支撑和引导。另外，还要加强与学生之间的互动及交流，更多关注当代大学生的学习特点和学习需求，从而使"双创"教育具有源源不断的发展活力，有效解决当前工作中的不足之处，以此来提高高校"双创"教育的水平和质量。

"双创"和"互联网+"都是当前教育领域中的热门词汇，互联网也掀起了全民创新和创业的热潮，政府工作报告的支持也使大学生的表现更为积极。在互联网发展过程中需要将理论和实践相互结合，解决在以往创新创业工作中的不足，但在实际创新创业教育中还存在相关创业技术含金量不足等问题，如餐饮和快递行业等。同时，创业成功率还有待提升。在创新创业时没有合适的导师进行直接性的指导和科学的引导，导致大学生在创新创业过程中走了较多弯路。因此在实施工作中，如何提高大学生创新创业的成功概率和相应的层次是问题所在。研究数据显示，大学生创业成功率比较低，中国整体创业成功率维持在30%左右，而大学生的创业成功率仅为4%。综上所述，大学生创业中所面临的问题依然严峻。基于此，文章分析了在互联网平台下高校"双创"人才教育的必要性及在"双创"教育中存在的问题，并提出相应解决方案，旨在为实际工作提供重要帮助。

一、"互联网+"背景下高校"双创"人才教育的必要性

为保证高校"双创"教育能在互联网背景下得到有效的提高和发展，需要相关负责教师明确在"互联网+"背景下高校培养"双创"人才的必要性和重要性，从而为后续的教育活动奠定坚实的基础。互联网对传统教育模式进行了重新构建和整合。随着我国互联网理念的不断发展及渗透，大多数行业在发展过程中需要进一步改革和创新，从而谋求新的发展路径和发展因素。在当前高校教育中需要培养大量专业性的人才，这样才可以满足相关岗位对人才的需求和要求，因此高校需要通过培养"双创"人才来促进今后的全面发展。[1]高校需要加强对"互联网+"背景下培养"双创"人才的重视程度，利用互联网技术为实际工作起到一个重要的支撑和引导作用，从而促进学生创新创业能力得到有效提高。再加上互联网背景下庞大的信息数量，学生可以在互联网背景下进行相关信息的有效挖掘，并结合自身专业发展需求制订发展计划，更有条理地进行知识内容的学习，通过网络进行相关资源的有效整合和搜集，从而促进学生专业水平的有效提高。

在"互联网+"背景下，高校在进行"双创"教育时，需要充分挖掘和培养有创新意识的专业型人才。教师要充分发挥互联网技术的优势，多方位培养学生的创新思维能力，从而使学生能在今后的发展过程中应对全球化时代及经济一体化时代所面临

的挑战，抓住发展的机遇，在激烈的竞争中赢得一席之地，这样不仅可以实现学生全方位的发展，还有助于突出高校"双创"教育的优势及作用，最终提高高校的办学水平。

在"互联网+"背景下进行"双创"教育，可实现专业教育和"双创"教育的有机融合。在"互联网+"背景下，相关负责教师可以充分发挥互联网技术优势，在日常专业教学中对加强学生融合创新创业能力的有效培养，从而使学生可以结合自身所学到的知识内容，实现个性化的发展，与今后创业发展进行相互融合。学生会在理论和实践相互融合的基础上加深对相关知识内容的印象，在实践过程中提高自身的发展能力及创新能力，从而使学生能在毕业之后获得更加稳定和良好的发展机会，凸显高校"双创"教育的优势及作用。在高校中培养"双创"人才能创新以往的思想和专业培养方案，为学生搭建良好的学习环境及"双创"教育环境，从而使学生的学习能力及专业水平更加符合国家对人才培养的目标及计划，实现高校专业性教育改革的成功，使高校教育具备现代化特征，多方位满足学生的实际需求及实际要求。[2]

综上所述，在"互联网+"背景下培养"双创"人才是非常重要的，教师要加强对"双创"教育工作的重视程度，对以往"双创"教育模式进行有效创新和调整，以学生当前的专业发展需求及学习要求为主开展相关的教育活动，从而充分发挥"双创"教育的优势及作用，为学生后续的发展奠定坚实的基础。

二、高校"双创"教育存在的问题

随着国家对高等教育关注度的不断加深，对高校专业教学模式的创新和改革也提出了更新、更高的要求，再加上创新型人才已经成为社会相关岗位招聘人才的重点，由此，部分高校已在实际教育工作中提出了有关学生创新创业教育方面的实施计划，设置了相对应的实践课程，但是由于"双创"教育在我国使用时间较短，在实际教育实践过程中还存在这样或那样的问题，导致"双创"教育的优势无法在实际工作中得以全面凸显。因此，在新时期互联网背景下进行"双创"教育时，需要加强对信息的有效搜集，且要对以往"双创"教育中存在的问题进行分析和研究，从而促进学生专业水平的有效提高。从整体上看，当前高校"双创"教育中存在的问题主要有以下几个方面。

（一）培养方案融合不到位

在对学生进行"双创"教育时，需要将"双创"教育目标融入人才培养方案中，这样才可以实现全方位和全过程的人才培养局面。但大多数高校在实施专业人才培养过程中依然将教育重点仅放在专业教育上，将"双创"教育放在次要位置，甚至一些高校将"双创"教育和传统培养方案进行了分离，严重影响实际教育工作的有序进行。[3]在开展"双创"教育时，"双创"课程在实际教学过程中存在相对独立的情况，大多数高校，无论是从学校角度还是从对学生教育角度，"双创"课程内容很难和学生专业课程进行相互融合和协调，使得学生无法将这两部分知识进行有机融合，导致当前高校所设置的"双创"课程在定位上非常模糊，和原有的课程体系存在不统一和不科学的问题，使得实际"双创"教育项目无法达到预期的状态及标准，严重影响学生全面素质的有效提高。[3]

（二）人才培养模式单一

高校在进行"双创"教育时，需要对人才培养模式进行有效调整和优化，使其更具多样性和灵活性特征，这样才可以满足不同学生在"双创"学习中的需求及要求。但当前高校"双创"人才的培养模式相对来说较为单一，一些教师在课堂教学过程中将课堂教学重点放在对理论知识的讲述上，而将一些案例非常生硬地穿插在其中，缺乏相对应的实践课程及实践环节，仍运用传统的教学方式进行课堂教学。比如在班级教育中开展模拟性实验或者是验证性实验，并没有充分尊重学生的主体地位，让学生结合自身的理解能力和认知能力来进行实验内容的设计，学生只是按部就班地完成教师所布置的实验任务。在这一背景影响下，学生很容易丧失对实验课程学习的积极性及学习兴趣，整个学习过程是非常被动的，严重影响了高校"双创"教育有效性的提升。

三、"互联网+"背景下高校"双创"教育的方法

（一）搭建全程化的"双创"教育模式

为了使高校的"双创"教育能够在"互联网+"背景下得到有序发展，解决存在于以往教育模式中的不足之处，在"互联网+"背景下，教师需要更多了解学生当前的学习特点及学习需求，运用互联网技术的优势来制订个性化的培养方案，实现全过程的"双创"教育。另外，还需要在原有教育模式的基础上，根据学生入学前的特点

及学习优势,搭建相对应的教育模式,积极创新具有个性化特征的"双创"人才培养模式。教师需要秉承因材施教的教育原则,使每个学生能认识到学习"双创"课程的必要性和重要性,多方位地激发学生的学习主观能动性和兴趣,从而为学生后续的发展奠定坚实的基础。在实际教育工作中,学校还需要有序地实施"双创"人才的培养方案,突出持续性的特征。比如当大一新生刚刚入学时要融入有关"双创"教育方面的内容,面向全体学生实施"双创"教育。学生刚步入大学一年级时,学习态度通常较为端正,因此,可通过"双创"教育让学生形成立体化和全方位的思想观念,从理论知识慢慢地过渡到专业教育方面,促进学生专业水平的有效提高。学生到了大二、大三阶段,要有序开展有关实验和实际训练方面的课程,多方位、全过程促进学生创新创业能力的有效提高,并且可以让学生在心中更加重视高校所开展的"双创"教育,提高"双创"教育的质量及效果。

(二)构建"双创"人才生态体系

在"互联网+"背景下,由于学生所接收信息的类型逐渐朝着多样化和多元化的方向而发展,因此对于高校的"双创"教育来说,需要进行教学内容的有效创新和调整,多方位激发学生的学习兴趣和学习动力,根据学生当前的价值需求和学习需求,构建有效的人才培养方案。高校负责相关"双创"教育的教师要充分发挥"互联网+"教育特征,让学生更加积极地参与"双创"学习模式中。比如教师可以通过创客来激发学生学习相关知识的兴趣。首先,教师可运用"互联网+"的先进技术,学习、钻研契合本专业有关互联网"双创"教育的相关教学方案,在实践摸索中与学生进行多方位互动,以此来调动学生的学习积极性,从而有效提高"双创"教学效果。其次,在具体实施过程中,需要给学生营造一个良好的环境。高校可以和校企进行多方位合作,创建协同工作机制,实现跨学科实践方案的有效实施。高校需要进行校内外资源的有效整合,利用大数据技术构建完整的数据库,这样一来,可以根据学生当前的专业需求及学习特点,筛选正确的案例让学生进行自主学习和锻炼,促进学生创新创业能力的有效提高。[4]

(三)加强对学生基本素质的挖掘

在"互联网+"背景下的高校"双创"教育中,对学生综合素质的挖掘和培养也是必不可少的重要内容之一。比如,通过发挥校园文化优势,对学生的沟通能力和意志品质等方面进行全方位的分析,从而促进学生全面综合素质的有效提升。在校园文化构建时,需要向学生渗透有关"双创"理念的思想,将校园文化作为学生创新能力和创业能力提升的主要场所，帮助学生形成完善的思维模式，从而使学生可以更加积极地进行创新，达到预期的教育效果和目标。[5]教师在实际教育工作中要加强对学生动手能力的有效培育，将行和知进行相互统一，还要多开展有关集体活动方面的实验课程，帮助学生有效提高团队合作能力，实现学生的个性化发展。在进行校园文化构建的过程中，还需要开展丰富多样的校园活动，多方位促进学生综合素质的提高，从而使学生的综合能力和创新创业能力能够达到预期的教育效果，为学生后续的发展提供正确的方向。

（四）"双创"活动与正常教学有机结合

在日常办学过程中，高校需要认识"双创"教育与传统人才培养地位的同等重要性。高校可以充分发挥微信群或QQ群的优势，与学生进行良好的沟通和交流，营造氛围浓厚的学习环境。教师需要通过先进的互联网技术随时随地观察学生的思想动态，以提高学生学习兴趣为主，加强对学生创业和创新意识的有效培养。在这些平台中，教师需融入有关国内外科技发展及先进的课程教育案例，让学生结合自身专业和学习能力，在实践中感知知识的运用情况及在实际中所发挥的重要影响作用。高校还可以将一些校外专家所做的行业报告通过互联网平台向学生进行完整性的报告和播放，从而帮助学生形成与时俱进的学习理念。各高校还要重点培育创新"双创"课程，根据学生的实际学习需求，建立个性化和多样性的"双创"课程资源，从而为学生的自主性学习提供广阔的平台和空间。另外，教师还需要提高自身的教学素质和教育水平，从而可以给学生起到重要的引导和指导作用。教师需要利用互联网资源将学生的"双创"成果进行完整性储存，向下一届学生进行展示，这样不仅可以实现资源的优化性配置，还可以展现高校当前的办学特色，使高校创新创业教育水平能得到有效提高。

综上所述，在"互联网+"背景下，高校"双创"教育迎来了新的发展机遇，因此相关教师应将互联网技术融入高校"双创"教育的各个环节，通过互联网技术与学习资源的有效整合，随时随地对学生的"双创"教育进行有效指导和引导，帮助学生提升专业素养和创业能力。

参考文献

[1]杨会."互联网+"时代的内涵以及双创人才的培养路径[J].教育理论与实

践，2017，（3）：15-17.

［2］袁旦.地方高校创业型创新人才培养研究［J］.中国高等教育，2019，（11）：39-41.

［3］应金萍.促进高校就业制度体系更加成熟和定型［J］.中国高等教育，2020，（6）：45-47.

［4］王建华.大学的范式危机与转变：创新创业的视角［J］.中国高教研究，2020（1）：70-77.

［5］杜育华.教育+互联网时代背景下高校双创人才的发掘和培养［J］.智库时代，2019（34）：48-49.

（文章发表于《内蒙古财经大学学报》2021年第19卷第6期）

作者：

林化亮（1983— ），男，浙江旅游职业学院，副教授，主要研究方向为大学生思想政治教育、创业就业。

大学生连续创业团队绩效反馈研究：
教育博弈与管理启示

◎ 巫程成

> **摘　要**：从概念内涵、反馈类型、过程机理、影响因素探究大学生连续创业团队的现状，重点分析由此引发的四种教育博弈，即场域博弈、结构博弈、主体博弈和资源博弈，研究发现：通过机制保障可以实现组织协同，通过课程设计可以实现创业教育；而以实践育人理念坚守初心、以立德树人理念升级"双创"，则可以为高校实践育人、创新育人提供策略，同时也为创业组织管理部门提供更多思路借鉴。
>
> **关键词**：大学生创业；连续创业团队；绩效反馈；教育博弈

自 2014 年我国提出"大众创业、万众创新"的口号以来，无数青年创业者用技术与服务、青春与坚持实践着自己的创业梦，而高校大学生在不断创业的过程中，从学校到社会、从学业到市场逐渐形成了具有更高绩效特征的连续创业团队。创业的高风险使得连续创业团队依赖于绩效反馈不断调整创业策略，实现创业的持续收益；但创业收益的不稳定性，也使高校管理者和创业研究者偏好组织管理中的绩效反馈"暗箱"。从概念内涵、反馈类型、过程机理、影响因素可以较好地探究大学生连续创业团队的研究现状，其中概念内涵是研究基础，绩效反馈类型为研究提供视角，过程机理是大学生连续创业团队绩效反馈的内在路径，影响因素则是提升绩效的实践方向。

一、内涵机理

（一）概念内涵

"反馈"一词来源于一般系统理论，20世纪70年代逐渐受到创业组织管理研究领域关注。有学者发现，大学生连续创业团队反馈不仅能够帮助创业团队提升绩效，而且可以提升创业团队管理水平。[1]综合之前的研究，高校大学生连续创业团队绩效反馈表现为高校大学生在前后两次以上连续创业活动中的创业绩效反馈作用，这种作用机制不仅体现在创业主体的反馈速率上，更体现在创业过程的复杂性与创业绩效的颠覆性上。大学生连续创业团队绩效反馈概念内涵厘清，来源于对高校创业教育政策演进过程和主题发展阶段的把握。

1. 政策演进

在高校创业教育理念提出过程中，2014年，夏季达沃斯论坛上李克强总理提出"双创"理念，创业政策推动创业热潮；2015年，《国务院办公厅关于深化高等学校创新创业教育改革的实施意见》发布，高校创业教育全面推动；2019年，教育部印发《国家级大学生创新创业训练计划管理办法》，以资金积极引导高校创新创业教育改革。

2. 发展阶段

一是2014年以前，从改革之初到高校创新创业政策全面推行，大学生连续创业团队的连续性具有资源依赖倾向。例如，大多数创业者是以导师科研成果为基础开发创新型产品，或者以关系密切家庭社会资源为契机，淘金式地投入创业大浪潮中，以资金反馈撬动社会资源合理配置。二是2014—2016年，国家"双创"推动大学生创业组建团队，以绩效反馈的外显化对创业团队进行优化，如高绩效反馈是大学生创业团队阶段化发展的信心来源。三是2016—2019年，在高校创新创业教育背景下，以异质化大学生创业团队内部信息隐性协调反馈感知团队沟通与冲突，如隐性协调机制将创业团队在社交网络下的连续反馈放大，影响决策有效性，绩效反馈同时也会对创业管理决策产生直接影响和权变影响。[2]四是2019年以后，信息技术与人工智能的发展，国家经费支持大范围推进大学生连续创业，使大学生连续创业团队绩效反馈无处不在，如人工智能的快速补位，使创业团队人员更迭更加频繁，深度神经网络信息平台成为创业团队绩效反馈的载体。

（二）反馈类型

依据大学生创业团队组织管理反馈研究视角不同，创业反馈可按照效果、方向、方式、功能等来划分。

1. 按效果划分

正向反馈和负向反馈。正向反馈侧重以表扬赞美的方式反馈团队绩效发展，负向反馈侧重以批评与修改的方式反馈团队绩效情况。正向反馈不一定比负向反馈具有建设性作用，实际上有时负向反馈会阶段性地刺激创业团队发展。[3]

2. 按方向划分

向上反馈与向下反馈。向上反馈是指大学生连续创业团队将创业绩效信息直接反馈给团队负责人或者高校管理部门；向下反馈指的是团队负责人将创业发展近况反馈给团队成员或者相关服务对象。不管是向上反馈还是向下反馈，都是一种组织沟通。

3. 按方式划分

具体反馈和模糊反馈。具体反馈是指将大学生连续创业团队的阶段性发展状况以数据化的面板信息随时反馈给具体人，具体人可以参照修改执行；而模糊反馈是指将创业团队的相关信息以描述性和态度性的信息反馈给具体人，具体人无法直接启动程序化动作，还需要自我加工。二者本质上都是针对不同信息的反馈，具体反馈限制反馈对象的成长，而模糊反馈短期有可能造成冲突，但长期来看对反馈对象具有发散和辐射作用。

4. 按功能划分

积极反馈和消极反馈。积极反馈侧重以团队长远或者有利发展影响反馈对象，而消极反馈侧重以短期或者有弊发展影响反馈对象。积极反馈与消极反馈本质上不是绝对的，因为团队发展阶段与反馈对象的个性特征对创业绩效的影响可能更大。

（三）过程机理

大学生连续创业团队绩效反馈过程是一个阶段性、差异性的发展过程，涉及系统控制理论的全过程，主要包括以下五个过程。

1. 反馈来源

指绩效反馈的发出者，可以是社会市场表现反馈，也可以是高校创业教育管理者研究反馈；可以是上级投融资部门或董事会的反馈，也可能是下属下级的执行过程反馈。政策的反馈或者上级的反馈，对创业团队的发展更有指导性价值。[4]

2. 反馈环境

指团队绩效反馈过程中的市场信息、企业文化、政策环境、制度体系等。文化与制度一直是大学生连续创业团队依赖的发展环境，企业组织文化让团队成员更具有凝聚力，更具有反馈意愿。

3. 反馈方式

指通过什么方式反馈给反馈目标，分为直接反馈和间接反馈，直接反馈是一种相对高效的反馈通道，间接反馈是一种中介或者影响通道，但并不意味着直接反馈一定优于间接反馈，可根据反馈对象的接受程度和工作偏好来调整反馈方式。

4. 反馈信息

指反馈的关键内容和核心要素，可以是初创企业阶段性的资金收益，也可以是企业管理方式的 360° 评估，还可以是人力资源部统计的人员招聘和离职情况等。这些都是绩效的一种表现形式，全部组成了绩效的全方位反馈。有研究指出反馈即时性和反馈频率会影响反馈对象对反馈来源的反应，但这并不意味着反馈越多越好。[5]

5. 反馈对象

指大学生连续创业团队的反馈指向目标，与反馈来源对应。反馈来源是反馈信息发出者，反馈对象是反馈信息接收者，按照信息处理通道，反馈对象的接受程度和心理特征是影响反馈效果的主要因素，如女性对生活信息的高易感，男性对规则程序的高易感。

（四）影响因素

大学生连续创业团队绩效反馈是一个连续性、阶段性的组织发展过程，也是一个人际沟通过程，会受到各种因素的影响，具体如下。

1. 政策环境

高校创新创业教育功能一直是饱受争议的话题，虽然教育部发布了一系列高校创新创业教育改革的文件，人社部发布了一系列扶持大学生创业的政策，但是高校大学生的创业率、创业团队成功率一直都处于创业企业各种比率底端。各种高校建设和学科建设评估也将创业率纳入了考核要求，连续两届的创新创业典型经验高校评选、全国"互联网+"创业大赛等平台，推动高校设置大学生创新创业教育课程和创业管理机构，提高了大学生对创业的关注程度，但绩效反馈的大学生创新创业水平和实践技能并未有多大提高，政策的导向、支持的力度、校政社企的协同联动依然任重而道远。

2. 团队特征

大学生连续创业团队来源于高校，竞争于社会市场，团队的组建时间、管理方式以及成员的专业差异性、人格、应对方式、思维惯性等心理特征，都是影响创业绩效反馈质量与速度的重要条件。研究发现，专业互补性的团队成员对于创业结果的高绩效更具有贡献率；"大五人格"相关性越高的创业团队，绩效反馈成本更低，抗风险能力越强。[6]

3. 团队领导者领导力

团队领导者对于连续创业团队的发展具有决定作用，其核心能力表现为领导力，即统筹团队资源、规划团队发展方向、有效提升团队整体效能、促进团队绩效。激进式的领导力表现为力挽狂澜式的魄力型导向，慎思式的领导力表现为全面了解信息进而选择稳妥型的方案。只要领导力匹配对应的创业发展阶段，就会表现出正向的积极反馈。[7]

4. 行业特性

很多行业都具有周期性和时代性，相比成熟型创业团队，大学生连续创业团队缺乏对社会行业信息的全面掌握，没有全面体验一个产业、一个行业的发展周期，无法判断行业发展的关键节点与高低谷。行业发展的关键点关乎行业发展的命脉，如家政服务的安全保障；行业发展的高低谷是磨炼团队持续性的时期，高峰期要居安思危，低谷期要等待时机，如以前的知识服务行业更多是线下纸媒，而微信带动的在线新媒体知识服务方式开启了全新的产业链革命。

5. 团队沟通过程

大学生连续创业团队的绩效来源于团队面对冲突时的有效沟通，以及团队面对发展困境时的凝聚力展现。绩效反馈是一个复杂的显性与隐性过程，显性沟通采取直接的正面沟通方式，给予反馈对象具体的数据化反馈、时效化要求；而隐性沟通采取间接的中介或者网络沟通渠道，给予反馈对象隐私化的模糊反馈，但有时这种敏感性觉察可能是团队的核心竞争力，尤其是在大学生创业团队发展的资源整合期。[8]

二、教育博弈

高校学生的教育视角，使得高校大学生连续创业团队的创业教育更加需要科学性和方向性，又因其创业的市场性，使得这种教育管理具有内在冲突博弈。

（一）场域博弈，创新驱动

场域是一个物理性概念，也是一个理论运用场景。大学生连续创业团队的绩效反馈是创新创业理论在高校大学生连续创业场景发生发展过程中的实验数据，也是高校创新创业教育理论视域演化的横切面和纵深处效果呈现。高校创新创业教育的功能，一是服务国家创新创业战略，培养高水平的实践型人才；二是高校搭载国家发展机遇，谋求自身教学与科研的理念革新。大学生连续创业团队既是国家战略规划的践行主体之一，又是高校自身发展的成果与反馈。高校的育人场域与创新创业场域就成为这一发展过程中的博弈，高校育人场域侧重立德树人、"三全育人"，教育学生要放下浮躁，重视理论学习，切莫急功近利，重视理想信念，学富五车，回归生命发展的本真渴求[9]；高校创新创业场域则侧重技术技能，实践育人，教育学生要突破现状，重视实践经验，经世致用，探索事物发展的现实世界。从高校大学生培养目标来看，场域博弈在大学生连续创业团队绩效反馈过程中发展更快速、反馈更复杂、博弈更突出。如何平衡这两者发展的阶段性目标差异，如何平衡这两者发展的现实理念差异，是发展本身的一种内在博弈。按照博弈决策理论的原则，当冲突无法解决时，更高理念上的统一和更高原则上的统一就是一种解决办法。高校育人场域与创新创业场域，更高理念是为了培养创新型人才，为了基础理论创新，为了服务国家建设的实践流程与技能创新，所以，以创新为导向的教育场景在一定程度上缓解了创新创业场域与育人场域的博弈。

（二）结构博弈，学习助力

大学生创业团队的绩效反馈是一个长期性、阶段性、即时性的发展过程。长期性意味着短期反馈与长远目标并重，阶段性意味着服务当前与着眼未来并重，即时性意味着反馈快速与结果准确并重。总体上，当创新创业教育的质量发展与大学生创业团队的速度发展存在不平衡时，新的结构博弈就出现了。这种博弈不仅反映在教育过程中，也反映在教育结果上。大学生连续创业团队的质量发展方面，一是连续创业的成功概率会比一次投机性或者冒险性创业的成功概率要大；二是大学生连续创业团队的团队作战能力可以提升单个个体创业的抗风险性。大学生连续创业团队的速度发展方面，一是连续创业的发展速度来源于及时性的反馈，正向反馈强化创业团队的发展信心，负向反馈增进创业团队自身的反思与工作流程的改进；二是大学生连续创业团队在高校创新创业教育与"互联网+"思维的影响下，创业绩效呈现出摩尔定律的发展速度规律，即每隔18个月行业信息将会翻一番，这种速度将创业绩效指数级地放大，如第二届"互联网+"大学生创业大赛金奖项目 ofo 小黄车。但是，无论信息如何快速更迭、创新创业教育的过程如何复杂、创新创业教育的结果如何放大，处于青年阶段的高校大学生创业团队依然可以通过学习来打破这种不平衡。学习本就是高校大学生的第一使命，也是知识生产在高校的第一通道，多通道学习、深度网络学习、团队学习、及时反馈性学习，都是创业学习过程，这不仅可以提升创业团队的创新水准，而且可以提升其绩效反馈再创造能力。

（三）主体博弈，学生创意

大学生连续创业团队绩效反馈是一个反复修正、反复提升的过程，将会涉及两个主体：一是作为实施主体的大学生创业团队，二是作为管理和参与主体的高校。虽然看起来两种主体的本质目标是一致的，即都追求最大化创新创业绩效，但是两种主体对工作任务的理解与工作过程的参与程度存在博弈。在工作任务理解方面，大学生创业团队的主体工作任务是运用最大资源不断提升创业绩效，在不断影响更多客户的前提下实现企业持续收益；高校管理团队的主体工作任务则是以最低成本保障创业团队健康发展，提升高校创新创业教育成果的影响力。[10]在工作过程参与程度方面，大学生创业团队的主要任务是在保障基础学业的前提下，实现创新创业绩效最大化，所以大部分的时间需要投入学习过程中，而非偏向实践性的创业过程，毕竟大学生创业成功率的历史平均水平一直保持在3%；而高校管理团队的主要任务是通过教学、社会活动、实训、身心建设、党团活动等提升青年大学生的全面发展，而不仅仅是注重绩效水平的创业实践，况且大部分高校创新创业教育部门是由教务部门牵头或者招生就业部门牵头成立，还有部分高校创业管理机构只有虚拟设置而不是实体管理部门，这些都说明了创新创业教育管理部门的任务并不是只为保障创业绩效，而更多是在服务高校教育发展规划和保障就业。但不管是作为创业教育改革中的大学生主体还是高校管理部门主体，都可以将学生的创意水平作为过程参与的焦点；也不管是为了提升创业绩效的大学生连续创业团队主体还是为了提升教学质量的高校创业教育管理主体，都可以将提高大学生的创意水平作为实现的核心目标。

（四）资源博弈，政策推动

资源是一切博弈的根本，也是一切教育的基础。在高校创新创业教育的进程中，主要涉及地方资源、人力资源、经济资源等。大学生连续创业团队绩效反馈的过程既是一种资源的反馈，也是一种资源的再分配，这种反馈与再分配本质上就是一种博弈。地方资源博弈主要表现为地方对高校部门的大力支持与地方对大学生创业团队为

◎ "双创"教育

主体的初创企业的支持,各地政策要求不同,扶持力度不同,尤其是大学生创业团队公司的注册地与高校的主管地一致时,这种博弈更为明显——地方政府要为企业带动地方经济提供一切符合法规的支持,其次才能保障地方教育的特色化高质量发展,所以科学规划地方资源就成为解决这种博弈的根本办法。[11]人力资源博弈表现为大学生创业团队需要的高校服务部门与高校教育管理部门总存在工作重心偏差,教育管理部门采用最少的人力或者虚拟机构达到国家政策的基本保障要求,大学生创业团队需要的是高校服务部门的最大支持,所以寻求人力资源的基础保障与职业化专业化人员搭配的最佳策略成为解决这种博弈的根本办法。经济资源博弈主要表现为,经济基础是高校发展的根本,也是资金持续需求的大学生连续创业团队发展的根本,但是总体资金有限,也总会有资金分配的规则,所以按照高校自身发展的阶段与侧重点,按照大学生连续创业团队发展的需求与目标,制订资金分配方案是解决这种博弈的根本办法。[12]

三、管理启示

对高校大学生连续创业团队教育博弈的考量为高校实践育人、创新育人提供策略,管理理念的考量为高校创业组织管理部门提供更多思路借鉴。

(一)组织协同,机制保障

大学生连续创业团队有别于一般创业团队,他们在前人或者前期失败再转化的过程中,依然相信项目市场价值的再现,依然相信团队整体效能的再发挥。连续创业的信心再造,连续攻克难题的思维重建,都需要背后绩效反馈系统的提醒、支撑系统的动能,尤其是高校创业组织管理部门的创业教育组织搭建、教学部门的课程转换、学生工作部门的思政活动有机结合、团学部门的科技创新特色赋分、二级院系的专兼课程特色搭配等,这些都需要全方位的组织协同、全流程的机制保障。大学生创业团队是高校创新创业实践育人的载体,也是高校创业教育发展的成果。高校大学生创业,团队年轻,创造性十足,具有高动力性、高凝聚力、高冲动性、高创新性、高执行力、高市场风险性、高失败率、低稳定性。[13]这些特征使得大学生创业团队可以在原来基础上,师门团队精神届届传递、核心创业火种级级孕育、创业绩效反馈突破及时,这就需要高校创业管理部门和科研转化推动部门、学生成长成才相关引导部门构建项目支撑保障机制,搭建项目推进载体,协同多部门,为产学研科创成果转化护航，为大学生创业热情落地，及时提升创业绩效反馈系统化，提高大学生连续创业成功率，提高大学生社会实践技能，真正使高校实践育人发挥重要作用。任何创新都是一次改革，任何创业都是一次实践，这些创新理念和创业改革是管理政策的"试金石"，是组织部门的推动者，相互倒逼，为高校的创新发展助力，也为大学生连续创业团队的创新创业能力提升注入持续动力。

（二）创业教育，课程为先

创业教育是"双创"理念在高校不断提高、不断发展的重要形式。专业课程的理念创新、创业课程的市场实操、公共课程的价值观念、选修课程的视野思维、实践课程的理论转化，这些课程既是立德树人的理论载体，也是创新创业教育的输入输出端口。大学生连续创业团队是创业大学生的典型代表，绩效反馈将教育成果市场化反馈出来，虽然无法显示育人时效，但直接说明了创业教育的短板和吃力。创新创业教育的核心是培养高校大学生的创新创业能力，包括创新思维、创业能力、企业家精神，这在大学生连续创业团队中表现得更为明显。创新创业能力既来源于实践活动，也来源于理论课程教学，实践活动是创新思维、企业家精神向创业能力转换的过程，理论课程是创业能力、企业家精神凝练化的思想引领。[14]创业教育课程使创新创业能力及理念传承和价值放大成为可能，将时代发展与创新担当有效整合。尤其是企业家精神所传承的民族精神和爱国主义，在当代国际形势越来越复杂的环境下，提升大学生的思想政治教育与全方位育人作用越来越凸显。目前高校开展比较广泛的主要有课程理念输入为主的第一课堂，以社会实践技能提升为主的实训演练第二课堂，第一课堂注重价值长效功能，第二课堂注重结果及时反馈。第一课堂，将创新创业思维、创业方法论、创新理念、企业家社会主义核心价值精神传递给新的青年。习近平总书记说过："现在，青春是用来奋斗的；将来，青春是用来回忆的。"只有将这些引领社会价值和时代发展的理念在大学生连续创业群体中入脑入心，高校的第二课堂才会在方法上、方向上、理念上不会发生偏差。

（三）坚守初心，实践育人

早在2012年，我国就出台了教思政〔2012〕1号文件《教育部等部门关于进一步加强高校实践育人工作的若干意见》，旨在不断提升高校实践育人的战略定位和长远思考，不断提升大学生理论转换为实践的能力和成为社会主义事业接班人的社会实践能力。创新创业教育是创业理念的教育本体，大学生连续创业团队是创业教育的核心受益对象[15]，连续创业过程中即时反馈的绩效结果或者延期等待的创新绩效，都在挑战着大学生的社会实践能力、抗压心理素质，所以更需要团队领导人、团队整体组织具有不变的初心和不断提升的执行能力。高校在思想政治教育和专业教育过程中要将思政进课堂理念通过各种形式传递给高校教师，从大学章程到人才培养方案、从学生手册到就业创业、从文化塑造到行政管理、从高校工作岗位设置到工作程序建设，都要心怀教育初心——为实现中华民族伟大复兴的中国梦培养社会主义事业建设的接班人，都要心怀育人思考——培养德智体美劳全面发展的青年大学生。这既是教育初心，也是大学生连续创业团队的实践过程，更是创业绩效反馈的升级过程。要将高校教育理念普及到各类青年大学生群体中，尤其是那些具有开拓创新魄力、具有时代担当的大学生创业者。初心是育人理念，实践是育人过程，在育人理念的传承下，在实践能力提升过程中，大学生就业创业的持续性、大学生勇挑重担的大气魄，就是这个时代高校教育对青年最好的回馈。[16]

（四）立德树人，升级双创

习近平总书记在全国教育大会上提出，要"推进产学研协同创新，积极投身实施创新驱动发展战略，着重培养创新型、复合型、应用型人才"。培养大学生成为这样的创新创业人才，就是要培养大学生的实践性、创新性、担当性，而这种个性品质在连续创业大学生团队身上集中体现。创业团队的绩效反馈将这种个性品质放大，放在历史答卷中，放在社会视野中，放在国家发展中。立德树人是每一个高校教育管理人员必须牢记于心的理念，不断培养担当民族复兴大任的时代新人，就是培养解决社会大众关切问题的连续创新人才，培养解决民生难题的连续创业攻关人才，培养驱动国家长远发展的创新创业人才。当前，我国已经进入了改革深水区，进入了攻克人民日益增长的美好生活需要和不平衡不充分的发展之间的矛盾阶段，每个青年大学生更要增强本领，力争成为历史的创造者，成为社会的中流砥柱。大学生连续创业团队正处于事业创新和人生创新的开端，团队为共同目标连续作战，根据反馈绩效随时调整战略战术，他们正处于人生价值和社会价值高度交叉的时期，如何培养他们将自我价值贯穿到社会核心价值使命中，是高校将立德树人理念贯穿到创新创业教育过程的升级与回归。[17]

参考文献

[1]林新奇，苏伟琳.组织管理中的反馈：研究现状及管理启示[J].管理现代

化，2018（3）：123-125.

[2] 李溪，郑馨，张建琦. 绩效反馈模型的最新研究进展[J]. 经济管理，2015（9）：189-199.

[3] 刘丝雨. 负向绩效反馈对企业战略变革方向的影响[J]. 科技进步与对策，2017（19）：92-97.

[4] YANGQ, WANGHM, NGDWK, et al. NOMA in downlink SDMA with limited feedback: performance analysis and optimization[J]. IEEE Journal on Selected Areas in Communications, 2017, 35（10）：1.

[5] 鲁悦，刘春林. 期望绩效反馈对企业社会责任行为的影响——基于利益相关者视角[J]. 经济与管理研究，2018（5）：78-89.

[6] 刘慧敏，耿柳，李壮壮. 知识异质性与人格特质组合的交互作用对创新绩效的影响[J]. 科技管理研究，2018（16）：1-9.

[7] 刘追，王玉，陈艳. 中小企业创业领导力对创业绩效的影响——企业发展阶段的调节作用[J]. 科技进步与对策，2016（7）：101-107.

[8] 巫程成. 创业团队沟通对团队绩效的影响——风险框架的调节作用[J]. 宁波大学学报（教育科学版），2016（4）：91-94.

[9] 王莉，牛振喜. 众创背景下高校学生创新行为演化系统动力学分析[J]. 科技进步与对策，2017（77）：133-138.

[10] NOWIHSKIW, HADDOUD M Y, LANCARICD, et al. The impact of entrepreneurship education, entrepreneurial self-efficacy and gender on entrepreneurial intentions of university students in the Visegrad countries[J]. Studies in Higher Education, 2019, 44（2）：361-379.

[11] 陈文娟，徐占东. 政校协同促进大学生创业演化策略研究[J]. 统计与决策，2016（9）：72-74.

[12] 徐蕾，严毛新. 多重制度逻辑视角下中国高校创业教育的演进[J]. 教育发展研究，2019（3）：41-47.

[13] 刘刚，张再生，吴绍玉，等. 我国创业政策体系探索性分析：行动逻辑与策略选择[J]. 经济问题，2016（6）：13-18.

[14] TURNERT, GIANIODIS P. Entrepreneurship unleashed: understanding entrepreneurial education outside of the business school[J]. Journal of Small Business

Management,2018,56(1):131-149.

[15]黄兆信,赵国靖,唐闻捷.众创时代高校创业教育的转型发展[J].教育研究,2015(7):34-39.

[16]彭杜宏,余捷婷,刘电芝.大学生优胜创业团队互动过程特征[J].心理科学,2009(2):504-506.

[17]宋妍,王占仁.高校创新创业教育与思想政治教育关系研究的意义与现状[J].黑龙江高教研究,2016(8):100-103.

(文章发表于《扬州大学学报(高教研究版)》2020年第24卷第2期)

作者:

巫程成(1989—),男,浙江旅游职业学院,副研究员,主要研究方向为大学生创新创业教育、高校教育管理。

高职理想信念教育与创新创业教育的融合研究

◎巫程成　周国忠

> **摘　要**：理想信念教育是创业理想和创新信念的结合，针对理想信念全程育人创新性不足，从创新平台设计理想信念教育路径；针对理想信念全程育人的实践性不足，从创业路径层面探索理想信念全程育人实践方法；针对理想信念的融合性不足，构建八维三层的理想信念教育与创新创业教育融合体系，为把创业理想与创新信念贯穿创新创业教育全程提供理论参考，为创业大学生培养担当精神提供理论支持，为高职理想信念全程育人提供创新实施路径。
>
> **关键词**：高职；理想信念教育；创新创业教育

《2016年中国大学生就业报告》显示，相比2015年本科毕业生自主创业比例（2.1%），高职高专毕业生自主创业的比例（3.9%）明显提升，2016年召开的全国高校思想政治工作会议开启了高校人才培养的全程育人、全方位育人思想。创业理想与创新信念始终是发展中国特色社会主义的重要组成部分，创业社会理想，创新发展理念，创新创业的过程就是践行理想信念全过程，创新创业就是创新社会发展机制、学习创业本领。不忘初心，是国家理想教育的立身之本。学用转化，是大学生全面能力提升的立业之本；坚定情怀，是大学生奉献意识的立人之本。

◎ "双创"教育

一、高职创新创业教育现状

　　高职理想信念全程育人体现在创新创业教育中呈现多样化、差异化，美国高校通常采用"集中发力，辐射扩散"式高校内部创新创业教育；英国通过向全体学生开设选修和必修课程，培养创新信念；德国大学创新创业教育关注大学生企业家精神培育；印度各高校创业教育借鉴美国创业教育模式课程基础，其次融合高校专业特色；加拿大高校创新创业教育集社区、商学院及综合性大学于一体的完整体系，注重创业理想；澳大利亚高校将小企业创业为作为创新创业教育的推广途径，培养创新专利转化能力；日本大学通过产学合作连接社会生产力，带动更多大学生参与到全社会的企业创新当中，发挥公民创业信念的社会道德义务和社会职责。国内高职创新创业教育依托行业，将理想信念全程育人镶嵌于协同人才培养方案中。例如，"订单式"人才培养模式，将学校课堂和企业实训完成的产品投入市场，打造"课堂+车间+市场"人才培养模式，理论联系实践的能力不断演练。"厂中校、校中厂"模式，资助有志在该行业创业的学生，使其创业理想不发生断裂。"园中校、校中园"模式，在实践育人中，培养技能型、应用型人才，将工匠精神与职业精神贯穿始终。

　　目前，高职院校思政育人模式下理想信念教育还有一些需要改进的地方：首先，理想信念全程育人的创新性不足，表现在：学科专业与创业企业简单交叉，目标模糊不清，创业教育成为高职教育就业的捷径之一；"职业至上"成了职业教育的唯一黄金法则，忽视了社会担当等企业家意识的培养；课程零乱、不成体系；学科商业氛围过浓，学生心中无远大理想；学科注重短期产学研，无真实创新等。所以，需要将理想信念教育与创新平台融合。其次，理想信念全程育人的实践性缺乏，表现在：高职思想政治教育盲目重视理论教学而忽视实践育人；许多课程是根据现有的师资来开设的，不成体系；产学研模式注重"学"和"研"，无法均衡"产"的比；课程内容理论化，无法促进大学生的实践意识和动手操作技能能力，而创新创业教育课程的宗旨就是全面提升大学生的动手操作能力发展，包含创新意识、创业效能感、市场专业技能、社会实践能力等，所以，需要将理想信念教育贯穿于高职人才培养全过程。

二、从创新平台层面设计理想信念教育

（一）高职全程全员参与

以目标、课程、组织、平台、评估作为高职教育的实践路径，以目标系统建设理想信念全程育人的个人目标和行业目标启发万众创新的理想信念；课程系统细化创业型人才培养方案和整合特色专业建设，融入大众创业的理想信念模块；组织系统设置创新创业教育组织机构，学工团委和人事处以项目为出发点，组织日常教学和比赛，整合理想信念的人力资源；平台系统从信息论的角度搭建创业教育的学习与实践基地，增加"双创"的理想信念信息流动；评估系统从控制论的角度增加创业过程体验和绩效反馈，保障理想信念落地的有效反馈。

（二）政府政策引领升级

政府职能部门的经济政策、法律法规等宏观因素无疑对新企业的创办、生存与发展，地方高职教育发展建设的资金配比产生重要影响，政府的人力资源保障部门对行业从业人员的资格认证系统，也是促进地方行业转换为创业的政策支持因素，比如导游行业的升级认证规模扩大促进地方旅游专业大学生地接服务信念。社会所认同的创新文化或者地方亚文化对学校创新创业教育也具有一定的影响，如温和且慢生活的地方居民形成个性化民宿类的目的地设置，粗犷且地形宽广的地域居民习惯夸张不拘小节的野外旅游体验，这也为当地的高职院校提供了以文化人的理想信念教育方向。

（三）社会产业产教融合

针对理想信念全程育人创新性不足，从创新平台层面设计创新创业理想信念。高职作为大学生创新创业教育的主战场，作为培养青年大学生民族理想时代信念的中坚力量，其在专业服务社会、行业资源发展方面具有不可替代的作用。高职实施教学职业技能相关课程内容，组织建设师资等方面，都需要整合地方政策资源，促进社会产业行业与产学研搭台。同时，引入社会资本，促进行业领头企业与高职、政府三方合力打造双创人才建设工程，培育具有高精尖技能技术的实践型人才。在此过程中，发掘和培育具有发展前景的创业项目。谋划这一创新创业平台，不仅可以提高大学生的就业本领、创业能力，同时，实现了大学生回馈祖国与社会的理想信念，夯实了理想走向实践的能力，促进了就业与再就业的有机结合。

三、从创业实践层面融合理想信念教育

（一）高职拓展创新路径

针对理想信念全程育人的实践性不足，从创业实践层面融合理想信念教育。高职创新创业教育的抓手是有理想信念的高职大学生。理想信念在创新创业教育实践中表现为中国梦实践能力、个体问题解决能力、创业心理素养、创业方法、创业绩效、创新意识与企业家精神。高职系统在教育层面，主要通过高职的创业学习和创业能力的中介影响理想信念，高职通过整合行业资源，有针对性地提升大学生的创新意识、创业能力、企业家精神、创业学习等，如创设徐霞客创业学院，整合地方特色旅游资源与大学生创业。谢亚萍等研究发现，模仿式学习、指导式学习和交流式学习对创业创新能力具有正向推动作用；创业学习对创业绩效的影响不是线性的单维关系，创业能力在其中起到了部分中介作用。[1]

（二）政府倡导创新创业理想信念

政府系统在创新创业理想信念融合层面，主要通过政策的机会识别和创业风险决策调节作用于理想信念教育，创业机会识别可以划分为两大类：发散式思维和结构式思维更多的是对市场机会的静态发掘，而构造式思维则是对市场机会的主动创新，培养学生创业机会与社会资本开发方式匹配具有重要意义，而在创业决策过程中，消极情绪的主效应非常显著[2]，专业特色方式、人际环境支持、个人心理素养、家庭经济情况等其他因素影响创业决策，同时还受决策者心理特征制约，启发我们识别消极情绪，继而寻找理想信念教育的成长机会。

（三）社会弘扬创新理想

社会系统在创新创业理想信念融合层面，主要通过创业效能和行业文化调节作用影响理想信念，激发大学生强大的内驱力和成就动机，采用各种传播媒介宣扬创客精神、创客文化和先进事迹，营造果敢有为、思维缜密、宽容失败的创新环境。创业文化调节创业素质影响创业意愿的关系[3]，初创企业小而巧型居多，创业教育过程中提倡宽容失败的创客精神。

（四）全程打造融合体系

目标系统在创新创业理想信念融合层面，主要通过创业效能的中介作用机制、调节作用和商业营销中介作用影响理想信念，创业者的心理特征如认知风格、风险倾

向、创业经历通过个体创业自我效能感提升创业意向、创业能力[4]，专业相关性正向地调节了社会关系学习对创业自我效能感的影响[5]，创业教育可以增强大学生感知敏感程度，认识和理解创业过程。课程系统在创新创业理想信念融合层面，主要通过学分转换，专业课程与创业课程相互渗透，共同作用于创新创业教育。同时，将创业教学目标纳入学生培养计划，制订专门教学计划，设置创业教育学分与其他课程学分转换机制，开设特色专业课程与创业基础课程、创新选修课程，根据年级和创业者层次分类别设置创业课程[6]，可试行以高职类专业各类型项目为班制，从课程维度和创业项目维度有针对性地匹配学生、师资、资金、比赛、资源，开展项目型创业教育，从而引领示范。组织系统在创新创业理想信念融合层面，主要通过绩效管理和沟通模式调节理想信念下的创新创业教育。高职开展创业教育需要管理学生日程事务的学工部、对接学生比赛和活动的团委、人才培养方案制订的教务处、师资引进的人事处等管理部门及主要承担创业教育教学任务的学院，建立多数专业型教师创业师资与少数兼职型企业家创业师资制度。在大学生创业团队管理方面，因为人际关系的频繁接触，人际沟通冲突难以避免，创业团队如何高效地运用合理性冲突管理，尽量减少回避冲突性管理和暴力型沟通对团队创新能力的打击，是创业者的一门沟通必修课；同时，提高团队整体创新水平，尤其是提高创业实践中的自我调整效率，对提高创业团队有效性具有良好作用。平台系统在创新创业理想信念融合层面，主要通过创业教育的学习平台调节理想信念，包括软件和硬件平台，比如自形成的创业社会网络，高职匹配资金创设的创业园。谢亚萍等发现社会网络是大学生进行创业学习的重要平台，根据匹配的创业学习方式，在实践中提升大学生创新创业能力。[1]创业意愿作为创业教育平台的意识教育，大学生创业行为感知与创业意愿紧密关联，高职学生初创企业从业人员普遍知识低敏感，创新创业教育在其中可以发挥一定的作用。评估系统在创新创业理想信念融合层面，主要通过评价方式调节理想信念，打破以应届毕业生的创业率这一数量指标来评价创新创业教育效果；注重创业学生"个体发展水平"体验评价方面，尤其是对创业意向和创新创业能力进行评价[7]，建立起与创业方向相匹配的精神导向、质量控制和考核办法，进而形成能力评价和个性发展阶段相结合的动态评价方式（表7-1）。

表 7-1　理想信念教育与创新创业教育体系

创新平台	创业实践	理想信念融合
高职	整合创业资源	创新能力，创业学习
政府	政策资金支撑	机会识别，风险规避
社会	创新文化同步	创业技能，行业文化
目标	培养双创人才	创业精神，社会担当
课程	专兼课程衔接	内外课程，学分转换
组织	学工团委人事	沟通模式，效绩管理
平台	硬件软件磨合	链接反馈，激发意识
评估	注重生态体系	结果丰富，过程评价

理想信念教育在创新创业教育中是创业理想和创新信念的结合，针对理想信念全程育人创新性不足，从创新平台设计理想信念教育路径；针对理想信念全程育人的实践性不足，从创业路径层面探索理想信念全程育人实践方法；针对理想信念的融合性不足，构建八维三层的理想信念教育与创新创业教育融合体系，为把创业理想与创新信念贯穿创新创业教育全程提供理论参考，为创业大学生培养担当精神提供理论支持，为高职理想信念全程育人提供创新实施路径。研究高职院校理想信念全程育人的创新路径和创业方法，可提高全员育人、全程育人的创新性和积极性，可形成一批可推广和可学习的理想信念全程育人典型高校，提供一份可培训和可提升的创新创业教育新思路，激发可持续的理想信念全程育人动力、全覆盖的创新创业教育活力。

参考文献

[1] 谢雅萍，黄美娇.创业学习、创业能力与创业绩效——社会网络研究视角[J].经济经纬，2016，33（1）：101-106.

[2] 罗志敏，夏人青.高校创业教育的本质与逻辑[J].教育发展研究，2011（1）：29-33.

[3] 黄兆信，陈赞安，曾尔雷，等.内创业者及其特质对我国高校创业教育的启示[J].高等教育研究，2011（9）：85-90.

[4] 李成彦.创业自我效能的中介作用机制探究[J].心理科学，2011（4）：911-914.

[5] 周必彧，池仁勇.大学生创业学习影响创业自我效能的调节效应研究[J].

高等工程教育研究，2016（2）：80-85.

[6] 黄兆信，郭丽莹.高校创业教育课程体系构建的核心问题[J].教育发展研究，2012（19）：81-84.

[7] 王占仁，刘志，刘海滨，等.创新创业教育评价的现状、问题与趋势[J].思想理论教育，2016（8）：89-94.

（文章发表于《成都中医药大学学报（教育科学版）》2019年第21卷第4期）

作者：

巫程成（1989— ），男，浙江旅游职业学院，副研究员，主要研究方向为大学生创新创业教育、高校教育管理。

周国忠（1964— ），男，浙江旅游职业学院党委副书记，教授，主要研究方向为旅游管理、职业教育。

其他

QITA

编者按

本部分内容共收录4篇论文，文章从旅游职业教育发展历程、区块链应用与智慧教育、服务乡村振兴多个角度开展了研究，具体如下。

一是高等职业教育发展及其研究现状。例如，《中国旅游职业教育70年——基于生命历程理论的观照》以生命历程理论为研究视角，将旅游职业教育生命前30年的孕育期和后40年的成长期作为研究对象，对70年来旅游职业教育发展的曲折历程展开研究。

二是新技术应用于高等职业教育的研究。例如，《应用区块链推动我国高职教育改革发展的思考》在分析世界各国区块链技术应用于教育领域的基础上，针对存在的问题，提出解决方案；《智慧教育伦理观的建构机理研究》从教师伦理角色、学习者智慧主体、教育评价伦理维度三方面重新审视智慧技术与教学系统的关系，阐述智慧教育的新型伦理观。

三是服务乡村振兴的研究。例如，《高职院校服务乡村振兴的时代意蕴、现实审视和实践路径》提出，高职院校应准确把握"对上与对下""内化与外化""主责与主体""所需与所能""当下与长远"等多重关系，通过凸显专业优势、锚定以人为本、强化产业支撑、坚持变革重塑，在拓展服务领域、丰富服务载体、提升服务能级中创新服务乡村振兴的有效路径。

中国旅游职业教育 70 年

——基于生命历程理论的观照

◎黄慧　王忠林

> **摘　要**：以生命历程理论为研究视角，回顾 70 年来旅游职业教育发展的曲折历程，可以发现除特定时期的干扰外，该教育在大多数时间与产业发展形成了良好的联动。旅游职业教育现阶段的生命历程，正转向专业型和社会化的发展阶段，前者为内部主体层面，由教育指向转变、人才培养的规范制定等因素衍生；后者为与外部互动层面，由产业变动、国际化进程及各外部资源要素等因素催生，两者引领和指导行业发展，真正落实教育以人为本的理念。
>
> **关键词**：旅游职业教育；生命历程理论；专业型；社会化

"让每个人都有人生出彩的机会"，这是习近平总书记在 2014 年就全国职业教育工作会议作出的重要指示。2019 年 1 月，国务院印发了《国家职业教育改革实施方案》（以下简称"职教 20 条"），指出要坚持以习近平新时代中国特色社会主义思想为指导，把职业教育摆在教育改革创新和经济社会发展中更为突出的位置。发展职业教育业已上升到国家战略层面。

我国的旅游职业教育，若以 1979 年中国第一所旅游类高校——上海旅游高等专科学校（时名上海旅行游览专科学校）正式设立算起已经走过 40 年的历程。据统计，目前国内共有 2641 所大中院校开设了旅游类专业，其中开设旅游管理类本科专业的高等院校有608所，高职高专有1086所，而完全的旅游类高等职业院校有20余所；中等职业院校有947所。[1]短短40余年，旅游职业教育达到如此庞大的规模，发展成就着实显著。

从生命历程（Life History，又称生命史）研究范式角度，中国旅游职业教育正处于青年发展期。围绕着旅游职业教育的许多问题依然凸显。例如，"职教20条"提出了我国职业教育存在体系建设不够完善等问题。旅游职业教育需要适应行业生态变化，适时地调整布局、落实教育理念。

本文试图借用生命历程的研究范式，将旅游职业教育生命前30年的孕育期和后40年的成长期作为研究对象，立足于当下的时间节点与实践样貌，实则关注两个核心问题：第一，作为一种已然状态，70年的旅游职业教育发展的历程如何？第二，旅游职业教育未来的道路该作出怎样的选择？

一、生命历程研究范式

生命历程研究（Life Course Research）与20世纪初美国芝加哥学派的社会学研究密切相关，当时的芝加哥社会学派将研究视野落在美国社会的方方面面，尤其是移民生活和底层生活（这两者往往具有高度重叠）。而他们的研究又受到威廉·托马斯（William I.Thomas）和弗洛里安·兹纳涅茨基（Florian Znaniecki）所著《欧洲和美国的波兰农民》的深刻影响，这两位作者首次提出了"生命历史"与"人生轨迹"等概念。其后的知识社会学创始人、德国社会学家卡尔·曼海姆（Karl Mannheim）发展出"代际"（或译为"世代"）的概念，进一步考察社会变迁与个人生命史之间的关联性。

生命历程研究真正成为一种成熟的研究范式是在20世纪六七十年代，其中尤以格伦·埃尔德（Glen Elder Jr.）的研究最为著名。格伦·埃尔德是美国著名社会学家，他的《大萧条的孩子们》一书是迄今最为杰出的生命历程研究典范。也正是在该研究中，埃尔德首先明确将生命历程界定为"在人的一生中通过年龄分化而体现的生活道路"，而其中的"年龄分化"，在埃尔德看来则体现为"不同的年龄阶段的社会期望差异和可供选择的社会生活内容的差异"[2]。换言之，生命历程研究就是要研究在特定社会、文化、经济与政治背景下，尤其是变动过程中，个体与群体的生命与生活经历的变化。

尽管生命历程研究范式着眼于生命历程和生活事件对个体的意义，然而正如周秀平在她的研究中指出的那样，该范式"可以扩展到群体甚至更大范围的社会变迁结构性特征的认识"[3]。此外，从社会学的发展渊源来看，英国先驱思想家赫伯特·斯宾塞（Herbert Spencer）当年就是从生物进化的基本原则出发，提出了"社会有机体"理论。在斯宾塞看来，"社会在本质上如同生物一样是个有机体，社会分工如同生物有机体各部分的分工一样。生物体包括营养、循环和神经（调节）三个生理系统，相应地，社会也有生产（营养）、分配（循环，如商业、交通、银行）和调节（管理机构、统治机构、政府）三个系统"[4]。

基于斯宾塞的观点，教育无疑属于社会有机体中的一个调节系统。吴康宁在其《教育社会学》中也明确指出，作为"复数教育科学"（educational sciences）的重要组成部分，教育社会学就是要分析教育中的社会现象（区别于教育史学、教育哲学及教学论等）[5]。因此，本文尝试将旅游职业教育这样具有专门性的行业领域视作社会有机体的重要一环，借以考察其在一定时段内所经历的各个阶段，并透视这些社会变迁的要素或结构是如何与之形成互动，从而点点滴滴地镌刻上各自的烙印的。

二、旅游职业教育的孕育期（1949—1979）

新中国成立迄今已有70周年，所取得的各方面成就有目共睹，并为世界所惊羡；如前所呈，学术界一般以上海旅游高等专科学校在1979年成立作为旅游职业教育的正式出发点。前30年的孕育期和后40年的成长期，迄今刚好走过70年的"生命历程"。在这个生命历程里，其中至少有两点非常值得我们关注。其一，70周年的"生命历程"走得并不平坦，从旅游教育培训及各校或专业创立时的筚路蓝缕，到高校扩招、生源萎缩时的形格势禁，再到后来快速发展，市场前景广阔，该历程完全可以比之于一个生命个体曲折迂回的成长过程；其二，旅游职业教育取得了不少成就，这与整个国家的经济发展、社会进步决然无法分开，尤其是新时代中国特色社会主义建设的辉煌业绩，助推着旅游职业教育实现跨越式发展，进而可以期待在"一带一路"倡议等全球治理框架下打开全球视野、面向全球市场的新局面。

然而，在肯定成就的同时，还需进一步探讨未能引起学界重视的问题，那就是从1949年到1979年整整30年的时间里，旅游职业教育的状态如何？是何种原因造成的，又对后来旅游职业教育的发展具有何种影响？

要回答上述几个疑问，首先要区分一下专业建制与教育实践。一般而言，专业建制关联的是专业人才培养制度，专业学科建制等要素主要包括教师、学生、教学条件和组织机构。其中，显见的是组织机构的重要性，从这个意义上来讲，将上海旅游高等专科学校的设立作为旅游职业教育的开端是名正言顺的。教育实践则不同，从广义上看，它可以指一切增进人的知识、技能、身体健康及形成或改变人的思想意识的活动。[6] 基于此，有关旅游的教育实践不应当将起始点落在1979年这个时间节点上。事实上，新中国成立以后，就有专门针对旅游一线人员（翻译、导游、司机、服务员等）进行的短期培训。这些人员的主要去向除从中央到地方的政府涉外接待部门外，还有中国旅行社、华侨服务社、中国国际旅行社等。更重要的是，那时的旅游服务与今天的产业化有着天差地别，从根本上来说，新中国成立之初的旅游服务是基于外宾接待和统战工作的需要，如1949年11月成立的第一家旅行社——福建厦门华侨服务社，以及此后成立的中国国际旅行社等均属此类。与此对应，各种各样的旅游教育培训都是从事业发展、国家需要的原则出发，基本没有经营管理的理念。更令人惋惜的是，这一过程在20世纪70年代由于各种原因被迫中断。

在确认新中国成立初期旅游教育培训性质的前提下，我们就可以来考察被认定为旅游职业教育孕育期的30年。正如从旅游发展的角度，我们无法跳过这30年一样[7]，或者与其说这30年是一个纯粹的"断层"，毋宁说它就像生命历程中一个漫长的孕育期。事实上，那些最初受过旅游教育培训的人员及他们具有的相关知识经验，在后续的职业教育实施和学科建制过程中都发挥了极大的作用。

这里有一件旧事值得重提，那就是在1959年至1966年，竟然有五次全国性的翻译导游工作会议召开。考虑到其间有三年是全国自然灾害困难时期，就知道这样的举动殊为不易。更重要的是，在第五次全国翻译导游工作会议前夕，周恩来总理还特别对培养翻译导游人员工作作出具体指示，要求每一位工作人员要致力于成为"五大员"（陪同员、宣传员、服务员、安全员、讲解员），同时还要做到"三过硬"（政治思想过硬、一般知识过硬、外语业务过硬），而周总理的这些指示后来也成了培训翻译、导游等相关人员的基本标准。在生命历程的研究视角下，这其实是一个具有标志性意义的重大事件，它的深远影响迄今还在。

所以，正如有学者指出，可以称得上旅游职业教育孕育期的这些培训活动，存在对象有限、规模较小、类型单一及尚未形成制度等不足[8]，但绝不可等闲视之。或者可以这么来看，如果说上海旅游专科学校的设立是旅游职业教育专业化的起始，那

◎ 其他

么后续的"爆发"可以说都应当建基于孕育期的星火微光。研究教育史的学者大多揭示了中国旅游（管理等）专业的办学和师资同地理学专业之间的关联，而对处于"事业型"服务类的旅游培训教育的重要意义还语焉不详，值得进一步探讨。

三、旅游职业教育的成长期：专业型与社会化的发展路径（1979—2019）

具体去挖掘从中华人民共和国成立伊始到改革开放这30年间的旅游教育实践，即旅游职业教育的孕育期，不是本文的目的。笔者旨在从生命历程与历史叙事的视角揭示这个孕育期对后续的影响，尤其是改革开放后近40年旅游职业教育高速发展过程所折射出的时势之变。正如一个人在成长中需要不断适应周边世界的变化，经历人世的风雨，最终成为一个能在社会语境中应对自如的"社会人"，作为几乎与改革开放进程相伴而生的旅游职业教育，也需要经历类似的过程。

旅游职业教育成长期始于1979年上海旅游高等专科学校的创建，它是中国第一所培养旅游高级专门人才的高等学府。截至1998年，这20年里，旅游职业教育发展经历了创建、探索阶段。自1999年以来，随着我国高等教育的扩招、中等职业教育就业分配政策的改革及国家示范性和骨干院校的建立，截至2010年，这十年里，旅游职业教育发展经历了扩张和大发展阶段。2010年至今，国务院、教育部陆续印发了《高等职业教育创新发展行动计划（2015—2018年）》《关于加快发展现代职业教育的决定》《国家职业教育改革实施方案》等文件，标志着旅游职业教育发展进入最有活力的青壮年成长期，步入转型和创新阶段。

改革开放以来，旅游职业教育生命历程所体现出的两大最重要的特色，即专业型与社会化。从专业型的角度来说，正如前30年的旅游教育培训可以被看作"事业型"一样，从1979年开始的旅游教育可以名副其实地冠以"职业"二字，这体现在三个方面。

第一，改革开放后的旅游教育在教育目的上是将经济效益与社会效益综合考量的，特别是在具体的产业配套上，更强调为经济服务。这当然和旅游业的发展紧密相关。改革开放40年，特别是21世纪以来，随着中国经济的飞速发展，旅游业取得了极其辉煌的成就。根据文化和旅游部公布的数据，2018年全年，国内旅游人数达55.39亿人次，比上年同期增长10.8%；入出境旅游总人数达2.91亿人次，同比增长7.8%；全年实现旅游总收入5.97万亿元，同比增长10.5%。初步测算，全年全国旅游业对GDP的综合贡献为9.94万亿元，占GDP总量的11.04%。旅游直接就业2826万人，旅游直接和间接就业7991万人，占全国就业总人口的10.29%。[9]正是在这样振奋人心的前提背景下，不少省市纷纷将旅游产业列为地方支柱性产业。由此带来的影响是旅游职业教育完全以人力资源供应为导向，也就是说培养的人才是为从事旅游相关职业服务的——可以说是与前30年最为根本的区别之一。

第二，旅游教育得以冠上"职业"一词，还体现在对旅游人才的标准化、规范化考量上。世界经济论坛曾经在发表的《未来工作报告》中指出，到2020年，对从业者所提出的最重要的能力有10项，分别是：复杂问题解决能力、批判性思维能力、创造能力、人员管理能力、人际协调能力、情商、判断力和决策能力、服务导向、谈判能力和认知灵活性。[10]目前在全国范围内广泛实施的导游资格证制度更是从行业的准入门槛上予以硬性保障。与人才的标准化和规范化要求对应，从上海旅游高等专科学校设立开始，由学校系统教育作为旅游教育的主体部分，保障了旅游从业人员的规范性输出。为此，有学者还专门从教学管理条件、办学基础条件、教学质量和效果等各个方面出发，构建了较为科学的评价指标体系。[11]凡此种种，都在很大程度上保证了旅游职业教育专业化进程的顺利进行。生命历程理论强调个体或群体能在已有的社会建制中能动地选择自己的行为，并且形成一整套可重复同时又容纳调适变数的规范机制，从而对社会结构产生影响。旅游职业教育历经70年的发展，尤其是改革开放后40年里的突飞猛进正体现了对人才需求和规范标准的专业把握。

第三，旅游教育体现"职业"的专业化，还可以从教育自身的反思性实践予以呈现。正如教育社会学的研究表明，后工业社会的来临正驱使着各个国家重新审视教育的功能，推动着世界范围内的教育大改革。一段时间以来，"与其说（这些教育改革的国家）在要求教育履行'社会防范职能'或'社会调适职能'，莫如说表明这些国家赋予了教育以'社会更新职能'"[12]。国内学者也在研究中指出，旅游职业教育已经超过我国旅游教育的半壁江山，而旅游高等职业教育占据主导地位[13]，在新工业革命背景下，一场反思性的旅游高等职业教育变革正在发生，且需要更多的指向。考察这些反思或提议，其中的各项操作性措施由于面向的对象从地域到时代都有所区别，所以可能需要进一步探讨，但毋庸置疑的是，正是有了这些反思及与业界的互动，旅游职业教育的前进步伐才能够更加稳健。生命历程强调的变化和不断变化的历史时空（historical time and place），正是指此。

需要进一步探究的是，无论是指向转变、制定规范，还是自我实践反思，都还是从内部主体出发所为。从生命历程的理论视角，还可以审视旅游职业教育是如何与外部互动的，这个互动的过程与结果，就是旅游职业教育的社会化之路。

同样地，旅游职业教育伴随改革开放40年的社会化演进，也可以从两个方面来把握。

其一，旅游产业的曲折变动和国际化进程都很直接地影响与反映在旅游职业教育上。张振国曾撰文指出，中国旅游职业教育的发展存在东中西部三大地带内的差异，而在21世纪的头十年里，这三大地带的差异造成对旅游教育发展的影响也是不均衡的。[14]康琪在其硕士学位论文中以"五星联盟"旅游院校的人才培养模式做比较，从另一个角度论证了地区差异（特别是旅游业发展方面）的影响，她还特别指出，从旅游职业教育过程中的校地合作、校企合作模式，可以看出人才培养与当地社会之间的密切关联。[15]

其二，旅游职业教育的社会化，还表现在伴随改革开放40年的发展历程中承受和容纳了各种外部资源要素。早在1995年，我国国家技术监督局就引进国际标准化组织为服务业制定的ISO9004-2质量标准，并且同年又根据《中华人民共和国标准化法》成立了全国旅游标准化技术委员会。这一举措作用于旅游业的规范化、标准化进程，同时毫无疑问倒逼旅游职业教育调整，加强自身人才培养的针对性和适应性。更重要和显阔的外部资源要素还表现在办学力量上。1996年，《中华人民共和国职业教育法》颁布实施，将职业教育分为初等、中等和高等职业教育；而在2015年国家旅游局和教育部联合印发了《关于加快发展现代旅游职业教育的指导意见》，其中明确提出支持各类办学主体捐资、出资举办旅游职业教育，发展民办旅游职业教育。自此，各类社会资本就涌入旅游职业教育领域，一时间风生水起，不少民办职业学校在人才培养的灵活性和实践性上甚至更胜一筹。

可以说，正是凭着孜孜矻矻的追索，中国旅游职业教育才形成了专业型和社会化的发展路径。可以大致预测到，伴随着"正向路径依赖"（positive approach dependence），中国旅游职业教育会继续受到重大的社会结构改变与制度变迁的关键影响及制约，更重要的是，如何回应这些关键影响，展示出作为主体的腾挪闪躲的身段，则是对生命力和洞察力，特别是对时势把握能力的折射。正如这70年的发展历程，尤其是改革开放40年的专业型和社会化进程，从横向上来说，毫无疑问是各种挑战和制约（如区域性的旅游业发展不均衡等）构成了地区差异；从纵向上来说，历史变动的复杂性自然也使得整个发展历程呈现出曲折变动的图景；然而，无论如何，未来的方向将沿着专业型和社会化进一步推进是毋庸置疑的。

我国职业教育到了"必须下大力气抓好的时候",即生命历程中的青壮年奋斗期。1963年,毛泽东同志填了一首词《满江红·和郭沫若同志》,其中有这样几句:"多少事,从来急;天地转,光阴迫。一万年太久,只争朝夕"。70年也好,40年也罢,对于社会的不断演进来说不过弹指一挥间,然而对于中国的旅游职业教育来说,则是"却顾所来径,苍苍横翠微",我们需要在实践中作出反思,梳理出生命延续的线索;同时,更要登高而招,见者远,展望未来,渐行渐远渐无边。

参考文献

[1] 文化和旅游部人事司.2017年全国旅游教育培训统计[EB/OL].[2018-04-24].https://www.sohu.com/a/229280130_425901.

[2][3] 周秀平.去农化与开放:中国人生命历程之变——基于小群体的案例研究[J].中国农业大学学报(社会科学版),2011(1):95-96.

[4] 邓伟志.社会学辞典[M].上海:上海辞书出版社,2009.

[5] 吴康宁.教育社会学[M].北京:人民教育出版社,1998.

[6] 顾明远.教育大辞典[M].上海:上海教育出版社,1998.

[7] 彭勇.中国旅游史[M].郑州:郑州大学出版社,2006.

[8] 陶汉军.关于我国旅游教育发展阶段性的认识[J].旅游学刊,1997(S1):6.

[9] 去年旅游业综合贡献占GDP总量11.04%[N].中国旅游报,2019-02-13(1).

[10] 杨进.充分发挥职业教育和培训在建设知识型、技能型、创新型劳动者大军中的重要作用[EB/OL].[2018-01-03].http://www.chinazy.org/mod-els/xwzx/detail.aspx?artid=65406.

[11] 齐丹.高等旅游职业教育评价指标体系的构建[J].太原城市职业技术学院学报,2017(2):151.

[12] 吴康宁.教育社会学[M].北京:人民教育出版社,1998.

[13] 陈昱霖.面向新工业革命的旅游高等职业教育变革研究[J].中国职业技术教育,2018(14):63.

[14] 张振国.近10年中国旅游教育发展的区域差异分析[J].大连民族学院学报,2013(4):457.

[15]康琪.基于旅游业人力资源开发为导向的高职旅游类专业建设研究[D].昆明：云南师范大学，2016.

（文章发表于《中国职业技术教育》2019年第33期）

作者：

黄慧（1969— ），女，浙江旅游职业学院国际教育学院院长，教授，主要研究方向为中日旅游文化。

王忠林（1963— ），男，浙江旅游职业学院副校长，教授，主要研究方向为旅游管理、旅游教育。

应用区块链推动我国高职教育改革发展的思考

◎李成军

摘　要：区块链作为第四次工业革命的重要技术，具有去中心化、防篡改性、容错性强的特征，已被广泛应用于社会经济各个领域，对于帮助提升网络信息安全、可靠性等具有重要现实意义。目前世界各国开始推动将区块链技术应用于教育领域，主要体现在两方面：一是区块链证书认证，主要如尼科西亚大学、麻省理工学院、索尼全球教育公司等；二是应用区块进行教学管理，如伍尔夫大学等。从各国应用情况来看，区块链技术在很大程度上有助于强化教育领域中各种信息储存安全，并为帮助解决证书认证烦琐、教学管理效率费时费力等问题提供有益的技术解决方案。这些应用探索为推动我国高职教育应用区块链技术提供了重要参考。

关键词：区块链；高职教育；证书认证；教学管理

克劳斯·施瓦布（Klaus Schwab）在其2016年出版的《第四次工业革命》中提出，当前人类正面临人工智能（AI）、物联网（IoT）、纳米技术、量子计算等新技术带来的第四次工业革命，且这场革命正从根本上改变我们的生活、工作和联系方式。[1]区块链技术也被视为第四次工业革命的新技术之一。截至2019年，区块链广泛应用于社会经济各个领域，教育是领域之一。[2]本文在对区块链技术促进教育改革的潜力及世界各国教育领域中区块链技术应用情况进行梳理后，对我国高职教育如何应用区块链技术提出一些思考,以供参考。

一、技术基础:区块链促进高职教育改革的应用潜力

2008年,化名为"中本聪"的日裔美国人在《比特币:一种点对点电子现金系统》(*Bitcoin: A Peer-to-Peer Electronic Cash System*)一文中首次提出区块链概念。[3]之后,区块链技术(Block chain Technology)作为一种使数据库安全而不需要行政机构授信的解决方案首先应用于比特币。区块链作为比特币底层技术和基础构架,本质上是一个去中心化分布式账本数据库。从技术角度看,区块链技术有4个关键特征:去中心化、可追溯性、防篡改性、容错性。

一是去中心化。去中心化是指区块链数据验证、存储、维护和传输分散进行的特点。

二是可追溯性。可追溯性意味着区块链上所有交易和数据按时间顺序排列,每个区块通过哈希函数(Hash Function)与两个相邻区块相连,通过检查由哈希键链接的块信息,区块链上每项交易和数据都可被追溯。

三是防篡改性。区块链信息具有不可更改的特点,主要基于两方面因素:一方面,所有数据都存储在块中,其中一个哈希键链接到上一个块,一个哈希键指向下一个块,任何篡改将形成不同哈希值,将被运行完全相同验证算法的所有其他节点检测到;另一方面,区块链信息存储在不同节点、可共享的分类账上,所有分类账实时同步,只有更改存储网络总账的51%以上数据,篡改才能成功,实际上这是做不到的。[4]数据难以篡改使其可信度提高,为多方面应用打下基础。

四是容错性。区块链技术通过共识算法保持各节点数据高度一致,每个全节点都维护完整数据副本,如某节点遇到网络问题、硬件故障、软件错误或者被黑客控制,均不会影响系统及其他参与节点。[5]

基于上述技术特征,区块链在教育领域无疑具有重要应用价值。2016年,欧盟发布的《教育中的区块链》(*Blockchain in Education*)对区块链在教育领域中可能应用的场景进行了分析,总结出以下8种应用场景(表8-1)。

表 8-1 区块链在教育领域中的 8 种应用场景[6]

序号	应用需求	当前状态	应用场景描述	应用优势	准备条件
1	证书永久保护	目前以纸质或电子格式颁发证书,易于损坏	用公共区块链存储数字证书及相关数字签名	证书将完全、安全和永久地存储在区块链上	相关验证软件和存储系统
2	区块链多步骤认证	欧洲有数百不同认证体系,证书验证非常复杂和耗时	证书授权机构于区块链上传可验证证书	自动化验证,简单方便	认证程序允许任何人上传并检查证书
3	自动识别和转换学分	欧洲有ECFS①和ECVET②,但无相应统一的学分存储和转换技术平台	涉及学分转换的教育机构在区块链网络上通过智能合约进行学分转换	简化学分转化手续	基于智能合约的区块链学分存储和转化规则及其技术平台
4	区块链作为终身学习护照(学习成果记录)	当前主要以电子形式存储纸质学习成果证明,效率低	区块链以不可更改的技术存储学习成果证明	每个学生一份包含所有学习成果证明的自动验证简历,可随时出示	学习成果证明的区块链及软件系统
5	知识产权跟踪及利用	利用中介收集知识产权使用信息,并收取相关费用,费事,偶尔使用	用区块链发布资源,并记录使用情况,以智能合约自动扣除相关费用	方便直接跟踪知识产权情况,消除中介	知识产权资源的区块链及其智能合约管理系统
6	通过区块链接收学生付款	学生使用指定货币支付学习费用	学生将通过基于区块链的加密货币支付学习费用	方便没有银行账号和信用卡学生支付	加密货币钱包
7	通过区块链提供学生资助	通过代金券资助学生,人员选择和资助过程烦琐	通过智能合约根据一定标准自动选择学生资助	减少中介,减少官僚主义的影响	基于智能合约的学生管理系统
8	学生图书馆、食堂、宿舍不同情况下的身份识别	不同组织重复收集数据,或依托某统一数据平台以进行识别	通过区块链共享数据,进行去中心化身份识别	方便、快捷身份识别	身份识别的区块链系统

概言之,这 8 种应用场景主要涉及区块链在教育领域中的三方面应用优势:一是区块链信息和数据的防篡改性有助于教育领域中各类信息和数据的保存、认证。教育领域中涉及大量数据的保存和认证,如学生学籍、学习成果、毕业文凭等及教师授课、工作量、教科研等方面信息。这些信息目前主要通过集中式数据库保存,一旦数据库受到攻击或干扰,数据安全会受到影响。区块链技术在加强数据安全方面无疑具有重要应用价值。二是区块链网络开放性特点,便于师生和公众存储、查询和认证信息,有助于改变当前教育教学活动的时空组织及其结构。当前我国教育领域中信息查询或认证须通过集中式数据库进行,如高校学生学籍和在读信息只能在教务部门打印

---

① ECTS,European Credct Transfer and Accumulation System,欧洲学分转移和累积系统。
② ECVET,European Credit System for Vocation Education and Training,欧洲学分转换系统。

并盖章才能有效,给学生带来很大不便。三是智能合约的自动执行有助于推动教育和教学管理的自动化运行,包括学生资助、学分自动转换等,从而提高管理效率,降低管理成本。这些都对我国高职教育中区块链技术的应用具有一定启发。

二、他山之石:各国院校区块链技术的应用情况

基于上述优势,各国开始在各领域广泛应用区块链技术。对此,2019年斯坦福大学商学院进行了调查。结果显示,大约47%的组织使用区块链主要用于记录和验证(records and verification),其他常见用例包括平台和市场(platforms and marketplaces,26%)及支付和转账(payments and money transfers,14%),也有少数应用智能合约(smart contracting)。[7]随着区块链技术的广泛应用,各国教育界也开始应用区块链技术解决一些现实问题。

(一)区块链证书认证

区块链由于具有防篡改性和开放性,使其成为各类证书或文凭认证的重要技术手段,相关应用情况如下。

其一,尼科西亚大学的区块链文凭认证。尼科西亚大学(University of Nicosia)是塞浦路斯最大的私立大学,其从2013年开始将区块链技术应用于学校课程管理,是教育领域应用区块链技术的开拓者。它拥有众多第一:第一所提供加密货币课程的大学,第一所接受比特币学费支付的大学,第一所开设区块链完整学术学位(数字货币在线硕士学位)的大学。[8]但尼科西亚大学应用区块链技术影响最大者还是颁发区块链课程认证证书。2014年,该校开创性使用区块链加密技术向完成数字货币专业硕士的MOOC(慕课)课程《数字货币入门》学习者颁发证书,并使任何人都可验证其真实性。[9]2017年9月,第八版MOOC推出。该MOOC课程迄今已吸引了来自80个不同国家的学生,并有良好的完成率。MOOC课程证书认证获得成功后,2017年以来,尼科西亚大学使用自己技术在区块链上发放所有文凭。该技术由于开发开源,已被世界各地不少大学和文凭发行者采用。

尼科西亚大学区块链证书颁发程序主要如下:一是创建一个包含证书主要信息的数字PDF文件,如学生姓名、证书名称、完成时间、学校名称、颁发日期等。二是通过证书颁发机构私钥签名,并将签名附加于证书之上。三是生成文档哈希值(加密字符串),该哈希值用于验证证书内容。四是证书颁发机构再次使用私钥在区块链上

创建证书记录，这意味着将特定证书颁发给学习者。[10]这样就可以通过区块链验证证书内容，而无须与发行机构联系。

其二，麻省理工学院的数字文凭。麻省理工学院是较早尝试颁发区块链证书的教育机构之一。当时，麻省理工学院媒体实验室研究团队内部各种非正式在线学习课程不断增加，但缺乏相应的有效管理方式。区块链技术提供了很好的解决方案。2015年，麻省理工学院媒体实验室开始探索向在线学习课程合格的教师发放内部非学术数字证书。在此基础上，企业软件供应商"学习机"公司（Learning Machine）和媒体实验室研究团队合作，研发基于区块链技术的数字认证证书平台。

2016年，他们开发了Blockcerts开源工具包，任何开发人员都可使用该工具包发行和验证基于区块链的教育证书。麻省理工学院、尼科西亚大学和伯明翰大学等院校使用Blockcerts开发本校证书认证系统。[11]2017年，麻省理工学院共有111名毕业生成为第一批接收数字文凭的人。[12]

其三，索尼全球教育。索尼全球教育是索尼公司的子公司，负责教育技术的研发和推广。

2017年，索尼全球教育（Sony Global Education，SGE）宣布开发一个专门将区块链技术应用于教育领域的系统。在2017年举行的第五届全球数学挑战赛上，SGE使用该系统在区块链上记录测试结果并创建难以伪造，高度可靠的数字成绩单。[13]目前SGE与富士通研究所合作开发基于区块链的外国人日语课程学习平台Fisdom。该平台将收集考试成绩、日语会话能力和学习时间及证书信息等数据，并将其存储在区块链中。通过将区块链上的证书与学习者提交的教育证书进行比较，以识别证书真假。从2019年2月开始，该课程平台已被日本有关部门正式使用，防止证书造假。[14]

（二）基于区块链的教学管理

目前基于区块链的教学管理最具代表性的案例当属伍尔夫大学。2018年2月，来自牛津大学的独立学者团体创建了伍尔夫大学（Woolf University），这是世界上第一所基于区块链技术平台的大学，支持线上和线下教学。2018年4月，伍尔夫大学发布了报告《伍尔夫打造第一所区块链大学》，对伍尔夫运用区块链构建整个教学管理系统的情况进行了介绍。[15]

其一，区块链技术试图解决的教学问题。伍尔夫创建团队认为，当今欧洲，尽管高等教育机会并不稀缺，但不少学生因为学习成本不断增加和地理位置障碍，难以获得优质高等教育学习机会。学校大量经费被用于支付行政管理人员费用。另外，相当一部分教师面临不确定雇佣合同，随时受到失业威胁。在这种背景下，Woolf旨在将教师、教学管理和学生联结于一个区块链技术平台，通过智能合约自动生成学生和教育机构等不同角色之间的关系，管理和自动记录教师教学和学生学习过程，并通过优化智能合约执行并优化管理流程，减少或逐步淘汰教学管理层级，降低管理成本，打造一所自动运行的大学。

其二，依据区块链技术的学校教学管理系统。伍尔夫大学整个学校教学管理主要由系统自动运行，其最终目的在于零行政人员，目前还只能聘请少量行政人员进行管理。对于那些不能由系统自动运行的行政管理事项，则通过招投标，支付伍尔夫代币，以项目形式通过竞标合适人员予以完成。

系统自动运行的技术基础就是智能合约。智能合约（Smart contract）概念至少可以追溯到1995年，是由跨领域法律学者尼克·萨博（Nick Szabo）提出的。他认为，一个智能合约是一套以数字形式定义的承诺（commitment），包括合约参与方可以在上面执行这些承诺的协议，在达成协议规定条件前提下，计算机系统自动执行双方的权利和义务。[16]基于智能合约技术，伍尔夫大学教学管理事项主要由系统自动运行。学院的重大决策由教师投票决定，而是否发起投票，则根据发起讨论的条件，即一旦意愿投票人数超过教师总数的40%，智能合约自动启动投票程序；学生和老师达成协议开始教学后，系统自动扣除学费。具体的教学过程管理也由智能合约执行。伍尔夫的第一个学院——Ambrose规定，本科学习中共有144个辅导会面，每次会面针对特定主题，学生和指导老师就作业或学习内容面对面讨论，讨论结果记录于区块链系统之上，完成规定学习任务后，系统自动给予教师相应费用，针对有过错的老师，系统自动给相关学生退还学费，并将教师罚款拨付给学校；学生完成规定学习任务之后，自动获得相应学分。[17]

总之，区块链技术在教育领域中的应用在很大程度上为当前教育领域中一些问题提供了有益的技术解决方案，主要如各种证书认证烦琐问题、信息安全问题，教学管理效率费时费力等问题。这些问题同样是当前我国高职教育发展需要予以关注的问题。因此，我国高职教育应用区块链技术以应对这些问题显得非常必要。

三、主要场景：我国高职教育中区块链技术的应用

随着区块链技术的应用，我国高职教育发展将面临新的机遇。本文试图结合高职教育发展趋势及《国家职业教育改革实施方案》（以下简称"职教20条"）的要求，对我国高职教育区块链技术应用场景进行分析。

（一）应用于师生各类学习成果和信息认证方面

一是院校层面的应用。高职院校涉及大量数据的保存和认证，如学生学籍、学习成果、毕业文凭及教师授课、工作量、教科研等方面的信息。这些信息目前主要通过文本或集中式数据库保存，安全性和方便性都不够。而区块链网络信息和数据的防篡改性无疑有助于高职教育领域中各类信息和数据的保存、认证。区块链网络的开放性便于师生和公众存储、查询和认证信息，有助于改变当前教育教学活动的时空组织及其结构。另外，不少高职院校都与国内外其他院校进行广泛的学生交流活动。其中部分交流活动涉及学生课程学习，这就需要进行学分互认。目前，高职院校学分互认一般通过纸质申请和手工输入教学管理系统进行，认证过程需通过不同部门盖章验证，工作效率低且容易出错。运用区块链技术建立相应的课程和学分认定系统在解决上述问题方面具有不可替代的优势。

二是国家层面的应用。根据"职教20条"的要求，国家资历框架、学分银行、"1+X"证书试点是目前高职教育改革的重点话题。区块链技术对于这些方面教育改革措施的顺利实施具有重要技术支持作用。从技术角度看，这几项工作都有一个共同点，即大量涉及有关学习成果的认定、交换、积累等方面数据交换。资历框架建设需要建立全国统一的不同资历、不同学习成果交换和认定的数据平台；"1+X"证书试点也需要建立学历证书与各类其他证书数据衔接的数据平台；学分银行的实施，也涉及不同层次、不同形式学习成果的认定、积累。这些数据的存储和转换对于安全性、可靠性有很高要求。通过国家推动，建立基于区块链技术的数据平台，以进行信息存储和转换，无疑具有重要的现实意义。

（二）应用于智慧教学和管理等方面

智能合约是智慧教学和管理的技术基础。通过智能合约的应用，可以帮助建设智慧教学和管理体系。

一是帮助建立学校智慧管理系统。当前高职院校无论排课、课时统计等教务管

理，教科研统计等科研管理，教师各种报表统计等师资管理，还是学生评优评奖、资助等学生事务管理，相关部门往往各自为政，数据格式不一致，人工统计费时费力。很多时候，表格统计在不同部门之间重复进行，月度课时统计、年度科研成果统计、年度考核统计、职称申报统计等，还要提交上级部门各种数据统计，等等。通过在智能合约中写入设定的统一代码，系统能够根据该代码自动比照相关数据类型、标准、范围、数量等内容和电子签名进行核验，提高数据统计效率，方便共享。当某些部门数据缺失或未及时上报时，智能合约能自动发送实时警告，并在区块链上记录相关警告记录和被警告部门的答复记录，利于责任倒追。一些规范化、常态化的管理事项可以通过智能合约自动执行，从而降低人力成本，各种过程性数据自动启动统计、汇总和结算程序，减轻教师填报压力，提高工作效率。另外，除自动执行程序外，区块链和人工智能技术、大数据等技术的结合，可应用于自动识别师生身份，还可将根据设定的运行条件如学生财务支出、学习成绩等方面信息，自动进行学生资助管理；根据教学过程信息自动进行教学评价等。

二是帮助完善校企合作育人管理。在应用于校内管理之外，区块链技术还可以应用于搭建校企合作管理平台。当前，校企合作形式尽管不断创新，内容不断丰富，但校方与业界一头热一头冷的现象仍比较突出。其根本原因在于双方利益难以达成交集。对于企业而言，参与校企合作育人有长远利益和短期利益之分。就前者而言，企业最大利益在于通过合作育人，确保从院校招聘更多优秀人才。就后者而言，因为搭便车现象的存在，企业往往不太愿意付出相应成本为他人培养人才。如何克制搭便车行为，促使企业积极参与校企合作育人呢？搭便车现象产生的原因有很多，其中信息不对称是直接原因之一，即企业之间，院校和企业之间，政府、企业和院校之间彼此并不了解对方校企合作的具体信息，无从形成一个遏制搭便车的舆论环境。通过应用区块链技术，建立校企政联盟的公共区块链，记录高职院校和各类企业育人活动数量、过程及其成果等各方面信息，任何人都可以查询相关信息，了解相关院校、企业在校企合作育人方面的成效，便于政府部门和民众识别搭便车企业。尤其是政府部门可以通过区块链信息，决定如何落实国家有关税收减免政策等。可见，通过校企政联盟区块链的建立，通过校企合作信息的公开，便于校企双方更好地管理校企合作活动，并形成一定的公共舆论空间，从而对院校和企业形成一定舆论压力，督促双方不断深化合作，避免搭便车行为。

当然，随着应用的不断成熟，区块链技术在高职教育中的应用场景将会越来越广泛，对于高职教育改革和发展的推动作用也将会越来越大。

四、存在困难：我国高职教育区块链技术应用的瓶颈

目前存在的一些瓶颈，对我国高职院应用区块链技术形成了很大制约。

（一）区块链技术仍存在短板

尽管当前区块链技术获得快速发展，但为保证数据的防篡改性，区块链系统内每个节点都要保存一份数据备份，这显然造成了区块膨胀、数据存储困难的问题。[18]对于存储的技术难题，目前仍没有很好的解决方案，随着区块链中区块承载的教育资源信息越来越多，可能会出现师生和管理部门的数据信息不能实时上传、难以及时更新，可能会对区块链平台用户的体验感和参与的积极性有所影响。

（二）商用技术平台缺乏

高职院校应用区块链技术，需要一些基础性平台的技术支持，如教育证书认证的技术平台。麻省理工学院与学习机公司合作开发了Blockcerts平台，Attores公司推出的Open Certificates。[19]此外还有Grad base和Stampery两家公司，正利用区块链技术开发即时验证资格的新全球标准。[20]目前，国内有关区块链项目主要集中在基础设施、泛金融、ABCD（人工智能/区块链/云计算/大数据）、新经济、泛文娱及IoT类别中，其中ABCD类别项目发展最为乐观优质，项目最多，教育类项目很少。[21]可以说，国内教育类区块链应用平台和技术开发不足，相关平台缺乏，是困扰高职教育应用区块链技术的关键短板。

（三）应用动力不足

目前，整体而言，高职院校在应对5G、区块链、人工智能等新技术发展方面，反应相对迟缓，动力稍显不足。原因主要在以下方面：其一，尽管国家对于新技术应用比较重视，但是高职教育界固有教学管理模式惯性较大，且新技术的采用需要对现有教学管理系统进行较大变革，高职院校普遍缺乏足够的动力。其二，区块链等新技术的应用需要大量经费投入，目前国家对于相关经费支持还不够重视，高职院校缺乏相关技术研发条件，难以推动区块链技术的广泛应用。

五、小结

尽管还存在一些瓶颈，但高职教育领域中应用区块链技术可以说是大势所趋。高职教育领域中区块链技术的应用为目前高职教育改革措施的顺利实施将提供坚实的技术支持，将极大地改变高职教育中心化的时空组织结构，推动高职教育观念的变革。如何适应这种发展趋势，将是高职教育面临的紧要课题。

参考文献

［1］Klaus Schwab. The Fourth Industrial Revolution［M］. Geneva：World Economic Forum，2016：7.

［2］Deloitte. Deloittes' 2019 Global Blochchain Survey［EB/OL］.［2019-04-05］.https：//www2.deloitte.com/content/dam/Deloitte/se/Documents/risk/DI_2019-global-blockchain-survey.pdf.

［3］Satoshi Nakamoto.Bitcoin：A peer-to-peer electronic cash system［EB/OL］.［2019-01-20］.https：// bitcoin.rg/en/bitcoin-paper.

［4］Guang Chen et al.Exploring blockchain technology and its potential applications for education（J）.Smart Learning Environments（2018）5：1 https：//slejournal.springeropen.com/articles/10.1186/s40561-017-0050-x.

［5］［18］［21］姚前.中国区块链发展报告（2019）［M］.北京：社会科学文献出版社，2019.

［6］［11］［19］［20］Alexander Grech. Anthony F.Camilleri. Blockchain in Education. Joint Research Centre（JRC），Luxembourg：Publications Office of the European Union，2017：94-100，54，59，60.

［7］Stanford Graduate School of Business .Blockchain for social impact（2019）［EB/OL］.［2019-04-05］. https：//www.gsb.stanford.edu/sites/gsb/files/publication-pdf/csi-report-2019-blockchain-so-cial-impact.pdf.

［8］Taylor Soper. This university is the first in the world to accept Bitcoin for tuition［EB/OL］.［2013-11-20］.https：//www.geekwire.com/2013/ cyprusbased-schooluniversity-accept-bitcoin-tuition/.

[9][10] Joon Ian Wong, Certificates for a pioneering course on cryptocurrencies by the University of Nicosia in Cyprus were recorded on the block chain yesterday, allowing anyone to verify their authenticity[EB/OL].[2014-09-16].https://www.coindesk.com/university-nicosia-issues-block-chain-veri-fied-certificates.

[12] Elizabeth Durant.Digital Diploma debuts at MIT[EB/OL].[2017-10-07].http://news.mit.edu/2017/mit-debuts-secure-digital-diploma-using-bitcoin-blockchain-technology-1017.

[13] Sony Global Education Team.Sony develops system for authentication, sharing, and rights management using blockchain tech nology[EB/OL].[2017-08-10].https://www.sonyged.com/2017/08/10/news/press-blockchain/.

[14] Keiichi Kitagawa.Sony,Fujitsu use blockchain tostemflowoffaked ocuments[EB/OL].[2019-02-26].http://www.asahi.com/ajw/articles/AJ201 902260049.html.

[15] Woolf.Broggi.J.D.etal.Buidingthefirst Blockchain University[EB/OL].[2018-04-02].https://www.slideshare.net/eraser/woolf-buildin g-the-first-blockchain-university-whitepaper.

[16] N.Szabo.Smart Contracts: Building Blocks for Digital Markets[EB/OL].[1996-01-01].http://www.fon.hum.uva.nl/rob/Courses/InformationInSpeech/CDROM/Literature/LOTwinterschool2006/szabo.best.vwh.net/smart_contracts_2.html.

[17] Broggi, J.D.et al.Woolf University: the Airbnb of higher education or a sheep in wolf's clothing?[EB/OL].[2018-06-19]. https://www.tonybates.ca/2018/06/19/woolf-university-the-airbnb-of-higher-education-or-a-sheep-in-wolfs-clothing/.

（文章发表于《中国职业技术教育》2020年第4期）

作者：

李成军（1975— ），男，浙江旅游职业学院，博士，教授，主要研究方向为旅游职业教育。

智慧教育伦理观的建构机理研究

◎张永波

摘　要：智慧教育在教育结构关系、内容要素、功能目标等方面发生了全面改观，传统的知识授受关系渐趋失衡，并衍生出"科技崇拜导致德育失重""信息成瘾阻碍转识成智""数据介入异化智慧教育"等多重现实问题。运用现象学教育学、发展伦理学、现代伦理学理论方法，从教师伦理角色、学生伦理地位、教育评价伦理维度重新审视智慧技术与教学系统的关系，提出由教师管理角色体系、学习者智慧主体四阶段模型、PDCA①教育评价系统组成的智慧教育新型伦理观，以此建构匹配社会发展并引领知识创新的教育生态。

关键词：智慧教育；伦理；教育生态

教育伦理是教育系统高效运转的座架。[1]"人工智能正在接入学校的'教''学''管'等各个环节"[2]，智慧技术工具要素的介入、广泛应用并逐渐占据教育主体地位对教师权威[3]、师生关系、教育价值观形成了直接挑战，智慧教育这一教育信息化新形态在教育结构关系、内容要素、功能目标等方面已然发生了全面改观，但囿于技术便利与技术替代的技术悖论[4]，教育伦理思想及其实务理念更新相对落后，教育相关方没有建立起超脱智慧技术影响力的伦理框架，传统的师生知识授受关系渐趋

---

① PDCA，即计划（Plan）、执行（Do）、检查（Check）、处理（Action），是美国质量管理专家戴明首先提出的质量管理四个阶段，又称戴明循环。

失衡，伦理失范已在教师、学生和社会各界之间产生多维动荡[5]，智慧教育的持续推行和长效发展深受影响和制约。

智慧教育是教育信息化的新境界，智慧学习环境的首要任务是促进智慧能力发展和智慧行动出现。[6]当前智慧教育实践育人本质弱化、教育主体错位、教育内涵不足[7]，慕课等教育信息化形式存在目的与手段错位、实践性人格塑造功能式微、传授知识与育人本质弱化相背离[8]、有效课堂监督缺失等诸多伦理局限。对于技术进步及其大规模教育活动应用所引发的一系列伦理问题，应拒绝"技术应用必然带来教育的进步"或"技术应用必然带来教育的倒退"等偏激观念，注重发展学生的核心素养，引导学习者养成合乎社会规范的思想道德意识，发展以人为本的生态型、终身型、现代化智慧教育。既要诉求于"技术的不断人性化"，又要提升教育的担当，用伦理规约的方法使其得到适当控制。[9]数字时代应确立共在对话型师生关系、塑造多层复合型智能结构、建构共生发展型学习共同体。[10]

既有研究提出了教育伦理与智慧教育技术不匹配的问题，并给出了初步举措，但多为描写性研究，对教育伦理在教育过程中的地位和作用缺乏实质论证，未能就智慧教育时代的教育伦理如何革新这一主题给出全面解答。本研究将综合运用逻辑推理、网络民族志、概念史等工具技术，以及现象学教育学、发展伦理学、现代伦理学理论方法，顺承本主题学术趋势，着力解决智慧教育伦理观的建构机理问题。

一、智慧教育伦理观的概念界定

（一）教育伦理

伦理是指社会生产生活中处理人与人、人与社会相互关系时应遵循的道德观念和行为准则。教育伦理既包括在师生关系、家校关系、人才培养中存在的一般社会道德，也包括与教育内涵相符合的社会价值属性。前者可谓狭义的教育伦理观，关注点集中于德育、教育具体行为的善恶性质等方面，教育者、德育及教育行为均为教育形式和教育要素，三者均不能反映教育伦理的本质内涵。相较而言，文化共享和育人成才这两项人类教育活动基本伦理假设未得到充分重视。

教育现代化内在地包含教育道德境界提升的含义。[11]教育首先是对人类文明的代际传承和社会传播，人才培养与文化传承为一体两面，所谓人才也即能秉承人类既有专门知识并能推陈出新者。文明传承是教育最基本的价值体现，也应成为对一切教育行为进行善恶评判的衡量标尺。比如只有当教师掌握知识水平高于学生，教学利于学生成长和文化发展时，教师才能享受较高的道德地位，而当教师的知识技能落后于时代，与学生成长需求相脱节时，片面强调尊师重教将违反教育伦理规范，并无实际意义。概言之，所谓教育伦理，当指一切符合文明传承教育工作需要的思想观念和行为规范。

（二）智慧教育

信息技术特别是智能技术的多层面渗透已在多侧面实质性改变着教育过程及教育者意识，"智慧教育"渐露端倪并处于高速发展态势。

从内涵上讲，"智慧教育"有两层含义：一是教育整体具备了类脑智能，信息技术吸收使得传统的物理性教育设备整合升级为自动化、敏捷性、智能化设备，包含教育设备在内的教育环境获得了信息集成、数据与信息可视化、数据挖掘与分析等内容加工能力，自动记忆、感知、推理的认知能力，以及统筹管理、信息交流、监控反馈的多主体交互能力；二是"智慧"一词更多地突显了"以人为中心"的教育理念，教育者通过工具内化，逐步成为迈克尔·波兰尼（Michael Polanyim）所谓的增强个体。[12]基于大脑、人体神经系统及人体生理特点的人脑与类脑双脑融合的跨学科技术不断涌现并实际应用，人与智能机器无界融合、虚实交接，人脑及具身体验潜能得到充分发挥。

从外延上讲，智慧教育是教育信息化的高级形态，指在现有的远程教育、在线课堂、移动课堂、直播教学等开放式、共享性、集成化智慧教育教学方法基础上，依托大数据、物联网、云计算、虚拟现实、5G等多样化、高水平信息技术、超级人工智能、脑机接口等新兴技术形态，借助匹配协同方法，构建智慧校园、在线教育系统、教育机器人等具有感知统合能力的集群性智慧教育场景和非线性复杂系统，创新教学、科研、管理和服务全流程工作模式，培养学生适应和引领信息社会需要，拥有高效能创造力的教育模式。

具体而言，随着人工智能、物联网等前沿技术的快速发展和应用，智慧教育呈现出人机融合的新型教育技术样态。首先，通过信息技术建立全面感知学习情境，教学空间突破课堂的物理限制，成为可快速转换、无限扩展、远程连通的准现实智慧空间，移动、泛在等技术的应用降低了教学启动成本，使学习无处不在、无时不在；其次，各行各业大数据技术飞速发展，数据调用、数据挖掘、数据可视化处理技术的操作程序愈加简化，教学资源具备了新知识快存编码和旧有知识便捷利用的记忆功能；

再次，在互联网共享精神的支持下，教学场域将突破课堂、学校、学科，乃至国家/地区的疆界约束，全球知识一体化将变为现实。具体教学过程均立足于人类学科教学平台之上，不同教学资源可实现优势互补，为学习者提供充沛的学习资源选择空间。最后，随着通信技术的深入推进，传统的课堂学生群落将消解融合为跨时空学习者社区，学习者可随时就专业问题进行协作研讨，学习效能获得极大提高。

二、智慧教育情境下存在的伦理问题及分析

在传统教育中，教育技术只具有工具价值而没有获得作为教育主体的能力，技术的功能只在于使教学更加丰富多彩，而不能作为主体支配教育过程。然而，在人工智能、物联网、虚拟现实和大数据等信息技术与教育教学的高度融合中，技术已经具有思考判断、自我学习甚至创新创造的能力，逐渐获得了与人一样的智慧和品质，智慧只属于教师这个定律在智慧教育时代被打破了[13]，教育格局发生了深刻改变。本质上，随着智能技术的迭代增强和全面应用，与教育实际需要不相匹配的信息技术软硬件设备大量引入并被过度重视，教育行为整体上变形为人机操作。由此，教育工具地位过度凸显，教育要素关系面临"技术利用—技术依赖—感受力钝化—智力官能退化"恶性演化的直接挑战，智慧教育中的"人—机"二元结构由从属关系变为合作关系，逐渐转化为竞争关系，随之出现博弈失衡。在教育个体和教育社会化两个层面上，人脑越趋受支配于类脑，教育场域中的教育者能动性和主体地位最终沦丧，教育伦理失序。具体包括科技崇拜导致德育失重、信息成瘾阻碍转识成智，以及数据介入异化智慧教育三个方面。

（一）科技崇拜导致德育失重

德育包括有目的、有计划地对学习者在政治、思想与道德等方面施加影响，以及教师弘扬师德、树立楷模两个方面，后者是前者的基础条件。德育既包括品德教育内容，又是教育秩序正常运转的保障，教育过程唯有建立起尊师重教的伦理秩序，才能使学生从情志、理智、兴趣等方面集中注意力于教师和教学过程，进一步激发教师的专业精神，完成传道授业的教育任务。

在智慧教育模式下，技术以其强大、高效、渗透的优势力量服务并占据了学生的思维空间，教学秩序由"人—人"单维组合转变为"人—机—人"多维关系，师生之间的沟通渠道和话语内容逐渐分散化、薄弱化、空洞化。缺乏足够的受众注意力，教

师难以把与具体知识系连着的背景信息、认知态度、心理情感和价值取向等准确传达给学生，教学沟通渠道越趋狭窄，乃至出现师生关系冷漠僵硬的不良后果；另一方面，智慧教育情境下师生的不在场，导致德育人文精神的缺位。现象学教育学把知识理解为一种动态过程，教学并非机械化地进行知识物品的传递，知识与经验密切相关，而经验则与教师的具身心智关联，知识是通过教学场域的互动交流潜移默化地影响并传输给学生的。海量的网络素材资源、课件资源、数据资源和教学软件降低了教师教学准备的难度，教师若过多采用智慧技术手段，所传授的知识形式必然缺乏个性化思维印记，教学内容趋同，不利于树立教师作为领域知识权威的师德形象；同时，师生之间沟通渠道的不顺畅导致教学共有场域的瓦解，教学思想失去传递媒介，难以在"表述—解构—建构"的往返回复中实现对知识的本质理解和默会领悟，并导致德育媒介的进一步丧失。

以人工智能、清洁能源、机器人技术、量子信息技术、可控核聚变、虚拟现实及生物技术为主的第四次科技革命已对计算机及信息技术变革与其他工业技术进行全面融合，从根本上改变了世界各国各行业的存在形式和发展模式。教育起源于社会文化传递、发展的实际需要和个体的社会化需要三个因素的相互作用[14]，智慧教育反映了教育对技术变革的积极响应，但从具体过程看，教育各环节的技术响应速度是非均质的，设施设备和以信息技术为核心的教学系统的应用调整最快，而从教者的技术应用和管理优势变革则相对迟缓。教育实践发展与教育理念落后之间的矛盾是智慧教育德育功能丧失的根源，当社会整体和学生个体均需要通过教育过程吸收世界先进技术文明，而教师群体受制于由学科分化引起的知识专门化和技术水平低下两大问题时，教师偏离了满足大众知识需求的智者角色和价值伦理秩序，师德尊严也势必随之湮灭。

（二）信息成瘾阻碍转识成智

智慧教育重在通过信息技术建设增强数字教育（Enhanced e-Education）[15]，过多地凸显了手段性的技术智慧（Smart），而忽视了对作为教育目的性的人性智慧（Wisdom）的培养。"Smart"一词指的是"能够通过电子传感器和计算机技术做出一些人类决策可以做出的调整"，而"Wisdom"则指"关于什么是适当的或合理的知识；良好的感觉和判断"[16]。信息技术的引入应用显著降低了教育过程的知识门槛，全球人类知识以链接互通的方式呈现于因特网，知识获取极为便捷，但信息驱动教育（Information-Driven Educationism）的应用容易脱离启智赋能的教育宗旨，在不断增加教学工具成本的同时，助长了数据和技术依赖，造成教学参与者出现以信息疲劳、焦虑和迷失为主要特征的信息成瘾问题；与使用传统的对话辩证和文本呈现的教育方法相比，过度使用图片、音视频等多媒体资源，以及博客、网络社群、大数据等信息工具，虽然知识形象化程度大幅度提高，但知识的现实性、信息提炼精度和知识传递效能却直线下降，学习者感觉系统兴奋的同时，理性思维、质疑精神、想象能力和创造能力被挤压抑制，学习者习惯并受困于信息知识的高频刺激和快餐化供应，难以转识成智。

传统教育以语言符号和静态文本为主的信息传播媒介有其相对优势，其中语言符号比声音、图像、数据等信息载体形式具有更强的表征能力，而静态的文本、画面、广播和录音则较动态的视频和立体影像的信息渠道更为单一，抽象层次也更高一些，两者均可整合到智慧教育中。[17]信息化学习方式有三个基本特征，分别为有效地学习、投入地学习和轻松地学习[18]，但三者常难以兼容，采用轻松的方式未必能深入、有效地学习，音视频、三维动态图像、虚拟情境等形象材料虽然具有感知觉愉悦性，却是未经抽象整理的粗糙信息形式，以此为主开展智慧教育，一则具象知识呈现变换速度快，不便于集中深入地观察、记录和分析，教学讨论和学习理解被动停滞于肤浅层次，再则反复穿插出现的直观材料会引起注意涣散和歧向联想，干扰或中断具有连贯性、分析性、逐层深入的思维过程，破坏教学思维成果。学科的生成和发展皆从感性经验基础出发归纳演绎出抽象概念和理论体系，抽象程度越高的学科其科学性越高，因此学科教学作为知识的重构过程也必须平衡抽象思维和形象思维之间的关系。以学生感受为知识传授导向，欠缺学生思维主体意识，以及反思质疑精神和主动运用逻辑思维方法审视形象材料的求知意识，必然无法启迪学生的高层次智慧，触及真理本质。对技术手段的不当利用违反伦理规范。

（三）数据介入异化智慧教育

智慧教育的兴起主要受技术推动、各国教育发展机会损失、教育产业化竞争等外部因素影响，而并非源于解决教育学内部矛盾的动力驱动，因此在信息技术软硬件水平和思想意识上，教育界与科技界存在明显差距。目前智慧教育出现分化态势，由国家级和省级教育部门主导的智慧教育载体，如中国微课网、中国大学MOOC（慕课）、国家精品课程资源网等，由商业机构主办的网易公开课、可汗学院、喜马拉雅平台、得到平台，以及国外开放课程平台Coursera、Udacity、edX等较为成功，成为受众面广的社会化、国家知识基础设施化平台，而各高校内部仍然较少采用智慧教育技术，更倾向使用传统教育模式。现有的以课堂教学为主的教育模式能够满足育人需求，发挥应有的效力，稳定性强。虽然政府教育部门惯常通过宣传鼓励、比赛评奖、考核要求等多种渠道鼓励高校等教育机构进行教育信息化改革，深入推广翻转课堂、微课、慕课、在线课程等智慧化教育教学形式，但由于教师及教学管理人员的科学素质和信息技术素养参差不齐，或出于个人知识产权保护的考虑，往往只能采取与其他专业机构合作的形式制作教学资源，应对信息化教育评估。由此教育手段和教学目标错位颠倒，教育秩序紊乱。受技术学习应用、技术问题解决、技术研发、技术更新等一系列非教育本体问题影响，教育从业者在利用智慧技术促使教学模式升级的同时逐渐失去了主体地位。以百度贴吧微课主题板块为例，充斥其间的多是科技公司或教学单位寻求项目合作的信息内容，实际的智慧教育理论方法探讨则鲜有提及。智慧技术应当服务于教育需要，而不应成为衡量教育质量的标尺。繁重的技术负荷非但不能优化教育过程，反而会扼杀讲学论辩、课堂教授、纸本阅读、手写板书等行之有效的教育教学方法，压抑教学自主性，束缚正常教学秩序，成为威胁教育发展的异化力量。

由于教学内容、教学过程、教学测试等教学步骤均存在人机互动，智慧教育便于收集教学数据，并可通过计算机模型分析所积累的大数据，分析学生学习特点、学习表现、学习效果等方面反馈信息，动态优化教学过程，但是，由于技术存在反自然性、不确定性和反目的性，数据分析这一科学高效的教学管理技术在提供正价值的同时必然存在无法根除的异化影响。[19]首先，对教师教学行为和学生学习行为的数据搜集实际上是一种外部监控，监控对象意愿度、监控事务范围、监控数据应用去向、监控评价质量等方面存在诸多伦理隐患。有限数据调查往往蜕变为全方位、全过程、全员覆盖的常规化和合法化数据监测，调查对象逐渐失去了伦理主体资格，成为数据透明的客体对象。据报道，浙江省金华市某小学给学生佩戴一款名为"赋思头环"的脑机接口头环设备，用于监测孩子注意力情况。因担心其对学生人格发展产生负面影响，给学生带来更大的精神压力，涉嫌侵犯、泄露学生隐私，该做法受到家长和网友的普遍质疑和负面评价。[20]其次，教育"是人对人主体间的灵肉交流活动（尤其是老一代对年轻一代），包括知识内容的传授，生命内涵的领悟，意志行为的规范，并通过文化传递功能，将文化遗产交给年轻一代，使他们自由地生成，并启迪其天性[21]。"教育是心灵间缓慢传授的交流过程，心智的苏醒和成长有一个量变到质变的过程，且个体智慧的发展方向差异巨大，教学绩效数据只能提供短暂性、片面性的量化表现，不能以偏概全对教学输出和学生学习过程做出详尽科学的定性描述。智慧教育对数据的深度依赖不仅不能因材施教地改进教学效果，反而会压抑学生的心灵成长，使得教学参与者在患得患失中机械化对齐考核指标，远离它作为生命解放力的教育功能，发生严重的教育异化。

三、智慧教育伦理观体系

智慧技术是教育创新的重要资源和工具，随着各种新兴前沿技术不可阻挡地冲击并融入教育过程，相关各方对待教育的理念和态度均发生了重大变化，但教育作为全人类文明传承的主要环节，千百年来具有成熟稳定且行之有效的教育范式，信息技术所导致的教育社会功能变迁值得慎重对待。重建智慧教育的伦理维度就是要使传统的教育伦理观与教育信息化潮流中的现实问题直面彼此，互为参照，克服技术的异化力量，充分重视和准确表述以人为本的技术伦理关系。下面将从教师伦理角色、学习者智慧主体、教育评价伦理维度三方面重新审视智慧技术与教学系统的关系，阐述智慧教育的新型伦理观。

（一）教师多元伦理角色

教师伦理角色，指的是教师在承担教书育人工作过程中在组织群体性活动、知识传授行为、教学管理流程等方面与教师社会身份和地位相称的、符合受众预期的社会行为模式。20世纪60年代末期，亨利·明茨伯格（Henry Mintzberg）[22]基于对管理者工作行为的现场观察总结提出了管理者在人际关系、信息传递、决策制定三个方面扮演的10种不同的角色，认为旧有的管理职能划分方法与现实不符。同样地，在教育活动中，信息技术的全方位渗透介入使教育活动日益复杂化、多元化，教师的教育管理角色也因之在角色体系、角色内涵、角色特征等方面有了许多改变，教师唯有积极面对教育复杂关系中的角色期待和角色规范，培养新形势下应有的角色意识，才能准确调整自身以适应新型教育伦理关系。我们通过对教师研究对象的田野访查，总结出智慧教育下教育伦理角色的概念框架，如表8-2所示。

表 8-2　智慧教育教师管理角色

角色	描述	特征活动
组织关系方面		
劝善者	名义道德楷模，社会公德和传统道德观的维护者和代言人	纠正学生错误言行，评选道德标兵；通过道德说教和情感联系感化学生
指引者	倡导科技文明并对其积极和消极影响有理性的评判	讲解和讨论数据侵犯、环境污染、机器人时代等重大现实科技伦理问题，使学生了解科技与社会的关系
协调者	执行教育政策，维护教育公正性，管理和协调学生群体	观察学生对智慧技术的掌握情况，制订因材施教的教学方案
专业知识方面		
专业权威	在专业或课程上有较高的学历学位、专业技术水平和多年的从业资格	通过在教学过程中展示知识积累、专业见识和前沿问题，树立专业权威，吸引学生向专业方向发展
技术能手	计算机信息科学和教育信息化领域的高手，熟练驾驭各种技能和技术诀窍	随时解决学生碰到的信息技术问题，并给出延伸的一揽子问题解决方案，推动学生"做中学"
教学工程师	信息化教材、课程、教法的一手制作者，个性化智慧教育方案的开发人	学习应用新型技术手段，推动实施信息化项目，促进教学改革
教学活动方面		
传授者	提供知识资源，执行课程知识传授，课堂和实践教学活动组织者和管理者	备课、上课、解决学生遇到的学业实际问题
监督者	学习过程的动态指导和知识协同，智慧化学习社区的负责人	运用技术化手段跟踪学生的学习进度，通信联系
评价者	评价学生学习表现，学生思维性格特征，评判教学效果的适用度	定期考试评分，量表统计，建立评价档案

智慧教育模式容易引发对信息技术的过分崇拜及对传统道德伦理的忽视，如此教师更需扮演好劝善者角色，维护社会公德，并通过强化与学生群体的情感交流进行人文精神的熏陶教育。从发展伦理学角度看，科技伦理问题应成为人类社会共同关心的重大问题，教师应结合社会关注度高的科技与社会热点问题进行专题研讨，引导学生树立正确的科技伦理观。另外，智慧技术庞大精深，日新月异，由于学生的科技素养基础不一，智慧教育的推行容易引发并加剧教育公平问题。教师应做好协调者角色，关注教育技术中的弱势群体，机智调整以促进相对合理的教育公平。在专业知识方面，教师除了承担专业权威角色以外，还应主动地全面系统学习智慧科学技术和智慧教育技术，在教育组织关系中占据技术榜样的制高点，树立科技威信，做学生智慧成长的指引者。随着开放教育、在线教育、智慧课堂等教育信息化技术的成熟推进，个性化、定制化、自主化的教育信息项目全面展开，教师需要从智慧化角度重新思考教

材编撰、教法设计、社会实践、教学评价、教学资源共享配置等教学要素,教师有必要成长为教学工程师,具备独立解决突发问题,承担教学信息项目的能力。在教学活动组织方面,教师应完成从"教师—学生""人—人"关系到"教师—智慧技术—学生""人—机—人"关系的思想意识转型,借助智慧化技术软硬件设备,设计技术化学习环境。

(二)学习者智慧主体

学习者智慧主体观念是学习者在人与技术的社会关系中,对于自身主体地位、智慧能力和技术工具价值的一种自我觉醒和重新认定,是人获得主观能动性和技术统领力的重要基础。学习者通过提升自身数据素养、信息素养、知识素养和智慧素养,培养敏锐的信息意识、增强的信息处理和信息管理方法,以及正确的技术伦理道德,以应对和摆脱信息膨胀所带来的信息麻木、信息依赖、信息成瘾等问题,提高复杂性问题解决能力。学习者智慧主体结构如图8-1所示。

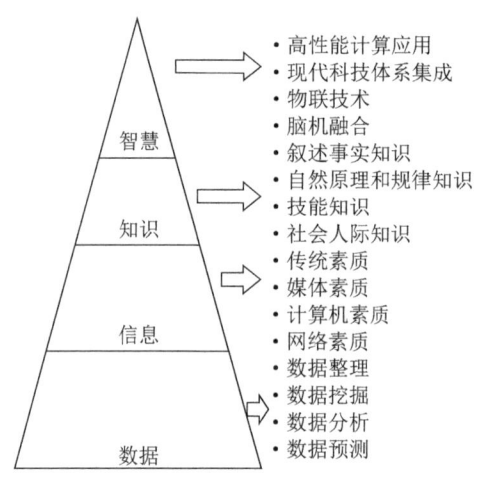

图8-1 学习者智慧主体四阶段模型

人工智能等新型智能技术已使得单纯依靠头脑的教育工作方式面临巨大挑战,学习者智慧主体观念不应排斥技术手段、片面强化心智,而应主动适应和引领教育技术变革,促进人与技术的高度融合。亟须塑造教育人工智能的应然形态,使单纯的"人工智能教育"走向深度融合的"教育人工智能"。[23]美国信息产业协会主席保罗·车可斯基(Paul Zurkowski)于1974年提出"信息素养"的概念,定义为"利用大量的信息工具及主要信息源使问题得到解答的技术和技能"。早在20世纪80年代初,钱学森就从"现代科学技术已经发展成为一个严密的综合体系"[24]的社会现实出发,提出了"从定性到定量综合集成技术"或曰"大成智慧工程"[25]的新理念,力主推进以人机结合为基本模式的综合集成,促进科技人才创新。"信息素养"与"大成智慧工程"是相通的,机器智能擅长于海量存储、快速搜索及精确数值计算等,人类智能优于抽象思维、推理、学习等高级智能活动[26],心智与计算机的结合有助于整合二者优点,克服人类思维有限理性的不足,确定学习者智慧主体地位。

DIKW(Data-Information-Knowledge-Wisdom,认知金字塔)模型反映了人类智慧的内部结构和生成顺序。传统教育模式注重以人类经验为来源的知识教育,基础性的数据素养、信息素养和高层次的智慧素养则较为薄弱,所培养的人才普遍应试能力强,创新思维能力、系统思维能力非常欠缺,无法满足当前社会发展对创新型人才的需求。[27]智慧教育则打破了各学科、心智与计算机、科学与工程之间的界限,首先通过跨媒介信息整合、编程能力、计算思维、深度智能认知、大数据分析能力等技能重构知识体系,使得人机思维能够匹配问题复杂系统的信息量度,培养出具有高度抽象力、想象力和无穷创造力,能够引导社会文化演进和革新的智慧型人才;其次,智慧时代的知识生产规模与更新速度使得单纯依赖人脑感知、记忆、理解、想象的传统学习方式难以适配,而借助人工智能深度学习手段则可让受教育者在课堂教育、慕课学习、移动学习、网络平台等学习实践活动中快速吸收和内化知识,创造出人机融合的超级智能。[28]

(三)教育评价的伦理维度

教育评价是指对照教育目标,运用一定的标准、工具、程序,运用科学方法系统性搜集教育行为、教育内容、教育效果等方面资料数据,经整理描述和量化分析给出形成性和总结性的绩效和价值评判,据以作出教育决策,优化教育操作方案的教育管理过程。随着信息技术辅助下先进测量评价技术的引入,以及结构化采集和非结构化采集等多种数据获取手段的应用[29],教育评价的精细度、高效能和权威性已获得广泛认可,凸显为与教育过程结合紧密的不可或缺的教育管理手段。教育评价采用立体化、过程化、多模态化方式所收集和评价学生信息数据,实际上应是学生不应被忽视的重要教育权利,是学生终生教育的重要数据基础。有学者即建议教育信息化2.0时代,学前教育应进行综观设计和路径规划,建设完整记录学生幼儿园阶段学习、娱乐、社交等方面成长经历的"成长空间",为学生学制衔接和终身发展奠定基础。[30]但同时,教育评价也涉及数据来源权限、数据搜集方式、数据隐私、数据用途等方面问题,传统的单向度教育评价较少考虑伦理因素,需要重新评估和构建其工作流程。我们以 PDCA 戴明循环为模型，给出融合伦理考量的智慧教育环境教育评价结构，如图 8-2 所示。

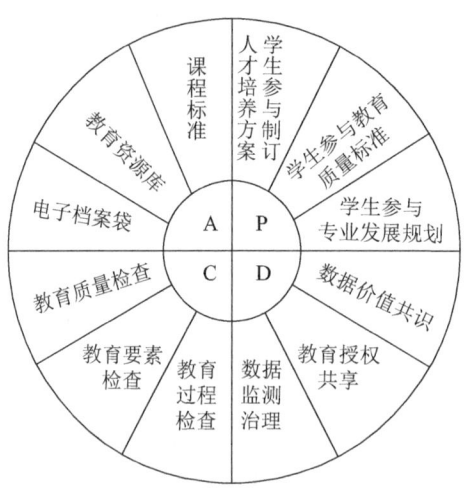

图 8-2　PDCA 教育评价系统

作为质量控制工具，PDCA 教育评价模型的理论基础是控制论。自美国数学家维纳（Wiener）于 1947 年创立"控制论"学科以来，以"输入/输出""信息""动态系统""反馈""控制"等概念为基石的控制论思想已成为机械设计、经济分析、计算机科学等领域不可或缺的指导思想和工作步骤。智慧教育技术拓宽了教育科学的工程属性，为教育过程使用数据采集分析手段进行教育评价和教育优化提供了科学保障和现实基础，而全流程伦理因素的考量能够弥补纯技术性评价下人性关怀和教育反馈效度方面的不足。首先，在计划环节，根据以人为本原则，学生作为教育主体，应该参与到人才培养方案、教育质量标准和专业发展规划的制定决策中。管理层信息化领导力和教师的信息化教学研究能力，应当视为智慧教育实践的重要人力资源；其次，教育过程中的数据采集应当尊重被采集对象的权益，在获得数据价值共识、得到数据授权的情况下方可进行采集工作，由教育各方共同维护数据集合，对教育行为整体进行检测治理；再次，效果检查环节是数据信息转化为知识和智慧的关键步骤，应尽量采用自动化评测技术，对教育过程、教育要素和教育质量进行全面检测，以有效发挥智慧化教育评价手段的价值潜能；最后，利用电子档案袋、教育资源库和课程标准等方法最大化完善教育评价的系统通信，使个别评价与习得规律、过程评价与长期目标之间形成反馈对照和自动优化，把技术评价最终转化为教育智慧。

四、结语

智慧教育这一教育信息化新形态在教育行为的结构关系、内容要素、功能目标等方面已然发生了全面改观，但由于教育伦理思想和理念更新的相对落后，传统的师生知识授受关系出现失衡，并衍生出"科技崇拜导致德育失重""信息成瘾阻碍转识成智""数据介入异化智慧教育"等多种问题。教学内容趋同、教学共有场域的瓦解，以及教师信息技术技能不足导致德育效能低下；人性智慧（Wisdom）培养的不足造成教学参与者信息疲劳、焦虑和迷失的信息成瘾问题，难以转识成智；繁重的技术负荷压抑教学自主性，束缚正常教学秩序，成为威胁教育发展的异化力量。

从教师伦理角色、学生伦理地位、教育评价伦理维度三方面重新审视智慧技术与教学系统的关系，阐述智慧教育的新型伦理观。首先，教育管理活动中，教师的角色体系、角色内涵、角色特征等方面发生众多改变，教师应做好协调者角色，以教学信息项为载体，促进相对合理的教育公平。其次，智慧教育是一个从数据素养到信息素养，再到知识素养，最终进阶为智慧素养的行为过程，学习者以其增强的信息处理和信息管理方法、正确的技术伦理道德应对和摆脱信息膨胀所带来的信息麻木、信息依赖、信息成瘾等问题，提高复杂性问题解决能力。再次，智慧教育需要在目标规划、任务实施、绩效检查、标准制定等环节尊重教育对象权益，利用控制论的反馈概念建立教育评价的系统通信，使个别评价与习得规律、过程评价与长期目标之间形成反馈对照和自动优化，把技术评价最终转化为教育智慧。建立支撑信息时代教育系统的智慧教育伦理观，有助于系统梳理并解决智慧教育的伦理问题，建立匹配社会发展并引领知识创新的教育生态。

参考文献

［1］约瑟夫·C.皮特，马会端，陈凡译.技术思考：技术哲学的基础［M］.沈阳：辽宁人民出版社，2008.

［2］李彦宏.智能革命——迎接人工智能时代的社会、经济与文化变革［M］.北京：中信出版社，2017.

［3］刘展旭，王文利.智慧教育生态环境下高校教师角色探析［J］.福建论坛（人

文社会科学版），2017（5）：173-177.

[4] 杜静，黄荣怀，李政璇等.智能教育时代下人工智能伦理的内涵与建构原则[J].电化教育研究，2019，40（7）：21-29.

[5] 陈晓慧，卢佳，赫鹏.信息技术教学应用的伦理失范及其治理[J].开放教育研究，2019，25（3）：53-59.

[6] 贺斌，祝智庭.学习环境给养设计研究透视[J].电化教育研究，2012，33（11）：30-38.

[7] 胡旭斑，张新明，叶方舟.学生发展核心素养视角下智慧教育的建设方向[J].现代教育技术，2019，29（3）：32-38.

[8] 杜晓平.高等教育信息化视域下慕课的伦理价值优选策略[J].江西社会科学，2016，36（9）：229-235.

[9] 谢娟.现代教育技术应用的伦理审视[D].济南：山东师范大学教育学院，2013.

[10] 余宏亮.数字时代教师角色的变革与重塑[J].内蒙古社会科学（汉文版），2018，39（5）：172-176+197.

[11] 王本陆.教育伦理建设：教育现代化的跨世纪课题[J].中国教育学刊，1999（2）：10-13.

[12] POLANYI M.Personal Knowledge [M].Landon：Landon Routledge，1958.

[13] 薛晓阳.技术智慧：智慧教育的天命与责任——兼论人工智能发展对智慧教育的影响[J].高等教育研究，2019，40（10）：1-7.

[14] 孙彩平.教育起源于人的道德——一种新的伦理视角[J].江苏教育学院学报（社会科学版），2003（2）：28-31.

[15] 杨现民.信息时代智慧教育的内涵与特征[J].中国电化教育，2014（1）：29-34.

[16] 潘云鹤.中国"智能城市"要有什么样的"市长视野"[J].中国经济周刊，2012（34）：28-29.

[17] 马俊.现代教育技术与应用[M].合肥：中国科学技术大学出版社，2014.

[18] 黄荣怀.智慧教育的三重境界：从环境、模式到体制[J].现代远程教育研究，2014（6）：3-11.

[19] 邹成效，孙天胜.论技术异化的必然性[J].科技进步与对策，2005（10）：

132-134.

[20] 喻琰.浙江金华暂时停用"智能头箍",专家:监测学生脑电违反伦理[EB/OL].https://www.thepaper.cn/newsDetail_forward_483591&2019-11-24.

[21][德]卡尔·雅斯贝尔斯.什么是教育[M].邹进,译.北京:生活·读书·新知三联书店,1991.

[22] Mintzberg H.The Nature of Managerial Work[M].New York:Harper & Row,1973.

[23] 徐晔.从"人工智能教育"走向"教育人工智能"的路径探究[J].中国电化教育,2018(12):81-87.

[24] 钱学敏,杨克强,黄笑元,等.钱学森与大成智慧教育构想[J].中国发明与专利,2013(10):66-72.

[25] 钱学森.创建系统学(新世纪版)[M].上海:上海交通大学出版社,2007.

[26] 吴朝晖,俞一鹏,潘纲,等.脑机融合系统综述[J].生命科学 2014,26(6):645-649.

[27] 胡钦太,刘丽清,郑凯.工业革命4.0背景下的智慧教育新格局[J].中国电化教育,2019(3):1-8.

[28] 吴朝晖.智能增强时代的学习革命——在国际人工智能与教育大会上的发言[EB/OL].http://www.edu.cn/xxh/zt/gjrgzn/201905/t20190517_1659272,2019-05-29.

[29] 缴立洋.教育精准评价将重塑教学生态[N].中国教育报,2017-12-25(02).

[30] 邢西深,许林.2.0时代的学前教育信息化发展路径探究[J].中国电化教育,2019(5):49-55.

(文章发表于《中国电化教育》2020年第3期)

作者:

张永波(1970—),男,浙江旅游职业学院信息技术中心主任,教授级高级工程师,主要研究方向为教育信息化。

高职院校服务乡村振兴的时代意蕴、现实审视和实践路径

◎钱兴成

> **摘　要：** 服务乡村振兴战略是新时代高职教育的历史使命，是彰显职业教育类型特征的内在要求，也是高职院校实现内涵式发展的重要途径。高职院校应客观审视自身所面临的困难与挑战，准确把握"对上与对下""内化与外化""主责与主体""所需与所能""当下与长远"等多重关系，通过凸显专业优势、锚定以人为本、强化产业支撑、坚持变革重塑，在拓展服务领域、丰富服务载体、提升服务能级中创新服务乡村振兴的有效路径。
>
> **关键词：** 高职院校；乡村振兴；时代意蕴；实践路径

乡村振兴战略是实现农业强、农村美、农民富的必由路径和根本之策。在实施乡村振兴战略中产业振兴是重点、人才振兴是支撑、文化振兴是灵魂、生态振兴是基础、组织振兴是保障。《中共中央、国务院关于做好2023年全面推进乡村振兴重点工作的意见》指出，要强化农业科技和装备支撑，巩固拓展脱贫攻坚成果，推动乡村产业高质量发展，拓宽农民增收致富渠道，扎实推进宜居宜业和美乡村建设，健全党组织领导的乡村治理体系。高职院校作为职业教育的领头羊和高等教育的生力军，在服务乡村振兴战略中既有义不容辞的责任与义务，也有与生俱来的优势和特长，必将"前途广阔、大有作为"。

◎ 其他

一、高职院校服务乡村振兴的时代意蕴

自党的十九大报告提出乡村振兴战略以来，国家和各级地方政府相继出台了一系列政策性文件和举措，为推动乡村振兴、实现农业农村现代化进行了系统性、战略性、全局性谋划。高职院校作为服务区域经济和社会发展的重要力量，为乡村振兴提供人才、科技和文化支撑，是新时代赋予的使命和担当。

（一）彰显类型特征的本质要求

新修订施行的《中华人民共和国职业教育法》（以下简称"新职教法"）明确规定："职业教育是与普通教育具有同等重要地位的教育类型，是国民教育体系和人力资源开发的重要组成部分，是培养多样化人才、传承技术技能、促进就业创业的重要途径。"这样的类型教育定位，既凸显了职业教育的重大意义，也阐明了职业教育的本质要求，具有鲜明的职业性、社会性、实践性、适用性。联合国教科文组织发布的《关于技术和职业教育的建议书（修订）》中提出，应当将技术和职业教育视为"有助于减轻贫困的一种方法"。"双高计划"要求高职院校"面向脱贫攻坚主战场，服务乡村振兴战略，广泛开展面向农业农村的职业教育和培训"。《本科层次职业学校设置标准（试行）》在"办学定位"中明确要求坚定职业教育定位、属性和特色，培养国家和区域经济社会发展需要的高层次技术技能人才。《中国高等职业院校精准扶贫报告（2013—2020年）》的数据显示，近8年，全国高职院校累计为贫困地区派遣技术专家7.6万人次，开发特色产业项目8421个，引进产业项目4323个，累计帮扶贫困地区产业增收达45.15亿元，高职院校派出驻村干部2.2万人次，对口帮扶贫困村9586个，实现驻村脱贫57.6万人，对口帮扶贫困地区学校9359所，帮扶指导贫困地区学校建设专业6646个，为贫困地区学校培训教师58.4万人次。服务乡村振兴不仅增强了新时代高职教育迈向高质量发展的适应性，也充分彰显了职业教育的类型特征。

（二）推进育训并举的题中应有之义

人才振兴是实现乡村振兴的核心要素，是激发乡村振兴的内生动力。在推进"三农"现代化发展中，新型职业农民成为最具推动力、带动力、影响力的一大群体，也是当前乡村振兴最急需的人才。新型职业农民之"新"，并不是仅仅具备新技术、新技能，更代表着乡村振兴所需要的新思想、新观念和新职业素养。这既需要加大引才力度，更需要加强对本地村民的本土化培训与培养。《中华人民共和国乡村振兴促进法》(以下简称《乡村振兴促进法》)要求,各级人民政府应当采取措施,加强职业教育和继续教育,组织开展农业技能培训、返乡创业就业培训和职业技能培训,培养有文化、懂技术、善经营、会管理的高素质农民和农村实用人才、创新创业带头人。《国家职业教育改革实施方案》明确提出:"服务乡村振兴战略,为广大农村培养以新型职业农民为主体的农村实用人才。"新职教法明确规定,要建立健全"职业学校教育和职业培训并重"的现代职业教育体系。《职业院校全面开展职业培训促进就业创业行动计划》要求"职业院校面向社会广泛开展职业培训,培训理念更加先进,培训层次更加完善,培训课程资源更加丰富,培训类型与形式更加多样"。《职业教育提质培优行动计划(2020—2023年)》指出,要重视高职学校建设,加大职业教育对农村农业人才的培养,服务乡村振兴。《2021中国职业教育质量年度报告》的数据显示,全国有493所高职院校开展了新型职业农民培训服务,其中年培训量超过10000人日的达86所,超过5000人日的达141所。高职院校的"育""训"在培养涉农专业人才和提升农村劳动力就业能力方面发挥着重要作用。

(三)实现双向赋能的强劲引擎

长期以来,受城乡发展机遇落差、城市虹吸效应等多重因素的影响,乡村中青年、优秀人才持续外流,现存人口总量偏少、人才结构偏弱、受教育程度偏低、年龄结构偏高、产业类型单一等问题越来越突出,在很大程度上制约了乡村振兴的推进和高质量发展。从问题导向、结果导向的逻辑出发,这也成为高职院校服务乡村振兴的重点。《2021中国职业教育质量年度报告》指出,高职院校通过农业职教集团、乡村振兴学院、农业技术创新平台、科技特派员下乡等形式,将农业生产和经营技术送到乡村田间和涉农企业一线,推进从"输血式"向"造血式"转变。仅从浙江全省的高职院校统计来看,在现有的50所高职院校中有60%的学校与地方政府或主管部门共建"乡村振兴学院"或"共同富裕学院",这样的创新实践虽然不全是实体性的,却是地方推进乡村振兴的重要载体和依托,具有丰富的合作内涵和广阔的合作空间,成为乡村振兴重要的人才资源储备、产业研发平台、信息来源渠道。高职院校要充分认识到,服务乡村振兴战略是办好社会主义大学的初心和使命,要把服务乡村振兴、创新社会服务纳入学校的章程、师资队伍建设要求和人才培养方案中,成为学校的制度体系和文化内涵;也是推动学校改革,实现内涵式发展的"不竭之源",要把服务乡村振兴作为深化"三教"改革、优化治理体系、增强职教适应性的"蓄水池"和"能量库",在服务乡村振兴中深化校地合作、产教融合、工学结合,实现双向赋能。

二、高职院校服务乡村振兴的现实审视

实施乡村振兴战略是推进中国式现代化的重要内容。高职院校在牢牢把握这个重大发展机遇的同时,也要客观审视自身所面临的困难与挑战,充分运用全局思维、系统思维、整体思维,准确把握好多重关系。

(一)"对上"与"对下"的关系

增强职业教育的适应性是职业教育类型特征的根本所在。这个适应性既要能准确贯彻落实国家宏观层面的政策要求,也要能有效解决基层微观层面的现实急需。当前,中央和各级地方政府密集出台了一系列乡村振兴战略的相关政策文件,成立了乡村振兴局,实施了《乡村振兴促进法》,各部委也印发了一系列政策举措。高职院校贯彻落实、见行见效,"对上"要系统学习、全面掌握上级政策文件的要义,吃透精神内涵,牢牢把握大政方针和总体目标,确保方向正确;"对下"要深入基层走访调研,全面、客观、真实地了解服务对象的资源禀赋和在乡村振兴中的难点、突破点,将立德树人融入乡村振兴、教学科研服务乡村振兴、人才培养嵌入乡村振兴、创新创业立足乡村振兴、文化传承植根乡村振兴,形成"上"的意志与"下"的意愿有效融合的具体服务行动。

(二)"外化"与"内化"的关系

职业教育高质量发展与推进经济社会发展是辩证统一关系。高职院校既要积极外化于行,充分发挥自身在校地合作、工学结合、产教融合方面的独特优势,抓住机遇提升服务乡村的贡献力,提升行业发展的影响力和话语权,让人民群众有更为直观的体验和收获,增强社会对职业教育的关注度和认可度;也要用足用好对外服务的"反作用力",深化教学、科研、人事评价制度改革,把服务乡村振兴的实绩纳入教师职称晋升的成果认定、干部选拔考核的重要依据和学生综合素质评价的重要内容,"内化"为高质量发展的强大内生动力,形成内外互动的合力机制,切实防止"两张皮",破除"五唯",在服务乡村振兴的同时培养一批优秀师生、淬炼一批管理骨干、造就一批创新团队、涌现一批科研成果、形成一批教学案例,促进内涵式发展。

(三)"主责"与"主体"的关系

高职院校在服务乡村振兴中要坚持立足学校实际,厘清主责主业,制定实施途径,学会运用矛盾论和重点论,精心设计、精密部署、精准发力,努力在智力赋能上

形成标志性成果。依托自身的专业优势、人才优势、科研优势和平台优势,形成服务乡村振兴的着力点,探索教育教学与乡村振兴融合的新路径,构建扶智、扶业、扶志"三扶并举"的服务机制。找准定位,充分审视乡村振兴的对象是乡村、主体是乡民,始终立足乡村主导作用、群众主体地位,激发乡村振兴各责任主体家业有"甜头"、村业有"干头"、产业有"奔头"、乡村有"看头"的强大内生动力。加强校地之间的协同,通过乡村振兴学院、乡村振兴联盟等合作共同体,建立稳固的常态化沟通机制,最大限度地发挥各自的资源优势和主观能动性,提升乡村自我的造血功能,形成服务的倍增效应。

(四)"所能"与"所需"的关系

乡村振兴是一盘大棋。高职院校普遍有着较为丰富的实用型专业资源集聚优势和产业服务平台优势,为高质量服务乡村振兴奠定了厚实基础,但就目前整体情况看,这种资源优势还是相对的,辐射范围也是有限的。高职院校要立足办学定位和功能职责,坚持有所为、有所不为,实事求是、量力而行,避免供需不对口、不合拍、不共鸣。要问计于地方,问需于群众,强调规划编制的落地性、载体设计的操作性、项目培植的成效性、服务对策的精准性,制定切实可行的服务清单,建立校方所能、地方所需、百姓所盼"三方"良性互动的协同机制,形成校内、校地相互协作、扎实有效的工作闭环,从运行机制上为帮扶工作奠定良好基础,打通"教育—人才—产业"链,构建"学业—专业—就业—事业"联动发展机制。

(五)"当下"与"长远"的关系

乡村振兴是国家实现共同富裕背景下的重大战略,高职院校要进一步提高站位、锚定目标、立足长远、服务当下,把服务乡村振兴的愿景与学校发展远景、专业建设规划、人才培养方案等有机融合起来,并能把这些工作细化落实到年度工作计划和具体项目实施中,制订富有学校特点、彰显专业特色、体现乡村特征的服务行动计划。要与地方政府建立长期紧密型的合作关系,打造校地发展共同体;要突出"授人以渔",着力培养一批懂经营、善管理、爱乡村的现代乡土人才尤其是中青年乡村运营人才,着力活化一批有内涵、有特色、可重塑的乡村文化基因,着力构建一批能提供新知识、新理论、新思想的智库平台和服务团队,实现党建领富、人才强富、产业兴富、就业增富、智业创富、文化润富,在服务乡村振兴中持续发力、久久为功。

三、高职院校服务乡村振兴的实践路径

高职院校服务乡村振兴应坚持需求融合、资源融合、文化融合、组织融合，从办学目标、专业建设、人才培养、内部治理等多维度准确把握乡村振兴的实践逻辑和历史方位，构建立体式、多元化的创新服务体系。

（一）凸显资源优势，优化校地协同互促机制

1. 发挥党建统领作用

党的农村基层组织是党在农村全部工作和战斗力的基础，是实现全面推进乡村振兴、加快农业农村现代化目标的组织保障，农村治理好不好关键要看党组织建设强不强。要健全党领导乡村振兴的组织体系、制度体系、工作机制，提高党领导乡村振兴的能力和水平，成为乡村振兴战略的"主心骨"。要充分发挥党建共同体的组织合力，组织开展面向村支书、村官等农村干部和农村人才开设各类培训班，实施组织层面的精准帮扶，强化基层党建工作，扭转广大乡村中的一些不良思想观念和遗风陋习，优化基层社会秩序和治理体系，提升乡村自治和德治水平，进而迈向善治，优化乡村基层治理现代化。

2. 强化文化内核效应

乡村振兴既要塑形，也要铸魂。要勇于承担乡土文化保护与传承的责任和使命，依托专业和人力资源优势，加强对历史文化名镇名村、传统古村落、特色文化小镇等的资源普查、文化基因解码，提高民众对乡土文化保护和传承的意识。要继承弘扬农耕文化，开展乡村文化的活态表达，发展文化产业服务乡村振兴，培育乡村新文化和新风尚，为乡村振兴持续提供强大精神动力。要大力实施社会主义先进文化、优秀传统文化、乡村非遗文化、乡土工匠文化、新时代乡贤文化进校园、进课堂、进教材，打造主题突出、特色鲜明、内涵丰富、富有生机的校园文化。

3. 激发服务提升效率

要加强教育教学环节与乡村振兴实践场景的有效结合，在助力乡村振兴中深化"三教"改革，提升教师的专业能力和教学水平，找到鲜活的教学素材和取之不尽的学术研究题材，不断提升自身专业素养、教学水平和科研能力，提高人才培养质量，

促进内部治理改革,实现"帕累托效率①"。要在服务乡村振兴实践中创新实施岗课赛证、"1+X"证书制度、学分银行,拓宽学生实习实训空间,实现产业发展、专业建设、学业提升、职业培育相得益彰。

(二)锚定以人为本,丰富校地人才共育机制

1. 加强"三农"人才培养

牢固树立人才是"第一资源"的理念,坚持以社会需求为导向,立足乡村发展所需、所急、所重,把增强人才供给作为服务乡村振兴的核心要素和关键环节。建立就业与招生计划、人才培养联动机制,构建人才培育、吸纳、激励等制度机制,把服务乡村振兴作为立德树人的重要内容,发挥职业性、高等性的人才培养定位优势,丰富育人载体、整合育人资源、创新育人方式,为乡村振兴提供人才保障。加强对广大青年学生的引导,特别是对有意扎根于乡村建设的学子,积极开展知行合一的"三农"教育,培养造就一支懂农业、爱农村、爱农民,政治过硬、本领过硬、作风过硬的"三农"队伍。

2. 加大乡村人才培训力度

本土人才是乡村振兴的主要依靠,是服务乡村振兴的主要对象。要增强人才的乡土情怀,着重培养一批懂专业、会经营、善管理的现代乡土人才,形成外来人才与乡村本土人才的共生成长格局。要培养一批农业职业能手,特别是乡村运营人才,打造出一支专业能力过硬的乡村振兴人才队伍。对于新型职业农民的培育需要多管齐下、综合培育,充分利用学校资源,构建协同育人机制,推进人力资源供给侧结构性改革。要丰富培训的知识体系,集专业性、实践性与思想性、品位性于一体,培养思想境界高、业务能力强、审美情趣雅、数字化水平高的现代农民和乡村治理者。

3. 拓宽人才引留渠道

要坚持需求导向,根据乡村振兴需要、岗位需要、人才需要,制订更精准的人才培养计划,更好地实现人才专业能力不断提升。对待特殊人才要有特殊政策,通过成立"工作室"、组建创新团队、项目承接等方式,用好用活各类人才。通过组织专家学者赴村开展农产品专题讲座、送教下乡,开展技能培训,传授现代化农业专业知识和技术实践,提升现有人才队伍的素质和水平。选拔与乡村振兴发展相关专业的学生开展"下乡实习就业",通过制定相应的激励政策等方式,鼓励其"到村兼职",成

---

① 帕累托效率,也称帕累托最优,指资源分配的一种理想状态。假定固有的一群人和可分配的资源,从一种分配状态到另一种状态的变化中,在没有使任何人境况变坏的前提下,使至少一人变得更好。

为"下得去、留得住、干得好"的乡村振兴"生力军"。

（三）强化产业支撑，完善校地产教融合机制

1. 制定产教融合政策

要贯彻落实《国务院办公厅关于深化产教融合的若干意见》《教育部关于深入推进职业教育集团化办学的意见》《国家职业教育改革实施方案》《关于深化现代职业教育体系建设改革的意见》等政策文件的要求，构建紧密型的高职院校、地方政府、行业协会等多方参与的产融合机制。要牢固树立服务乡村振兴的产教融合运营机制，明确各参与主体的功能定位和职责分工，增强社会责任意识，把坚持公益性放在优先和主导地位，促进高职教育产生更大的社会效益。

2. 搭建产教融合平台

通过农业职教集团、乡村振兴学院、农业技术创新平台、科技特派员下乡等形式，将农业生产和经营技术送到乡村田间和涉农企业一线，实现学校的合作平台、研发能力、人才资源等资源优势与乡村振兴的难点、要点有效融合，构建多元化的乡村振兴服务模式。创建"平台＋载体"有机结合、"理论教学＋实践实训"融合衔接的服务模式，为承担乡村振兴教学任务提供阵地和智库保障，有效破解乡村振兴存在的人才、技术等发展难题。主动与乡村涉农企业建立深度合作关系，在丰富产教融合、校企合作形式中拓展产教融合的广度与深度，努力形成多元参与的职业教育生态。

3. 推动行业标准研制

充分发挥学校拥有的教师创新团队、科研智库平台、技术研发基地等资源优势和产业学院、行业职教联盟、校企共同体等机制优势，积极参与或牵头修订、制定行业相关标准，并以此建立校企校地联动协同机制。加强对行业标准的宣传引导，特别是在服务产业振兴方面，把行业标准的宣贯纳入工作体系，推进规范化、标准化建设。

（四）坚持变革重塑，优化校地创新发展机制

1. 创新组织体系

把服务乡村振兴纳入学校发展规划，作为重要议事日程，建立工作领导小组，安排专项资金，构建校级、职能部门级、教学创新团队级"三级联动"的组织架构。树立大局意识和奉献精神，为乡村振兴战略提供更多人才输送、技能培训、资源整合、技术支持等方面的服务。坚持创新是第一动力的理念，充分发挥实用性、应用性、终身性等优势特点，使培养的高素质技术技能人才不仅能解决作为"六稳六保"之首的就业问题，还能从人才、产业、文化、生态等多层面赋能乡村振兴，助推学习型、技

能型、和谐型社会建设。

2. 创新载体抓手

汇聚多方力量,以资源开发、市场开拓、产业培育、提供公共服务、设立公益基金、开展投资合作等形式参与帮扶工作,引导各类资金、人才、技术、管理等要素向帮扶地聚集,共建一批乡村振兴示范基地,探索与地方政府共建乡村振兴示范样板模式。例如,充分挖掘学校广泛的校友资源,在多方共赢基础上引导校友企业精准服务山区经济发展。

3. 创新评价机制

根据温希普的教育回报理论,高职院校要充分认识到服务乡村振兴是实现内涵式发展的强大引擎,要进一步提升社会服务能力,创新产教融合,促进"三教"改革,深化评价机制改革,重点培养学生的"三农"情怀,实现德智体美劳全面发展,提高人才培育质量。创新教书育人模式,实现课程教学与田间教学相结合、固定教学与流动教学相结合、专业教材与乡村教材相结合。广大师生要进一步树立服务乡村振兴的使命感、责任感、荣誉感,让青春在党和人民最需要的地方绽放绚丽之花。

高职院校服务乡村振兴要练好内功、夯实基础、提质赋能,创新服务模式、重塑服务体系、重构运营保障机制,在促进农业高质高效、乡村宜居宜业、农民富裕富足中展现使命与担当。教育主管部门和地方行政部门要发挥考核的导向作用,通过考核机制的变革,把服务乡村振兴绩效以更大比重纳入"双高"建设、职业本科评审及其他的相关考核评价体系中,构建更为丰富强劲的动力机制,为高职院校高质量服务乡村振兴战略提供更好的制度保障。

参考文献

[1] 习近平.把乡村振兴战略作为新时代"三农"工作总抓手[J].社会主义论坛,2019(7):4-6.

[2] 谢俐,彭振宇.高等职业院校在脱贫攻坚战中的作用与贡献——首部《中国高等职业院校精准扶贫发展报告(2015—2019)》综述[J].中国职业技术教育,2019(34):5-8.

[3] 孙莉,思政教育视野下高职教育服务乡村振兴战略实施的路径研究[J].教育与职业,2020(11):50-54.

［4］李名梁，庄金环，史静妍.职业教育助推共同富裕的耦合机理与实践理路［J］.教育与职业，2022（12）：20-27.

［5］胡昌送，张俊平.高职教育产教融合：本质、模式与路径［J］.中国高教研究，2019（4）：92-97.

［6］韩俊.关于实施乡村振兴战略的八个关键性问题［J］.中国党政干部论坛，2018（4）：19-26.

［7］中共中央党史和文献研究院.习近平关于"三农"工作论述摘编［M］.北京：中央文献出版社，2019.

［8］闻万春，陆姗姗.论乡村振兴战略下高职院校的服务属性与动力机制优化［J］.职业教育研究，2020（10）：19-24.

［9］熊嘉逸.乡村振兴战略下涉农高职院校的发展方向——基于多所涉农高职院校服务乡村振兴的实践调研［J］.广东技术师范大学学报，2020，41（1）：49-54.

（文章发表于《教育与职业》2023年第10期）

作者：

钱兴成（1977— ），男，浙江旅游职业学院发展规划处处长，副教授，主要研究方向为高职教育。